개정판

아동문학 교육

창의성 향상을 위한 이론과 실제

이춘희 | 장미정 | 이유나

태영출판사

머 리 말

유아문학은 유아가 즐겨 읽는 문학으로 동심의 세계를 문학 고유의 표현과 형식을 갖춰 표현함으로써 유아들에게 기쁨, 슬픔, 고난 그리고 희망의 아름다움을 느끼게 하는 예술작품이다. 유아문학은 상상력이 풍부한 유아들에게 다양한 문학적 경험을 제공하여 그들의 삶을 더욱 풍요롭게 해준다. 유아들에게 좋은 문학작품을 경험하게 하는 일은 매우 중요하다. 문학작품과의 진정성 있는 상호작용은 유아들로 하여금 문학의 아름다움과 가치를 알게 하는 일이기에 유아교사는 유아의 발달에 적합한 문학교육을 할 수 있어야 한다.

유아문학교육은 유아의 전인적인 발달과 성장을 도우며 인생의 삶에 대한 방향을 제시할 수 있는 것으로, 유아문학을 유아교육기관에서 교육과정을 통하여 교육하는 것을 의미한다. 유능한 교사에 의하여 잘 준비된 교육과정으로 이루어진 문학교육은 유아의 문학적 태도와 능력을 향상시킨다. 유아들은 수준 높은 유아문학교육을 통하여 문학작품의 매력에 빠지게 되고, 문학작품을 이해하고 감상하며, 비평하고, 나름대로의 의미 있는 문학작품을 창작하는 능력을 기르게 된다. 따라서 유아문학교육은 유아가 예술로서의 문학을 통하여 고양된 즐거움을 경험하고 문학적 소양을 갖추는데 꼭 필요하다고 볼 수 있다. 즉, 유아들의 바른 문학경험을 돕기 위해서는 체계적인 지도와 전문성이 필요하다.

이 책은 2010년에 출간한 「아동문학교육」을 수정 · 보완한 것이다. 본인이 대학과 대학원에서 20여 년 동안 강의한 노트와 학위논문의 내용을 기초로 하여 구성되었다. 또한 20년 이상의 유아교육 현장 전문가이자 아동문학을 강의해 온 장미정 교수와 수년간 유아문학 이론 연구를 진행해온 이유나 교수의 도움으로 출간하였다. 이번 개정판에서는 대학교나 대학원에서 유아교육을 전공하는 예비교사들은 물론 현장의 교사들이 관련 지식을 보다 쉽게 이해할 수 있도록 내용을 체계적으로 정리하였다.

본 서의 내용은 I, II, III부로 다음과 같이 나뉘어 있다. I 부인 1장에서 4장까지는 아동문학의 이론적 배경으로 아동문학의 개념, 의의, 누리과정과 표준보육과정에 기초한 아동문학, 아동문학의 역사와 아동발달의 관계를 고찰하였다. II 부인 5장에서 7장까지는 다양한 문학 활동의 장르별 특징과 정의, 교육적 의의, 종류 등을 그림책을 예로 들어 설명하였다. 동화에서는 전래동화, 창작동화, 역사동화별로 그 종류와 그림책을 제시하였으며, 동화의 창작을 위한 실제 활동을 소개하였다. 동요와 동시에 대하여 전래동요, 동요, 동시의 개념과 종류를 제시하였으며, 동시의 창작을 위한 실제 활동을 소개하였다. 그림책에서는 그림책의 개념과 특성 그리고 글과 그림의 관계에 대한 이해와 누리과정 생활주제에 따른 그림책을 구분하여 소개하였다. Ⅲ부는 아동문학의 실제와 교육활동 매체에 관한 장으로 8장에서 10장까지 구성하였다. 8장, 9장은 유아교육과정의 연계성을 고려한 유아 문학작품, 활동의 실제, 문학적 사고를 통한 유아문학 활동과 유아의 창의성 계발을 위해 유아문학 활동의 실제적인 지도 방법을 다루었다. 마지막 10장에서는 유아문학의 교육활동 매체별로 구체적인 제작 · 제시방법과 문학 수업의 실제적인 예를 소개하였다.

초판에 비해 전문적인 지식을 많이 포함시키되 그 내용을 보다 쉽게 설명하고자 노력하였으나, 원고를 마감하고 나니 여전히 아쉬움이 남는다. 그러나 이만 접고, 부족한 부분은 앞으로 후속 연구와 수정 · 보완으로 보충할 것을 다짐해 본다. 이 책을 읽는 독자들은 본서에서 제시한 방법에 기초하여 보다 더 유능한 아동문학교육 활동의 실제를 개발하고 활용할 수 있으리라 믿는다. 또한 아동문학을 깊이 있게 이해하고, 아동문학교육에 대한 통찰력을 기를 수 있길 기대한다.

끝으로 이 책이 나오기까지 도와주신 모든 분들에게 깊이 감사드린다. 특히 태영출판사 김현태 사장님과 편집부 여러분들의 수고가 많음에 감사드린다. 원고를 마감하며 이 자리에 있기까지 사랑과 은혜로 인도해 주신 하나님께 진심으로 감사를 드린다.

2016년 2월

저자를 대표하여

이춘희

차 례

PART 01 아동문학의 이론적 배경

차 례

차 례

PART 02 아동문학의 장르와 교육

차 례

차 례

PART 01

아동문학의 이론적 배경

CHAPTER 01

아동문학이란?

1. 아동문학의 개념
2. 아동문학의 특성
3. 아동문학의 목적
4. 아동문학의 교육적 기능

1. 아동문학의 개념

아동문학(children literature)이란 용어는 그 개념이 모호하여 아직 일반화되어 있지 않아 아동을 위한 문학(literature for children), 유아문학, 아동문학 등이 함께 사용되어 왔다.

아동문학이란 작가가 아동 혹은 동심을 가진 아동다운 성인에게 읽히기 위해 쓴 모든 저작으로 문학의 본질에 바탕을 두고 있다. 아동을 위해, 아동이 골라 읽어온 또는 골라 읽어갈 특수문학으로서 동요, 동시, 동화, 아동소설, 아동극 등의 모든 장르를 일컫는 명칭이다(강문희 · 이혜상, 1997).

서더랜드와 어버스넛(Sutherland & Arbuthnot, 1991)은 아동문학은 "아동들이 읽고 즐기는 동시에, 아동을 위하여 쓰여진 책이며, 고도의 문학적이고 예술적인 기준을 만족시켜 주는 책이다"라고 하였다.

아동문학의 대상을 강조하면서 아동문학의 개념을 이재철(1983), 석용원(1979)은 다음과 같이 정의하고 있다.

이재철(1983)은 아동문학(children's literature)이란 인간의 초기 성장기를 위해 다양한 교육성과 함께 어린이가 이해할 수 있도록 쓰여졌다. 성인문학과 구별되는 용어를 사용하여 아동의 심정, 생활 그리고 성장 · 발달에 도움이 되는 내용과 정신적 요소를 갖고 "작가가 일차적으로 아동들에게 읽힐 것을 목적으로 창작한 특수문학이다. 이는 동요, 동시, 동화, 아동소설, 아동극 등의 장르를 총칭한 명칭"이라고 정의하고 있다.

석용원(1982)은 "작가가 아동이나 동심의 고향으로 돌아가고 싶어하는 어른에게 읽힐 것을 목적으로 창조한 시, 동화, 소설, 희곡 등의 총칭"이라고 정의하였다. 즉 아동문학이라고 해서 반드시 아동만이 읽는 것은 아니고 아동의 동심을 이해하고 사랑하는 성인들이 아동을 위해 창작한 문학이라고 할 수 있다.

아동문학의 정의를 대상에 따라 아동문학을 좀 더 정확하게 이해하기 위해 문학활동과 관계된 유아기의 의미를 살펴보아야 하겠다(이기숙, 2008).

유아기 단계를 구분하는 것은 학자마다 다른 기준을 갖게 되는데 피아제(Piaget)의 이론에 따르면 유아기를 0~9세까지의 감각운동기, 전조작기, 구체적 조작기를 포함하여 분류하고 있다. 모리슨(Morrison)은 출생에서 8세까지로 구분하며, 캐츠(Katz)와 스포덱(Spodek)은 출생 후부터 초등학교 저학년까지로 보고 있다. 이러한 의견들을 종합하여 보면 유아란 영아를 포함한 0세부터 8세의 어린이를 의미한다.

따라서 유아문학이란 아동문학의 정의에 포함되어 있으며 그 대상이 출생에서 8세까지의 유아를 대상으로 유아의 발달 특성을 고려하여 내용과 형식을 갖춘 문학이라고 정의할 수 있다.

아동문학의 개념을 정의하고자 하는 것은 유아문학이 아동문학으로부터의 분리를 의미하는 것이 아니라 유아기의 특수성을 고려한 작자와 독자 및 소재, 그리고 성격 등을 명확히 하기 위해서다(이상금 · 장영희, 2001). 이러한 정의를 보면 유아문학이 아동문학에 포함되어 있음을 알 수 있다. 아동문학을 유아기, 소년 · 소녀기의 아동을 대상으로 하여 성인이 창작한 문학으로 볼 때, 유아기의 특수성을 고려한 유아들을 대상으로 한 문학으로 유아문학을 정의 내릴 수 있다. 즉 그 대상이 '유아기'를 의미하게 되는 것이다(김현희 · 박상희, 2007).

그 외 유아문학의 조건에 의해 설명하는 유아교육사전(1997)에서는 작가가 일차적으로 아동에게 읽힐 것을 목적으로 창작한 특수문학이라고 하고 있다. 역사적으로는 구비전승문학과 창작문학으로 나누어지는데, 전자에는 신화 · 전설 · 설화 등이 포함되고, 후자에는 동화 · 동요 · 동시 · 아동극(희곡) · 소설 · 설화 등이 포함된다. 아동문학의 조건은 ① 주제 · 소재 등에서 이상성 · 환상성을 갖는 것, ② 심미성을 고려한 교육성 내포, ③ 형식 · 내용에서의 단순 명쾌성, ④ 일반문학과 같은 예술적 형상화의 방법을 거쳐 예술적 인식과 감동을 줄 수 있는 것으로 정의하고 있다.

아동문학은 문학적, 교육적, 예술적, 발달 심리학적 특성으로 다음과 같이 나타낼 수 있다(임영심 · 고문숙, 2001).

2. 아동문학의 특성

1) 문학적 특성

아동문학의 문학적 특성은 문학작품을 통하여 아동이 성장함에 따라 바람직한 영향을 끼치는 것이다.

문학활동에서 터득한 지식이란 과거 경험과 이야기에 대해 상황을 이해하는 것을 의미한다. 문학적 경험이 많은 아동들은 허구적인 이야기를 꾸밀 때 자신이 터득해 온 이야기 지식을 다양하게 사용한다. 이야기 지식을 사용하여 만든 허구적인 이야기를 스토리(story)라고 부르는데, 스토리의 기본 3요소로 인물, 사건, 행위를 들 수 있다.

이야기(story)는 등장인물의 행위로 사건이 시작되며, 사건은 시작과 진행, 그리고 종결점이 있어야 하되, 이들은 서로 관련을 맺고 있어야 한다(Engel, 1990). 이야기는 과거의 사건을 순서에 맞도록 표현하는 방법이기 때문이다(Labov & Fanshel, 1977).

좋은 이야기는 독자들이 이야기에 몰입할 수 있도록 논리적이고 흥미로워야 한다. 독자들로 하여금 이야기를 쉽게 이해할 수 있게 하고 이야기를 잘 기억할 수 있도록 하며, 재미있게 구성하여 이야기에 몰입하게 한다(이대균 · 임자영, 2009).

2) 교육적 특성

아동문학이 아동들의 흥미나 재미만을 강조하고 교육적 측면을 고려하지 않는 태도는 바람직하지 못하다. 좋은 이야기는 재미있고 교육적으로도 바람직한 내용을 담고 있으며 아동들의 감성발달, 문학적 태도, 감상하기 등을 우선으로 한다.

윌리엄 스테이그(William Steig)의 「치과의사 드소토 선생님」(1982)의 이야기는 흥미로우면서도 교육적 효과가 있다. 큰 몸집의 여우가 딱한 표정을 짓는 장면이다. 치과의사 생쥐가 여우의 입 속에 들어가 치료를 하는 아슬아슬한 장면, 몸집이 작은 생쥐가 큰 동물의 입 속으로 들어가기 위해서 사다리, 도르래와 같은 도구를 사용하는 장면 등은 이야기의 재미를 더해 주고 있다. 동시에 어려움에 처한 여우를 치료해 주자고 합의하는 모습, 치과에 찾아오는 손님을 친절하면서도 정성껏 치료해 주는 모습 등은 교육적 효과가 있다.

3) 예술적 특성

유명한 화가가 그린 그림이라고 해서 모두 좋은 그림이 될 수는 없다. 작가는 주관적 묘사보다는 아동의 시선에서 그림을 묘사할 수 있어야 한다. 문학적 특성과 예술적 특성이 조화를 이루어 아동들에게 이야기 내용을 흥미롭게 전달할 수 있는 그림책이 예술적 특성이 있다.

4) 발달 심리학적 특성

아동기는 언어발달, 정서발달, 도덕성 발달, 성역할발달, 자아개념발달 및 사회성 발달 등이 활발히 이루어지는 시기이므로, 여러 가지 지식이나 정보들은 아동들의 발달 심리적 특성을 내포해야 한다. 동화 속의 등장하는 무생물, 동물들은 아동에게 매력을 더해 주고 상상력을 자극시킨다. 아동은 동화를 통해 생활 속에서 충족되지 못한 안정, 사랑, 소속감, 성취감, 미적감각 · 변화 등 여러 가지 욕구들을 대리 만족함으로써 정서적 만족감과 심리적 안정감을 얻는다. 이처럼 아동문학을 통해 아동들은 건강하고 올바르게 성장할 수 있다.

3. 아동문학의 목적

인간의 삶을 이해하고, 즐기고, 풍요롭게 하기 위한 노력의 발현을 문학이라고 한다.

문학작품을 읽는 동기에는 지식이나 정보를 얻기 위함은 물론이고, 인간의 삶을 이해하고, 정서적 동일시를 통한 위안을 얻고, 즐겁고, 풍요롭게 하기 위함이다. 아동들도 어른의 문학가치 정도와 차이는 있겠으나 문학경험을 통해 인간 세계에 대한 이해와 미래에 대한 희망, 기쁨과 슬픔, 아름다움과 추함을 알게 된다.

프뢰벨(Froebel)은 문학의 중요성에 “만약에 우리들이 아동들의 자발적인 활동을 통하여 교육하고자 한다면, 그리고 놀이할 때의 열의를 가지고 대할 수 있다면, 그 얼마나 훌륭하겠는가? 그런데 동화는 그것이 실현되는 것이다”라고 언급하고 있다. 문학교육이란 무의식 중에 이미 동화로 문학교육이 이루어졌음을 의미하고 있다. 이는 인류의 역사와 함께 아동들에게 지속적인 문학경험을 주어온 것으로 볼 수 있다.

문학경험을 통해 얻는 상상력은 개인으로서 자아를 깨닫고 그들 주변세계에 대한 올바른 인식과 그러한 세계와의 상호 접촉하는 태도와 기술을 갖게 해 준다. 문학은 의도적으로 우리들로 하여금 존재하지 않는 것을 마치 실제 있는 것처럼 알게 한다. 또한 실제인 것처럼 상상하게 하여 우리들이 그것을 이해하는 힘을 가지게 한다. 이러한 의미에서 볼 때 아동을 위한 문학교육의 목적은 어떠한 능력을 기르게 한다는 것보다 "그들에게 영향을 준다"는 의미가 더 바른 해석이다. 즉 지식 · 기술보다는 태도 · 감상과 더 관계가 있다고 볼 수 있다.

그렇다면 문자 해득 이전의 아동들에게 문학경험은 왜 필요한 것인지에 대해 살펴보고자 한다(이상금 · 장영희, 2001).

아동기란 모든 성장이 급속도로 이루어지는 시기로 아동의 발달 특성에 맞추어 최대의 교육효과를 가져오기 위해 많은 교육적 노력들을 기울이는 결정적 시기다. 이러한 노력 가운데에 문학경험이 주는 역할은 무엇이 있을까?

첫째, 아동들은 문학경험을 통해 여러 가지 인간문제를 경험하고 그것을 자기 자신의 감정이나 삶에 관련시켜 그들의 생활에 대한 새로운 태도와 정신을 기르게 된다. 즉 문학작품 속의 주인공에 동화되고 그 느낌이나 판단에 공감을 느끼면서 삶을 배우고 경험을 확대해 나가는 것이다. 좋은 문학작품을 통해 느끼는 진실과 감동이 아동들의 심성과 올바른 판단을 돕는 역할을 하게 된다.

둘째, 소꿉놀이, 전쟁놀이, 그림 그리기 등의 대부분 놀이 속에는 아동의 상상력이 작용하고 있다. 아동들의 상상력은 창조의 모체가 되는 힘으로, 머릿속의 막연한 꿈 · 이상 · 바람 등의 상상의 날개를 펼칠 수 있도록 도와 주는 데에 문학경험은 필요하다. 이야기(story) 속에서 아동들은 많은 형상을 만들고, 변형하고, 다시 깨뜨려 버리고, 또 다른 것들을 꿈꾼다.

셋째, 좋은 문학작품은 아동들이 밝고, 긍정적인 삶을 살아가는 데 중요한 역할을 한다. 궁극적인 목적으로 어떤 지식이나 기술의 획득이 아니라 인간정신(human spirit)에 대한 민감한 감화력과 같은 일종의 정서적인 반응을 창조하도록 지도하고자 하는 것이다.

자콥스(L. Jacobs)는 문학교육의 목적에 대해 다음과 같이 소개하고 있다.

① 문학은 즐기기 위한 것이다. 아동들에게 즐거움을 주기 때문에 이야기 듣기를

좋아하게 된다.

② 문학은 마음의 카타르시스, 즉 정화시켜 준다. 좋은 글이나 시를 읽고서 마음이 밝아지고 어려움을 극복할 수 있는 용기를 갖게 되는 것처럼 이야기의 주인공과 동일시하여 함께 웃고 우는 과정 속에서 마음의 정화를 갖게 된다.

③ 다양한 문학작품을 통해 여러 사람들의 살아가는 모습과 생활의 다양한 모습을 체험하도록 돕는다. 문학을 통한 간접경험은 다른 사람들을 이해하고 관계를 개선해 가는 힘이 되어 준다.

④ 문학은 생활지도 역할을 해 준다. 문학적 경험을 통해 자신을 통찰할 수 있는 기회를 갖게 되어 스스로 자신의 행동을 반성해 보는 생활지도의 역할을 할 수 있다.

⑤ 문학은 창조적인 활동을 자극한다.

⑥ 문학은 아름다운 언어로 구성된 글을 감상할 수 있다. 문학을 통해 아름답고 풍부한 언어의 세계를 경험하게 된다. 특히 아동은 모국어의 아름다움을 느낄 수 있는 좋은 기회가 된다. 좋은 시를 통해 그들의 모국어에 대한 아름다움과 감동을 느끼게 됨으로 아동들에게 시를 들려주는 것은 최적의 경험이 된다.

매터슨(E. M. Matterson)은 "사고의 확장, 어휘의 확장, 언어적 기술의 확장, 지식의 확대, 즐거움 및 대화의 기회와 육체적 휴식의 제공" 등으로 아동들의 문학경험에 대한 가치를 평하고 있다.

화이트헤드(Whitehead, 1994)는 "문학교육의 목표는 문학작품에 대한 아동들의 태도를 변화시키고 이해력을 증진시키는 데 있으며, 문학에 대한 지식이나 기술을 형성하는 것도 포함한다. 그리고 문학작품에 대해 친구들과 의견을 나누는 기회를 가짐으로써 서로를 보다 잘 이해하여 인류의 문화적 유산을 함께 나눌 수 있게 된다. 이에 더 나아가서는 문학을 이해하고 감상하는 방법을 체득함으로써 문학이 추구하는 인간적인 가치를 지니게 될 것이다"라고 문학교육의 목표에 대해 소개하고 있다. 즉 화이트헤드(Whitehead)는 문학교육의 목적을 문학작품에 대한 태도와 이해력을 기르고 문학에 대한 지식, 기술, 인류의 문화적 유산을 함께 나눈다. 그러므로 자기와 타인을 이해하기 등을 포함하여 문학을 이해하고 감상하는 방법을 기르는 데 목적을 두고 있다.

테일러(J. Taylor)는 아동 문학경험의 가치에 대해 다음과 같이 서술하고 있다.

① 아동의 조기 경험을 풍부하게 보충해 준다.
② 아동의 정확한 개념, 명료한 사고, 현대적 지식과 새로운 사고에 대한 자극을 촉진한다.
③ 아동의 심미적인 감상력을 기르고, 창조적인 표현력을 자극한다.
④ 아동의 문학적 경험을 제공함으로 어린이들이 살고 있는 세계에 대해 다양한 방법으로 이해하도록 해 준다.
⑤ 다른 아동 또는 성인들과 의사소통할 수 있도록 돕는다.
⑥ 아동들에게 즐거움을 준다.
⑦ 아동들이 책을 조심성 있게 다루며 독서에 대한 바른 태도를 길러 준다.

여러 학자들이 주장하는 문학교육 목표들을 기초하여 아동문학교육의 목적을 문학작품에 대한 태도영역, 문학작품의 이해와 감상영역, 문학적 상상력 및 창조력 영역, 문학작품에 대한 평가와 반영영역으로 구분한다. 강문희(1997)는 각 목표영역들에 대해 구체적으로 다음과 같이 설명하고 있다.

① 문학작품에 대한 태도

- 문학작품 속에서 즐거움을 느낀다.
- 문학작품을 즐겨 읽는다.
- 독서의 양을 증진시킨다.
- 지속적인 독서습관을 갖는다.
- 독서하고자 하는 문학작품의 수준을 높인다.
- 문학작품의 중요성을 안다.

② 문학작품의 이해와 감상

- 문학작품의 내용을 이해하고 감상한다.
- 문학작품의 배경을 이해하고 감상하며 묘사한다.
- 문학작품 속의 어휘, 문장, 구어, 문어 등의 문체를 이해하고 감상한다.
- 등장인물의 특성을 알고 묘사한다.

- 동화, 동시, 동극의 특성을 이해하고 감상한다.
- 문학작품 속의 다양한 세계에 대해 간접 체험을 한다.
- 다른 종교, 인종, 사회 경제적 배경을 가진 다양한 유형의 사람들을 이해한다.
- 다양한 문화를 이해한다.
- 문학작품 속에서 정서적 순화를 경험한다.

③ 문학적 상상력 및 창조력

- 다양한 세계, 아름다운 세계, 새로운 세계를 창조하는 데 모체가 되는 상상력을 키운다.
- 문학작품을 이해하고 감상한 것을 글짓기, 연출, 미술활동 등 다른 창조적인 활동으로 표현한다.

④ 문학작품에 대한 평가와 반영

- 문학작품 속의 주인공과 등장인물들의 삶에 대한 태도를 평가한다.
- 정의에 대한 바른 판단기준을 가진다.
- 등장인물들의 바람직한 삶의 태도를 내면화한다.
- 등장인물의 바람직한 삶의 태도와 가치를 자신의 삶에 반영한다.
- 자신이 좋아하는 문학작품을 다른 사람과 공유한다.

이상의 여러 견해들을 종합해 보면, 문학은 아동들에게 상상력을 길러 준다. 그리고 경험을 확장시켜 주고 풍부하게 해 주며, 사고력과 창의력의 발달을 돕는다. 또한 즐거움 속에서 세상을 이해하며 살아가도록 도움을 주고 자기를 잘 표현할 수 있도록 해 준다. 이는 독서에 대한 좋은 태도와 언어능력, 심미적 감상력 등을 기를 수 있도록 한다.

4. 아동문학의 교육적 기능

문학은 교육을 위해 만들어지는 것은 아니다. 그러나 아동문학의 교육적 기능을 분석해 봄으로 문학이 교육의 수단이 아닌 유아의 성장 · 발달단계와 어떤 관계를 맺는지 살펴볼 수 있다. 우선 아동문학의 교육적 기능을 분석하기 이전에 문학이란 무엇이며 문학교육이란 무엇인지를 밝히고 문학과 문학교육과의 관계를 살펴보아야 한다.

아동문학이란 내용면으로 이상성과 몽환성을 가진 로맨티시즘과 윤리성과 교육성의 인도주의를 바탕으로 둔다. 형식면으로는 원시성과 단순 명쾌성을 가진 원초적 문학인 동시에 예술성을 가진 본격 문학이라 한다(이재철, 1978). 이러한 아동문학의 궁극적 목적은 아동들의 전인적인 발달과 성장을 도우며 삶에 대한 방향을 제시할 수 있어야 한다. 이는 현대교육의 목적과 그 의미를 같이 한다. 즉 현대교육의 방향은 아동들로 하여금 그들의 주변 세계에서 일어나는 모든 필요를 어떻게 판단하고 처리하는가 하는 능력과 수단을 발전시키는 것을 교육의 목적으로 하고 있기 때문이다(최태호, 1962).

아동문학 교육의 목표는 아동교육 목표와 방향이 일치한다고 볼 수 있으며 이러한 점을 고려하여 아동문학이 갖는 교육적 기능을 살펴보면 다음과 같다.

아동은 책을 보거나 어른이 들려주는 이야기를 통해 즐거움을 갖게 된다. 그리고 책을 아끼고 사랑하고 즐길 수 있게 된다. 아동이 느끼는 감동이나 즐거움이란 작가를 통해서 세상을 알게 되는 기쁨이다. 유아들은 주로 어머니의 목소리를 통해 책을 만나게 되면서 책 읽는 즐거움을 경험하게 되고 책을 좋아하게 되면서 책을 읽고 이야기를 듣는 그 과정 자체를 즐기게 된다.

아동문학이나 어른을 위한 문학의 가치는 그 정도에 있어서 차이가 있을 뿐 그 종류가 다르다고 할 수는 없다. 단지 어른은 인간의 속성을 이해하기 위하여 심리학이나 사회학, 인류학을 공부함으로써 더 깊이 이해할 수 있을 뿐이다. 그러나 아동은 이러한 모든 것을 아동문학을 통해서 일반적으로 다 아는 것이다. 즉 아동문학은 유아에게 즐거움 뿐만 아니라 인간 세계에 대한 이해를 함께 할 수 있도록 한다(김현희 · 박상희, 1999).

근대 아동문학의 경향은 아동을 위해서 만들어지고 아동이 그 작품을 읽는다는 조건을 내포하고 있다. 아동들은 신체적 · 지적 · 정서적 · 사회적으로 성장하는 과정에 있으며, 그 발달 속도가 인생의 어느 시기보다 왕성한 것이 특징이다. 이것은 현대교육의 목적과 상통한다. 현대교육의 방향은 아동들로 하여금 주변의 환경에서

일어나는 모든 필요를 어떻게 판단하고 처리하는가 하는 능력과 수단을 발전시키는 것을 교육의 목적으로 한다. 인격형성 과정에 놓여 있는 유아는 인간으로서 살아가는 방법들을 그들의 경험 가운데서 추구하고 있다. 아동들을 위하여 제공하는 문학경험은 인간이 성장함에 있어서 바람직한 영향을 받아 그 심신발달에 보다 나은 변화를 가져오게 하는 기능을 갖고 있다고 할 수 있다(이상금 · 장영희, 2001).

문학을 통한 경험의 확대는 아동들이 당면하는 생활과제의 해결을 돕는다. 생활과제란, 아동의 일상생활에서 그들이 당면하는 행동의 장벽으로 물리적인 것, 심리적인 것, 사회적인 것도 있다. 날마다 시시각각으로 이러한 과제를 해결하며 살아가고 있다. 즉 아동이 성장하는 과정에서 해결해야 할 과제는 많으며 이러한 의미에서 문학은 그들에게 필요한 정보를 제공하고 그들을 격려하고 위로한다.

다시 말해, 자신의 문제들을 더 잘 이해할 수 있도록 도우며, 책 속에서 주인공이 자신과 비슷한 문제를 해결하는 과정을 통해 아동은 자신의 생활에 적용할 수 있게 된다. 또한 아동 자신의 문제가 자기 혼자만의 것이 아님을 공감함으로써 위안을 얻게 되는 것이다. 특히 자기 중심성이 강한 아동은 다양한 인물을 이해하는 데 한계를 갖게 되는데 문학은 이것을 도와 타인을 이해하도록 도움을 준다.

첫째, 문학은 아동의 언어적 발달 기술인 읽기, 쓰기, 말하기, 듣기영역의 발달을 돕는다. 「큐슐라와 그림책 이야기」에서 아동기에 좋은 그림책을 많이 경험한 아동은 글자를 익히는 것을 자연스럽게 즐기면서 배울 수 있게 된다는 것을 장애를 가진 큐슐라의 경우를 통해 소개하고 있다.

장애를 가진 큐슐라가 3개월 때부터 꾸준히 그림책을 보기 시작하여 3세 8개월이 되었을 때는 지능이 평균보다 높다는 결과로 인지발달 전반에, 특히 언어발달에 있어 그림책의 중요한 영향력을 보여 주고 있다.

어려서부터 부모가 들려주는 재미있는 이야기를 듣고 자란 유아들은 자연스럽게 타인의 이야기를 주의 깊게 집중하여 들을 수 있는 듣기교육의 훈련이 된다. 또한 어릴 때부터 이야기책을 많이 접한 유아는 이야기 쉐마(schema)를 형성하는데 도움을 받아 이야기가 앞으로 어떻게 전개될 것인지에 대해 예견할 수 있으며, 내용도 더 정확하게 이해할 수 있다.

▶ 「큐슐라와 그림책 이야기 / 도로시 버틀러 글 · 그림 / 보림」

둘째, 문학을 통해 상상력이 풍부하게 되어 창의성을 기르게 된다. 아동들의 상상력은 창의성의 바탕이 되고 꿈 · 이상 · 바램 등 상상의 날개를 펼 수 있는 창조적인 활동의 원천을 책이 제공한다. 이야기에 나오는 아름다운 어휘들은 독창적인 시를 창작하게 한다. 완성도가 뛰어난 그림책의 그림을 보면서 그림을 그려 보고 싶게 하며, 상상력을 자극하게 된다.

유아기는 상상력이 풍부한 시기로 「글자 없는 그림책」 같은 글이 없는 그림책은 특히 상상력을 자극한다. 다양한 책을 보면서 이야기를 꾸며 보게 하고 이야기하도록 장려하는 것은 상상력을 발휘할 수 있는 매우 즐거운 경험이 될 수 있다.

셋째, 틀에 박힌 일상생활에서 잠시나마 벗어날 수 있는 기회를 준다. 유아는 옛이야기의 전래동화나 환상동화에 나오는 기적이나 마술이 실제 생활에서도 일어날 수 있다고 생각한다. 이렇게 환상적인 이야기를 즐기게 됨으로써 유아는 편안한 마음과 일상적인 압력으로부터 벗어나는 시간을 갖게 된다.

▶ 「글자 없는 그림책 1, 2, 3 / 신혜원 그림 · 이은홍 엮음 / 사계절」

유아들이 주변에서 흔히 겪는 일, 낯익은 물건들, 친근한 동물들을 소재로 상상력을 자극하는 스물 한 편의 이야기를 그림만으로 엮은 그림책이다. 글이 없어도 온갖 이야기를 만들어 웃기도 하고, 어떤 때는 고개를 까우뚱거리며 한참을 들여다보기도 하면서 유아들 스스로 고정관념을 깨는 발상의 전환을 경험할 수 있을 것이다.

넷째, 도덕적 태도와 기준을 발견하고 개발하도록 돕는다. 좋은 책은 아동이 책을 읽는 동안 높은 차원의 도덕적 기준을 느낄 수 있도록 한다. 동화 속 등장인물들의 강한 의지와 약점, 미덕과 허영심 등을 통해 아동은 동화의 내용을 머릿속에 생생하게 묘사한다. 아동은 도덕적으로 올바른 행동과 태도가 무엇인지 이해하며 도덕적 추론 능력을 기를 수 있다. 아동문학 가운데 아직 교훈동화 같은 것이 여러 형태로 남아 있으나 아동문학이 일정한 교훈 · 덕성 · 관념이나 주의를 가르치려는 것은 아니다. 교훈과 교육은 다른 의미로, 아동문학은 교훈을 주려는 것이 아닌 교육적 영향을 줌으로써 아동이 문학작품을 통해 감동을 받고 그 속의 진실을 탐구하는 용기를 주어 바른 인격형성에 도움을 주고자 하는 것이다.

다섯째, 우리 국어와 우리 민족에 대한 이해를 돕는다. 책 속에 표현된 아름다운 운율과 리듬감이 있는 단어나 구절을 통해 유아는 우리말을 즐길 수 있는 좋은 기회를 갖게 된다. 아름다운 운율을 가진 시와 반복되는 어휘와 구절, 상황이 있는 이야기를 들음으로써 우리 국어에 대한 아름다움을 느낄 수 있다. 또한 옛 이야기나 역사책, 위인 이야기를 통해 우리 민족과 조상의 얼에 대해 이해할 수 있게 된다. 그러므로 우리의 옛 이야기를 통해 아동에게 자연스럽게 우리 민족의 고유정서를 알도록 한다.

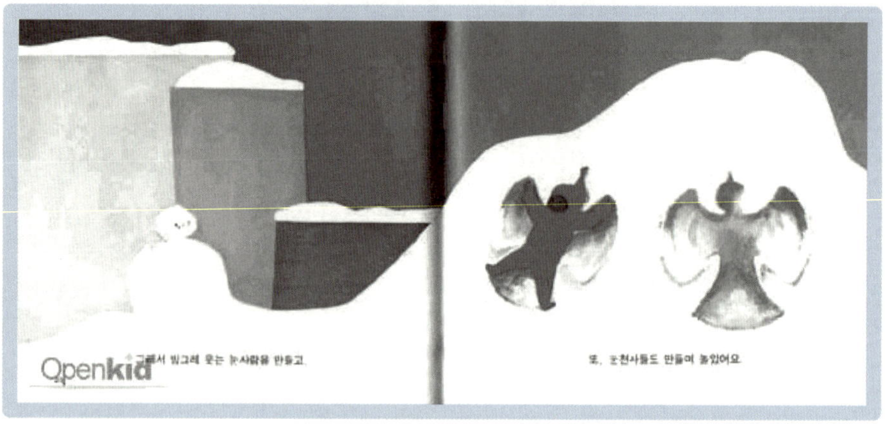

▶ 「눈 오는 날 / 에즈라 잭 키츠 글 · 그림 / 비룡소」

잠에서 막 깨어난 피터의 눈앞에 밤새 내린 하얀 눈이 온 세상을 하얗게 만들어 놓은 예쁜 풍경이 있다. 밖으로 나간 피터는 눈도장을 찍고, 눈사람을 만들고, 눈싸움도 하며, 신나게 친구들과 어울려 논다. 하얀 눈밭을 뒹구는 아이들의 웃음소리가 들릴 것 같은 그림책이다. 하얀 눈이 내린 겨울에 우리 아이들은 어떻게 놀이를 할까요?

CHAPTER 02

아동의 발달특성과 아동문학

아동교육과 관련된 모든 부분에서 고려해 두어야 할 점은 아동들이 그들 나름대로 생각을 할 수 있다는 점을 인정해 주는 일이다. 성인들의 생각을 그대로 주입시키는 것이 아니라 그들 자신이 생각할 수 있도록 해주는 것이다. 그러기 위해서는 부모나 교사가 아동들에게 좋은 문학경험을 제공해 주는 것이 가장 중요하다. 아동들은 그들이 좋아하는 사람이나 물건에 관한 이야기 또는 동물이나 자연계에 관한 이야기를 좋아한다. 또한 이야기 속에 흐르는 운율을 좋아하며 동시, 생활동화, 환상동화, 전래동화 등을 통하여 그 속에서 기쁨과 감동을 얻을 수 있게 된다.

아동들이 좋아하는 이야기의 책을 선택할 때는 아동의 발달 특성과 책에 대한 흥미를 고려해야 한다. 아동들이 어떤 책을 어떻게 좋아하느냐를 생각해 보면 문학작품 자체의 특성, 아동의 발달적 특성, 사회 문화적 환경의 변인 등으로 나누어 볼 수 있다. 아동들이 책을 읽을 때나 들을 때 그리고 읽은 책에 대하여 반응할 때도 유아의 발달 단계별로 특성이 나타나며 그 특성이 영향을 미치게 된다.

그러므로 이 장에서는 아동들의 기본적 욕구에 대해 살펴보고, 책 읽기 활동에 영향을 미치는 요인 중 하나인 유아의 발달 특성에 맞는 문학작품을 선택하는 기준에 대하여 이야기하고자 한다(김현희 · 박상희, 2008).

1. 아동문학과 아동의 기본적 욕구

문학경험은 아동들에게 다양한 삶의 태도나 인간관계 등을 제공함으로써 그들 자신에 대한 이해를 키우고 타인과 환경을 이해할 수 있도록 도와준다. 아동교육 활동을 계획하고자 할 때에는 아동의 생활연령, 신체적 성숙, 정신적 구조와 인지, 사회성 · 도덕성 발달을 고려해야 한다. 교사와 부모들은 이런 점을 고려하여 아동이 즐거워하고 흥미 있어 할 수 있는 문학작품을 선택하고 준비해야 한다. 그러기 위해서는 아동의 발달 특성과 기본적 욕구를 먼저 알고 이해해야 할 것이다.

해비거스트(Havighust, 1955)는 아동들에게 필요한 발달과업을 아래와 같이 정의하였다.

- 만족스러운 자아개념을 갖는 것
- 또래 친구들과 함께 어울리는 것을 배우는 것
- 적당한 성 역할을 학습하는 것
- 대화 · 읽기 · 산수의 기본적인 기술을 배우는 것
- 매일의 효과적인 생활을 하기 위한 과학, 사회개념을 발달시키는 것
- 가치와 태도, 양심을 발달시키는 것
- 자신의 적성 및 취향을 발달시키는 것

아동들은 이러한 발달과업들을 수행해 나가면서 자신에 대한 이해심을 키우고 그들을 둘러싼 주변 환경을 이해할 수 있게 된다.

에릭슨(Erikson, 1964)은 출생에서 5세까지의 발달과정을 첫 1년 동안은 신뢰감의 형성시기이고 그 후에 자율성과 주도성이 발달된다고 하였다. 이러한 기본적인 욕구들이 어떤 한 가지 활동만으로 충족되어질 수는 없다. 그렇지만 문학활동을 통하여 자신과 다른 타인들의 행동과 언어 등을 이해하고 상상해 보면서 그들의 욕구들을 충족시킬 수 있도록 도와줄 수 있다.

조르게우(Georgeiou, 1979)는 아동들에게 문학경험이 주는 가장 최상의 보답은 그들의 욕구를 만족시켜 주어 성장 · 발달을 격려해 주는 것이라고 하였다. 따라서 아동들을 위한 좋은 문학작품을 선택하기 위해서는 우선 그들의 기본적인 욕구를 알아내고 이해하는 것이 가장 중요하다.

매슬로우(Maslow, 1970)는 유아가 기본적인 욕구를 충족해 나가는 과정을 통해 인간 성장 · 발달을 설명하고 있다. 즉 생리적 욕구, 안전의 욕구, 소속의 욕구, 성취의 욕구, 사랑과 애정의 욕구, 탐구와 이해의 욕구, 심미적인 욕구 등이 있으며 유아의 건전한 성장을 위해서는 이러한 욕구가 충족되어야 한다고 하였다.

여기서는 매슬로우가 설명하고 있는 유아의 기본적인 욕구를 살펴보면서 아동의 발달 특징과 문학작품과 관련하여 설명해 보고자 한다.

1) 생리적 욕구

인간의 가장 기본적 욕구인 생리적 욕구는 음식, 물, 수면, 산소, 배설, 보온, 성에 대한 욕구 등 일상생활에서 나타나는 본능적이며 생리적인 현상에 대한 욕구를 뜻한다.

생리적 욕구에 대한 대표적인 문학작품으로는 「잠이 안 오니, 작은곰아?」가 있다.

▶ 「잠이 안 오니, 작은곰아?/ 마친 웨델 글 · 바바라 퍼스 그림 / 비룡소」

이 작품은 작은곰이 캄캄한 밤이 무서워서 잠을 이루지 못하자 큰곰이 작은 등잔부터 큰 등잔까지 켜 주지만 그래도 작은곰은 무섭기만 하다. 결국 큰곰은 작은곰을 데리고 달과 별이 환하게 비치는 밖으로 나가고 이 때 비로소 작은곰은 잠이 든다는 내용을 담고 있다.

▶ 「싹싹싹 / 하야시 아키코 글 · 그림 / 한림」

토실토실 살이 오른 귀여운 아가와 함께 여러 동물인형들이 수프를 담은 접시와 숟가락을 들고 모두들 맛있는 식사를 위해 행복하게 미소짓고 있다. 이제 막 숟가락을 혼자 사용하려는 아이들에게 소개할 수 있는 책으로 아이 스스로 자기에게 필요한 일들을 처리하는 생활 습관을 기르는 데 도움을 주는 책이다.

2) 안전의 욕구

안전의 욕구는 자신을 안전하게 보상받고자 하는 욕구로써 생리적 욕구가 충족되면 이 욕구로 발전하게 된다. 이 안전에 대한 욕구 속에는 신체적 안전, 물질적 안전, 정서적 안전, 지적 안전 등이 포함되어 있다.

그 중 아동들에게 있어서 물질적인 욕구는 안전을 상징해 주는 외적인 대상이 된다. 예를 들면, 옛날 이야기의 내용 중에서 아름답고 화려한 옷, 웅장하고 커다란 궁전, 값진 보석, 호화스러운 파티 등이다. 물질적 · 경제적 안전에 대한 욕구의 상징으로 인간행동의 큰 동인이 되고 있을 뿐 아니라 이야기를 구성시키는 데 있어 자신을 긍정적으로 생각하게 한다. 자신의 친구와 이웃 등 타인과의 관계도 올바르게 할 수 있는 중요한 요소 중 하나다.

물질적 · 경제적 안전 외에도 정서적 안전의 욕구가 있는데 이러한 정서적 안전감은 아동들이 자신에 대해 긍정적인 생각을 하게 하고 다른 사람과의 관계도 올바르게 갖도록 도와 준다. 불안전한 정서상태는 다양한 형태로 아동들의 행동에 영향을 끼치게 되는데, 악몽, 불안, 극단적인 감상, 공포 등이 방치되면 그것은 정신적 질환을 가져올 수 있다고 하였다(신현재 · 권혁준 · 곽춘옥, 2009).

아동들은 정서적 안전감을 문학작품을 통해 가질 수 있다. 정서적 안전감은 사랑과 용기, 기쁨이 담긴 내적이고 정신적인 것으로서 물질적인 단순한 욕구보다는 한 단계 위의 욕구라고 볼 수 있다.

▶ 「천둥 케이크 / 패트리샤폴라코 글 · 그림 / 시공주니어」

천둥이 치자 침대 밑으로 숨는 아이에게 할머니는 '천둥 케이크'를 굽자고 한다. 아이는 번갯불을 본 뒤 천둥소리가 들릴 때까지 수를 세면서 달걀과 설탕과 밀가루 따위를 가져와 케이크를 만든다. 마침내 폭풍이 도착했을 때 천둥 케이크가 완성되고 아이는 어느 새 두려움을 잊고 활짝 웃는다.

▶ 「쏘피가 화나면-정말, 정말 화나면… / 몰리 뱅 글 · 그림 / 아가월드」

언니에게 인형을 빼앗긴 소피는 화가 나서 밖으로 나간다. 달리면서 울기도 하고 자연의 소리에 귀기울여 보기도 한다. 그러다 큰 밤나무 위에 올라가 바다를 보며 위안을 받는다. 다시 기분이 좋아진 뒤 집으로 돌아온 소피를 식구들은 반갑게 맞이한다.

그 외 지적인 안전은 정확하고 확실하게 알고자 하는 욕구로써 유아에게 지적인 안전감을 줄 수 있는 방법으로는 진실되고 좋은 책을 보여주는 것이다.

종교적 안전에 대한 욕구는 인간이 어떤 위험이나 실패를 경험했을 때 극복할 수 있다는 믿음이 생기는 것이다. 이는 신에 대한 종교적 신뢰로 이룩되는 것으로 그들만의 절대적 신과 연결되어 유아에게 안전감을 준다.

3) 소속의 욕구

소속의 욕구는 가족이나 또래집단 등 타인과의 관계를 맺으면서 어떠한 집단에 소속되고 싶어하는 욕구다. 집단활동으로 인한 가족 간의 사랑, 우정을 필요로 하고 그것을 통해서 자신에 대해 긍정적인 생각을 갖게 된다.

우리는 주변에서 유아들이 '우리 엄마', '우리 형', '내 동생'이라고 자신감 있게 말하는 모습을 자주 볼 수 있다. 이러한 말들은 점차 '우리 선생님', '우리 학교', '우리 가족' 등으로 소속의 범위가 확대되며 여러 가지 복합적인 집단의 구성원으로 자신을 생각하게 된다. 이러한 경험은 자기 중심적 표현이라고 볼 수도 있지만 이것은 '집단'이라는 소속감을 형성하고 싶은 그들만의 감정을 표현한 것이다.

▶ 「이사 가는 날 / 김세온 글 · 그림 / 비룡소」

'황금도깨비상' 대상을 수상한 그림동화집이다. 새 집으로 이사하는 일을 커다란 삶의 변화로 받아들이는 한 어린아이의 심리를 묘사하고 있다. 산동네 조그마한 집에서 새 집으로 이사 가는 날의 설레임과 기대, 그리고 정든 이웃들과의 헤어짐들이 마치 어린 아이의 일기를 통해 살펴보는 듯한 내용이다.

요즘처럼 핵가족 속에서 자란 유아들의 경우에는 다양한 인간관계를 형성할 수 있는 경험이 부족하다. 그러므로 유아교육기관에서 처음 적응할 때나 새로운 친구들을 만날 때, 낯선 곳에서 여러 사람들과 접할 때 당황하게 되고 불안감을 느끼게

▶ 「멋진 우리 가족 / 로랑스 질로 글 · 에밀리 숄라 그림 / 여명미디어」

가족을 이루고 있는 여러 모습들을 알게 해 준다. 외조부모님, 작은 아버지 등 친척 관계를 나타내는 이름에 대한 설명, 이혼과 재혼 그리고 입양 등에 의해 새로이 구성되는 다양한 형태의 가족, 과거와 요즘의 변화한 가족 제도 등 가족에 대한 다양한 읽을 거리들이 담겨 있다.

된다. 미첼(Mitchell)의 「이사 가는 날」은 바로 유아들의 이러한 마음을 담고 있다.

또한 유아들은 힘들고 어려운 일들을 이겨낸 후 결국 소속의 기쁨을 갖게 된다는 이야기를 좋아한다. 예를 들면, 안데르센(Hans Christian Andersen : 1805~1875)의 「미운 오리 새끼」는 소속에 대한 욕구를 표현한 대표적인 작품이다. 유아들은 「신데렐라」나 「허클베리핀의 모험」 등과 같이 처음에는 어디에도 소속되지 못하다가 나중에는 결국 원하는 곳에 소속되는 이야기에 흥미 있어 하고 즐거워한다.

인구가 점점 증가하고 사회가 복잡해지고 있는 요즘 우리는 여러 인간 관계를 형성하게 되는데, 이 때 겪게 되는 갈등을 유아들이 잘 극복할 수 있도록 성인들은 문학작품을 통해 도와 주어야 한다(엘렌, E. M, 로버츠, 2003).

4) 성취의 욕구

유아들은 자기 자신을 존중하고 다른 사람으로부터 존중받고 싶어 하는 성취의 욕구를 가지고 있다. 이러한 성취의 욕구가 충족되었을 때 유아들은 자신에 대해 긍정적으로 생각할 수 있게 된다. 자아존중, 자신감, 성취감 등 건전한 자아개념이 생길 때 그들의 호기심은 좀 더 새로운 것에 도전하고 싶어 하며 결국은 더 많은 것을 성취할 수 있게 된다.

문학경험을 통한 어떠한 활동은 다른 유아보다 더 잘할 수 있다는 경쟁적인 성취가 아닌 협동적이고, 다른 사람도 인정해 줄 수 있는 책임감 있는 행동 및 태도로 키워 나가야 할 것이다. 그러나 이러한 성취욕구가 충족되지 않았을 때에는 좌절이나 열등감, 자기비하 등 잘못된 자아개념을 가질 수 있다. "너는 왜 누구보다 더 잘하지 못하니?"와 같은 언어로 다른 형제나 친구와 비교하면서 질책하는 것은 잘못된 교육 방법이다.

일반적으로 성취욕구는 '환경과 효율적으로 상호작용할 수 있는 능력'에 대한 욕구로 인간 행동에 대한 강한 동인이다. 이러한 성취욕구는 신생아 때의 기어다니고 움켜쥐는 가장 기초적인 활동으로부터 발전하여 더 복잡한 신체적, 지적 능력에 대한 욕구를 포함한 것이다. 곤란한 상황이나 장애를 극복해 나가는 과정에서 얻게 되는 만족감도 여기에 포함된다. 그러므로 우리는 유아들에게 장애를 극복하고 어려운 상황을 극복해 나간다는 내용이 담겨져 있는 문학작품을 권장해 주어야 한다. 예를 들면, 「헬렌 켈러」와 같은 작품을 말한다.

헬렌은 태어난 지 두 해도 지나지 않아 병으로 눈이 보이지 않고, 말을 하지도 못하며 들을 수도 없게 된다. 그러나 설리반 선생님의 희생과 사랑으로 책을 읽고 글을 쓸 수 있게 된다. 헬렌은 일반 사람과 함께 공부하여 대학을 우등생으로 졸업하게 되고 어려운 사람들을 도우며 살아간다는 내용을 담은 작품이다.

이처럼 유아가 나 혼자라는 생각을 하지 않고 스스로 힘을 얻을 수 있다는 주제가 담긴 문학작품을 통해 유아들이 성취욕구를 충족시킬 수 있도록 도와 주어야 한다.

아동기에는 비슷한 성장곡선을 그려 나가기는 하지만 각각의 특성 및 개인적인 성장·발달이 다르다. 그들이 가지고 있는 성취욕구를 만족시켜 줄 수 있는 문학작품들을 선택하는 것은 중요한 과제다.

▶ 「나도 캠핑 갈 수 있어! / 하야시 아키코 글 · 그림 / 한림」

동네 아이들이 모여서 캠핑을 떠나는데, 나이가 어린 소라는 언니 오빠들과 함께 가고 싶어 따라간다고 하니 모두들 어려서 안 된다고 한다. 결국 떼를 써서 따라간 소라는 언니, 오빠의 도움 없이 나름대로 자기 할 일을 잘 해내는 모습을 볼 수 있다.

▶ 「라치와 사자 / 마레크 베로니카 글 · 그림 / 비룡소」

주인공 라치는 개를 보면 허겁지겁 달아나고, 깜깜한 방에는 들어가지도 못하고, 친구들도 무서워하여 따돌림당하는 겁이 많은 아이이다. 어느 날 아침, 라치에게 조그마한 빨간 사자가 나타난다. 라치와 사자는 아침마다 함께 운동을 한다. 사자가 있으니 두려울 게 없다는 마음에 라치는 조금씩 무서움을 이겨내는 용감한 아이가 된다.

5) 사랑과 애정의 욕구

유아들은 가족 속에서 사랑을 받고 자라며 사랑을 주는 것도 배운다. 또한 가족 속에서 아버지와 어머니의 위치 및 역할 등을 배우게 되고, 그들 자신의 성 역할도 인식하게 된다. 가족 속에서 사랑을 주고, 받았던 유아들은 가족 외의 사람들에게도 사랑을 주고 받아들인다. 즉 유아들은 모든 사람들을 사랑하고, 그들에게 사랑받기를 원한다. 이는 가족 간의 사랑과 또래집단 간의 우정을 필요로 하는 것이다. 유아들은 이러한 사랑과 애정의 욕구를 문학경험을 통해 충족시킬 수 있다.

유아들에게 자신의 모습이 더 예쁘지 않아도 있는 그대로의 모습만으로도 충분히 사랑을 받는다는 느낌을 갖게 해 주는 것이 중요하다. 또 모든 유아들은 그들 자신이 사랑받고 있다는 느낌을 받기 원하므로 부모나 교사는 유아들에게 그들이 사랑받고 있다는 확신을 심어 주어야 한다. 친밀한 분위기 속에서 이러한 욕구를 만족시켜 줄 수 있는 이야기를 들려주는 것이 더욱 효과적일 것이다.

▶ 「내가 아빠를 얼마나 사랑하는지 아세요? / 샘 맥브래트니 글 · 아니타 제람 그림 / 한국 프뢰벨」

모성애 못지 않은 아버지의 넓고 깊은 사랑을 느낄 수 있는 그림책이다. 아무리 애써 봐도 따라갈 수 없는 부모님의 사랑이 잘 표현되어 있다.

사랑의 욕구를 표현한 문학작품에는 부모에 대한 사랑뿐 아니라 할아버지 · 할머니를 포함한 가족 간의 사랑, 친구 간의 우애, 애완동물에 대한 사랑을 표현한 작품도 모두 포함된다. 사랑을 받고 싶어하는 유아들은 사랑과 애정을 그린 이야기에 흥미를 갖게 되고, 이러한 문학경험을 통해서 더욱 성장하게 된다. 사랑과 애정의 욕구를 주제로 한 대표적인 문학작품으로는 안데르센의 「인어공주」, 「미운 오리 새끼」 등이 있다.

▶ 「가장 멋진 뽀뽀 / 히아원 오람 글 · 프레데릭 조 그림 / 웅진닷컴」

꼬마곰이 기차놀이를 하다가 머리를 부딪쳤을 때, 그림책을 꺼내려다 의자에서 미끄러졌을 때, 친구들과 어울리지 못해서 슬펐을 때, 엄마곰은 뽀뽀해 주고 반창고를 붙여준다. 다음날 엄마곰이 편지를 읽고 속상해 할 때, 꼬마곰은 엄마처럼 뽀뽀도 하고 반창고도 붙여 주며 위로해 준다. 적절한 반복구성과 따뜻한 그림이 가족 간의 사랑하는 마음을 산뜻하게 전달해 준다.

6) 탐구와 이해의 욕구

유아들은 끊임없이 그들의 주변 세계에 대해 많은 호기심을 가지고 있다. 탐색하려 하고 정확하게 알려고 하는 욕구는 그들의 본성적인 특징이라고 볼 수 있다. 유아기는 일상적이고 당연한 일까지도 호기심을 가지고 대하며 "왜 그렇지?", "그것이 뭐야?"라는 형식의 질문도 많아진다(이춘희, 2009).

성인들은 유아들의 이러한 호기심적인 질문을 이해하지 못하고 "조용히 좀 할 수 없니?", "나중에 가르쳐 줄게"라는 식으로 그들의 질문을 무시해 버리는 경우가 많은데, 이럴 경우 유아들은 그들의 욕구를 충족시키지 못해서 열등감을 느끼고 좌절을 하기도 한다. 그러므로 성인들은 유아들에게 그들이 가지고 있는 호기심을 충족시켜 줄 수 있어야 한다. 여러 가지 재료와 방법을 제공해 주어 그들의 알고자 하는 의욕을 이해하고 이러한 탐구과정을 통해 성취감을 느낄 수 있도록 격려해 주어야 한다.

유아들의 알고자 하는 욕구를 충족시켜 줄 수 있는 책은 주로 지식을 전달해 주는 책이다. 유아들의 호기심을 자극할 수 있는 예쁜 그림이 함께 있는 그림책을 권장할 수도 있다. 이 때 유의할 점은 유아들에게 지나치게 지식만 주입시키는 방법보다는 모르고 있던 것에 대해 하나씩 알아 가는 즐거움을 느낄 수 있는 방법으로 책을 접하게 해 주어야 할 것이다. 유아들의 내적인 호기심은 다양하며 상당한 차이가 있을 수 있으므로 이에 따른 문학작품의 선택이 요구된다.

7) 심미적인 욕구

심미적 욕구란 아름다움을 추구하여 미를 즐기고자 하는 욕구로서 자신을 아름답게 꾸미고자 하는 형태로 나타나기도 한다. 또한 음악, 무용, 미술, 문학 등의 매체를 통해 인생의 기쁨을 표현하기도 한다. 이러한 심미적인 욕구는 새로운 인생과 세계를 보여주는 예술을 통해서 충족될 수 있다. 이러한 만족감을 통해 아름다움을 지향하는 심미적인 능력과 표현력이 발전되는 것이다.

인간은 유아기에서부터 성인에 이르기까지 어떠한 형태로든 심미적 욕구를 추구하려는 마음이 한결같이 지속된다. 이러한 심미적인 만족감은 사람에 따라 어떠한 방법으로 어떠한 것을 추구했느냐에 따라 달라진다. 문학과 관련지어 볼 때, 부모와 교사들은 우선 유아들에게 적절한 문학작품들을 제시해 주는 것과 예술적인 아름다움을 지닌 작품들을 제시해 주어야 하는 책임을 지니고 있다.

▶ 「아가야, 안녕? / 제니 오버렌드 글 · 줄리 비바스 그림 / 사계절」

성교육이라는 관점에서가 아니라, 아기가 태어나는 특별한 사건을 가족들이 어떻게 맞이하고 있는지 그리고 있다. 이런 경험은 동생이 어떻게 태어나는 지도 전혀 모른 채, 그냥 어느 날 병원에서 데리고 온 아기를 보는 것 하고는 느낌이 다를 수밖에 없을 것이다.

요즘은 책 자체가 아름답게 제본되었다거나 아름다운 그림들로 구성되어 있는 책들이 많이 나오고 있어 유아들의 심미적인 욕구를 만족시켜 주기에 충분하다. 이것은 아름다움의 추구를 주제로 한 책과 책 자체의 아름다움 그리고 환상적인 그림이 주제와 분위기에 적합하게 그려진 그림책이 포함될 수 있다. 부모나 교사는 이중에서 유아들에게 적합하고 예술적인 아름다움을 지닌 책을 선별할 수 있는 판단력과 지식을 지니고 있어야 할 것이다.

이야기를 듣는 유아들이 흥미로워하고 눈이 빛날 때 그들은 '아름답다'라고는 말하지 않지만, 우리는 그들이 심미적인 만족감을 느끼고 있는 것을 알 수 있을 것이다.

위에서 우리는 매슬로우가 정의한 유아의 기본적 욕구 일곱 가지와 그 욕구를 충족시켜 줄 수 있는 문학작품에 대해 알아보았다. 이처럼 유아들은 많은 욕구를 가지고 있으며 이러한 욕구를 충족하기 위해서 끊임없이 노력하며 만족을 추구한다.

2. 아동의 발달특성과 아동문학

아동을 위한 그림책도 각 아동들의 언어 발달, 인지 발달, 사회 · 정서 발달, 도덕성 발달, 미적 · 창의성 발달, 성역할 발달의 제반 수준과 아동의 기본적 욕구를 함께 고려해야 한다. 그 중 아동의 발달단계별 특성은 연령별로 또는 각 발달 영역별로 살펴볼 수 있다. 유아들의 발달 특성은 개인에 따라 개인차가 있고 연령과, 영역별로도 차이가 있다.

버크(Burke, 1990)는 3~8세까지 유아들의 일반적인 특성 아홉 가지를 다음과 같이 소개하였다.

① 유아들은 활동적이다.
② 유아들은 호기심이 많다.
③ 유아들은 탐색적이며, 실험을 좋아한다.
④ 유아들은 참을성이 없다.
⑤ 유아들은 자기 중심적이다.
⑥ 유아들은 상상력이 풍부하다.
⑦ 유아들은 모든 일에 열의가 있고, 열중을 한다.
⑧ 유아들의 행동은 예측을 할 수가 없다.
⑨ 유아들은 모방을 잘한다.

위의 아홉 가지 특성 중 호기심이 많고 탐색적이며, 상상력이 많고 열중하는 행동은 부모와 교사가 아래와 같은 노력을 할 때 길러질 수 있다고 하였다.

- 유아가 가진 의문점들을 시험해 볼 수 있도록 격려한다.
- 특별한 관심과 열정을 가지고 유아의 질문을 존중한다.
- 유아들의 작업에 대해 너무 빠른 판단을 하지 않는다.
- 유아와 함께 환상을 즐긴다.
- 유아들이 더 많은 호기심을 가지도록 자극하고 그 호기심을 충족하기 위한 이야

기, 책, 그림 등을 같이 읽고 본다.

- 호기심을 해결하기 위해 여러 가지 다양한 매체를 사용할 수 있다는 것을 인지시킨다.
- 집에서 토의하는 시간을 가지고 도서관에서 시간을 보낼 수 있도록 해야 한다.

다음은 유아의 각 발달 영역별로 그 특성을 살펴봄으로 특성에 맞는 적절한 책을 선정할 수 있는 기준을 소개하고자 한다.

1) 언어발달

(1) 유아의 언어적 발달 특성

1 음성언어 발달의 생물학적 근거

음성언어의 발달에 있어 중요한 기초 중 하나는 발성기관이나 구음기관의 생리적 발달이다. 음성은 구음기관에 기초한 구음과 발성기관에 기초한 발성 두 가지 작용에 의하여 이루어진다. 허파에서 내보내진 숨을 사용하여 성대를 진동시켜 내는 소리를 후두나 구강에서 공명시키는 데 이것이 발성의 메카니즘이다.

여기서 발해진 소리는 구음기관(혀, 잇몸, 입술, 구개 등)을 변화시켜 자음이나 모음으로 바꿔 놓는데 이것이 구음의 작용이다. 대부분 6세 정도가 되면 거의 모든 발음이 가능해진다(J. Trelease, 2008).

2 음성언어의 발달적 특성

유아들의 음성언어 발달과정은 아래와 같이 언어이전단계, 과도단계, 언어획득단계로 나눌 수 있다.

① 언어이전단계 : 태어나서부터 생후 1년까지를 언어이전단계라고 한다. 이 때 아기는 아직 말을 시작하지는 못하나 소리를 통해 의사전달을 할 수 있다. 이러한 언어이전단계의 의사전달의 언어적 행동으로는 옹알이, 웃음, 몸짓 등이 있다.

② 과도단계 : 생후 9개월부터 15개월 사이는 언어이전단계에서 언어 획득의 단계로 옮겨가는 과도기라 할 수 있다. 이 때 유아들은 한 단어의 말을 시작하여 점차

두 단어의 말을 조합시켜 의사전달을 하려고 시도한다. 이 시기에는 '엄마', '아빠'라는 단어가 흔히 사용되는데 여기서 유아들이 사용하는 '엄마', '아빠'라는 단어는 명사 그 자체의 뜻을 가지고 있는 것이 아니라 유아들의 상황에 맞게 여러 가지 의미를 함축시키고 있다. 예를 들면, 배가 고플 때 '엄마'는 '엄마 젖줘 !', 엄마와 함께 외출할 때 '엄마'는 '엄마 빨리 와', 엄마에게 혼났을 때 '엄마'는 '엄마 나빠'의 뜻이다. 그러므로 이 시기 유아들이 사용하는 하나의 낱말은 단어가 아니라 의미가 담긴 하나의 문장인 것이다. 이처럼 낱말이 문장의 기능을 하기 때문에 이를 일어문 또는 한 단어 말이라고 한다. 유아들의 일어문은 말과 동작이 동시에 나타나는 데 말에 동작이 수반되는 의미가 아닌 동작에 말이 수반된다고 봐야 한다.

③ 언어획득단계 : 생후 15개월부터 3세 사이는 언어획득의 단계로 스스로 문장을 만들어 내거나 성인의 문장을 흉내내어 반복하여 사용한다. 하지만 대개 동사 및 형용사의 내용은 그대로 사용한 채 조동사, 전치사 등은 생략하고 말하는 경향을 보인다.

이러한 문장은 중요한 단어만으로 나열된 전보처럼 구성되어 있기 때문에 전보식 언어라고 한다. 예를 들면, 엄마가 "엄마 시장에 간다"라고 말하면 이에 대해 유아는 흔히 "나 가"라고 말을 하는데 이것은 "나도 시장에 가고 싶어요"라는 의미의 말을 조사나 동사를 빼고 중요한 단어만으로 문장을 만들어 말하는 것이다.

유아들이 이러한 전보식 언어를 사용하는 이유는 성인의 문장을 모방하기에는 유아들의 기억이 너무 짧다. 따라서 유아들이 단어들을 획득하는 데 필요한 초기 인지적 법칙을 배워 나가는데 시간이 걸리기 때문이라고 해석된다(서봉연 · 이순형, 1983).

3 문법의 발달

유아가 세 단어 이상의 문장을 만들어 사용하면서부터 유아들의 언어에 점차 문법적 체계가 나타나기 시작한다. 우리나라 말의 경우에는 동사의 과거형, 미래형, 전치사 등을 사용할 수 있게 된다. 여러 가지 격조사가 나타나기 시작하고 의문문, 수동문, 복합문장도 만들 수 있다.

4 어휘의 발달

어휘는 사용어휘와 이해어휘로 나눌 수 있다. 이해어휘는 사용어휘보다 빨리 발달

된다. 1세 전후에는 한동안 두드러진 어휘의 증거가 없다가 1세 후반부터 사용어휘가 급속히 늘어나게 된다. 사용어휘의 양은 1세 전후에는 몇 단어, 2세까지는 200~300 단어, 3세까지 1,000단어, 4세까지 1,500단어, 5세까지 2,000~2,500단어 정도다. 이해어휘는 6세에서 5,000~6,000개 정도, 20세에서 50,000개 정도로 추정된다.

5 읽기의 발달

유아들의 읽기 발달은 다음과 같은 과정으로 나타난다(이기숙 · 김영실 · 현은자, 1993).

① 2~3세

- 책과 글자는 읽는 것임을 안다.
- 주위의 글자에 관심을 갖는다.

② 3~4세

- 책을 볼 때 그림이 아니라 글자를 읽는 것임을 안다.
- 읽기의 목적을 물을 때 "책을 읽으려고", "학교에 가려고" 등으로 목적을 말한다.
- 소리와 글자를 연관지을 수 있어 손으로 짚으며 읽는다.

③ 4~5세

- 책을 읽는 방법, 읽는 방향, 페이지, 제목 등을 안다.
- 소리와 글자간의 일대일 대응을 할 수 있다.
- 주위에서 아는 글자를 읽어 보려고 한다.
- 친구들의 이름에 있는 글자를 안다.
- 아는 글자가 다른 상황에서 제시될 때 읽을 수 있다.

④ 5~6세

- 친구들과 가족들의 이름을 읽는다.
- 주변에서 자주 볼 수 있는 글자를 읽는다.

6 쓰기의 발달

유아들의 쓰기 발달은 다음과 같은 과정을 나타낸다(이영자 · 이종숙, 1990).

① 긁적거리는 단계
- 가로선이 나타나는 단계
- 세로선이 나타나는 단계

② 단어 쓰기 단계
- 자음 · 모음의 방향이 틀린 단계
- 자음 · 모음의 방향이 정확한 단계

③ 문장 쓰기 단계
- 부분적으로 틀린 단계
- 틀린 글자 없이 완전한 단계

(2) 아동문학과 언어발달

문학작품 속에는 작가가 신중하게 선택한 감성과 이성으로 짜여진 정리된 언어가 담겨 있다. 유아들은 많은 문학작품을 통하여 문자언어와 음성언어의 통합적 발달을 경험할 수 있다. 문학작품을 통한 언어발달의 구체적 효과에 대해 살펴보면 다음과 같다.

1 어휘력의 발달

유아들은 문학작품을 통해서 어휘력을 발달시킨다. 나이가 어린 유아들은 문학작품을 이해하고 감상하기가 어렵다. 그렇지만 일어문 수준에 있는 유아도 그의 수준에서 그림책 등에 등장하는 '엄마', '빵빵', '맘마' 등을 짚어가며 어휘를 발달시킬 수 있다. 또 두 단어 말 수준의 유아도 그의 수준에서 그림책을 보며 '맘마 먹어', '빵빵 타', '엄마 가' 등의 어휘를 배울 수 있다.

그리고 좀더 나이가 든 유아들은 문학작품을 통해서 이야기 속에 포함되어 있는 새로운 어휘들을 배울 수 있다.

그 예로 「곰 사냥을 떠나자」에서처럼 책의 중간중간 장면에서 연상되는 의성어 · 의태어다. '처벅 철벅! 처벅 철벅! 처벅 철벅!', '덤벙 덤벙!' 소개하는 책을 통해 반복되는 어휘들을 쉽게 익힐 수 있게 된다.

▶ 「곰 사냥을 떠나자 / 마이클 로젠 글 · 헬린 옥슨버리 그림 / 시공주니어」

2 이야기 감각의 발달

유아들은 많은 이야기를 듣거나 읽으면서 이야기의 구성을 이해할 수 있다. 앞으로의 상황에 대해서도 추측할 수 있게 된다. 특히 반복적인 어구로 구성되어 있는 이야기는 조금만 듣거나 읽어도 유아들은 그 이야기의 구성을 파악할 수 있다. 이것은 유아들이 그 책의 내용을 외워서가 아니라 직관적으로 이야기의 구성을 알기 때문이다. 유아들은 이러한 과정을 통해 앞으로 어떻게 펼쳐질 것인지를 예측하는 직관을 획득하게 되는데 이것을 이야기 감각의 발달이라고 한다.

3 글짓기의 모델

유아들은 문학작품을 통해 이야기의 가능성에 대한 지식을 갖게 된다. 유아들이 좋아하는 문학작품은 거의 대부분 유능한 작가에 의해 쓰여진 작품들이다. 그러므로 잘 쓰여진 작품들은 유아들의 글짓기 모델이 되는 것이다(Cullinan, 1989).

유아들은 글짓기를 할 때 자신의 사고를 조작하여 세부 묘사들을 선택한다. 그것을 정확하게 표현함으로써 자신들이 알고 있는 이야기를 그려낸다. 우리는 글을 쓸 때 기존의 언어적 경험을 바탕으로 한다. 예를 들면, 좋은 이야기를 듣거나 읽으면서 어휘를 발달시키고 언어에 대한 민감성을 예리하게 하며 글짓기 스타일의 감각을 세밀하게 하는 것이다. 즉 훌륭한 문학작품이 글짓기의 모범이 되는 것이다.

4 모국어에 대한 이해의 촉진

대부분의 훌륭한 문학작품들은 작가가 출생하여 성장한 국가나 민족의 특성을 포함한 언어로 구성되어 있다. 모국어의 소리, 리듬, 의성어, 의태어 등 모국어의 아름다움이나 특성을 살린 언어로 구성되어 있다. 따라서 유아들은 문학작품을 통해 모국어의 특성과 아름다움에 대해 경험하게 되며, 바르고 아름다운 모국의 언어를 학습하게 된다. 부모나 교사는 유아들에게 문학작품을 읽어줄 때, 그들이 모국어의 특성과 아름다움을 충분히 느낄 수 있도록 해 주어야 한다.

2) 인지발달

언어발달 및 인지발달 면에서 볼 때, 유아기의 동화접촉은 중요한 의미를 갖는다. 유아기는 동화의 접촉과 관련이 많기 때문에 중요한 시기다. 여기에서는 피아제(Piaget)의 인지발달 단계 중 전조작기의 특성과 이와 관련된 문학경험에 대해 이야기하고자 한다.

피아제는 유아들이 성인에 비해 우둔한 것이 아니라 단지 성인과 다른 방식으로 사고한다고 보았다. 개방적인 임상법을 사용해서 유아들의 자연적인 사고방식을 발견하고자 했다. 대체로 감각운동기의 여섯 번째 단계에서 가상놀이(make-believe play)가 시작된다. 이것은 상징적 활동의 성장을 의미한다. 이러한 상징적 활동을 사용하는 것은 눈에 보이지 않는 사물이나 행동을 표상하기 위함이다.

감각운동적인 상징들은 점차 언어적인 것으로 발전한다. 유아는 언어를 통해서 다른 사람의 이야기를 들을 수 있게 되고 과거의 일을 다시 체험할 수 있으며 미래를 예측할 수 있게 된다.

감각운동기를 걸쳐 전조작기에 이르러 이미지와 단어를 포함한 상징의 수준이 급속히 발전하게 된다. 유아들의 사고는 전조작기 동안에는 기본적으로 비논리적이고 비체계적이다. 이러한 사고는 논리적 조작이 가능해지는 구체적 조작단계(concrete operational stage)에 이르기까지 지속된다.

유아의 정신구조의 면에서 살펴볼 때, 동화는 피아제의 전조작 단계의 사고과정에 알맞은 것이다. 전조작 단계에서 유아의 사고발달 과정은 매우 급속도로 진행되며 논리성이 결여되어 있는 것이 특징이다.

유아기에 보이는 자기중심성이라 함은 이기적이거나 독단적인 의미가 아니라 자신의 관점과 타인의 관점을 구별하지 못하는 것을 의미한다. 자기중심성의 특징은 모든

사람이 자신의 생각과 동일한 생각을 한다고 보는 관점이고 나아가 전 세계가 자기의 감정과 욕망을 공유한다고 가정하는 것이다. 자신과 세계가 하나라는 이러한 생각은 유아들에게 자연스럽게 마술적인 전능의식을 갖게 한다. 이를테면 걸어다닐 때 해와 달이 자신을 따라 온다고 생각한다. 큰 산은 키가 큰 사람이 올라가기 위해 큰 것이고, 작은 산은 작은 사람을 위해 작다고 생각할 수 있는 것이다.

이처럼 같은 물건과 같은 현상을 보고서도 유아들은 성인과 전혀 다른 생각을 하고 있다. 이러한 자기중심성과 사고방식에 대한 피아제의 연구는 문학교육에도 시사해 주는 바가 크다. 이것은 유아의 세계와 동화의 세계가 서로 상통하는 요소들이 많기 때문이다.

유아들의 자기중심적 사고의 특징을 살펴보면 다음과 같이 크게 세 가지로 나눌 수 있다.

(1) 물활론

생물과 무생물 사이의 구별을 성인과 같은 방식으로 하지 않는 것으로 생명이 없는 대상에게 생명과 감정을 부여하는 것이다. 예를 들면, 나무, 돌, 달 등이 모두 자신과 같이 살아 있고 의식이 있다고 생각한다. 또 세상의 모든 만물에 언어를 주고, 생명을 주어 그 속에서 이야기가 전개되는 곳이 동화의 세계이기도 하다.

피아제(Piaget)는 물활론의 발달을 다음 4단계로 보았다.

1 모든 물체에 생명이 있다고 믿는 1단계

바닥에 넘어졌을 때 유아들은 바닥이 나쁘기 때문에 자신과 부딪쳤다고 생각하고 바닥을 때려 주는 행동을 보이는데 이러한 행동은 모든 물체에 의식이 있다고 보기 때문이다.

2 움직이는 것은 생명이 있고 움직이지 못하는 것은 생명이 없다고 보는 2단계

항상 자신을 따라다니는 그림자나 구름과 같이 움직이는 사물만이 살아 있다고 생각한다.

3 스스로 움직이는 것만이 살아 있는 것이라고 생각하는 3단계

자동차나 자전거 등 사람에 의해서만 움직여지는 것들은 살아 있지 않다는 것을 이해한다.

4 식물과 동물만이 살아 있다고 생각하는 4단계

풀이나 꽃이 자라는 것과 개, 새들이 뛰고 나는 것을 스스로 움직이는 살아 있는 동 · 식물로 이해한다.

(2) 인공론

인공론은 인간이 자연현상을 창조했다고 믿는 것을 말한다. 피아제는 "누가 밤하늘에 별을 놓았지?", "누가 해를 만들었지?"와 같은 질문들을 하였다. 유아들은 해와 별은 사람이 불꽃이나 성냥에서부터 또는 사람과 아주 비슷하게 생긴 하나님이 만들었다고 인식하고 있었다. 이처럼 꽃, 구름, 돌 등을 사람이 만들었다고 생각하는 이러한 이야기는 초자연적인 힘으로 우주, 인류, 문화 등의 기원을 이야기하는 신화에서도 찾아볼 수 있다.

(3) 실재론

모든 것은 존재한다고 보는 것으로 유아들은 꿈도 실제 일어난 일이라고 생각한다. 나중에는 꿈이 실제가 아니라는 것을 깨닫기는 하지만 자신이 꾼 꿈을 다른 사람들에게도 보이며 외부로부터 들어오는 것이라고 생각하기도 한다. 이러한 꿈에 대한 유아들의 생각도 자기중심적 사고의 한 부분으로 물활론, 인공론과 함께 유아기 사고의 특징을 보여주는 것이다.

유아들은 전조작기 단계에서 언어와 상징적 표상으로 다른 사람과 의사소통을 하지만 자신의 즉각적인 관점을 벗어나지 못한 자기중심적 단계의 상태다.

점차 이들은 탈중심화의 과정을 거쳐서 자기중심성을 극복하게 된다.이 때 또래집단과의 상호작용은 이를 극복하는데 매우 중요한 역할을 한다. 상호작용을 통하여 다른 사람의 의견을 받아들이고, 협동적인 행동을 하기 위해서는 서로 다른 이해

관계를 통합해야 함을 이해하게 된다.

동화를 즐겨 듣는 유아들은 그들의 심성에 맞는 이야기 내용을 통해서 기쁨과 안정을 경험한다. 슬픈 이야기에 눈물을 흘리고 주인공이 어려운 상황에 처하면 안타까워하는 마음이 자기중심적인 단계에서 좀 더 성숙한 단계로 갈 수 있도록 도와줄 수 있을 것이다.

3) 사회 · 정서발달

(1) 유아들의 정서발달 특성

성격발달의 중요한 부분 중의 하나는 정서발달이다. 정서는 감정과 구분해서 사용되는 데 감정이란 쾌 · 불쾌의 미분화된 흥분상태를 말하며 정서란 분노, 공포, 환희와 같이 더 분화된 상태다. 정서적으로 자극된 상황에 대처하기 위한 신체적 변화와 동기화된 행동을 수반하는 것을 의미한다.

1 정서발달의 생물학적인 조건

대뇌피질의 분화발달 및 시상하부의 생리적 발달은 감정 및 정서의 발달과 관련되어 있다. 즉 정서행동은 대뇌피질과 관련되어 있으며 감정은 뇌의 시상하부와 관련된다(채종옥 · 이경화 · 김소양, 2006).

유아기에는 대뇌피질이 잘 발달되어 있지 않으며 특히 전두엽은 장기간에 걸쳐서 발달된다. 따라서 흥분을 통제하는 전두엽의 활동은 성인에 이를 때까지 충분히 이루어지지 않는다. 신생아기에는 일정한 주파수의 뇌파가 나타나지 않으나 6세 정도가 되면 후두엽에서 성인과 같은 주파수가 발견된다. 그러나 전두엽은 여전히 성인보다 느린 주파수에 머무르고 있다. 19세 정도가 되면 대뇌의 모든 부위에서 성인과 같은 주파수가 나타난다. 즉 전두엽의 대뇌피질은 19세 경에 비로소 그 기능이 충분히 발달된다고 추정할 수 있다.

2 유아들의 정서유형과 정서표현의 발달

브릿지(Bridge)는 대부분의 정서가 유아기 동안에 분화 · 발달한다고 하였다. 쾌 정서에 비해 불쾌 정서가 빨리 분화되는데, 2세 정도까지 대체적으로 성인에게서 볼 수 있는 모든 정서가 나타난다. 즉 나이가 들수록 정서적인 감수성이 예민해지고, 표현방식이 세련되지만 기본이 되는 정서는 영아기에 완성된다고 본다. 이처럼 유아기 동안에 정서의 분화 · 발달이 이루어지므로 정서교육은 유아교육에서 매우 중요한 의미를 갖는다.

① 분노 : 아기들이 분노를 나타낼 때는 주로 자신의 욕구가 좌절되었을 때다. 분노는 생후 1~2년 사이에 최고조에 달하다가 그 후 점차적으로 줄어든다.

분노의 표현 방식에는 개인차와 연령차가 있다. 2~3세된 유아는 화를 낸다. 반면, 4세가 되면 다른 유아의 감정을 상하게 하거나 상처를 입힘으로써 복수하려는 시도를 하게 된다. 또한 3~4세 사이에는 가장 심하게 떼를 쓰며, 4~5세에는 언어를 사용하여 타인을 험담하거나 흉내내는 행동으로서 문제를 해결하려고 한다.

② 공포 : 아기들이 무서워하는 것을 배우게 되는 시기는 생후 6개월 정도부터다. 큰 소리나 높은 곳에서 떨어지는 등의 직접적인 경험을 통해서 또는 아기들의 불쾌한 경험의 기억에 의해서 환경과 사물, 사람들을 무서워하게 된다. 1세경에는 큰 소리, 낯선 대상을 무서워하며, 2세경에는 전체적으로 무서움이 강해진다. 특히 차, 기차, 비행기, 천둥소리 등 귀에 들리는 큰 소리를 무서워한다. 시각적으로는 큰 빌딩이나 어두움, 커다란 트럭이 가까이 다가오는 것을 무서워한다.

유아는 영아보다 지능발달로 인해 전에 알지 못했던 사태의 위험성을 알기 때문에 더 많은 것을 무서워한다. 이 시기의 공포는 일반적인 것으로 공포 반응은 유아가 자라면서 보다 특수한 것으로 분화되어 간다. 유아의 전형적인 공포 반응은 울거나 도망가는 등의 반응이 '싫어', '못해' 등의 언어적 반응과 같이 나타난다.

유아가 성장함에 따라 공포의 빈도와 강도는 감소한다. 이것은 유아의 인지발달로 인해 무서워했던 것을 무서워할 필요가 없다고 생각한 결과다. 또 성인의 지도를 통해서, 다른 한편으로는 놀림당하는 것을 피하기 위해 공포를 표현하지 않게 된다.

③ 애정 : 아기가 일차적으로 애정을 느끼는 것은 가정에서 부모와의 상호 접촉에 의해서다. 이 접촉관계는 기계적 접촉이 아닌 애정을 가진 접촉을 말한다.

유아기에 이르러서는 사람뿐 아니라 동물이나 무생물에게도 애정을 표현한다. 유아는 신체적인 것보다는 언어적인 것으로 애정을 더 많이 표현한다. 남아들보다는 여아들이 더 애정적인 경향이 있으며, 동성의 성인이나 유아에 대한 반응이 이성에 대한 반응보다 더 많다. 유아의 가족에 대한 정서적 의존성이 다른 유아에 대한 정서적 의존성으로 바뀌어 가는 때는 4세 정도다.

발달상 애정은 6~7세 정도까지 엄마에 대한 애정이 지배적이며 7세 전후부터 싹트는 형제간의 애정은 형제간의 싸움과 질투의 원인이 되기도 한다. 10~12세부터는 동료와의 애정이 싸움과 질투의 원인이 되기도 하며 점차 연장자에 대한 애정도 싹트게 된다.

④ 기쁨 : 아기들의 쾌와 만족은 단순한 쾌감에서 기쁨과 행복함을 느끼는 정서로 분화된다. 동시에 아기의 발달에 따라 쾌를 주고 행복감을 줄 수 있는 자극이나 상황도 분화한다. 기쁨은 보통 미소나 웃음으로 표현되는데 아기는 몹시 기쁠 때 소리를 내면서 웃거나 소리를 지르며 몸을 많이 움직인다.

18개월에는 자신의 활동에 대해 가장 많이 웃는다. 스스로 많이 움직였거나 어떤 사람에게 사회적 접근을 했을 때 기쁨을 느낀다. 즉 자신의 자아를 인정받았거나 이를 과시할 수 있을 때 아기들은 행복을 느낀다.

유아기에는 영아기 때보다 기쁨을 느낄 일들이 많다. 유아는 새로운 것을 찾아냈을 때 기뻐하고, 다른 유아들보다 일을 잘 해냈거나 장애물이 있었을 때 기쁨을 느낀다. 또 유아들은 불일치나 광대놀이를 이해할 수 있어서 다른 형태의 유머보다 만화나 영화 또는 TV를 보고 즐긴다.

유아들은 기쁨에 대한 행동으로 미소를 띠거나 소리내어 웃으며 요란하게 손뼉을 치기도 하고 깡충깡충 뛰거나 자신을 기쁘게 만든 대상을 껴안기도 한다.

⑤ 질투 : 질투란 사랑에 대한 욕구가 충족되지 못했을 때 일어나는 분노와 실망이 혼합된 정서다. 질투는 유아 자신에게 쏟아지던 주변 인물들의 주의관심과 애정이 자신만이 아닌 다른 사람에게 기울어질 때, 자신이 고립되고 있음을 느낄 때 나타난다.

질투는 1세 반 정도가 되면 나타나기 시작하여 2~3세 정도에 가장 많이 나타나는데 유아의 흥미 범위가 넓어짐에 따라 줄어들기 시작한다. 유아기의 질투는 분노와 비슷하게 표현되는 데 손가락 빨기, 오줌싸기, 말썽 피우기, 음식 거부하기, 아프다는 핑계대기 등 주의를 집중시키려는 유치한 행동을 한다.

질투는 남자보다는 여자가, 막내보다는 장자나 차자에게서 더욱 빈번하고 강하게 나타난다. 형제의 수가 많은 가정에서 자란 유아보다 형제의 수가 적은 가정에서 자란 유아가 더 많은 질투의 경향을 보인다. 그리고 과보호적인 어머니나 가정에서 자란 유아들이 그렇지 못한 유아들에 비해 질투가 더 많다. 또한 지능이 높은 유아일수록 질투심을 많이 느낀다고 한다. 질투가 생길 때 유아들은 부모나 주변 사람들의 주의와 관심을 얻기 위해 사회적 적응을 곤란하게 하는 각종 문제를 일으키는 것이 큰 특징이다.

(2) 아동 문학작품과 정서발달

문학작품은 아동들에게 살아가면서 필요한 경험을 제공해 주며, 큰 즐거움을 주고 감성지능을 발달시킬 수 있도록 도와 준다. 문학작품은 아동의 정서발달에 다음과 같은 영향을 미친다.

1 유아들의 즐거움

좋은 문학작품이 유아들에게 즐거움과 기쁨을 주는데 그 이유는 다음과 같다.
첫째, 이야기 구성 자체가 유아들에게 즐거움을 준다.

대부분의 유아들은 천성적으로 이야기를 좋아한다. 이야기를 통해서 신비의 세계를 상상해 보게 한다. 이야기 상황을 마음 속으로 그려보기도 하고, '다음에는 무슨 일이 일어날까?', '결말은 어떻게 될까?'를 생각하면서 많은 즐거움을 느끼게 된다. 특히 유아들은 이야기 전체에 리듬이 실려있는 경우 더 큰 즐거움을 느낀다. 이야기의 전체 리듬이란 한 이야기 속에 같은 내용이 계속 반복되는 것을 뜻하는데 대부분의 유아들을 위한 문학작품은 같은 사건이 계속 반복되면서 새로운 사건이 조금씩 첨가되는 형식을 갖는다.

예를 들면, 우리나라의 전래동화 중 혹부리 영감 이야기에서 혹부리 영감은 숲 속 빈 집에서 무서움을 달래기 위해 노래를 부르고 있었는데, 이 때 도깨비가 나타나 그 노래가 혹부리 영감의 얼굴에 달린 혹에서 나온다고 믿고 혹을 떼어 간다. 그 소식을 듣고 이웃에 사는 심술궂은 영감이 숲 속에 가서 노래를 부르고 있는데, 그때 다시 도깨비가 나타난다.

이러한 이야기에서 사건이 계속적으로 반복되는 부분은 유아들로 하여금 '다음은 어떻게 될까?', '도깨비가 다시 혹을 떼어갈까?'라고 궁금해 하며 이러한 과정을 통해 이야기에 대한 큰 즐거움을 느낀다.

둘째, 이야기 속에서 유아들은 위로와 격려, 깊은 공감을 느끼며 즐거움을 느낀다.

모든 이야기 속에는 주인공과 등장인물 간의 갈등과 문제해결의 과정이 포함되어 있다. 또한 이들의 분노, 공포, 애정, 기쁨, 질투 등이 표현된다. 유아들은 문학작품을 통하여 주인공이나 등장인물이 가지는 이러한 분노, 공포, 애정, 기쁨, 질투 등을 자신의 것으로 동일시하며 그 과정에서 즐거움을 느낀다.

셋째, 문학작품의 언어 속에서 유아들은 즐거움을 느낀다.

유아들을 위한 문학작품의 언어에는 언어 자체에 울림, 리듬, 소리의 아름다움과 즐거움이 포함되어 있으므로 유아들은 언어 속에서도 즐거움을 느낀다. 유아들은 이야기의 구성, 이야기 속의 희로애락, 문체의 리듬, 소리 등의 언어적 요소를 통하여 즐거움을 느낀다. 문학작품을 통해 느끼는 유아들의 기쁨과 즐거움이 크면 클수록 그 이야기는 유아들의 마음 속에 더욱 강하게 남게 된다. 어떤 이야기나 시가 마음으로부터의 만족감을 충족시키지 못하면 유아들의 마음에 남지 못한다.

훌륭한 문학작품은 유아들에게 기쁨과 즐거움, 격려와 위로, 깊은 공감, 보람을 주며 유아들이 창의적 사고를 할 수 있도록 도와 주어 유아들의 미래에 큰 힘이 되어 준다. 따라서 부모나 교사는 문체와 소리, 리듬 등의 미적 요소를 갖춘 문학작품들을 선정하여 유아들이 정서적 순화를 경험할 수 있도록 도와 주어야 한다.

2 감성지능의 발달

감성지능(emotional intelligence)이란 자신과 타인의 감정을 평가하고 표현하는 능력, 자신과 타인의 감정을 조절하는 능력이다. 또한 정서, 사고, 추론, 문제해결, 창의성 등을 적극적으로 활용하는 능력을 말한다(Salovey, 1996). 감성지능은 유아들이 사회의 구성원으로서 바람직한 사회생활을 하는데 필요한 사회적 적응행동에 큰 영향을 미친다.

정서적으로 성숙한 유아들은 그렇지 못한 유아들에 비해 주위 사람들에게 더 많은 기쁨을 주며 그들의 감정이 좋아지도록 한다. 그리고 분별 없이 기쁨을 추구하지 않는다. 안정되고 긍정적인 정서 상태에 있는 유아들은 미래에 대해 융통성 있는 계획을 세울 수 있고 좀 더 창조적으로 문제를 해결할 수 있다. 또한 어려운 장애나 고통스런 경험을 잘 극복할 수 있는 자신의 능력에 대한 자신감을 가지고 있어 어떤 문제에 대해서도 도전적으로 임할 수 있는 내적 동기를 가지고 있다.

감성지능은 아동들의 정신건강과도 관련이 있는데, 감성지능이 높은 아동들은 그렇지 못한 아동들에 비해 좀 더 긍정적인 수준의 건강을 가지고 있다. 이에 비해 감성지능이 부족한 아동은 자신의 정서를 잘 조절하지 못해 감정의 노예가 될 수도 있다. 다른 사람의 정서를 잘 인식하지 못하는 아동은 그들의 감정을 자주 상하게 하므로 무뚝뚝한 또는 멍청한 아동으로 간주되어 집단에게 따돌림을 당하기도 한다. 또 감성능력이 부족한 아동은 자신의 감정도 잘 인식하지 못하므로 정서적으로 충만한 삶을 계획할 수도 없다.

이러한 아동들의 사회적 적응에 필요한 감성지능을 증진시키기 위한 교육 방법의 하나로 아동들로 하여금 다양한 문학작품을 경험하게 하는 것은 매우 큰 가치가 있다(Mayer & Salovey, 1996).

아동들은 재미있는 이야기를 통하여 감정에 대해 배우기 시작한다. 이야기 속의 주인공이나 등장인물들의 상황에 따라 왜 등장인물이 그렇게 느꼈는지, 그리고 등장인물들이 그 감정에 대해 어떻게 대응했는지를 관찰할 수 있다. 결국 등장인물들의 감정이 어떻게 행동을 동기화시키는지가 이야기를 구성하게 된다. 이것은 아동들이 정서를 지각하는 데도 도움이 된다. 따라서 아동들은 다양한 문학작품을 경험하면서 감성지능의 발달을 도울 수 있다.

(3) 아동문학 작품과 사회성 발달

아동문학 작품들은 실제의 세계와 환상의 세계 등 다양한 세계를 담고 있다. 아동들은 이러한 문학작품 속의 여러 세계를 간접적으로 경험함으로써 사회적 발달을 도모할 수 있는데 이에 따른 구체적인 내용은 다음과 같다.

1 다양한 세계에 대한 지식의 발달

실제 존재하는 이야기나 환상적인 이야기 등 교사가 들려주는 모든 이야기는 아동들의 사고를 풍부하게 해 주며 많은 정보들을 제공해 준다. 전래문학 작품들은 과거의 다양한 세계를 보여주며, 현대문학 작품들은 현재의 세계를 보여 준다. 또 환타지를 중심으로 한 문학작품은 인간이 체험하고 싶어하는 모든 세계를 보여주며, 미래의 인간이 체험할 수 있는 모든 세계를 가능한 취급하고 있다.

이처럼 다양한 세계에 대한 간접경험은 단편적으로는 아동들에게 다양한 세계에

대한 지식을 주지만 장기적으로는 다양한 삶에 대한 새로운 이상과 미래를 꿈꾸게 한다.

2 타인에 대한 지식과 이해력의 발달

문학작품은 유아들이 자기 자신과 다른 사람들을 이해하는 데 큰 도움을 준다. 유아들 주변의 실제 인물들은 다양한 인물들에 대한 지식과 이해를 충분히 하기에는 어느 정도 한계가 있다. 문학작품 속에는 현재 접하고 있는 사람들과 유사한 특성을 가진 사람들이 있다. 그러나 그 동안 접해 보지 못했던 다양한 특성을 지닌 사람들과 다양한 직업을 가진 사람들도 등장하여 각기 다른 분야의 일을 하는 모습을 보여 준다.

그러므로 아동들은 이러한 문학작품을 통하여 다른 사람들이 나와 다른 점은 무엇인지, 좋은 점과 나쁜 점은 무엇인지에 대해 배우게 되고 다른 사람을 좀 더 이해하게 된다.

3 민족과 민족의 이상에 대한 이해력의 발달

문학작품 속에는 정치, 경제, 문화적 특성과 작품이 전개되는 시대적 특성이 포함되어 있다. 또 작품을 쓴 작가의 정서와 작가가 꿈꾸는 이상 사회가 포함되어 있다.

유아들은 문학작품을 통하여 이야기 속의 인물들이 살았던 시대적 상황과 이상, 풍습, 제도 등에 대한 정보를 얻을 수 있다. 세계 여러 나라의 특성과 그 나라 민족들의 문화에 대해 배울 수도 있다.

우리나라 전래동화 속에는 우리 민족의 생활, 풍습, 가치관 등 과거 우리 민족의 생활이 잘 나타나 있다. 위인들의 전기 속에는 우리 민족을 위한 그들의 행동이 자세히 나타나 있다. 이러한 것을 통해 유아들은 우리 민족이 그 동안 어떻게 성장해 왔는지 알게 될 것이며 민족에 대한 자부심이 더욱 커질 것이다.

4) 도덕성 발달

유아들이 즐겨 듣는 동화의 줄거리를 보면 선과 악의 대립이 뚜렷이 나타나는 이야기가 많다. 유아들은 선한 주인공의 편에 서서 주인공과 함께 악당들을 물리쳐야 한다고 생각한다. 또 유아들은 악한 인물이 벌을 받거나 잘못을 뉘우치는 내용에서 기쁨과 편안함을 느낀다. 유아들은 착한 사람은 복을 받고 나쁜 사람은 벌을 받는다는 정의 관념을 지니고 있는데 이것을 흔히 시적 정의(poetical justice)라고 한다.

인간은 동화를 통해서 도덕성의 함양을 시도해 왔다고 볼 수도 있다. 한 사회의 구성원들이 서로 질서 속에서 살아갈 수 있게 하는 가장 중요한 척도는 옳고 그름에 대한 판단이라고 볼 수 있다. 즉 어느 나라든지 그 나라의 전래동화의 내용 속에서 선과 악의 대립이 뚜렷한 내용을 찾아볼 수 있다.

유아들이 접하는 거의 대부분의 동화 속에는 예술적인 요소와 도덕적인 요소가 함께 포함되어 있다. 물론 작품의 목적을 도덕성이나 교훈성만을 내세운 작품들은 일반적으로 감동을 주지 못한다. 문학작품에서 가장 중요한 것은 독자들에게 감동을 주는 일이다. 작가는 성장하는 유아에게 자유롭고 책임감 있는 언어로 문학작품을 만들어 주고, 이러한 작품들이 유아에게 도덕적인 판단을 도와줄 수 있다는 점이 중요한 것이다.

동화에 포함되어 있는 도덕적 요소를 피아제(Piaget)와 콜버그(Kohlberg)의 도덕성 발달에 대한 이론과 관련지어 알아보고자 한다. 이들은 도덕적 판단이 그들의 인지적 발달과 관계를 갖는다고 보고 도덕성의 발달단계 이론을 제시하였다.

「유아의 도덕적 판단」(The Moral Judgement of the Child, 1932)에서 피아제는 타율적 도덕성 단계와 자율적 도덕성 단계로 구분하고 있다.

유아들은 대부분 타율적 도덕성 단계에 머물러 있다. 타율적 도덕성 단계란 규율을 고정적이고 절대적인 것으로 보는 것을 말한다. 피아제는 타율적 도덕성은 제재, 보상, 상벌에 의해 유지된다고 말하고 있다. 성인들은 유아들을 복종시키기 위한 가장 일반적인 방법으로 벌을 준다는 위협을 하고 있다. 강제적이거나 벌을 준다는 위협은 강제가 지속되는 정도에서만 또는 유아가 성인의 승인에 의존적일 때에만 효과가 나타난다.

대개 이 시기의 유아는 규칙은 신성한 것이며 변하지 않는 존재라고 생각한다. 즉 이들은 규칙에 대해 맹목적인 복종의식을 가지고 있으며, 이러한 규칙이 그들의 행동에 영향을 준다고 믿고 있다. 타율적 단계에 있는 유아가 규칙을 실행하는 형태는 자기중심적이며 단순히 그들이 관찰한 것을 모방하는 것에 지나지 않는다. 이러한 규칙에 대한 맹목적인 존중 의식은 자율적 의식이 강조되고 협동적 활동이 증대되는

7~8세 정도에 이르면 변하기 시작한다. 유아들의 의식이 자기중심적(egocentric)에서 탈중심적(decentric)으로 바뀜에 따라 규칙에 대한 유아들의 의식도 불변적 개념으로써가 아니라 변화 가능한 개념으로 받아들이게 된다. 집단 구성원들간의 합의에 의해 규칙을 만들 수 있게 된다.

피아제의 도덕성 발달이론 중 규칙에 대한 개념발달에 관한 연구에서 밝힌 중요한 점들을 살펴보면 다음과 같다.

규칙에 대한 개념의 발달은 타율성에서 자율성으로 발전된다는 것이다. 이와 같이 타율적 규칙에서 자율적 규칙으로 바뀔 수 있는 수단으로는 상호 의견교환, 협동을 통한 놀이 등이며 이러한 것들을 통해 유아들은 상호 존중관계를 수립할 수 있게 된다. 즉 성인들의 일방적 지시 및 통제들은 유아들로 하여금 타율적인 규칙을 강화시켜 주는 반면에, 대화 및 토론들은 상호이해를 바탕에 두고 있기 때문에 협동적 분위기를 조성하며 나아가 자율성을 강화시킨다.

유아들의 경우 아직 원만한 사회활동을 할 수 있는 인지발달이 부족하다. 부모 및 교사들은 일방적인 규칙을 정해 놓고 유아들이 이 규칙을 지키도록 요구하기보다 가족 구성원이나 학급의 구성원들이 토론하고 논의하는 과정에 참여시키는 것이 자율적 규칙형성을 도와 주는 중요한 활동이 된다.

6~7세 정도의 유아들에게 타인과의 협동활동의 경험을 제공한다. 이는 타율적 복종 및 자기중심적 사고에서 벗어날 수 있는 발판을 마련해 줄 뿐 아니라 나아가 자율적 상호존중 관계를 가질 수 있는 길이 된다.

콜버그(Kohlberg)는 도덕성 발달에 초점을 맞춰 피아제의 초기 연구를 더욱 발전시켰다. 그는 도덕성 발달에 대한 이론을 3단계로 나누어 제시하였다.

(1) 1단계

1단계의 유아들은 도덕적 문제를 단 하나의 관점에서만 보기에 외적인 권위만을 생각한다.

(2) 2단계

2단계의 유아들은 그들의 사고가 더욱 분화되어 어떤 문제이건 거기에는 상이한 견해들이 있다는 것을 알게 된다. 1단계에서 2단계로 상위 단계로의 발달은 자기중심성을 극복함으로써 가능하다. 2단계의 유아들은 도덕적 문제에 대한 상이한 관점들이 있음을 지각하게 된다.

(3) 3단계

3단계의 아동들은 인지적으로 보다 발달하며 동기나 의도보다 추상적이고 어려운 속성 · 행동 이면에 있는 동기나 의도를 발견하게 된다. 또한 보다 넓은 공동체의 가치를 고려하기 시작한다. 즉 행동의 결과뿐만 아니라 행동의 동기를 함께 고려하게 되므로 3단계에서의 사고활동은 약간의 형식적 조작활동을 요구한다.

위와 같이 피아제와 콜버그의 도덕성 발달에 대한 이론은 문학경험과 관련하여 다음과 같은 시사점을 제시해 준다.

우선, 도덕적 발달단계는 아동들의 자발적인 사고 및 행동의 결과라는 점이다. 자발적 사고 및 행동을 유발할 수 있는 것은 사회적 상호작용을 통해 발달한다고 볼 수 있다. 즉 사회적 상호작용이란 다른 사람들이 도전하고 자극하여 아동들이 이미 가지고 있던 견해를 좀더 포괄적인 견해로 바뀔 수 있도록 격려하는 상호교환을 통해서 이루어진다. 상호작용을 도와주는 경험을 통해 도덕성의 발달을 증진시키게 되고 그 범위와 속도를 변화시킬 수 있다는 것이다.

문학경험은 독자들의 경험을 확대시켜 주고 심화시켜 주는 역할을 한다. 문학작품을 통하여 다른 사람들의 사상이나 감정들을 알게 되고 미지의 세계에 대해 알게 되며 인간과 인간의 관계, 사회의 구조와 그 방향 등을 이해할 수 있게 된다. 이러한 이해의 과정이 주인공에 동일시되어 그들의 사고방식이나 감정에 공감한다. 때로는 비판하는 과정에서 얻어진다는 점을 유의해야 할 것이다. 이는 위의 이론에서 도덕성 발달의 단계는 가르침에 의해서가 아니라 유아들의 자발적 사고 및 행동의 결과라는 것을 강조하였기 때문이다.

아동들은 주인공의 행동에 대해 '내가 만약 주인공이었다면 이렇게 행동할 텐데'라고 자신의 생활경험에 결부시켜 나름대로 행동들을 상상해 보기도 한다. 이는 어떤 현상이나 문제에 대해 여러 각도에서 생각해 볼 수 있는 기회를 주는 것이다. 자신의 입장뿐 아니라 타인의 입장에서 사고할 수 있는 기회를 주는 것이다. 이러한 입장에서 볼 때 문학은 자발적 사고를 통한 상호작용을 자극시켜 주는 역할로 인한 도덕성 발달의 한 부분을 담당하고 있다.

CHAPTER 03

유아문학과 유아교육과정

1. 유아문학의 교육적 이해
2. 유아문학과 누리과정
3. 유아문학과 표준보육과정
4. 유아교육과정에 기초한 문학교육

1. 유아문학의 교육적 이해

1) 유아문학과 유아교육

유아문학은 일차적으로 유아를 대상으로 한 문학이다. '유아를 대상으로 한 문학'이라는 말의 뜻은, 유아가 이해하고 동일시할 수 있거나 욕구 충족을 할 수 있고, 위로받을 수 있는 등 독자로서의 유아를 고려한 문학을 말한다. 문학은 유아교육과정의 여러 영역들과 상호 긴밀하게 관련되어 있다. 특히 놀이와 흥미중심의 유아교육 현장에서는 발달단계에 적합한 문학경험과의 통합적이고 유기적인 관계를 통한 전인교육(全人教育)을 주장하고 있다. 유아의 발달 단계에 맞는 문학작품을 경험하게 하기 위해서는 적절한 교수 방법이 모색되어야 한다. 교사의 문학에 대한 올바른 인식과 열정이 있어야 한다. 또한 유아문학 도서의 개발이 뒷받침되어야 하겠다. 하지만 유아교육 현장에서는 문학을 교육적 도구로 활용하는 데에만 지나치게 관심을 두고 있어 문제점으로 대두되고 있다. 이 같은 현상은 루트만(Routman)이 우려한 대로 문학이란 미명 아래 상품화된 자료나 무분별한 개작의 문제점에서 찾아볼 수 있다. 원작의 의미를 훼손, 왜곡, 변질시키는 것이 얼마나 문학성의 큰 상실과 폐단을 가져올 것인가를 짐작하게 하였다.

문학과 교육의 관계를 보다 명확하게 이해하기 위해서 에릭 칼(Eric Carle)의 「매우 배고픈 애벌레」(The Very Hungry Caterpilar) 이야기를 예로 살펴보겠다.

책의 내용

달빛이 비치는 가운데 조그만 알 하나가 잎사귀 위에 놓여 있었어요. 어느 일요일 아침 따뜻한 햇님이 솟아오를 때, 알을 탁 터뜨리며 조그맣고 아주 배고픈 애벌레가 나왔어요.

애벌레는 먹을 것을 찾기 시작했어요.
월요일에 애벌레는 사과 하나를 파 먹었어요. 그래도 배가 고팠어요.
화요일에는 배 두 개를 파 먹었어요. 그래도 배가 고팠어요.
수요일에는 자두 세 개를 파 먹었어요. 그래도 배가 고팠어요.
목요일에는 딸기 네 개를 파 먹었어요. 그래도 배가 고팠어요.
금요일에는 오렌지 다섯 개를 파 먹었어요. 그래도 배가 고팠어요.
토요일에는 초콜릿 케이크 하나, 아이스크림 콘 하나, 피클 하나, 스위스 치즈 한 조각, 살라미 소시지 한 조각, 막대 사탕 하나, 체리파이 하나, 소시지 하나, 컵케이크 하나, 수박 한 조각을 파 먹었어요.
그날 밤 애벌레는 배탈이 나고 말았답니다.
다음 날 다시 일요일이 되었어요.
애벌레는 파랗고 좋은 잎사귀 하나를 갉아 먹고 나서 몸이 많이 좋아졌어요.
이제 애벌레는 더 이상 배가 고프지도 않았고, 더 이상 작은 애벌레도 아니었어요.
크고 뚱뚱한 애벌레가 되었어요.
애벌레는 몸 둘레에 고치라고 하는 작은 집을 지었어요.
그 속에 2주도 넘게 있었지요. 그리고 나서 고치를 갉아 구멍을 뚫어서 밖으로 나왔어요.
그런데……
아름다운 나비가 되어 있었답니다 !

교사는 이 책을 유아에게 읽어준 후 질문을 하였다.

"월요일에는 무엇을 몇 개 먹고, 화요일에는 무엇을 몇 개 먹었지요?" 라는 질문에 중점을 두고 이야기를 진행하였다. 하지만 이 책에서는 '무슨 요일에 무엇을 몇 개 먹었는가' 하는 내용에 중점을 두는 것이 아닌 책 속에 있는 생명의 놀라운 신비와 작은 벌레 하나가 변해서 한 마리의 아름다운 나비가 되어 가는 과정을 통해 가슴 속 깊이 느껴지는 감동이 중요한 것이다. 이처럼 유아문학은 유아교육을 위한 매체의 수단으로 이해하기보다 교사가 안내자가 되어 문학을 통해 감동의 세계로 인도하는 과정이 되어야 한다. 그러므로 교사는 유아문학에 대한 올바른 이해가 필요하며,

이러한 이해를 바탕으로 바람직한 문학교육이 이루어질 수 있도록 해야 할 것이다.

2) 유아문학과 놀이

놀이에 대한 정의는 학자들의 철학적 관점에 따라 다양하다. 프뢰벨(Froebel, 1990)은 놀이를 아동기에 돋아나는 싹들의 자연적인 개화로, 홀(Hall, 1916)은 현재에 지속되는 과거의 영혼과의 운동습관으로, 그로스(Gross, 1980)는 후일 생활의 필수적인 활동의 본능적인 연습으로, 프로이드(Freud, 1990)는 충동의 반복으로 보는가 하면 피아제(Piaget, 1955)는 동화와 조절을 통해 처리하는 인지적 활동으로 보고 있다. 또한, 엘리스(Ellis, 1973)는 「왜 사람은 놀이를 하는가?」(Why People Play?, 1973)라는 책에서 사람들이 놀이하는 이유를 능력에 대한 동기유발과 자극 추구의 두 가지 입장에서 설명하고 있다(채종옥 · 이경화 · 김소양, 2006).

놀이의 가장 큰 특성은 '재미성'이다. 놀이가 재미있는 것은 외적인 간섭에 의해서 통제되지 않고 내적으로 통제된다는 점과 '~처럼' 활동하고, 가장하고, 가상하여 상상해 본 내적 환상의 세계에서 이루어지기 때문이다. 그러므로 동화 또한 유아들에게 신나고 재미있는 것으로 놀이와 같은 맥락에서 설명되어질 수 있다.

인간은 누구나 자유로운 상상을 통해서 환상의 세계를 꿈꾸며 그 꿈을 통해 욕구를 표출하고 그것을 실현하려고 하기에 문학을 필요로 한다. 유아들에게 있어서 좋은 문학이란 재미있는 것으로, 좋은 동화로 의미할 수 있다. 따라서 진정한 유아문학은 놀이와 같이 재미있어야 한다.

3) 환상과 현실

아동의 환상과 현실에 있어 프로이드(S. Freud, 1973)는 꿈을 인간이 바라는 소망의 실현으로 보았다. 인간은 크고 깊은 본능적인 욕구를 지니고 있는데 그러한 욕구가 현실적으로 실현할 수 없다면, 인간은 절망과 좌절에 빠질 수밖에 없다. 그러나 실현 불가능한 욕구에도 불구하고 절망과 좌절에 빠지지 않는 것은 꿈이 있기 때문이며, 바로 그 꿈은 문학을 만들어 내는 요소가 된다.

현실로 가능하지 못한 작품으로 「알라딘의 요술램프」, 「손오공」, 「피노키오」, 「피터 팬」, 「신데렐라」, 「백설공주」 등의 문학작품이 있다. 동화의 문학작품에서 전형적인 특성은 주인공이 행복해지거나 사랑이 이루어지는 해피엔딩이다. 착한 사람은 복을 받고 나쁜 사람은 벌을 받는다는 권선징악을 다룬 이야기는 인류가 공통적으로 바라는 보편적인 꿈을 실현해 주고 있다. 그러나 모든 문학은 꿈이라는 환상의 세계에만 머물러 있는 것이 아니라 현실의 기초 위에서 현실과의 관계 속에 이루어지고 있다고 볼 수 있다.

2. 유아문학과 누리과정

유아의 문학 활동은 영유아교육과정의 여러 영역과 상호 밀접하게 연결되어 있다. 문학작품 속에서 유아에게 교육적으로 적합한 요소를 찾아 낼 수 있어야 하고 유아가 문학을 즐긴다는 점을 고려하여 문학적 접근을 통한 통합교육도 실천할 수 있어야 한다. 본 장에서는 현재 국가수준의 교육과정인 3~5세 누리과정에서 영유아의 문학적 경험과 관련된 교육내용이 어떻게 구성되어 있는지 구체적으로 살펴보고자 한다.

1) 누리과정과 문학교육

2012년 3월부터 시행되고 있는 5세 누리과정에 이어 3, 4세까지 누리과정이 확대 · 도입됨에 따라 유아교육법 제13조 제2항에 의거하여 '3~5세 연령별 누리과정'이 고시되었으며, 2013년 3월부터 전국의 모든 유아교육기관에서 '3~5세 누리과정'이 전면 시행되고 있다. 누리과정은 3~5세 유아를 대상으로 심신의 건강과 조화로운 발달을 도와 민주시민의 기초를 형성하는 것을 목적으로 한다. 이러한 목적을 달성하기 위한 목표는 다음과 같다.

가. 기본운동 능력과 건강하고 안전한 생활습관을 기른다.
나. 일상생활에 필요한 의사소통 능력과 바른 언어 사용 습관을 기른다.
다. 자신을 존중하고 다른 사람과 더불어 생활하는 능력과 태도를 기른다.

라. 아름다움에 관심을 가지고 예술 경험을 즐기며, 창의적으로 표현하는 능력을 기른다.
마. 호기심을 가지고 주변 세계를 탐구하며, 일상생활에서 수학적 · 과학적으로 생각하는 능력과 태도를 기른다.

누리과정은 위의 목표를 기반으로 신체운동 · 건강, 의사소통, 사회관계, 예술경험, 자연탐구 등 5가지 영역으로 구성되어 있으며, 유아의 주도적인 경험과 놀이가 통합되도록 구성하였다. 만 3~5세 누리과정은 유치원과정과 어린이집 표준보육과정 중 만 3~5세 유아에게 필요한 기본 능력을 선별하여 수정 · 보완하였다. 유치원 교육과정 중 문학과 관련된 언어생활은 Ⅰ수준, Ⅱ수준, 공통수준 등으로 구성되어 있고 표준보육과정 중 문학과 관련된 내용으로 의사소통은 1수준, 2수준, 3수준으로 구성되어 있으나 세부수준별 내용에 있어서 유사한 부분이 많다. 특히 5세 누리과정은 만 3~4세와 구분되지만 세부 내용수준은 서로 연계되도록 구성되었으며, 만 3~5세 유아에게 필요한 기본 소양과 능력을 토대로 초등학교 1~2학년의 교육내용과 연계성을 가진다.

만 3~5세 유아의 문학경험과 관련된 영역은 주로 의사소통 영역에 제시되어 있다. 하지만 유아문학교육은 유아 수 · 과학이나, 언어교육처럼 누리과정에 명시되어 있지 않아 교육내용과 범위를 파악할 필요가 있다.

2) 유아문학 교수 · 학습 목표

유아문학을 교육과정 시각에서 본다는 것은 유아에게 문학교육은 가능한지, 교육과정 구성 내용 원천은 무엇인지에 대한 의미를 고려하는 것이다. 일반적으로 교육과정에서 내용의 원천(source)은 학문적 '지식'이거나' 문화' 또는 '생활경험'이라고 한다(이귀윤, 1996).

일반적으로 문학교육 목표는 문학작품에 대한 독자의 태도를 변화시키고, 이해력을 증진시키는데 일차적 의미가 있다. 더불어 문학적 상상력에 기초하여 의미와 경험을 재구성하는 과정이 유아문학 교육목표에 포함되어야 한다. 문학의 궁극적 목적이 인간성 변화와 사회 순화에 있지만, 문학은 아는 것이 아니라 겪는 것(Rosenblatt, 1978)

이라는 관점에서 유아문학 교육목표가 조직되어야 한다. 문학은 미술이나 음악과는 다르게 언어를 통해 형상화된 의미예술이다(우한용, 1997). 그러므로 유아들이 단지 그림책을 접하는 것만으로 의미에 대한 해석이나 소통이 깊고 넓게 이루어지지 못한다. 친구들과 의견을 나누고 서로 이해하는 것, 인류 문화유산을 함께 공유하는 것, 감상방법을 체득하여 문학이 추구하는 인간적 가치를 지니게 하는 것 또한 교육목표에 포함되어야 한다(Whitehead, 1998). 이상금 · 장영희(2007)는 지식이나 기술을 얻게 하는 것도 중요하지만 문학적 태도, 감상이 유아문학 교육목표와 더 밀접한 관계가 있어야 함을 강조한다. 김중신(2004)도 문학교육 목표는 문학적 능력함양을 지향하기 위해 '문학적 지식'보다는 '문학을 즐기는 태도'를 중시해야 한다고 언급하였다.

누리과정에서 유아의 문학경험과 관련된 내용은 주로 의사소통 영역에 제시되어 있다. 이들 의사소통 영역은 언어의 기본 형태인 문어를 활용하여 나와 다른 사람의 느낌이나 생각, 경험을 상황과 상대방에 알맞게 소통할 수 있는 능력을 기르는 영역이다. 또한 말과 글의 관계를 알고 읽기와 쓰기에 흥미를 가져 언어사용을 즐기도록 하는 영역이라고 볼 수 있다. 의사소통 영역은 듣기, 말하기, 읽기, 쓰기의 내용범주로 구분되어 있지만 언어는 큰 체제 속에서 상호 통합되도록 지도한다. 이를 위해 교사는 유아가 가지고 있는 언어능력을 발견하여 존중해 줌으로써 스스로 언어에 대한 자신감을 갖도록 해야 한다. 문학교육과 관련된 3~5세 누리과정 중 의사소통 영역의 세부적인 목표는 다음과 같다.

- ◆ 일상생활에 필요한 의사소통 능력과 바른 언어사용 습관을 기른다.
- ◆ 다른 사람의 말을 주의 깊게 듣는 태도와 바른 언어사용 습관을 기른다.
- ◆ 자신의 느낌과 생각을 말하는 능력을 기른다.
- ◆ 글자와 친숙해지는 경험을 통하여 글자 모양을 인식하고 읽기에 흥미를 가진다.
- ◆ 말과 글의 관계를 알고 자신의 생각, 느낌, 경험을 글로 표현하는 데 관심을 가진다.

3) 유아문학 교수 · 학습 내용

유아문학 교육과정의 내용과 방법에는 시대 · 사회 · 문화적 흐름에 따른 교육철학사조가 많은 영향을 미쳤다. 유아문학 활동 접근 방법 또한 당대 아동관과 교육관 그리고 시대적 배경에 의해 여러 모습으로 변화를 거듭하면서 문학을 활용한 통합적 접근이 교육과정 속에서 다양한 방식으로 시도되었다.

누리과정에서 3~5세 유아의 문학경험과 관련된 내용범주는 '듣기', '말하기', '읽기', '쓰기'로 구성되어 있다. 의사소통 영역의 내용범주와 연령별 세부내용을 중심으로 문학교육 활동을 관련지어 살펴보면 다음과 같다.

표 3-1

내용범주

듣 기	· 낱말과 문장 듣고 이해하기 · 이야기 듣고 이해하기 · 동요, 동시, 동화 듣고 이해하기 · 바른 태도로 듣기
말하기	· 낱말과 문장으로 말하기 · 느낌, 생각, 경험 말하기 · 상황에 맞게 바른 태도로 말하기
읽 기	· 읽기에 흥미를 가지기 · 책읽기에 관심 가지기
쓰 기	· 쓰기에 관심 가지기 · 쓰기도구 사용하기

표 3-2

만 3세 세부내용

내용범주	내 용	세부내용
듣 기	낱말과 문장 듣고 이해하기	낱말과 발음에 관심을 가지고 듣는다.
		일상생활과 관련된 낱말과 문장을 듣고 뜻을 이해한다.
	이야기 듣고 이해하기	다른 사람의 이야기를 관심 있게 듣는다.
	동요, 동시, 동화 듣고 이해하기	동요, 동시, 동화를 다양한 방법으로 듣고 즐긴다.
	바른 태도로 듣기	말하는 사람을 바라보며 듣는다.
말하기	낱말과 문장으로 말하기	친숙한 낱말을 발음해 본다.
		새로운 낱말에 관심을 가진다.
		일상생활에서 일어나는 일들을 간단한 문장으로 말한다.

	느낌, 생각, 경험 말하기	자신의 느낌, 생각, 경험을 말해본다.
	상황에 맞게 바른 태도로 말하기	상대방을 바라보며 말한다.
		바르고 고운 말을 사용한다.
읽 기	읽기에 흥미 가지기	주변에서 친숙한 글자를 찾아본다.
		읽어주는 글의 내용에 관심을 가진다.
	책읽기에 관심 가지기	책에 흥미를 가진다.
		책의 그림을 단서로 내용을 추측해 본다.
쓰 기	쓰기에 관심 가지기	말을 글로 나타내는 것에 관심을 보인다.
		자기 이름의 글자에 관심을 가진다.

* 출처 : 교육과학기술부 · 보건복지부(2013)

'동요, 동시, 동화를 다양한 방법으로 듣고 즐긴다'는 만 3, 4세 유아가 다양한 장르인 문학의 세계를 경험하고 이를 그림책뿐만 아니라, 그림자 동화, 손가락 동화 등 다양한 매체를 통해 들으면서 즐기도록 하는 내용이다. 동요, 동시, 동화는 재미있게 읽히도록 누군가 의도적으로 꾸며 놓은 이야기이다. 문학 작품을 다양한 매체를 통해 반복하여 듣는다면, 유아는 이야기의 내용을 더 잘 이해하게 되며, 더 잘 기억해 낼 수 있고, 작가가 전달하고자 한 바를 서로 공감하게 되고, 이야기를 재구성할 수 있으며, 다시 읽고 싶다는 동기를 갖게 된다. 또한 문학적으로나 예술적으로 수준이 높은 그림책이나 동화는 유아에게 상상력과 아름다움, 간접 경험의 기회를 제공한다. 따라서 개별, 소집단으로 자주 듣거나 다양한 매체로 전환하여 유아가 직접 참여하며 듣고 즐기도록 하는 것이 좋다.

'책에 흥미를 가진다'는 읽기 발달에 중요한 도구인 책에 흥미를 가지도록 하는 내용이다. 유아가 직접 선택한 책을 매개로 소통하고 사고하는 것은 책읽기의 가장 기초라고 볼 수 있다. 교사는 다양한 내용과 형식을 갖춘 그리고 유아가 책 펴보는 것에 흥미를 느낄 수 있는 책을 구비하여 만 3세 유아로 하여금 스스로 좋아하는 책을 선택할 수 있도록 도와준다.

'책의 그림을 단서로 내용을 추측해 본다'는 책의 내용 요소인 그림을 통하여 책의 이야기를 추측해 보며 책읽기를 친근하게 즐길 수 있는 내용이다. 만 3세 유아는 책 속의 그림을 보며 이야기를 구성하고, 그림을 구석구석 보면서 이야기 줄거리를 추측해 보기도 한다. 교사는 유아가 그림을 보고 질문을 하거나 책의 내용을 추측하여 이야기하는 것을 격려하고 그 생각을 존중해 주어야 한다.

표 3-3

만 4세 세부내용

내용범주	내 용	세부내용
듣 기	낱말과 문장 듣고 이해하기	낱말과 발음에 관심을 가지고 듣는다.
		일상생활과 관련된 낱말과 문장을 듣고 뜻을 이해한다.
	이야기 듣고 이해하기	다른 사람의 이야기를 관심 있게 듣는다.
		이야기를 듣고 궁금한 것에 대해 질문한다.
	동요, 동시, 동화 듣고 이해하기	동요, 동시, 동화를 다양한 방법으로 듣고 즐긴다.
		전래동요, 동시, 동화를 듣고 우리말의 재미를 느낀다.
	바른 태도로 듣기	다른 사람의 이야기를 주의 깊게 듣는다.
말하기	낱말과 문장으로 말하기	친숙한 낱말을 정확하게 발음해 본다.
		다양한 낱말을 사용하여 말한다.
		일상생활에서 일어나는 일들을 간단한 문장으로 말한다.
	느낌, 생각, 경험 말하기	자신의 느낌, 생각, 경험을 말해 본다.
		주제를 정하여 함께 이야기를 나눈다.
		이야기를 지어 말한다.
	상황에 맞게 바른 태도로 말하기	듣는 사람의 생각과 느낌을 고려하여 말한다.
		차례를 지켜 말한다.
		바르고 고운 말을 사용한다.
읽 기	읽기에 흥미 가지기	주변에서 친숙한 글자를 찾아본다.
		읽어 주는 글의 내용에 관심을 가진다.
	책읽기에 관심 가지기	책 보는 것을 즐기고 소중하게 다룬다.
		책의 그림을 단서로 내용을 추측해 본다.
		궁금한 것을 책에서 찾아본다.
쓰 기	쓰기에 관심 가지기	말이나 생각을 글로 나타낼 수 있음을 안다.
		자기 이름을 써 본다.
		자신의 느낌, 생각, 경험을 글자와 비슷한 형태로 표현한다.
	쓰기도구 사용하기	쓰기도구에 관심을 가지고 사용해 본다.

* 출처 : 교육과학기술부 · 보건복지부(2013)

'전래동요, 동시, 동화를 듣고 우리말의 재미를 느낀다'는 전래동요나 동시, 동화를 들으면서 그 속에 포함된 우리말의 반복적 운율, 아름다운 우리말 경험, 부모나 할머니 등 세대 간의 연결을 경험하도록 하는 내용이다. 만 4, 5세는 말의 운율이나 흥미로운 구절의 반복 등에서 재미를 느끼는 시기이다. 따라서 우리나라에서 오랫동안 전해져 내려오는 전래 동요나 유아의 생활에서 우리말의 재미와 아름다움을 경험하도록 한다.

또한 '읽어 주는 글의 내용에 관심을 가진다'는 유아가 읽어 주는 글의 내용에 관심을 가질 수 있도록 동기부여를 하는 내용이다. 만 3, 4세 유아는 상황이나 같은 말이 반복되는 이야기를 즐기며 다음에 나타날 상황을 추측해 보기를 즐긴다. 발달에 적합하고 유아의 생활과 밀접하게 관련되어 있는 읽을거리는 유아로 하여금 글의 내용에 관심을 가지게 한다. 전래동요 가사를 그림으로 그려 제시한 노래판, 실물과 함께 제시한 동시, 좋아하는 그림책 같은 것에 유아는 높은 관심을 보인다.

'책 보는 것을 즐기고 소중하게 다룬다'는 유아들이 책 보는 것을 즐기면서 재미를 느끼고 책의 가치를 알아 소중히 하는 내용이다. 만 4, 5세 유아는 자연스럽게 책을 접하는 경험을 통해 스스로 읽고자 하는 요구가 많아진다. 교사는 주제와 계절에 맞게 정기적으로 책을 교체해 주고 창작동화, 전래동화, 과학동화 등 여러 장르의 책을 제공해 준다. 또한 가정과 기관, 지역사회가 연계하여 도서대여 프로그램이나 부모 독서 교육, 지역 도서관 및 서점방문 등을 실시하고 유아 주변이 책읽기의 모범을 보여 유아가 자연스럽게 책을 보는 것을 즐길 수 있도록 돕는다. 책을 본 후에는 제 위치에 정리하기, 책이 찢어지거나 훼손되는 것을 방지하도록 조심스럽게 다루기, 책을 빌려간 후에는 제 날짜에 돌려주기 등을 통해 책을 소중히 하는 태도를 길러준다.

표 3-4

만 5세 세부내용

내용범주	내 용	세부내용
듣 기	낱말과 문장 듣고 이해하기	낱말과 발음에 관심을 가지고 비슷한 발음을 듣고 구별한다.
		다양한 낱말과 문장을 듣고 뜻을 이해한다.
	이야기 듣고 이해하기	다른 사람의 이야기를 듣고 이해한다.
		이야기를 듣고 궁금한 것에 대해 질문한다.
	동요, 동시, 동화 듣고 이해하기	동요, 동시, 동화를 다양한 방법으로 듣고 즐긴다.
		전래동요, 동시, 동화를 듣고 우리말의 재미를 느낀다.

	바른 태도로 듣기	다른 사람의 이야기를 끝까지 주의 깊게 듣는다.
말하기	낱말과 문장으로 말하기	정확한 발음으로 말한다.
		다양한 낱말을 사용하여 상황에 맞게 말한다.
		일상생활에서 일어나는 일들을 다양한 문장으로 말한다.
	느낌, 생각, 경험 말하기	자신의 느낌, 생각, 경험을 적절한 낱말과 문장으로 말한다.
		주제를 정하여 함께 이야기를 나눈다.
		이야기를 지어 말하기를 즐긴다.
	상황에 맞게 바른 태도로 말하기	듣는 사람의 생각과 느낌을 고려하여 말한다.
		때와 장소, 대상에 알맞게 말한다.
		바르고 고운 말을 사용한다.
읽 기	읽기에 흥미 가지기	주변에서 친숙한 글자를 찾아본다.
		읽어 주는 글의 내용에 관심을 가지고 읽어 본다.
	책읽기에 관심 가지기	책 보는 것을 즐기고 소중하게 다룬다.
		책의 그림을 단서로 내용을 이해한다.
		궁금한 것을 책에서 찾아본다.
쓰 기	쓰기에 관심 가지기	말이나 생각을 글로 나타낼 수 있음을 안다.
		자기 이름과 주변의 친숙한 글자를 써 본다.
		자신의 느낌, 생각, 경험을 글자와 비슷한 형태로 표현한다.
	쓰기도구 사용하기	쓰기도구의 바른 사용법을 알고 사용한다.

* 출처 : 교육과학기술부 · 보건복지부(2013)

'읽어 주는 글의 내용에 관심을 가지고 읽어 본다'는 유아가 성인이 읽어 주는 글의 내용에 관심을 가지고 읽어 보고자 시도하는 내용이다. 교사는 유아가 읽을 수 있는 글자, 짧은 낱말, 구절 등을 시도해 보도록 격려하고 교사가 읽어 주었던 내용을 상기하며 유아가 자발적으로 읽기를 시도할 때, 다소 서투르더라도 유아에게 자신감을 북돋아 주도록 격려한다. 자발적이고 능동적 문학교육을 위한 내용조직은 유아 개인 경험 세계에 일차적 의미를 두고, 작품에 대한 이해와 감상을 근거로 배치해야 한다. 물론 유아 개개인의 반응을 중시하는 관점에서 교육내용을 조직한다는 것은 교사들에게 적지 않은 부담이 될 수 있으나, 또래들과 느낌을 공유하고 토론할 수 있도록 안내하고 도와줄 수 있는 실질적 교수 · 학습과정은 문학교육에서 필수적이다.

'책의 그림을 단서로 내용을 이해한다'는 책의 그림은 내용을 이해하는 중요한 요소임을 알고 그림을 단서로 이야기 줄거리를 이해하는 내용이다. 만 4, 5세는 책의 그림을 단서로 등장인물, 배경, 사건과 사건의 연결, 사건 해결과정 등을 이해할 수 있다. 만 5세 유아는 그림은 물론 책 속의 글자를 조금씩 읽을 수 있다. 글자를 읽는 데에 너무 에너지를 쏟게 되면, 이야기에 집중하지 못하고 몰입에 방해가 된다. 따라서 책의 내용에 적합하고 잘 그려진 그림이 있는 그림책을 선정하여 성인이 읽어 주는 것이 바람직하다.

'궁금한 것을 책에서 찾아본다'는 유아가 필요로 하는 새로운 정보를 얻기 위해 자연스럽게 책을 활용하는 내용이다. 만 4, 5세 유아는 책읽기를 통해 책이 주는 다양한 가치를 경험한다. 교사는 주제와 관련된 책, 다양한 유형의 책, 유아가 좋아하는 책, 동시나 동요와 관련된 책, 언어놀이와 관련된 책, 음악 및 미술과 관련된 책, 수나 과학과 관련된 책 등을 여러 흥미 영역에 배치하여 놀이 중 궁금한 내용을 찾아보거나 수시로 유아가 활용할 수 있도록 도와준다. 이 과정을 통해 유아는 책은 필요한 정보를 얻는데 유용하고, 즐거움을 주는 유익한 도구임을 알게 될 것이다.

3. 유아문학과 표준보육과정

제3차 어린이집 표준보육과정(보건복지부고시, 제2013-8호)은 「0~1세 보육과정」, 「2세 보육과정」, 「3~5세 누리과정」으로 나뉜다. 표준보육과정은 영유아보육법 시행규칙 제 30조에 의거하여 0~1세, 2세를 대상으로 기본생활, 신체운동, 의사소통, 사회관계, 예술경험, 자연탐구의 6개 영역을 중심으로 구성되어 있으며, 0~1세의 보육과정 내용은 다시 1, 2, 3, 4수준으로, 2세의 보육과정은 다시 1, 2수준으로 제시하고 있다. 그리고 이들 영역 중 문학 활동과 가장 관련이 깊은 영역은 '의사소통 영역'의 내용범주에 해당된다. 의사소통 영역은 다시 듣기, 말하기, 읽기, 쓰기의 내용범주로 세분화되어 있으나 실제로 교육활동에 적용하는 과정에서는 언어라는 체제 안에서 서로 유기적인 관련을 갖고 통합적인 경험이 이루어질 수 있도록 지도하는 것이 적절하며 이는 문학 활동을 제공함에 있어서도 마찬가지이다. 의사소통 영역과 관련된 내용을 각각 0~1세와 2세로 나누어 자세히 살펴보면 다음과 같다.

1) 0~1세의 의사소통 영역과 문학 관련 내용

표준보육과정의 0~1세 의사소통 영역에서 제시하는 목표는 '말소리를 구분하고 의사소통의 기초를 마련한다'이며 이를 다시 세부적 목표로 나누어 다음과 같이 제시한다.

- 주변의 소리와 말소리 듣기에 관심을 보인다.
- 표정, 소리, 몸짓으로 자신의 생각과 느낌을 표현한다.
- 짧은 그림책이나 친숙한 환경 인쇄물에 관심을 보인다.
- 끼적이기에 관심을 가진다.

표 3-5 **0~1세 의사소통 영역 내용범주**

영역	내용
듣 기	· 주변의 소리와 말소리 구분하여 듣기 · 경험과 관련된 말 듣고 알기 · 운율이 있는 말 듣기 · 말하는 사람을 보기
말하기	· 발성과 발음으로 소리내기 · 표정, 몸짓, 말소리로 말하기 · 말할 순서 구별하기
읽 기	· 그림책과 환경 인쇄물에 관심 가지기
쓰 기	· 끼적이기

0~1세 영아들의 의사소통 영역에서 문학교육과 관련된 내용범주는 '읽기'로 내용은 '그림책과 환경 인쇄물에 관심 가지기'이다. 1, 2, 3, 4 수준에서는 '다양한 감각책을 탐색해 본다', '읽어 주는 짧은 그림책에 관심을 가진다'이다. 또한 3, 4수준에서는 '사물과 주변의 친숙한 환경 인쇄물에 관심을 가진다'로 제시하고 있다. 영아기는 오감을 통해 세상을 이해하고 배우는 시기이다. 영아들이 그림책에 관심을 가질 수 있도록 헝겊책, 촉감책, 소리책 등 다양한 질감의 감각책을 제공해 주어 책을 탐색하고 흥미를 갖게 하는 것이 중요하다.

표 3-6 **0~1세 의사소통 영역 세부내용**

<table>
<tr><th>내용범주</th><th>내 용</th><th>1수준</th><th>2수준</th><th>3수준</th><th>4수준</th></tr>
<tr><td rowspan="7">듣 기</td><td rowspan="3">주변의 소리와 말소리 구분하여 듣기</td><td colspan="3">여러 가지 소리와 말소리 듣기에 흥미를 보인다.</td><td>친숙한 낱말의 발음에 흥미를 보인다.</td></tr>
<tr><td colspan="4">익숙한 목소리를 듣고 그것에 반응한다.</td></tr>
<tr><td></td><td></td><td colspan="2">높낮이와 세기 등 말소리의 차이에 반응한다.</td></tr>
<tr><td rowspan="2">경험과 관련된 말 듣고 알기</td><td colspan="4">눈앞에 보이는 경험과 관련된 말에 반응한다.</td></tr>
<tr><td></td><td colspan="3">자신의 이름이 불리면 듣고 반응한다.</td></tr>
<tr><td>운율이 있는 말 듣기</td><td colspan="4">운율이 있는 짧은 말소리를 관심 있게 듣는다.</td></tr>
<tr><td>말하는 사람을 보기</td><td colspan="2">말하는 사람의 눈을 마주 바라본다.</td><td colspan="2">말하는 사람과 표정, 몸짓을 관심 있게 본다.</td></tr>
<tr><td rowspan="5">말하기</td><td rowspan="3">발성과 발음으로 소리 내기</td><td colspan="2" rowspan="2">여러 가지 소리를 내고 옹알이를 한다.</td><td colspan="2">여러 말소리를 즐겁게 내본다.</td></tr>
<tr><td colspan="2">의미 있는 음절을 내본다.</td></tr>
<tr><td colspan="2">옹알이와 말소리에 대해 말로 반응해 주면 모방하여 소리 낸다.</td><td colspan="2">교사가 말을 모방하여 발음한다.</td></tr>
<tr><td>표정, 몸짓, 말소리로 말하기</td><td>표정과 소리로 의사표현을 한다.</td><td>표정, 몸짓, 소리로 의사표현을 한다.</td><td colspan="2">표정, 몸짓, 말소리로 의사표현을 한다.</td></tr>
<tr><td>말할 순서 구별하기</td><td colspan="4">말할 순서에 따라 표정, 몸짓, 말소리로 반응한다.</td></tr>
<tr><td rowspan="3">읽 기</td><td rowspan="3">그림책과 환경 인쇄물에 관심 가지기</td><td colspan="4">다양한 감각책을 탐색해 본다.</td></tr>
<tr><td colspan="2"></td><td colspan="2">사물과 주변의 친숙한 환경 인쇄물에 관심을 가진다.</td></tr>
<tr><td colspan="4">읽어주는 짧은 그림책에 관심을 가진다.</td></tr>
<tr><td>쓰 기</td><td>끼적이기</td><td></td><td colspan="3">끼적이기에 관심을 가진다.</td></tr>
</table>

* 출처 : 보건복지부(2013)

2) 2세의 의사소통 영역과 문학 관련 내용

표준보육과정의 2세 의사소통 영역에서 제시하는 목표는 '의사소통 능력의 기초를 기른다'이며 이를 다시 세부적 목표로 나누어 다음과 같이 제시하였다.

- 다른 사람의 말과 짧은 이야기 듣는 것을 즐긴다.
- 자신의 생각과 느낌을 말로 주고받기를 즐긴다.
- 그림책이나 환경 인쇄물에 관심을 가지며 글의 내용에 흥미를 가진다.
- 글자형태 끼적이기에 관심을 가진다.

표 3-7 2세의 의사소통 영역 내용범주

영역	내용
듣 기	· 말소리 구분하여 듣고 의미알기 · 짧은 문장 듣고 알기 · 짧은 이야기 듣기
	· 말하는 사람을 주의 깊게 보기
말하기	· 낱말과 간단한 문장으로 말하기 · 자신이 원하는 것을 말하기 · 상대방을 바라보며 말하기
읽 기	· 그림책과 환경 인쇄물에 흥미 가지기
쓰 기	· 끼적이며 즐기기

만 2세 영아들의 의사소통 영역에서 문학교육과 관련된 내용범주는 '읽기'로 내용은 '그림책과 환경 인쇄물에 흥미 가지기'로 제시되어 있다. 세부내용은 1, 2 공통수준으로 '그림책과 환경 인쇄물에 있는 그림과 내용에 관심을 가진다', '친숙한 그림과 환경 인쇄물을 보고 읽는 흉내를 내본다', '선호하는 그림책들을 읽어 주면 집중하여 듣는다'이다. 다양한 그림책과 주변에서 쉽게 접할 수 있는 각종 환경 인쇄물에 관심을 가지고 있는 영아들이 그림의 내용에 집중하고 몰입할 수 있도록 환경을 조성해 주는 일이 중요하다. 이 시기의 영아는 성인이나 교사가 읽어 주는 그림책에 반응을 보이기 시작하고, 흥미를 가지게 되며 때로는 그림책을 읽는 흉내를 보이기도 한다. 영아들은 자신이 좋아하는 그림책을 반복하여 읽어 주길 원한다. 이 때 교사는 영아들이 선호하는 그림책을 선정하되, 부모와 또래와의 유대관계, 사회 · 정서 발달에 도움

을 주는 책을 제공하는 것이 좋다.

표 3-8

2세의 의사소통영역 세부내용

<table>
<tr><th>내용범주</th><th>내 용</th><th>1수준</th><th>2수준</th></tr>
<tr><td rowspan="7">듣 기</td><td rowspan="2">말소리 구분하여 듣고 의미알기</td><td>친숙한 낱말의 발음에 흥미를 보인다.</td><td>친숙한 낱말의 발음에 관심을 가지고 듣는다.</td></tr>
<tr><td colspan="2">다양한 말소리의 차이를 구분한다.</td></tr>
<tr><td rowspan="2">짧은 문장 듣고 알기</td><td>낱말을 듣고 친숙한 사물과 사람을 찾아본다.</td><td>일상생활과 관련된 친숙한 낱말을 듣고 뜻을 이해한다.</td></tr>
<tr><td colspan="2">친숙한 짧은 문장을 듣고 반응한다.</td></tr>
<tr><td>짧은 이야기 듣기</td><td colspan="2">짧은 이야기와 노랫말 등을 즐겁게 듣는다.</td></tr>
<tr><td>말하는 사람을 주의 깊게 보기</td><td colspan="2">말하는 사람의 표정, 몸짓, 억양 등을 주의 깊게 보고 듣는다.</td></tr>
<tr style="display:none"></tr>
<tr><td rowspan="6">말하기</td><td rowspan="3">낱말과 간단한 문장으로 말하기</td><td>눈앞에 보이는 친숙한 사물의 이름을 발음해 본다.</td><td>친숙한 낱말을 발음해 본다.</td></tr>
<tr><td colspan="2">일상생활에서 경험한 새로운 낱말에 관심을 가진다.</td></tr>
<tr><td colspan="2">일상생활의 반복적인 일이나 친숙한 상황을 한두 낱말이나 간단한 문장으로 말해 본다.</td></tr>
<tr><td rowspan="2">자신이 원하는 것을 말하기</td><td colspan="2">표정, 몸짓, 말소리로 의사표현을 한다.</td></tr>
<tr><td>자신이 원하는 것을 한두 낱말로 말해 본다.</td><td>자신이 원하는 것을 낱말이나 짧은 문장으로 말해 본다.</td></tr>
<tr><td>상대방을 바라보며 말하기</td><td colspan="2">말할 순서에 상대방을 바라보며 말을 주고받는다.</td></tr>
<tr><td rowspan="3">읽 기</td><td rowspan="3">그림책과 환경 인쇄물에 흥미 가지기</td><td colspan="2">그림책과 환경 인쇄물에 있는 그림과 내용에 관심을 가진다.</td></tr>
<tr><td colspan="2">친숙한 그림과 환경 인쇄물을 보고 읽는 흉내를 내본다.</td></tr>
<tr><td colspan="2">선호하는 그림책들을 읽어 주면 집중하여 듣는다.</td></tr>
<tr><td rowspan="2">쓰 기</td><td rowspan="2">끼적거리며 즐기기</td><td colspan="2">의도적으로 끼적거린다.</td></tr>
<tr><td colspan="2">자기 이름 끼적거리기에 관심을 가진다.</td></tr>
</table>

* 출처 : 보건복지부(2013)

4. 유아교육과정에 기초한 문학교육

교육과정을 뜻하는 'curriculum'은 교육기관에서 정해진 교육목표를 달성하기 위하여 선택된 교육내용과 학습활동을 체계적으로 편성 · 조직한 계획을 의미한다. 유아교육과정은 유아의 전인적 성장 · 발달을 위하여 어떤 내용을 어떤 방법으로 가르칠 것인가를 중점적으로 다룬다. 즉 유아교육이 지향하는 바, 그 목표를 달성하기 위해 거쳐야 하는 경로이자 구체적인 내용에 해당한다. 문학 활동 역시 전체 영 · 유아 교육과정에 포함되어야 하는데, 일반적으로 다음과 같은 점을 고려해 문학 활동을 설계한다.

1) 유아문학과 언어영역

문학교육은 일반적으로 언어교육과 동일시되기도 하는데 이는 문학교육이 언어교육으로 대치될 수 있는 외적 조건, 즉 언어를 매개로 하기 때문이다. 우리나라 유치원 교육과정에서는 문학교육 영역이 독립적으로 다루어 있지 않고 의사소통 영역의 언어교육의 내용과 표현생활에서 통합적으로 다루고 있다.

의사소통 영역의 '듣기'에서는 다른 사람의 말, 동화, 동요, 동시 등을 잘 듣고 이해하는 능력을 길러 준다. '말하기'에서는 대상과 상황에 따라 자기의 경험, 생각을 바르게 말로 표현할 수 있는 능력을 기른다. '읽기 · 쓰기 영역'에서는 말과 글의 관계를 이해하고, 주변의 글자나 책에 관심을 가지게 한다. 이 영역의 교육활동은 유아의 발달 특성에 적합한 기초적인 언어능력을 기르며 바르게 듣고 말하는 태도를 가지는 데 중점을 두고 있다. 읽기, 쓰기는 초등학교 단계의 글자 교육이 아닌 점에 유의하여, 긁적거리기, 글자놀이, 그림책 보고 이야기하기 등의 활동을 통하여 글과 자연스럽게 친숙해지도록 해야 한다.

(1) 듣 기

이야기를 집중해서 잘 들을 수 있는 것은 의사소통 능력에 있어서 중요하며 잘

들을 수 있는 것도 유아들의 이전 경험내용과 관계된다. 유아들 중에는 잘 들을 수 있는 훈련을 거의 받지 못한 경우가 있는데 이 점을 보완하는 데에 문학의 역할이 크다. 다음은 잘 들을 수 있도록 도와주는 몇 가지 활동을 제안하고자 한다.

1 주의 깊게 듣기(attentive listening)

① 소리 · 단어 · 문장들을 정확한 발음과 적절한 속도 및 크기로 들려준다.

② 유아들이 이야기를 들으면서 주인공이나 어떤 특정 인물 또는 물건 등을 알아내도록 유도한다.

③ 어떤 특정한 인물이나 음이 나올 때마다 손뼉을 치거나 따라 해 보기 등을 시도한다. 동요 · 동시 활동을 이용하면 좋다.

④ 유아들은 전래동요의 운율을 즐긴다. 운율은 자연스럽게 따라 해 보고 싶은 마음을 가지게 하며 여러 가지 소리를 만들어 내볼 수 있는 기회가 되기도 한다.

2 감상하며 듣기(appreciative listening)

① 동화나 동시를 읽어 준다. 이야기를 듣는 것 자체가 듣는 훈련이다. 이와 함께 몇 가지 변화를 시도하여 보다 흥미를 갖도록 유도할 수도 있다.

② 아름다운 음악을 들으면서 그림을 그리거나 핑거 페인팅(finger painting)하기 또는 뚜렷한 묘사 음악을 들은 후 그림을 그려 볼 수도 있다.

③ 노래 부르듯 함께 책을 읽어 보거나 함께 읽기에 적절한 시를 선택하여 손유희 동작을 시도한다.

④ 유아들에게 시를 들려준 후 기억되는 것들을 모두 그려 보게 한다.

3 분석하며 듣기(analytical listening)

① 여러 가지 소리들을 분류하여 본다. 예를 들어 동물소리, 자연의 소리, 놀이에서 나는 소리 등 여러 기준으로 나누어 보게 한다.

② 유아들이 간단한 시나 혹은 짧은 동화 등을 녹음해 서로 그것을 들어보는 시간을 갖게 한다.

③ 집에서 유치원에 올 때까지 들은 소리들을 다시 재현해 보는 활동을 한다.

(2) 말하기

유아들은 경험한 것을 곧 언어로 표현하므로 유아에게 많은 경험들이 중요하다. 그 중에서도 좋은 문학경험은 경험내용을 정확하며 적절한 단어의 선택과 문장 구성을 하는데 도움이 될 수 있다. 의미를 이해하는 것에만 그치는 것이 아닌 창의적인 언어표현 능력을 길러 주기 위한 활동들을 계획할 수 있어 효과적이다.

유치원에서 활동하는 내용 중에 주말에 지낸 경험을 말하기 외에 손유희, 전래동요 함께 읽기, 동시 읽기, 극놀이, 이야기 나누기 활동 등은 모두 표현능력을 돕는 활동들이다.

(3) 읽기와 쓰기

좋은 문학경험은 책을 대할 때, 책에 대한 소중함과 긍정적으로 대하는 태도를 갖게 한다. 우선 책은 즐거움을 주는 것이라는 느낌을 갖게 하는 것이 가장 주된 목적이 된다. 유아들은 책을 통하여 새로운 경험들을 하며, 혼자 혹은 함께 그러한 즐거움을 나눌 수 있다는 것을 자연스럽게 알게 된다.

이러한 책에 대한 긍정적 태도는 책을 친숙하게 느끼게 하며 자연스럽게 문자에 대한 이해를 돕는다. 특히 그림책은 시각적인 면과 자발적인 읽기 학습이 일어나도록 하며, 개념의 명료화와 어휘를 풍부하게 만든다.

문학경험과 읽기는 그 목적과 과정이 다름에도 유아들이 좋아하는 책을 바탕으로 하는 활동이라는 점이 특징이다. 그러나 문학이 유아들에게 즐거움과 기쁨을 제공하는 것이 일차적인 목적이라면 읽기 교육은 문자를 해독할 수 있도록 체계화된 순서로 기술을 가르쳐 주는 것이 그 목적이 된다. 읽기와 쓰기의 과정은 작문(composing)의 과정으로 상호 관련되어 있다. 문학은 언어교육 내용을 확장시켜 주고 듣고, 말하고, 읽고, 쓰고 싶은 동기를 자극시킨다.

문학적 접근을 통해서 언어교육을 실시하고자 할 때는 다음과 같은 점에 유의하여 문학작품을 선정하여야 한다.

① 유아의 발달단계에 맞는 좋은 책을 읽어 주어야 한다. 좋은 책이란 문학적 완성도와 유아의 발달과 흥미에 적합한 것이다.

② 사건전개와 문제해결의 과정이 이해하기 쉽게 되풀이되는 책이 적당하다. 이러

한 책은 유아들이 책을 읽으면서 자연스럽게 반복하여 글자를 익힐 수 있을 것이다.

③ 문학적 접근은 충분한 시간을 할애하여 유아들이 이야기의 내용을 기억하고 이해하는 바탕 위에서 이루어져야 한다.

④ 문학작품 속에 나오는 단어나 글자들을 익히고 배우는 과정에서 표준 철자를 익히는 것보다 읽는 의미를 이해하는 과정이 되어야 한다.

⑤ 문학작품에 대한 반응활동은 쓰기에서 자연스럽고 풍부한 표현이 되도록 한다. 이와 같이 언어교육을 문학적 접근을 통하여 실시하고자 하는 경우에는 다양한 활동을 계획해 볼 수 있을 것이다.

2) 유아문학과 수학교육

수교육이란 수와 상징을 이용하여 사물의 양과 관계성을 배우는 학문이다. 전통적인 수교육에서는 계산 방식을 암기하는 것, 교사의 설명, 연습지 풀기 등에 중점을 두었다. 카미(Kamii, 1990)는 연습지 풀기의 활동은 행동주의적 교수 양식으로서 어떤 진정한 사고도 유발시킬 수 없다고 주장하였다. 수는 개인별 유아가 대상물에 따라 만들어 낸 다양한 관계에 의해 구성된다(Kamii, 1987).

유아들은 수 또는 시간 측정의 기본적 개념이 매일의 일상적 경험과 연관되어 소개될 때 쉽게 이해한다(Maxim, 1984). 즉 유아들의 수에 대한 경험은 형식적인 교육을 받기 이전부터 이루어질 수 있는 것으로 일상생활 중 자신의 접시 위에 놓인 과자가 몇 개인지 그 개수를 세어 보거나 블록놀이를 하면서 몇 칸을 쌓았는지 계산하는 것, 또는 물놀이나 모래놀이를 하면서 부피를 측정하기 등 놀이를 통해 자연스럽게 수의 개념을 실행하고 익히게 된다(J. Trelease, 2008).

카미와 드브리스(Kamii & De Vries)를 비롯한 많은 학자들은 자신의 연구결과를 토대로 수교육은 일상의 활동에 포함하여 통합적으로 교육을 할 때 교육 효과가 높다는 연구결과들을 보고하였다. 이러한 연구들은 현대 수교육에서 수를 '안다(know)'는 것은 수를 '행하는(doing)' 것이라는 기초를 갖게 하였다(National Council of Techers of Mathematics, 1989). 이러한 차원에서 문학작품을 통한 수교육도 큰 의미가 있다고 볼 수 있다. 문학작품을 통하여 가설 설정하기, 전략 세우기, 문제 창조하기 등 다양한 사고 기술을 사용하도록 격려함으로써 유아의 흥미를 일으키고 수에 대해 비형식적, 활동적, 창의적 방법으로 참여시킬 수 있다. 문학을 통한 수학교육은 먼저 문학작품 속에 수학적 개념이나 어휘가 포함되어 있는 경우를 들 수 있으며, 그 다음으로는 아동문학작품의 내용을 수학적 개념과 연결지우는 활동을 해 보는 것이다. 문학을 통한 수학활동을 효과적으로 전개하기 위해서는 교사는 그림책의 종류, 그림책을 활용하는 시기와 횟수, 주제의 선정, 대상 유아의 수 지도내용, 확장활동 등 보다 구체적인 계획을 수립하고 실행하여야 한다.

3) 유아문학과 과학교육

과학교육은 유아들이 주위의 여러 가지 사물이나 현상을 관찰하고, 궁금해하고, 변화과정을 살펴보는 등의 능동적인 탐색활동을 함으로써 과학적인 탐구능력과 태도를 기르기 위한 것이다. 유아과학교육은 유아가 과학적인 경험에 능동적으로 참여하고 탐구 과정의 즐거움을 맛봄으로써 과학과 기술에 대해 흥미를 가지고 지속적으로 탐구하는 데 필요하고 확고한 기초를 다지는 것을 강조한다. 그렇기 때문에 유아를 위한 과학은 유아에게 의미 있고 동기유발을 쉽게 일으키는 유아의 주변 세계에 관련된 내용을 과정 중심으로 다루어야 한다(교육부 고시 제1998-10호).

유아들은 주변의 사물이나 사건, 자연 현상에 대해 궁금해하고 끊임없이 질문을 할 때가 많다. 유아에게 내재된 이러한 호기심은 관찰하고, 의문시하고, 변화할 때 일어나는 현상을 발견해 내는 탐구적인 경험에 능동적으로 참여하고, 탐구의 결과보다 과정 자체를 즐길 수 있도록 격려해 줄 때 탐구활동이 생활화된다.

유아과학교육은 유아들의 생활과 연결시켜 여러 교과영역을 통합하여 계획되어야 한다. 균형 있는 교육과정을 구성하고 유아의 흥미에 따른 자연스러운 학습 분위기가 형성되어야 하는데, 문학을 통한 과학을 전개할 때에는 어떤 순서가 있는 것이 아니다. 유아의 흥미, 발달 정도 및 유아교육기관의 특성에 따라 융통성 있게 적용시키는 것이 중요하다. 단원 또는 생활 주제를 과학과 관련된 주제로 선정한 뒤 하루 일과 전체 활동을 이러한 과학 활동 중심으로 전개할 수 있으며, 기존의 생활주제를 유지해 가면서 부분적 · 지속적으로 전개할 수도 있다.

4) 유아문학과 사회교육

오늘날 사회적으로 가장 큰 문제가 되는 것은 이웃과 함께 살아가는 능력이 점점 더 약화되고 있다는 점이다. 가족 구성원 자체가 핵가족화 되어 가면서 이웃과의 단절이 심해지고 있기에 사회화를 도와줄 수 있는 적극적인 지도방법에 대한 관심이 집중되어지고 있다. 유아들이 사회의 바람직한 구성원으로서의 역할을 익히기 위해서는 많은 과제를 달성해야 한다. 우선 긍정적 자아를 형성하여 자아에 대한 바른 인식을 가져야 한다. 안정된 자아는 아주 어린 시기에 자신을 양육하는 사람과의 신뢰성을 형성하는 과정을 통해 이루어지며, 점차 성장하면서 보다 넓은 주위 환경과의 관계 속에서 형성된다. 그리고 다른 사람의 가치도 인정하여 다른 사람과 함께 더불어 사는 것도 배워야 한다. 사람과 사람과의 관계, 사람과 자연 환경과의 관계에 대한 이해와 바람직한 관계를 형성하는 데 필요한 태도와 기술들을 배워야 한다.

문학작품은 집단에서의 협동, 자신과는 다른 환경에 있는 사람에 대한 이해, 어려운 환경에 있는 사람에 대한 연민 혹은 어려움을 극복하고자 하는 용기 등을 길러주는데 결정적인 역할을 하며, 개인의 경험영역을 벗어난 다른 환경과 세계 속에서의 여러 가지 사건과 갈등을 간접 경험할 수 있는 장이 된다. 유아들은 새로운 것을 배움으로 생활태도에 변화를 가져오는 것이 아닌 문학작품을 통해서 자신이 느낀 어떤 것으로부터 변화를 일으키게 된다.

누리과정에서는 유아 사회관계 교육의 목표를 다음과 같이 구분하여 제시하고 있다. '나를 알고 존중하기'에서는 긍정적인 자아개념 형성과 자기 조절능력 등을 강조한다. '가족을 소중히 여기기'에서는 가족의 소중함을 알고 화목하게 지내며, '다른 사람과 더불어 생활하기'에서는 여러 사람과의 관계를 이해하고, 공동체 의식 배양의 기초를 형성하는 내용을 포함한다. '사회에 관심 갖기'에서는 다양한 문화와 생활양식에 바탕을 두어 주변 지역, 직업 및 경제생활, 환경보전에 대해 관심을 가질 뿐 아니라, 통일에 대비하여 우리나라 문화의 정체성과 민족 동질성을 형성하기 위한 내용을 포함한다. 나아가 세계화 · 정보화 시대에 대비하여 여러 나라의 문화에 관심을 가지도록 하며, 다양한 정보 자료에 대한 이해를 넓히는 데 중점을 두고 있다.

5) 유아문학과 도덕성 교육

현대 유아교육의 흐름을 통합적 접근에 기초한 것과 같이 문학작품을 통한 도덕교육 또한 통합교육의 차원에서 다루어진다(신혜선, 2009). 문학작품의 소재는 인간의 삶을 그대로 담고 있기 때문에 문학작품을 읽거나 듣는 유아들은 자연스럽게 인간 삶의 질서와 가치를 접하게 되므로 도덕교육은 문학작품을 통해서도 접근할 수 있다.

문학작품을 통해 인간의 인격과 가치를 가르치는 것은 인류가 갖는 가장 오래된 도덕교육 방법 중의 하나다. 우리나라를 비롯한 동양에서는 유교(儒敎), 불교(佛敎), 신교(信敎)의 가치를 포함하고 있는 천자문(千字文), 소학(小學), 명심보감(明心寶鑑) 등의 경전을 통하여 도덕적 가치를 가르쳐 왔다. 유대인들과 기독교인들은 구약 성경의 이야기, 신약 성경의 이야기, 탈무드, 천로역정 등을 유아들에게 들려주거나 읽게 함으로써 그들의 문화와 도덕적인 가치를 가르쳐 왔다.

문학작품에는 유아들이 좋아하고 자신이 꿈꾸는 훌륭한 인격을 가진 인물이 등장한다. 즉 자신이 희망하는 사람들이나 도덕적인 사람이 되기 위해 자신의 잠재력을 발현하면 닮을 수 있는 인물들이 등장함으로 유아들에게는 동일시의 대상을 제공할 뿐 아니라 유아를 격려해 주는 대상을 만나게 된다. 이러한 문학작품을 통해 유아들은 자신들의 도덕적 판단능력을 자극받고, 간접적으로 도덕적 가르침을 배우며 학습하게 된다. 따라서 문학작품을 통한 도덕교육의 방법은 많은 문학작품을 접함으로써 인류가 추구하는 다양한 보편적인 가치들을 자연스럽게 학습하도록 한다.

유아를 위한 문학작품에는 유아들의 세계에서 일어날 수 있는 갈등을 포함하고 있는 작품이 많이 소개되고 있다. 유아들이 토의하기에 적절한 갈등상황의 주제로는 약속지키기, 정직하기, 소유권 알기, 공평, 규칙 등이다. 이런 주제들 대부분이 유아들이 실제 일상생활 속에서 경험할 수 있는 갈등으로써 유아기 발달 수준에 알맞은 내용을 포함하고 있다. 선정된 작품을 들려준 후에는 유아들이 문학작품의 내용을 바르게 이해하고 있는지에 대해 질문을 하는데, 특히 교사들은 유아들이 갈등상황을 잘 이해하고 있는지를 파악하여야 한다. 만일 잘 이해하지 못하고 있다면 다시 이야기를 들려준 후에 이야기 속의 문제 상황이 무엇인지 상기시켜 준다.

6) 유아문학과 미술교육

유아들이 접하는 유아문학은 그림책인 경우가 대부분이다. 처음에는 그림책 속의 그림만 관심을 기울이다가 차츰 글자에 주목을 하게 되지만 글자를 읽을 수 있게 되는 경우에도 그림에 주의를 기울이는 경향을 보인다. 그러므로 그림책은 등장인물이나 배경의 특성을 충분히 드러내 주어야 할 책임이 있는 것이다.

그림책은 다양한 기법과 소재로 제작되어서 유아들로 하여금 자연스럽게 글의 내용을 접하게 하며 미술에 대한 시각적 인식능력을 높일 수 있게 해 준다. 아동문학의 중요한 매체인 그림책은 언어와 그림의 조합이 만들어 낸 시각예술작품이다. 그림을 통해 미술적 요소를 탐색하기도 하고 느낌을 미술활동으로 표현하기도 한다. 그림책 속의 그림은 다양한 기법과 소재로 제작되어서 유아들은 자연스럽게 그러한 내용을 친숙하게 접하며 미술에 대한 시각적 인식능력을 높일 수 있을 것이다.

특히 그림책은 작가에 따라서 다양한 기법과 소재를 활용하여 제작된 경우가 많다. 수성물감, 크레파스, 유화물감, 파스텔, 연필, 목탄 등의 재료와 그림, 판화, 사진, 콜라주 등의 기법도 다양하다. 유아들의 경우도 미술작품을 표현하는 기법을 그림책을 관찰하면서 이해하기도 하고 스스로 이러한 기법을 체험해 볼 수도 있다.

7) 유아문학과 음악교육

모든 사람들이 즐겨 부르는 전래동요나 시의 운율적 요소에는 음악적인 속성을 갖고 있다. 또한 유아들이 즐겨 듣는 동화나 동시에도 누적적 · 반복적인 요소에 음악성을 볼 수 있다.

유아들은 이야기에 흥미를 갖고 노래를 부르고, 음악을 듣는 경험으로 다시 자신의 감정과 느낌을 표현하게 된다. 여기서 음악은 문학을, 문학은 음악을 서로 북돋아주는 긴밀한 관련성을 갖게 된다. 음악 · 율동 · 문학 · 미술 등은 모두 각각의 독립적인 예술영역이면서도 서로의 영역을 돕는 역할을 통해 발전되는 영역들이다. 더욱이 유아교육 현장에서는 이러한 영역들이 실생활 속에서, 놀이장면 속에서, 교육내용 속에서 연계될 수 있어야만 교육의 효과를 거둘 수 있다. 유아들은 다양한 소리를 듣고, 다시 표현하는 과정을 즐긴다. 표현활동에 간단한 노랫말을 만들거나 멜로디로 구성하는 활동으로 전개될 수 있다. 음악과 문학을 연결한 형식으로는 노래극을 소개할 수 있다. 동화를 듣고 노래극으로 표현할 때 동작과 함께 적절한 부분에 악기를 이용하여 소리를 만든다. 이러한 음악적 표현활동이 문학을 통해 이루어질 수 있다.

CHAPTER 04

아동문학의 역사적 배경

1. 외국의 아동문학
2. 우리나라의 아동문학
3. 세계의 아동문학
4. 아동문학가와 아동문학상

아동문학은 원시시대의 씨족사회에서 족장이나 연장자들에 의해 자연현상과 세상의 기원, 그리고 용감한 탐험과 모험이 이야기로 전승되어졌을 것이다. 또한 직업적으로 이야기를 하는 사람들이나 음유시인들에 의해 이러한 이야기들이 각색되어 서사시나 영웅담으로 만들어졌을 것이다. 이처럼 전승문학은 활자화되기 전까지 입에서 입으로 전해지며 점점 다듬어지게 되었다.

그렇다면 아동문학은 언제부터 시작되었는가? 이는 성인이 유아를 위해서 창작한 현대 아동문학의 개념에 기초한 아동문학사의 기점(起點)인 근대로 간주하고 있다.

서구에서는 18세기 후반 루소(Rousseau)의 「에밀」(1772)이 출판되기 시작하면서 근대적 아동관이 성립되었다. 아동을 성인과 같이 동등한 인격으로 인정하고 성장과정에 필요한 교육과 보호의 배려를 하게 된 근대 유아관은 아동문학의 시작을 가져왔다. 따라서 성인이 유아를 대상으로 아동문학 작품을 창작하기 시작한 시점은 19세기 초로 볼 수 있다(교육과학기술부, 2008).

우리나라의 아동문학은 서구 유아문학의 시점보다는 늦었다고 할 수 있다. 유아는 성인의 축소판이라는 인식이 민족주의적 문화운동이 일어난 개화기에 접어들면서 변화하여 유아를 위한 작품들이 번안되고 창작되었다. 역사적으로 우리나라도 19세기 초에 아동문학이 시작되었다고 볼 수 있다. 그러나 일제강점기라는 특수한 역사적 상황으로 인해 우리글과 말이 제한되었던 당시의 아동문학을 진정한 아동문학으로 보기에는 미흡하다. 진정한 의미의 유아문학의 시작은 1945년 광복 이후라고 보는 견해다. '유아교육'이라는 개념이 일반화되면서 유아를 위한 문학이 발전 · 확장되었다고 보고 있다(김현희 · 박상희, 2008).

요즘 여러 서점에서는 대부분 유아 도서만을 따로 구분해 놓은 것을 쉽게 볼 수 있다. 수없이 많은 작품들 중에는 예전부터 내려오던 고전도 있으며 새롭게 창작되어 유아들의 사랑을 받고 있는 창작물도 있다. 또한 아동들은 어른들이 부르는 노래와 어른들을 위한 TV 프로그램을 시청하면서 자신들이 이해할 수 있고 흥미를 느끼는 것들을 적절히 선택하여 즐기고 있다. 이처럼 다양해진 아동문학의 역사를 우리나라 아동문학과 외국 아동문학으로 나누어 역사적 흐름과 작품들을 살펴보고자 한다.

1. 외국의 아동문학

1) 19세기 이전의 아동문학

19세기 이전의 아동문학은 근대적 아동문학이 성립되어 있지 않았기에 산업혁명이 일어나기 전까지 아동을 위한 책들은 주로 학습을 위한 책이었다.

이러한 책들은 부유한 상류계층의 자녀를 위해 성직에 있던 교육자들이 썼으며 라틴어로 쓰여졌다. 이 학습용 책은 교훈위주의 전통을 이룬 것으로 아동 도서영역을 지배하였으며 지금까지도 그 영향을 미치고 있다.

1440년대에 처음으로 교습용 글자판(hornbook)이 나왔는데 이것은 책이 아니라 가르칠 내용을 양피지에 써서 나무에 붙인 것이었다. 알파벳의 자음과 모음이 연합되어 있는 것으로 시작하여 주기도문으로 끝나는 것이 교습용 글자판의 대부분이었다.

오늘날의 그림책은 1657년에 체코슬로바키아의 모라비아 주교이며 교육자인 코메니우스(John Amos Comenius, 1592~1671)에 의해 「세계도회」라는 이름으로 처음 만들어졌다.

1700년대에서 1840년에는 신문이 보급되었는데, 이러한 챕북(chapbook)은 접혀져 있을 뿐 제본은 되지 않은 작은 책이었지만 일반 서민들까지도 즐겨 읽은 최초의 대중서적이라고 볼 수 있다.

▶ 스위프트의 「걸리버 여행기」

18세기에 시민계급을 배경으로 읽기 시작한 근대 소설은 유아들을 의식하여 쓰여진 것은 아니지만 동화의 세계에 공상력과 상상력의 가치를 인식시킨 디포(Defoe)의 「로빈슨 크루소」와 스위프트(Swift)의 「걸리버 여행기」는 「천로역정」과 함께 유아문학의 체계화에 큰 변모를 가져왔다.

그 후 영국문학은 뉴베리(John Newbery, 1713~1767)의 민간설화, 발라드(ballade), 창작들이 포함되어 있는 출판작품들을 통

▶ 형 야콥(Jacob Grimm)과 동생 빌헬름(Wilhelm Grimm)

해 발전하였다. 프랑스에서는 '현대 아동문학의 아버지'라 불리우는 페로(Charles Perrault, 1628~1703)의 구전 이야기 개화형식의 작품들이 소개되었다.

한편, 독일의 그림 형제(Jacob Grimm, 1785~1863 : Wilhelm Grimm, 1786~1859)는 국어학자로서 독일의 옛날 이야기를 선별하여 어린이와 가정을 위한 동화집을 썼는데, 이들의 작품에서는 전승문학이 유아문학으로 소개되었다.

이렇듯, 19세기 이전의 유아문학은 어른을 위하여 쓰여진 문학 속에서 유아가 재미있는 작품을 선택하여 접하면서 기쁨을 얻었다.

2) 19세기의 아동문학

근대 동화의 창작을 자극한 커다란 힘은 인간의 이성과 신앙의 통제를 배척하며, 감정과 감각의 해방을 즐기려 한 것이다. 인간 내부의 자연스러운 충동을 바탕으로 자유로운 공상의 세계와 인간의 본능을 긍정적으로 바라보는 낭만주의 문학의 전개와 더불어 이루어졌다고 볼 수 있다.

근세기까지 유아는 성인의 축소판으로 여겨졌으며 유아의 인격은 인정되지 않았다. 따라서 유아를 위한 이야기나 노래가 따로 존재하지 않았다. 유아들의 모든 것은 어른의 생활규준에 의해 결정되었으며, 교육조차 어른들의 기준에 유아를 맞추는 권위적이고 부자연스러운 것으로 유아를 구속하였다. 그러나 아동은 더 이상 성인의 축소물이 아니었다. 그들 고유의 성장시기에 대한 이해와 존중이 필요하다고 주장하는 아동 중심사상의 대두로 아동을 위한 문학의 당위성을 갖게 되는 중요한 계기가 마련되었다.

루소(Jean Jacque Rousseau)는 그의 저서 「에밀」(Emile)에서 "어린이는 끝까지 어린이어야 하고, 어른으로 취급되어서는 안 된다. 미래의 행복을 위해 어린이의 현재 행복을 희생시켜서는 안 된다. 어린이의 세계에는 그에 따른 고유한 완성과 성숙이 있는 것이다. 이를 철저히 존중하도록 해야 한다"고 하며 교육은 사회의 편견이나 권위에 의해서 아동을 임의대로 변형하는 것이 아니다. 아동의 자연본성으로 되돌아가게 하여 아동을 아동으로 만드는 것임을 주장하였다. 이것을 루소는 단적으로 "아동을 아동으로 성숙시켜라"고 말하고 있으며 어린이의 독자적인 인격을 인정하고 자연교육을 역설하였다.

또한 보편 절대적인 미(美)의 관념에 입각하여 엄격한 규칙을 세우는 귀족문화에서 인간을 있는 그대로 보려는 시각으로 눈을 돌렸다. 성인의 지배적인 역할에서 벗어나 아동의 심정을 충분히 이해하고 사랑하는 문학가가 그들을 대변하여 진실을 표현해 내는 아동을 위한 창작된 문학이 출현하게 되었다.

이러한 창작 아동문학의 출현에 또 하나의 배경은 전래동화와 전래동요에 대한 새로운 인식이었다. 특히 독일의 그림 형제는 전래동화에 대한 학문적인 연구와 함께 재화(再話)를 통하여 그것을 문학의 수준까지 올려 놓는데 공헌하였다. 이로 인해 가장 단순한 형식의 동화 속에 심오한 인생의 진리가 담겨질 수 있다는 인식이 널리 알려지게 되었다.

근대적 아동문학이 출현한 시기에 안데르센(Hans C. Andersen, 1805~1875)은 그림 형제와 함께 아동문학역사상 큰 축을 이루고 있다. 그는 근대적 아동문학의 창시자이며 창작문학의 기틀을 잡은 아동문학의 거장이다.

안데르센에서 시작된 19세기 아동문학의 개화는 루이스 캐롤(Lewis Caroll, 1832~1893)의 「이상한 나라의 앨리스」(1865)에 이르러 정점에 이른다. 또한, 아동들의 마음을 사로잡은 또 하나의 작품을 들자면 이탈리아의 콜로디(Carlo Collodi, 1826~1890)가 쓴 「피노키오」(Pinocchio)이다.

▶ 「이상한 나라의 앨리스」 원작삽화

과학소설(science fiction, S.F.)의 선구자라 할 수 있는 베르느(Jules Verne, 1828~1905)는 어린이들의 공상과 모험의 세계를 과학적이고 사실적인 접근 방법으로 열어주었다. 「풍선 속에서의 5주일」이라는 모험이야기를 시작하여 공상모험과 과학소설을 발표하게 되었다. 그 외에 마크 트웨인(Mark Twain, 1835~1910)의 「톰 소여의 모험」(The Adventures of Tom Sawyer, 1876)과 「허클베리 핀의 모험」(The Adventures of Huckleberry Finn, 1884) 등은 당시의 모험심과 개척정신을 바탕으로 인간애를 그린 작품들이었다.

이와 같이 19세기에 접어들자 유럽과 미국에서는 교훈적인 작품들이 사라지고 순수한 모험과 공상의 즐거움이 넘치는 보다 진실한 아동상이 부각된 작품들이 연이어 출현하게 되었다.

3) 20세기의 아동문학

20세기는 「아동의 세기」라 일컬을 정도로 아동을 다루는 모든 분야에서 아동을 위하여 활발한 활동과 연구를 위한 투자들이 많아졌다. 이는 아동문학계에도 아동의 세기를 맞이하게 되었음을 시사하고 있다.

환상적인 공상 이야기의 세계는 영국에서 계속해서 찬란한 꽃을 피우게 되고, 「이상한 나라의 앨리스」에 이어 제임스 베리(James Barrie, 1860~1937)의 「피터 팬」과 밀느(Alan Alexander Milne, 1882~1956)의 「아기곰 푸우」가 출판되었다.

20세기 아동문학의 고전으로는 또 하나의 공상 이야기가 빛을 발하고 있다. 이 역시 영국에서 출판된 작품으로 트래버스(Pamela Travers, 1906~)의 「메어리 포핀스」 시리즈가 그것이다. 1934년 최초로 나온 「바람을 타고 온 메어리 포핀즈」에 이어, 1935년에는 「돌아온 메어리 포핀즈」, 1943년에는 「사립문을 여는 메어리 포핀즈」, 1953년에는 「공원 속의 메어리 포핀즈」로 이어진다. 이 작품은 아동문학사에 또 하나의 불멸의 주인공을 만들어 냈다.

20세기 아동문학에서 프랑스를 대표할 수 있는 작품으로는 생텍쥐페리(Saint-Exupéry, Antoine de, 1900~1944)의 「어린왕자」를 들 수 있다.

▶ 「어린왕자」의 삽입 그림

아동의 세기인 20세기는 아동문학 풍작의 시대이며 세계의 아동에게 사랑받는 명작이 유럽과 미국, 그리고 여러 지역에서 출현하게 되었다. 여기서 한 가지 주목해야 할 사실은 영국에서 세계 정상의 작품들이 수없이 창작되어 20세기 아동문학에서 단연 뛰어나다는 사실이다. 아동을 위한 소년 · 소녀소설과 유아를 위한 그림책들로 다양한 작품세계를 전개하였고 현재도 계속해서 발전 중에 있다.

2. 우리나라의 아동문학

우리나라 아동문학의 역사를 정확하게 시대별로 구분하는 것은 매우 어려운 일이다. 사실상 1900년대에 접어들면서 우리나라 아동문학의 역사를 볼 수밖에 없는데 이는 외부적 요인 등의 역사적 상황이 있기 때문이다.

우리나라의 아동문학 역사는 연구자들에 따라 그 시대적 분류를 조금씩 달리 한다. 이상현은 우리나라 아동문학의 원류를 단군신화에서 찾아보려는 시도로써 설화문학시대를 넣고, 근대 아동문학시대부터는 10년 단위로 각 시대별 특징을 구분하였다.

여기서는 이재철의 분류를 중심으로 각 시대별 우리나라 아동문학의 역사를 살펴보고자 하며, 이재철의 분류 이후인 1976년부터는 본격 아동문학의 전환 발전기와 확장 발전기로 나누어 정리하였다.

1) 아동문화 운동시대(1908~1945)

아동문화 운동시대는 시기적으로 해방 이전을 말하며, 우리나라 근대사의 특수성을 배경으로 아동들에게 민족의식과 반일사상을 일깨워 주는 일종의 문화운동, 사회운동이 중심이 된 시기였다. 따라서 아동문학은 문학으로서의 자각보다는 유교적이고 봉건적인 요소에서 탈피하려는 아동 인권회복을 위한 감성해방과 개화 · 계몽사상, 모국어를 통한 민족의식을 고취하려는 목적이 있었다.

(1) 태동 · 초창기(1908~1923)

우리나라의 현대아동문학 시초는 최남선의 19세 때 창간했던 〈소년〉(1908)지와 발표되었던 ≪해에게서 소년에게≫이다. 그리고, 이광수의 계몽적인 소설을 실어 우리나라 근대 문학의 선구자적 역할을 하면서부터라고 볼 수 있다.

특히 〈소년〉은 우리나라 최초의 근대적 종합잡지로서 신문학의 기원을 이루었으며 그 내용과 정신에 있어 아동문학 잡지의 시초라 할 수 있다.

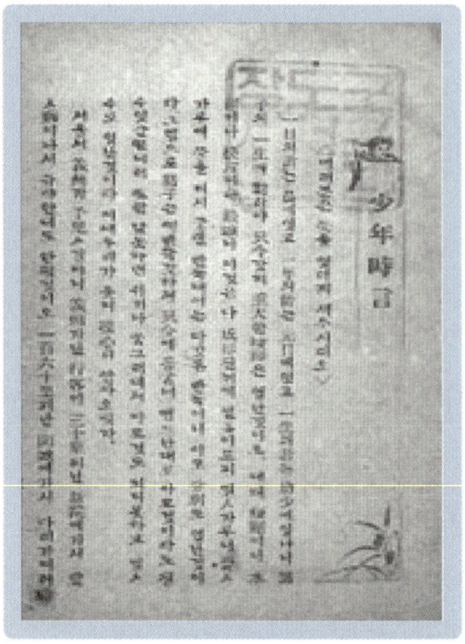

▶ 「최남선의 ≪해에게서 소년에게≫」

이 잡지에는 대부분 아동소설이 실렸는데 「거인국 표류기」, 「이솝이야기」, 「로빈슨 무인절도 표류기」, 「어른과 아이」와 같은 번안작품이었다. 무엇보다 오늘날 현대시의 선구인 신체시(新體時) ≪해에게서 소년에게≫가 발표되어 문학사에 더욱 의미 있는 잡지로 기억되고 있다. 최남선은 〈소년〉에 이어 1913년 〈붉은 져고리〉, 〈아이들 보이〉, 〈새별〉 등의 아동잡지를 창간하여 〈소년〉의 소년 문학적 성격을 이어갔다. 이러한 아동잡지들은 제목과 내용을 순한글로 표현하여 언문일치의 선구적인 역할을 하였다.

태동기의 아동문학을 정리해 보면 다음과 같다(김현희 · 박상희, 1999).

① 1910년을 전후하여 나타난 신문화운동의 모태인 신문과 잡지가 개화와 계몽을 표방하는 교육지나 종합 교양지였으므로 아동문화운동의 배경이 될 수 있었다.
② 「독립신문」, 〈소년〉을 처음으로 하여 잇달아 나온 「붉은 져고리」, 「아이들 보이」, 「새별」 같은 잡지는 순수한 아동잡지였다.
③ 〈소년〉은 소년적 대우를 받고 소년적 의식을 가졌다.
④ 과도기적 상황으로 내용면에서는 신구사상을 병행하였으며, 형식면에서도 순국문전용체(純國文專用體)가 되지 못하고 한문 숙어 중심의 표현이 남아 있었다.
⑤ 개화가사와 창가가 여전히 고가사의 옛투를 답습했으나 신체시(정형동시)와 변조창가(동요)를 발생시켜 동시 · 동요의 온상이 되었다.
⑥ 한국 아동문학은 최남선의 태동기에서 방정환의 발흥기(勃興期)로 성장할 수 있었다. 따라서 〈소년〉지부터 방정환의 출현까지 약 20년간은 역사적으로 개화 준비기간이요, 우리 아동문학사로서는 아동문화운동의 태동기이자 아동문학 운동의 발아기라고 할 수 있다.

(2) 발흥 성장기(1923~1940)

소파 방정환(1899~1931)의 〈어린이〉(1923)지 출간을 기점으로 한국 아동문학은 태동기에서 발흥기(勃興期)로 접어들게 된다. 이는 3 · 1운동 이후의 정치 · 문화적인 영향을 받아 우리 민족의 감정이 반영된 문화 운동기였다.

소파 방정환은 1922년 5월 1일 어린이날의 제정을 주장하였다. 또한 최초의 세계명작동화집 「사랑의 선물」을 발간하였다. 감동과 웃음을 모르고 억눌린 채 자라는 우리나라 어린이들의 가슴에 새로운 생명의 기운을 불어넣어 주고자 하였다. 이는 어린이를 위한 최초의 동화로서 다음과 같은 서문을 붙여 번안 출간되었다.

> "학대받고, 짓밟히고, 차고 어두운 속에서 우리처럼 또 자라는 어린 영을 위하야 그윽히 동정하고 앗기는 사랑의 첫 선물로 나는 이 책을 짜었습니다."

이후 그는 1923년 우리나라 최초의 아동문예지인 〈어린이〉지를 창간하였다. 이를 계기로 어린이라는 호칭이 보편화되었으며 감상적인 동요의 보급으로 동요의 황금시대를 이루었다.

▶ 「어린이 2권 2호 1924. 2. 15」

〈어린이〉는 동요, 동화, 동화극본이라는 아동문학의 장르로 구분하여 작품을 실어 아동문학 장르에 대한 분명한 인식을 갖게 하였다. 〈어린이〉는 천도교와 색동회를 배경으로 하였기에 민족주의적 색채를 띠고 있다.

1920년대는 〈신소년〉(1923~1934), 〈새벗〉, 〈아이생활〉, 〈별나라〉 등이 출간되어 동요와 함께 아동잡지의 전성기를 누렸다. 특히 이들 잡지의 집필가들이 아동문학가가 아닌 언론인, 독립투사, 종교인, 사회 · 문화운동가였다는 점이 주목할 만한데 이는 이 시대의 아동문학 운동이 독립 운동적이며 민족적 문화운동이었음을 시사해 주고 있다. 이 시기의 문예사조는 초기에 방정환을 중심으로 형성된 주관적 동심주의와 정치 · 사회적 영향을 받은 사회적 현실주의, 선교적 교양주의로 크게 나뉘게 되었다.

1930년대는 산문문학의 마해송이 1923년 최초의 순수 창작동화 「바위나리와 아기별」을 〈새별〉지에 발표하였다. 그 후 두 번째 창작동화집 「해송동화집」(1934)을 내어 옛 이야기의 형태를 벗어나지 못하고 있는 문단의 자극제가 되었다. 그 뒤를 이어 노양근이 「어깨동무」(1942), 이구조가 단편 아동소설집 「까치집」(1940)을 출판하여 동화, 소년소설, 생활동화의 한 형식을 보여주었다.

동요로는 여러 참신하고 재능 있는 작가들에 의해 시적 동요 → 정형동시 → 자유동시 순으로 발전되어 갔다. 우리나라 최초의 개인 동시집인 윤석중의 「잃어버린 댕기」(1931)도 이 무렵 출판되었다.

▶ 「바위나라와 아기별 / 마해송」

한국 최초의 창작 동화로 별나라 임금님에게 벌을 받아 바닷가에 다시는 내려오지 못하는 아기별을 기다리는 바닷가 모래밭의 꽃, 바위나라의 슬프고 애잔한 이야기를 고운 그림으로 표현했다. 동화 한 편을 깊이 음미하면서 읽을 수 있다.

(3) 암흑 수난기(1940~1945)

1937년 일본은 중일전쟁을 일으키면서 한국에 대한 탄압이 심해졌다. 이 시기의 우리나라는 창씨개명, 우리말 사용금지, 조선 · 동아일보의 폐간(1940) 등 극단적인 탄압에 시달리는 상황이었다. 1940년 소년 조선일보가 폐간됨에 따라 문학사의 암흑기로 분류되어지고 있다.

반면 정인화, 최병화, 강승한, 이인덕 등은 일어로 된 동요와 동시를 써서 발표하기도 하여 포기하지 않는 문학열을 보이기도 하였다.

아동문화 운동시대(1908~1945)는 민족주의적 문화운동 안에서 그 특성을 찾아볼 수 있으며 일본의 아동문학의 영향을 많이 받았음을 인정할 수밖에 없다. 이 시기를 본격적인 아동문학의 발전을 기약하는 전주곡 단계라고 말하기도 한다.

2) 아동문학 운동시대(1945~1976)

해방 이후 아동문학은 문화운동의 차원에서 벗어나 본격적인 아동문학의 성장 · 발전을 위한 운동으로 자리를 잡아갔다. 해방 전의 아동문학이 우리말과 우리글을 철저히 주장하는 민족주의적 아동문화운동, 아동 감각해방운동, 사회적 문화운동으로 소개한다면 광복 후 아동문학을 아동해방운동이라고도 볼 수 있다.

(1) 광복 혼미기(1945~1950)

광복 이후 한국의 아동문학계는 좌파와 우파로 분열되고 잡지 또한 우익 잡지와 좌익 잡지로 나뉘게 되는 혼란한 시기를 겪게 되었다.

우익 잡지로는 〈소학생〉(1946~1950), 〈소년〉(1948~1950), 〈어린이〉(1948~1949), 〈어린이 나라〉(1949~1950), 〈아동〉(1946)이 발간되었으며, 좌익 잡지로는 〈별나라〉(1945), 〈새동무〉(1945), 〈신소년〉(1946)이 발간되었다.

이 무렵에는 주로 단행본과 만화 등이 발행되었는데, 이와 함께 몇몇 동요 동시집과 동화가 출간되기도 하였다. 이 때 출간된 동요 동시집에는 윤석중의 「초생달」(1946), 박영종의 「동시집」(1946), 이원수의 동요 동시집 「종달새」(1948)가 있으며 동화로는 마해송의 「토끼와 원숭이」(1946), 이주홍의 「못난 돼지」(1946), 임인수의 「봄이 오는 날」(1949), 노양근의 「열 세 동무」(1946) 등이 있다.

동화와 아동소설집의 출간은 해방 전의 작품을 수록하거나 개고한 것으로 재정리와 지양을 의미하는 점에서 그 의미를 두고 있다.

동화문학에서는 마해송과 이원수에 의해 최초의 장편동화 탄생, 장르의 다양성, 구성의 합리성, 그리고 환상성을 중요시하는 맥락으로 동화의 수준이 향상되었다.

(2) 통속 팽창기(1950~1960)

1950년 일어난 6.25사변은 정치 · 사회 · 경제는 물론 아동문학계에도 많은 악영향을 미치게 되었다. 상업성이 짙고 통속적인 내용의 소년 소설물과 만화 등이 속출하면서 아동문학계를 오염시켜 갔다. 그러나 이러한 상황에서도 최계락, 이종택, 이종기의 동시인의 등단으로 인해 순수 본격 동시운동의 발판을 마련할 수 있게 되었다.

1952년을 기준으로 창간된 어린이 잡지들인 〈소년세계〉, 〈새벗〉, 〈학원〉은 공통적으로 아동의 읽을거리의 특수성을 갖고 나온 아동지였다. 또한 어린이 잡지의 격증은 문화운동적 경영체제에서 상업적 경영체제로의 변모를 보인다. 그것을 나타내는 소년소설 · 탐정 모험물의 대폭적 증가와 만화 및 입시 위주의 편집 추세는 통속화 현상을 암시해 주고 있다.

이 시대의 대표적 경향은 전쟁소설, 순정소설의 일부가 표방한 현실 비호적인 경향과 탐정소설, 명랑소설, 공상 과학소설이 나타냈던 몰현실적 경향으로 나눌 수 있다. 이런 통속 대중문화의 중심은 성인 문학가에 의해 쓰여지는 소년소설들이 주류를 이루고 있다. 그렇다고 순수 아동문학이 전부 소멸되지는 않았다.

강소천의 「꽃신」(1953), 「꿈을 찍는 사진관」(1954), 마해송의 「떡배 단배」(1953), 이원수의 「숲속 나라」(1953), 김요섭의 「깊은 밤 별들이 울리는 종」(1957), 〈새벗〉(1952~2002) 등의 아동지와 주간 소년신보, 주간 소년조선일보, 주간 소년한국일보 등의 주간 아동신문을 통해 발표되었다(김세희, 2001).

통속 팽창기의 특징을 문학사적으로 정리해 본다면 첫째, 전체 문학사를 볼 때 1950년대의 문학만이 발전적 측면이 아닌 저해적 측면으로 두드러졌다. 둘째, 1950년대 한 시대의 문학으로서 독립적 의미를 갖기보다는 1960년대 본격 문학운동의 교량적 역할을 하는 과도기적 모습을 볼 수 있다는 것이다.

(3) 정리 형성기(1960~1976)

1960년대가 되면서 아동문학은 비로소 본격적인 문학으로서 자리를 잡아가게 되었다. 이 시기를 아동문학의 정리 형성기라고 불리는 데 그 배경을 살펴보면 다음과 같다.

첫째, 아동문학 단체의 결속이 이루어졌다. 1971년 2월 한국아동문학가협회 창립과 1971년 5월 한국아동문학회가 창립되었으며, 이 외에도 동시문학의 모태가 되는 동시인동인회(童時人同人會, 1966)가 창립되어 주목을 받았다.

둘째, 아동문학상이 제정되고 각종 시상제도가 생겨나면서 아동문학이 활성화되기 시작하였다. 또한 재능있는 신인 작가들이 대거 등단하여 각종 아동문학상을 수상하면서 아동문학이 성인문학과 같은 위치에 설 수 있는 계기가 마련되었다. 아동문학상의 종류를 살펴보면 소천 아동문학상(1965), 해송 동화상(1967), 세종 아동문학상(1969) 등이 있다. 한편 아동잡지 〈새벗〉(1952), 〈새소년〉(1964), 〈소년세계〉(1966), 〈어깨동무〉(1967), 〈소년 중앙〉(1969) 등이 창간되어 어린이들에게는 읽을거리를, 작가들에게는 발표의 장을 열어 주었다.

셋째, 아동문학의 정리작업이 이루어졌다. 이 무렵 아동문학계에는 유난히 세계명작 시리즈와 개인 전집 「한국 아동문학 전집」(12권 1964), 「강소천 아동문학 전집」(1963~1964), 「소파 아동문학 전집」(1969) 등이 간행되어 작가의 창작의욕을 높이며 질적인 향상도 불러왔다. 이렇게 한국의 아동문학사상 처음으로 아동문학에 대한 정리작업이 이루어졌다.

이 시기 본격 아동문학운동에서 동시는 폐쇄적이던 시어를 개방하고 동심의 세계를 확장하였다. 대표적인 동시 작가로는 신현득, 박경용, 유경환, 조유로 등이 있다. 이들은 언어 감각의 혁신, 이미지 중심의 시어결합, 시의 형식미 탐색 등 기교개발을 시도했으나 그 실험적인 과감성이 지나치게 강조되어 오히려 독자와 거리가 멀어지는 문제점을 남기게 되었다.

1970년대 초기의 특징으로는 동화의 강세와는 반대로 아동소설이 퇴조하였다. 이 시기의 특징으로는 아동문학 평론을 통하여 당면한 문제에 대한 치열한 논쟁을 치루게 되는데 이로 인해 아동문학 사상 새로운 전기를 마련하였다. 본격 평론으로 자리를 잡지는 못했으나 이원수, 김요섭, 박경용, 이재철 등에 의해 그 틀이 형성되어 한국 아동문학의 이론적 기초를 마련하는 데 큰 공헌을 하였다.

(4) 전환 발전기(1976~1988)

1976년 이재철이 주관하는 평론 전문지 〈아동문학평론〉과 박종현이 주관하는 〈아동문예〉가 창간되면서 동화, 동시, 아동소설 등 작품성 있는 작가들의 우수한 작품들이 발표되어 아동문학계에는 새로운 바람이 일었다.

이 시기의 두드러진 특징으로는 출판사들이 국내 전문 아동문학가들의 창작집을 발간하기 시작하였다. 국내 아동문학 작가의 창작집과 외국의 명작을 번역한 책들이 출판되었다.

동시문학에서도 새로운 변화의 조짐이 있었는데 형태의 다양한 시도가 이루어짐으로써 서사시, 동화시, 연작시 등이 나왔다.

잡지를 살펴보면 1982년 어린이 만화잡지 〈보물섬〉이 창간되면서 문예잡지 〈새싹문학〉(1977), 〈어린이문예〉(1979)가 독자를 잃기 시작하였다. 신문 주간지였던 「소년조선일보」(1966), 〈소년 한국일보〉(1960), 〈소년동아〉(1964)가 일간지로 바뀌었다.

이 시기의 가장 큰 특징은 아동문학이라는 과목이 유아교육학과와 아동학과, 사범대학, 교육대학에 개설되면서 아동문학의 학문적인 체계가 갖추어지기 시작하였다는 것이다.

(5) 확장 발전기(1988~현재)

1988년 이후 아동문학계는 전쟁, 분단, 가난이라는 생활에서 오는 주제를 탈피하여 다양한 주제와 소재를 이용한 동화 · 동시들이 출간되기 시작했다. 그 예로 이금이의 「영구랑 흑구랑」(1991), 이가을 단편집 「가끔씩 비오는 날」(1998), 임길택의

「수경이」(1998), 위기철의 「쿨쿨 할아버지의 잠깬 날」(1998)을 들 수 있다.

번역본으로는 외국의 고전이라 할 수 있는 C. S. 루이스의 「나니아 연대기」(1950~1955), 아스트리드 린드그렌의 「산적의 딸 로냐」(1985), 「라스무스와 방랑자」(1957), 나탈리 배비트의 「트리갭의 샘물」(1975) 등의 우수한 책들이 잘 번역되어 어린이들에게 큰 감동을 안겨 주었다. 또한, 호메로스(Homeros)의 서사시 일리아드와 오디세이 이야기를 엮은 그림책도 「트로이 전쟁과 목마」(1993), 「오디세우스의 방랑과 모험」(1995)이라는 제목으로 출판되어 많은 사랑을 받았다.

유아 동시 부분에서는 아동을 대상으로 하는 동시가 주를 이루었으나 1989년도에 유아교육을 전공한 작가의 유아 동시집이 서정숙의 「아가 입은 앵두」, 이춘희의 유아 동시집 「징검다리」(1990)가 유아 동시집이라는 제목으로 처음 출판되었다.

잡지는 유아용 잡지, 유아와 초등학생용 잡지, 초등학생용 잡지로 나눌 수 있다. 유아용 잡지를 보면 〈꿈나라〉(1975~1988, 어깨동무사), 〈엄마랑 아기랑〉(1976. 4~1999. 2, 샘터)이 유아들이 엄마와 함께 볼 수 있었다. 유아와 초등학생용 잡지로는 〈자연과 어린이〉(1984. 3~1998. 2, 국민서관)가 간행되었다. 어린이들이 자연과 함께 올바른 심신을 키울 수 있도록 동 · 식물, 곤충, 새의 생태를 생생한 원색 사진을 통해 소개하였다.

한편 어린이들을 위해 출간되는 아동문학 문예지는 작가들에게는 작품 발표의 상이 되기도 한다. 이러한 아동문학 문예지로는 〈아동문예〉(1976. 5~, 아동문예사), 〈열린 아동문학〉(1999. 3~, 세손), 〈시와 동화〉(1997. 5~, 동심원)가 있다.

이 시기 문단은 삼분되어 활동되던 문단을 1991년 8월 세미나 이후 한국아동문학가협회와 한국현대아동문학가협회가 결속하여 작가들의 친목을 도모하고 아동문학 발전에 기여하였다. 작가의 권익을 옹호하는데 창립 목적을 두고 '한국아동문학인협회'로 발족하게 된다. 연 1회 세미나를 개최하여 그 자료를 중심으로 기관지 〈한국아동문학〉을 발간하며, 작가들의 작품을 중심으로 연간집을 발간하고 있다.

우리나라의 그림책 일러스터로는 이우경(1922~1998)과 홍성찬(1929~)이 1세대에 속한다고 볼 수 있다. 이우경은 신문 · 소설 등 1백여 편의 그림을 그렸으며 어린이 그림동화 작가로 활동하였다. 그의 작품으로는 「황금으로 변한 보리」, 「이솝우화」, 제18회 한국 어린이 도서상 일러스트레이션 부문상을 수상한 「이우경 전래동화집」 등이 있다.

홍성찬은 교과서, 단행본, 신문, 잡지 등에 그림들을 선보였다. 작품으로는 제1회

어린이문화대상을 수상한「정배와 아가」,「못생긴 당나귀」 등이 있다.

1990년대까지 그림책을 출판하는 출판사들은 대부분 외국의 유명한 그림책을 번역하는 데 주력하였다. 이는 시간과 비용이 적게 들고, 출판의 위험부담 또한 줄일 수 있기 때문이었다. 이러한 실정에도 불구하고 몇몇 출판사들은 한국의 창작 그림책의 발전을 위해 우리나라의 정서와 감정을 글과 그림에 담아낸 우수한 그림책을 출판하였다.

3. 세계의 아동문학

1) 영국의 아동문학

(1) 19세기 이전

영국은 일찍부터 유아들의 교육에 많은 관심을 가지고 있었다. 따라서 어느 나라보다 먼저 유아들을 위한 아동문학이 발생되었다. 영국의 아동문학을 살펴보면 자녀교육의 역사와 그 흐름을 함께 하고 있음을 알 수 있다. 이는 아동문학이 7세기경 성직에 있던 학자에 의해 자녀교육을 목적으로 한 교과서가 출간되었기 때문이다.

▶ 캑스턴 인쇄소의 트레이드 마크

영국에서 최초로 인쇄를 시작한 캑스턴(William Caxton, 1422~1491)은 많은 책들을 발행하였으며 지금도 그 책들은 널리 읽혀지고 있다. 1474년의「트로이 전쟁이야기」는 그가 최초로 출판한 책이며 그 외에「아더왕」,「오딧세이」,「이솝우화」,「여우 레이나드」 등이 있다. 이 이야기들은 어른들을 위해 쓰여졌으나 아동들이 좋아하여 스스로 선택하게 되었으며 그로 인해 각 세대마다 이 이야기를 즐기게 되었다.

캑스턴은「예의교본」(1477),「어머니는 어떻게 딸을 교육시켰는가?」(1480) 등의 주로 교훈적인 자녀교육에 관한 책도 출판하였다. 15세기의 유행한 '예절책'들은 아이들에게 교훈을 주는 내용으로 그 필사본들 중 어린이책 속의 「모든 어린이를 위한 사이먼의 지혜의 가르침」의 예를 보면 다음과 같다.

> "아이야, 열매나 새나 공 때문에 집이나 담에 올라가면 안 된다. 아이야, 집에다 돌을 던져서도 유리창에다 돌을 던져서도 안 된단다. 소리지르거나 농담하거나 장난을 쳐도 안 된단다."

▶「마더 구즈」 중

16~17세기에도 종교적이거나 교훈적인 내용의 책이 주를 이루었으나 어린이들은 이러한 내용에 만족하지 않고 어른을 위해 쓰여진 존 번연(John Bunyan)의 「천로역정」(The Pilgrim's Progress, 1678), 스위프트(Jonathan Swift)의 「걸리버 여행기」(Gulliver's Travels, 1726), 디포(Daniel Defoe)의 「로빈슨 크루소」(Rovinson Crusoe, 1719) 등을 즐겁게 읽게 되었다. 「천로역정」은 어린이를 의식하고 쓰진 않았으나 그 시대의 종교적 윤리관을 체계화하면서도 고도의 소설적 성격을 가미시켜 어린이들을 위한 동화작가로 인정을 받기 시작하였다.

"No, no, my melodies will never die, while nurses sing, or babies cry."
– Mother Goose, 1833

그 후 영국문학의 흐름을 근대소설이 변화시킨 것과 같이 영국의 뉴베리(John Newbery, 1713~1767)가 18세기 이후 아동도서 제작의 관점을 바꾸어 놓았다. 독서의 즐거움을 습득시키면서 최종적으로는 유아의 성장을 기대하였으며 어린이들에게 실질적인 교훈과 지혜를 주어 아동도서의 발전에 힘썼다. 그때까지만 해도 특권 계급의 전유물로만 여겨졌던 책을 챕북으로 만들어 서민의 어린이들도 읽을 수 있도록 하였다.

민간설화, 발라드(ballade), 창작 등이 포함되어 있는 200종이나 되는 그의 출판물 가운데에는 「작고 귀여운 책」(A Little Pretty Pocket Book, 1744), 「플루타크 영웅전」(1762), 「구두 두 켤레 이야기」(The History of Little Goody Two-shoes, 1765), 「마더 구즈의 노래」(Mother Goose's Melody, 1760) 등은 잘 알려져 있는 작품이며 현재 미국에서는 뉴베리의 사업을 기념하여 권위 있는 아동용 도서상인 뉴베리상이 제정되었다.

(2) 19세기

19세기는 찰스 램(Charles Lamb, 1775~1834)과 메리 램(Mary Lamb, 1764~1847) 남매를 계기로 역량 있는 작가들이 상상과 창조의 세계를 펼치기 시작함으로써 유아문학의 새로운 전환점이 되었다. 램 남매는 최초로 세익스피어의 작품을 어린이를 대상으로 번안하여 1807년 「세익스피어 이야기」(Tales from Shakespeare)라는 제목으로 출간하였다.

이어서 시대의 교훈주의적 잔재에 구애받지 않고 고전의 자유로운 번안을 시도한 찰스 킹즐리(Charles Kingsley, 1819~1895)가 있으며, 그의 작품으로는 그리스 신화의 정신과 고전적 웅대성을 재현한 「영웅 이야기」(The Heroes, 1856)와 아들을 위해 썼던 최초의 환상동화 「물의 아이들」(The Water Babies, 1863)이 유명하다.

이 외에도 이 시기에는 찰스 디킨스(Charles Dickens, 1812~1870)의 「올리버 트위스트」(Oliver Twist, 1838), 「크리스마스 캐럴」(A Christmas Carol, 1843), 「커다란 우산」(Great Expectation, 1861)과 러스킨(John Ruskin, 1819~1900)의 「황금시내의 임금님」(The King of the Golden River, 1851) 등의 작품이 출판되었다.

1865년에는 옥스퍼드 대학의 수학교수이며 목사였던 루이스 캐롤(L. Carroll)의 「이상한 나라의 앨리스」(Alice's Adventures in Wonderland, 1865)가 출판되었다. 루이스 캐롤의 「이상한 나라의 앨리스」는 그 당시 유행하던 도덕적이고 교훈적인 이야기를 벗어나서 단순한 기쁨과 즐거움을 주는 환상세계를 펼쳐 보였다는 점에서 아동문학사에 하나의 전환점을 만들었다고 볼 수 있다.

앨리스의 세계는 공상의 세계로 가득하다. 완전히 자유로운 상상의 세계를 통하여 경이롭고 새로운 세계를 볼 수 있다. 교훈적인 내용이 아닌 무한한 공상의 세계는 어린이들에게 환상 속의 유쾌한 모험을 즐기게 한다.

그 이후에는 스티븐슨(Robert L. Stevenson, 1850~1894)의 「보물섬」(1883)과 영국 아동문학의 거성이라 불리우는 키플링(Rudyard Kipling, 1865~1936)의 「정글북」(Jungle Book, 1894), 유아동화의 고전 작품인 배너먼(Helen Bannerman)의 「꼬마 검둥이 삼보」(The Story of little Black Sambo, 1899)가 출간되었다.

(3) 20세기

20세기의 영국 아동문학은 방대한 내용으로 인해 쉽게 다룰 수는 없으나 환상적인 이야기의 세계가 계속해서 찬란한 꽃을 피워 제임스 베리(James Barrie, 1860~1937)의 「피터 팬」과 밀느(Alan Alexander Milne, 1882~1956)의 「아기곰 푸우」가 출판되었다.

「피터 팬」은 어린이들의 영원한 친구로 무궁무진한 공상의 이야기로 가득 차 있었다. 영원히 어른이 되지 않는 신비로운 소년 피터 팬은 세계의 어린이는 물론 어른들에게도 사랑받는 걸작이 되었다.

「아기곰 푸우」 이야기 역시 많은 사랑을 받았는데 이 작품은 아동의 세계를 정확하게 파악하고 아동의 욕구를 충족시켜 주며 유머와 풍자가 있는 즐거운 작품이다. 이 작품은 유아들의 가상놀이(make-believe play)를 하는 것과 같은 것으로 유아들의 세계를 재미있게 보여주고 있다. 작가인 밀느는 그의 아들 로빈에게 들려주기 위해 이 작품을 쓰게 되었다고 한다.

▶ 포터의 「피터 포터 래빗」의 장면

이 외에 의인화된 동물 환상동화의 고전으로 알려져 있는 포터(Beatrix Potter, 1866~1943)의 「피터 토끼의 이야기」(The Tale of Peter Rabbit, 1903)도 영국이 자랑하는 걸작으로 꼽히고 있다. 이 작품은 어린이의 손에 쥘 수 있는 작은 크기의 책과 부드러운 색감, 포터의 독특한 피치와 귀여운 동물들의 모양 때문에 지금까지도 많은 사랑을 받고 있다.

2) 독일의 아동문학

(1) 19세기 이전

독일에서는 11세기의 목사 양성을 위한 라틴어 학교와 12세기의 시민들의 자녀를 위한 학교에서 성서 이야기를 가르쳤다. 이는 독일의 아동문학이 학교 교육과 매우 밀접한 관계에 있었음을 시사해 주고 있다.

15세기경에는 그리스도교의 십계를 중심으로 200가지 이야기가 수록된 「마음의 위로」와 '트리스턴의 전설', '파우스트 이야기', '여우 라이네케' 등이 수록된 「민종본」과 「에소푸스」라는 우화책이 만들어졌다.

17세기에는 코메니우스(John Amos Comenius, 1592~1671)가 유아를 위한 보다 나은 교육이라는 자신의 신념을 실행에 옮기기 위하여 「세계도회」(Orbis Sensualium, 1685)를 펴냈다.

이 책은 지식 그림책의 출발이며 150여 장의 목판화가 수록되어 있고 통일적인 우주상을 어린이들에게 부여해 주며 자연계와 인간계의 여러 가지 현상이 기본적인 형태로 이루어진다. 근대적 의미의 최초의 그림책이라고 볼 수 있다.

JOH. AMOS COMMENII,
ORBIS SENSUALIUM PICTUS.
Hoc est,
Omnium fundamentalium in Mundo Rerum & in Vita Actionum
Pictura & Nomenclatura.
Die sichtbare Welt /
Das ist /
Aller vornemsten Welt-Dinge und Lebens-Verrichtungen
Vorbildung und Benahmung.

NORIBERGÆ,
Typis & Sumptibus MICHAELIS ENDTERI.

▶ 「세계도회」 표지

18세기에는 그림 형제(Jacob Grimm, 1785~1863 ; Wilhelm Grimm, 1786~1859)가 독일의 옛날 이야기를 선별하여 「어린이와 가정을 위한 동화집」을 썼는데 이 안에는 「백설공주」, 「헨젤과 그레텔」, 「브레맨의 음악대」, 「늑대와 일곱 마리의 염소」 등이 수록되어 있다. 이는 형인 야곱이 수집한 민담들을 아우인 빌헬름이 재구성하여 펴낸 것으로 전승문학이 아동문학으로 성립되는 데 큰 공헌을 하였으며 독일은 물론 전 세계 아동문학의 고전이 되었다.

▶ 그림 형제의 「민담집」

▶ 그림 형제의 「브레멘 음악대」 동상

그림 형제는 마적(魔的)이며 시적(詩的)인 핵심들을 옛날 이야기 속에서 골라내었다. 모든 동화작가 연구가들에게 그들의 아동문학에 대한 사랑은 모범이 될 만하였다.

오늘날에 보아도 그림 형제의 동화에 대한 문학이론과 수집방식, 동화수집의 정확성은 훌륭한 것으로 평가되고 있다.

(2) 19세기

▶ 「알프스 소녀 하이디」 중 삽화

19세기 이후에도 그림 형제는 독일의 아동문학에 커다란 영향을 미쳤으며 호프만(Enerst Theodor Amadeus Hoffmann, 1776~1822)의 모험과 재미가 있는 창작동화 「호두까기 인형」(Nubknacker und Mausekonig, 1821)과 「황금항아리」, 하우프의 「대상」(隊商, Die Karawane, 1825), 「코의 난장이」, 「황새가 된 임금님」, 「꼬마 무크의 이야기」 등은 지금까지도 많은 독자들에게 사랑을 받고 있다.

19세기 말에는 사실주의 작가 스톰(Thodor Storm, 1817~1888)이 「꼬마 헤벨만」, 「술독에서의 이야기」, 「인형 조종사 폴레」라는 세 편의 동화집을 남겼으며 「알프스의 소녀」로 유명한 스위스인 스피리(Johanna spyri, 1827~1901)의 「하이디」(Keidi, 1881) 등의 작품이 있다.

(3) 20세기

20세기 독일의 아동문학 작품에는 미지의 세계와 탐험을 주제로 한 하우프트만(Gehart Hauptmann, 1862~1946)의 「한넬네의 승천」(Hanneles himnelfahrt, 1893)이 있으며, 케스트너(Erich Kastner, 1889~1974)의 「에밀과 탐정들」(Emil und die detektive, 1928)과 「날으는 교실」(Das fliegende Klassenzimmer, 1933) 등이 있다. 또한, 본젤스(Waldemar Bonsels, 1881~1952)는 동물을 주인공으로 하여 동물세계를 교묘하게 의인화한 「꿀벌 마야의 모험」(Die BHiene Maja und Ihre Abenteuer, 1912)을 통하여 세계적인 작가가 되었다. 후속편으로는 「천국의 동무들」(Himmelsvolk, 1915)이 있다.

이 시기의 작가로는 오스트리아의 잘텐(Felix Salten, 1869~1945)이 있다. 그의 작품 「밤비」(Bambi, 1923)는 '아기사슴 밤비'로 잘 알려져 있으며 세계 모든 아동들이 즐겨 읽는 책이 되었다.

잘텐은 「밤비」에 이어 「밤비의 아이들」(Bambis Kinder, 1940), 「페리」(Perri, 1942) 등 동물을 주인공으로 하는 작품을 남겼다.

▶ 디즈니의 그림 「밤비」

3) 이탈리아의 아동문학

(1) 19세기 이전

이탈리아 아동문학의 모체라 할 수 있는 작품으로는 바실레(Giovanni Battista Basile, 1575~1632)의 「뻰따메로네」(Pentamerone, 1636)를 들 수 있다. 이 작품에는 전설과 민화 중에서 우리에게도 잘 알려져 있는 「잠자는 미녀」(Sleeping Beauty), 「신데렐라」(Cinderella) 등 50가지의 이야기가 수록되어 있다.

(2) 19세기

19세기의 이탈리아는 조국 재건을 위한 새로운 정신교육이 일어났으며 이와 함께 아동문학도 활발한 움직임을 보였다. 1881년에 창간된 유아신문에는 세계 아동 문학사상 금자탑격인 콜로디(Carlo Collodi, 1826~1890)의 「피노키오」(Le Adventure di Pinocchio, 1881~1883)가 연재되었다. 콜로디의 본명은 파울로 로렌찌니(Paolo Lorenzini)이나 작가생활을 시작하면서 어머니의 고향 이름인 콜로디를 작가명으로 사용하였다.

▶ 피노키오의 모습

처음 「피노키오」가 나무 인형에 대한 에피소드로 연재될 당시에는 어린이들을 위한 읽을거리가 많지 않았기 때문에 내용이 다소 교훈적이기는 했으나 순수한 즐거움을 주는 이야기로 상당한 반응을 일으켰다. 1882년, 콜로디는 이 나무인형 이야기를 한 권의 책으로 출판하였다. 「피노키오」는 바로 어린이 자신의 모습이었다. 어린이들은 그들이 공감할 수 있는 말썽도 부리고 거짓말도 하지만 전혀 악하지 않은 순수한 모습의 피노키오를 사랑하는 것이다. 또한 거짓말을 할 때마다 길어지는 피노키오의 코와 고래에게 삼켜졌을 때의 긴장감도 즐긴다. 이 작품은 이탈리아의 다음 세대를 짊어지고 나갈 어린이들에게 인간성에 대한 자각을 일깨워 주기도 하였다.

「피노키오」와 함께 19세기 이탈리아 유아문학의 정점을 이루는 작품은 아미치스(Eolmondo de Amicis, 1846~1908)의 「쿠오레」(Cuore, 1886)다. 이 작품은 우리나라에서는 「사랑의 학교」라고 번역되었으며, 전형적인 교육용 아동도서라고 할 수 있다. 어린이들에게 학교에 다니는 즐거움을 심어 주기 위해 쓰여졌으며 애국심, 사회 계층간의 유대, 사회 질서에 대한 존경심 등이 강조되는 작품이다.

(3) 20세기

이탈리아의 20세기는 2차대전으로 사회의 전반적인 분위기가 어두움에서 밝은 소재의 작품으로 변화되는 시기다.

20세기 초의 작가로는 밤바(Vamba)를 들 수 있는데 그는 일요신문을 통해 어린이들에게 알려지게 되었으며 「쫀도리노」(Ciondorino), 「잔부르라스까의 일기」(Il Diario di Gian Burrascha), 「코 이야기」 등 건강한 웃음이 가득한 작품을 남겼다. 그러나 제2차 세계대전으로 작품 활동이 부진하다가 1950년대 이후 다시 활기를 찾았다. 이후 로다리(Gianni Rodari, 1913~)의 「치뽈리노의 모험」(Ill Romanzo di Cipollino, 1951)과 똠바리(Tombari, Fabio, 1899~)의 「또니노의 책」(Ill Libri di Tomino, 1955) 등이 작품이 있다.

4) 프랑스의 아동문학

(1) 19세기 이전

프랑스의 라 퐁텐(La Fontaine, Jean de, 1621~1695)은 이솝우화로 알려진 이야기들을 운문으로 재각색하여 우화의 새로운 경지를 열었다. 17세기 중엽에는 우화시를 지어 교훈과 즐거움, 언어의 정확성과 표현력에 의하여 문학 사상의 확고한 위치를 차지하게 되었다. 그러나, 「이솝우화」는 「여우 이야기」에서 소재를 가져와 동물을 묘사한 것으로 순수한 창작으로 보기는 힘들다. 약육강식의 논리가 태연하게 이루어지는 동물 세계를 그림으로써 30년 전쟁으로 시작되어 17세기 내내 열강들 사이의 전쟁에 시달렸던 프랑스의 당시 시대상을 잘 표현하고 있으며 한편의 이야기마다 도덕적 교훈이 들어 있어 어린이들의 좋은 읽을거리가 되었다.

프랑스에서 '현대 아동문학의 아버지'라 불리는 페로(Charles Perrault)는 구전되어 오던 옛날 이야기를 개화하는 형식으로 「옛날 이야기 또는 동화」를 내어 어린이들의 큰 사랑을 받았다. 이 속에는 「잠자는 숲 속의 미녀」, 「빨간 모자」, 「장화 신은 고양이」, 「신데렐라」, 「꼬마 엄지」, 「푸른 수염」, 「나의 거위 엄마」 등이 포함되어 있다. 이 작품들은 페로를 세계 최초의 아동문학 작가로 인정받게 만들었다. 자신의 아이들을 위해 쓴 것이긴 하지만 어린이를 독자로 인식하고 쓰여졌다는 점에서 의미를 갖고 있다.

18세기에는 보몽부인(Beaumont, Madame de)이 자유롭고 공상적인 문학 풍조가 짙은 많은 이야기와 콩트 등을 써서 낭만주의의 선구적인 작가가 되었다. 그녀는 옛 이야기를 바탕으로 한 「미녀와 야수」라는 작품으로 후세에 이름을 남겼다. 또한 아동문학의 개척자 중 한 사람으로 70권에 이르는 저작의 주요 부분을 아이들을 위해 썼다.

(2) 19세기

19세기 프랑스 아동문학에서 주목할 만한 것은 아동잡지와 아동신문이 발간되었다는 것이다. 이 무렵 발간된 〈교육과 오락의 잡지〉(1864~1915)를 통해 알려진 작가로는 베르느(Jules Verne, 1828~1906)를 들 수 있다. 그는 과학소설(science fiction, S.F.)의 선구자라 할 수 있으며, 어린이들의 공상과 모험의 세계를 과학적이고 사실적인 접근 방법으로 열어 주었다.

베르느는 프랑스의 낭트(Nante)에서 1828년 법관의 아들로 태어나 법을 공부하기도 했으나 자신이 가지고 있는 넘치는 상상력과 모험심이 작가로서의 길을 가게 하였다. 그의 문학적인 성공은 1863년 발표한 「풍선 속에서의 5주일」이라는 모험 이야기를 시작으로 연이어 발표된 그의 작품들은 모두 공상모험과 과학소설로 현재에 와서도 시대에 뒤떨어지지 않는 신기함과 즐거움을 주고 있다.

▶ 베르느의 「80일간의 세계일주」

두 번째 작품인 「지저 탐험」 이후로 베르느는 40년 동안에 50여 편의 과학 모험 소설을 썼다. 베르느의 작품으로는 「해저 20,000마일」

(Twenty Thousand Leagues under the Sea), 「80일간의 세계일주」(Around the World in Eighty Days), 「신비한 섬」(The Mysterious Island), 「달나라 여행」(Round the Moon), 「떠있는 섬」, 「15 소년 표류기」 등이 있다.

그의 작품은 공상과학 작품들이 결코 황당무계한 것만은 아니며, 그것이 문학적 향기와 생명력을 유지하기 위해서는 치밀한 구성과 과학적인 안목이 합쳐질 때 가능하다는 점도 시사해 주고 있다.

(3) 20세기

20세기 프랑스 아동문학을 대표할 만한 작품으로는 브뤼노프(Jean De Brunhoff)의 「어린 코끼리 바바르의 생애」(Histoire de Babar)와 생텍쥐페리의 「어린왕자」가 있다.

「어린 코끼리 바바르의 생애」는 유아들이 동물 중에서도 코끼리를 가장 좋아한다는 점에서 성공의 비결을 찾았다.

「어린왕자」는 저자의 사후 1945년에 출판되었으며 단순하고 소박하면서도 격조 높은 문장으로 서술되었을 뿐 아니라 철학적인 깊이도 있어 어린이보다 청년기와 성인 독자가 더 많은 편이다.

그 외에도 1921년 노벨 문학상을 수상한 아나톨 프랑스(Anatole France, 1844~1924)가 있는데 그의 작품으로는 「실베스트로 보나르의 죄」, 「내 친구 잭」, 「타이스」, 「붉은 백합」 등이 있으며 순수한 문체를 세련되게 구사하는 작가로 알려져 있다. 또한 이오네스코는 자신의 딸을 위하여 놀이를 주제로 한 「3세 이하의 어린이들을 위한 4개의 이야기」(1896~1976)라는 동화를 썼다. 동화에 가공적인 요소가 짙은 작품이 많았다는 것도 20세기 프랑스 아동문학의 특징 중 하나다.

5) 북유럽의 아동문학

북유럽에는 노르웨이, 스웨덴, 핀란드, 아이슬랜드, 덴마크 등이 속한다. 이 나라들에는 본질적으로 공통되는 언어, 습관, 풍속, 신앙이 있다. 이 중에서도 고대 북유럽의 신화 및 영웅전설을 서사시로 엮은 '엣다'(edda)는 아동을 위한 문학은 아니지만 북유럽의 아동들에게 친숙하게 전해지고 있다. 이 '엣다'는 구비문학의 귀중한 자료

중 하나이며 영국과 독일의 문학에도 많은 영향을 끼친 근대문학의 소중한 원천이 되었다.

북유럽의 대표적인 아동문학가로는 덴마크의 안데르센(Hans C. Andersen, 1805~1875)을 들 수 있다. 그는 1835년 「어린이를 위한 동화집」을 시초로 매년 크리스마스 때마다 한 권씩 출판하여 1870년경에는 약 150여 편의 동화를 창작하였다. 안데르센 동화에서는 완전히 자유로운 공상에 입각한 작품의 창조라는 특징을 볼 수 있다. 그의 작품을 계기로 공상이야기는 무한한 발전을 이루게 되었으며, 민화나 전설의 재화(再話)에도 적극적인 상상력을 갖게 하였다.

▶ 안데르센 동상

안데르센 동화의 또 하나의 특징은 긍정적인 인간관이라고 할 수 있다. 부정에 대해 분노하고 어리석음을 풍자하며, 가난한 사람을 끊임없이 동정하는 그의 이야기는 커다란 감동을 안겨 주고 있다. 아동의 편에 서서 인류의 이상을 꿋꿋하게 지켜 나가려는 믿음을 가지고 있는 그는, 유아들의 소원을 누구보다 잘 들을 수 있는 마음의 귀를 가지고 있었다.

6) 미국의 아동문학

(1) 19세기 이전

미국은 세계의 여러 나라 민족들이 모여 세운 나라지만 그 중심은 영국 계통이기 때문에 미국의 아동문학 역시 영국문학의 영향이 크다고 볼 수 있다.

17세기 아메리카 대륙으로 건너간 영국의 아동문학은 청교도주의와 교훈주의가 주가 되었다. 아동들에게 청교도주의를 심어 주고 문학에도 관심을 갖도록 하기 위한 종교 서적과 교본류에서 시작되어 그다지 재미있지는 않았다. 그러다가 18세기 후반 영국에서 뉴베리가 출판한 아동도서들이 신대륙에 들어오자 비로소 본격적인 아동문학의 역사가 시작되었다.

(2) 19세기

19세기 초에 이르러 미국의 아동문학은 본격적으로 발전하기 시작했는데, 초기의 대표작으로는 무어(Clement Moore)의 「산타클로스의 방문」(A Visit from St. Nicholas, 1822)을 들 수 있다. 이어서 스토우 부인(Harriet Elizabeth Beecher Stowe, 1811~1896)의 「엉클 톰스 캐빈」(Uncle Tom's Cabin, 1852)과 울코트(Lousia Mary Alcott, 1832~1888)의 「작은 아씨들」(Little Women, 1868~1869) 등이 출간되었다. 이처럼 미국의 독자적인 아동문학은 1820년대에 들어와 시작되었음을 알 수 있다.

미국 아동문학에서 빼놓을 수 없는 사람으로는 19세기의 미시시피강 유역의 소년들의 꿈과 모험, 그리고 개척정신을 세계의 모든 어린이들이 함께 나눌 수 있게 해준 마크 트웨인(Mark Twain)을 들 수 있다. 그의 작품으로는 「톰 소여의 모험」(The Adventures of Tom Sawyer, 1876)과 「허클베리 핀의 모험」(The Adventures of Huckleberry Finn, 1884) 등이 있다. 이러한 그의 작품에는 주인공들이 펼쳐나가는 가슴 설레이는 모험이 담겨 있어 오늘날까지도 어린이들의 마음을 붙들고 있다. 그는 작품에서 교훈성을 배제하고 자립을 추구하는 아동상을 그렸으며 문명에 대한 비판, 유럽문학과의 결별에 힘을 쏟았다. 그가 추구한 문학상의 경험주의와 비판정신은 이후 리얼리즘 문학의 기초가 되었다. 이와 같은 시기에 영국에서 건너온 베네트(F. H. Burnett, 1849~1924)는 「소공자」(The Little Lord Fauntleroy, 1886)와 「소공녀」(The Little Princess)를 창작하였다.

(3) 20세기

20세기에 들어서자 청교도 정신은 빛을 바래고, 현실 지향과 자기실현의 아동상이 나타나기 시작했으며 정신적인 자유에 대한 관심이 높아졌다.

1919년에는 멜처(Melcher)가 아동도서주간(Children's book week)을 장려하였다. 1921년에는 뉴베리상, 1938년에는 칼데콧상 등이 제정되어 아동문학의 발달에 중요한 자극제가 되었다. 이 때부터 미국의 아동문학은 빠른 속도로 성장 · 발전하였다.

이 시기에는 바움(L. F. Baum, 1856~1919)이 「오즈의 마법사」(The Wonderful Wizard of Oz, 1900)를 발표하였으며, 런던(Jack London, 1876~1942)은 동물소설인 「황야의 부

름」(The Call of the Wild, 1903)과 「흰 어금니」(White Fang, 1907)를 발표하였다. 몽고메리 부인(Lucy MontgoMery, 1874~1942)의 「빨강머리 앤」(Anne of Green Gables, 1904)도 이때 발표되었는데 이 작품은 「이상한 나라의 앨리스」만큼 인기를 모았다. 이 외에 로프팅(Hugh Lofting, 1886~1947)의 「돌리틀 선생」(The Story of Dr. Dolittle, 1920)도 유명하다.

1940년대에는 공상 과학동화가 출현하였으며 대부분이 우주를 무대로 하고 있다. 동물을 다룬 환상동화로 가장 뛰어난 작품은 화이트(E. B. White)의 「샬롯의 거미줄」(Carlotte's Web, 1952)이다.

이처럼 미국의 아동문학은 사실주의적 경향을 축으로 하여 성장하였으며 역사동화와 사실적인 동물동화 등이 다양하게 출간되었다. 이와 함께 국제 안데르센상을 1962년부터 1978년까지 네 명이 수상하게 되는 등 그림책과 사진책의 발전도 급성장하게 된다.

1930~1960년까지는 그림책의 황금기라 할 수 있는데 이 때의 그림책에는 아동의 생활과 밀접한 관련을 가진 소재나 배경에 아동의 상상의 세계가 들어갔다. 그러나 1963년 센닥(Maurice Sendak)의 「괴물들이 사는 나라」가 발표된 이후에는 아동의 내면적이고 심리적인 면에 초점을 맞춘 환상동화가 많이 나왔다.

4. 아동문학가와 아동문학상

1) 한국의 아동문학가와 작품

(1) 방정환(1899~1931)

소파 방정환은 서울에서 태어나 33세로 생을 마치기까지 어린이를 위해 모든 정성을 쏟은 애국지사로 위대한 교육자인 동시에 우리나라 아동문학의 선구자다. 그는 어른의 소유물로만 여겨졌던 어린이를 인격적인 존재로 끌어올리기 위해 다양한 사회 운동을 전개하였고, 어린이들 마음에 사랑, 눈물, 용기를 키워 주기 위해 동화,

소설, 시 등 다양한 아동문학을 일으켰다. 1923년에는 한국 최초의 아동잡지 〈어린이〉를 창간하였고, 그 해 5월 1일 어린이날을 제정하여 '어린이날' 운동을 범사회적으로 확산시키기 위하여 노력했다.

그는 아동잡지 〈어린이〉를 통해 짓눌리고 가난하고 웃음을 잃은 어린이에게 슬픔을 달래 주고 슬픔을 함께 하며 역경을 극복하는 슬기를 가르쳤다. 그의 유명한 수필 「어린이 찬미」에서 "죄 많은 세상에서 죄를 모르고 더러운 세상에 나서 더러움을 모르고 부처보다 예수보다도 하늘 뜻 그대로의 산 하느님"이라고 하였다. '동심천사주의 문학'이라고 하는데 이는 당시 식민지하의 냉혹한 현실을 바로 보지 못했다는 신랄한 비판을 받았다. 그의 문학에 대해 '영웅주의'와 '눈물주의'의 한계를 벗어나지 못한 작품이라고 비판을 하였지만 그는 누구보다도 아동문학의 밭을 갈고 씨를 뿌려 수많은 작가들을 길러 내었다.

그의 대표작품으로는 「소파 방정환 문학전집」과 「사랑의 선물」, 동요에는 「형제별」과 「가을밤」, 「눈 오는 새벽」, 「여름비」 수필에는 「어린이 찬미」와 「뭉게구름의 비밀」, 「없는 이의 행복」, 「어머니 사시는 그 나라에는」, 동극에는 「노래주머니」 등 수많은 작품들이 있다.

귀뚜라미 귀뚜르르 가느단 소리,
달님도 추워서 파랗습니다.
울 밑에 과꽃이 네 밤만 자면,
눈 오는 겨울이 찾아온다고.
귀뚜라미 귀뚜르르 가느단 소리,
달밤에 오동잎이 떨어집니다.

- 어린이, 1924. 10 -

날 저무는 하늘에
별이 삼형제
반짝반짝
정답게 지내더니

웬일인지 별 하나
보이지 않고
남은 별이 둘이서
눈물 흘린다.

(2) 이원수(1911~1981)

평생을 아동문학에 바친 이원수는 1911년 경상남도 마산에서 태어났다. 1925년 15살의 나이로 ≪고향의 봄≫이라는 동요로 아동잡지 〈어린이〉에 당선되어 문단에 데뷔하였다. 그는 〈어린이〉를 통해 아동문학을 시작하였기 때문에 방정환의 영향을 받다가 점점 현실 속에서 고통받고 있는 어린이의 구체적인 삶에 관심을 갖는 등 이원수만의 독특한 문학 세계를 펼쳤다.

그의 작품에는 늘 어려운 환경 가운데서 고난을 겪는 아이들의 모습이 나온다. 가난한 아이들에게는 용기와 희망을 갖게 하고, 부유한 아이들에게는 넉넉한 마음을 갖게 하는 힘이 있다. 그는 아이들의 눈으로 사람이 살아가면서 겪는 모든 문제들을 다루며, 투철한 역사의식과 인간에 대한 사랑이 그의 작품세계를 이루고 있다. 그는 평생 동안 296편의 동요 · 동시와 160여 편에 이르는 동화를 남겼다.

그의 대표작품으로는 소설 「지혜의 언덕」과 「해와 같이 달과 같이」, 동화에는 「잔디 숲 속의 이쁜이」와 「루루의 봄」, 대표 동시에는 「종달새」, 「빨간 열매」 등 많은 작품들이 있다.

겨울 물오리

얼음 어는 강물이
춥지도 않니?

동동동 떠다니는
물오리들아

얼음장 위에서도
맨발로 노는

아장아장 물오리
귀여운 새야

나도 이젠 찬 바람
무섭지 않다

오리들아, 이 강에서
같이 살자

- 1981, 이원수 -

(3) 마해송(1905~1966)

마해송은 1905년 개성에서 태어났다. 1920년에 문예 잡지 「여광」의 동인으로 문단에 데뷔하였다. 그 이듬해에 일본 대학 예술과를 다니면서 연극을 하기도 하고 홍난파, 오상순 등과 개화 운동에 힘썼다. 광복 후에는 공군 종군 창공 구락부 단장, 국방부 한국문화연구소 소장 및 정훈국 편집실 고문과 마을금고 명예회장 등을 역임했으며 서울시 '시민헌장' '대한민국 어린이 헌장'을 기록하였다.

그는 동화를 통해서 일제에 저항하고 부패한 사회상을 고발하며 현실에 참여함으로 주목을 받았다. 그의 작품은 가난하고 학대받는 아동을 외면하지 않고 인정세태를 풍자하며, 강한 민족성을 담아내는 다양한 형태를 보이고 있다.

그의 대표작품으로는 「바위나리와 아기별」, 「장님과 코끼리」, 「홍길동」, 「도깨비의 배」, 「토끼와 원숭이」, 「5인 동무」 등이 있으며, 대표 수필에는 「편편상」, 「전진과 인생」, 「사회와 인생」 등 수많은 작품들을 남겼다.

바위나리와 아기별

바다는 물이 깊으면 깊을수록
환하게 밝게 보입니다.
그것은 지금도 바다 그 밑에서
한때 빛을 잃었던 아기별이
다시 빛나고 있는 까닭이랍니다.

남쪽 나라 따뜻한 나라, 사람 사는 동리도 없고, 사람이고 짐승이고 지나간 자취도 없이 쓸쓸한 바닷가에 넓고 넓은 모래벌판이 가로 놓여 있었습니다.

바닷가가 벌판이라 산이 없고, 산이 없으니 나무도 없고, 나무가 없으니 노래 부를 새조차 한 마리도 없고, 풀 한 잎도 없었습니다.

희고 흰 모래 벌판과 푸르고 푸른 바닷물만이 한끝에서 한끝까지 차지하고 있었습니다.

혹 가다 혹 가다 바람이 불어 와서 '솨'하고 지나가는 소리나, 그렇지 않으면 바닷물이 찰싹찰싹하고 깃을 치는 소리밖에는 아무 소리도 없이 고요한 바닷가였습니다.

그런데, 이렇게 쓸쓸하고 고요한 바닷가에 이상하고 놀라운 일이 일어났습니다.

밀물에 밀려서 바닷가에 놓여진 주먹만한 감장돌을 의지하고, 조그마한 그렇지만 어여쁘고 깨끗한 풀 한 잎이 뾰족이 솟아 나왔습니다.

그 풀이 점점 자라 두 잎이 되고 세 잎이 되더니 가지가 뻗고 가지에는 곱고 고운

빨간꽃이 동그랗게 피었습니다.

또 파란꽃이 피었습니다.

그 다음에는 노란꽃, 흰꽃, 자주꽃 해서 오색꽃이 동그랗게 다북다북 피었습니다.

파란 바다와 흰 모래 벌판 사이에 오뚝이 피어 있는 오색꽃은 참으로 아무것하고도 비길 수 없이 아름다운 '바위나리'라는 꽃이었습니다.

세상에 제일가는
어여쁜 꽃은
그 어느 나라의
무슨 꽃일까.

먼 남쪽 바닷가
감장돌 앞에
오색꽃 피어 있는
바위나리지요.

바위나리는 날마다 날마다 이런 노래를 어여쁘게 부르면서 동무를 불렀습니다. 그렇지만 바다와 벌판과 바람결 밖에는 아무것도 없는 이 바닷가에는 동무될 사람이 하나도 없었습니다.

며칠을 기다리고 기다려도 아무도 보이지 않았습니다. 바위나리는, "아! 이렇게 어여쁘고 아름다운 나를 귀여워해 줄 사람이 없고나!" 하고 훌쩍훌쩍 울기도 했습니다.

그러다가도 아침이 되어서 해가 동해 바다에 불끈 솟아오르면, "옳다. 오늘은 누구든지 꼭 와 주겠지!"
하고 더 어여쁘게 단장을 하고 고운 목소리를 뽑아서 노래를 부릅니다. 그렇지만 해가 서해 바다에 슬그머니 스러져 들어갈 때까지, 아무도 와 주는 사람이 없었습니다.

그러면 바위나리는 눈에 눈물이 글썽글썽해지면서, "아! 오늘도 아무도 아니 오고 해가 졌고나!"
하고 이튿날을 기다리고 이튿날 아침이 되어 해가 동해 바다에 불끈 솟아오르면,

"옳다. 오늘은 누구든지 꼭 와 주겠지!"

하고 이렇게 몇 날 동안을 날마다 날마다 노래를 부르면서 동무를 불렀지만, 해가 서해 바다에 슬그머니 스러져 들어갈 때까지 아무도 와 주는 이가 없었습니다. 바위나리는 견디다 못해서 소리를 질러 울었습니다. 이 울음소리가 이상하게도 남쪽 하늘에 맨 먼저 뜨는 아기별의 귀에 들렸습니다.

아기별은 울음소리를 듣고 깜짝 놀라서, "누가 이렇게 슬프게 우나. 가서 달래 주어야겠다."
하고 임금님에게 '다녀오겠습니다' 하지도 않고, 그대로 남몰래 울음소리 나는 곳을 향하여 쭈욱 내려왔습니다.

달래 주려고 내려온 아기별도 이렇게 아름다운 바위나리가 혼자서 울고 있을 줄은 몰랐습니다. 한참이나 정신없이 보고 있다가 바위나리의 뒤로 가까이 가서, "왜 울으세요?"하고 어깨를 툭 쳤습니다.

바위나리도 깜짝 놀라서 돌아다보니까 난데없는 아름다운 왕자님 한 분이 서 계시겠지요. 그만 어떻게 좋은지 어쩔 줄 모르고 가로 뛰고 세로 뛰며, "왕자님! 왕자님!" 하고 기뻐합니다. 아기별도 잠깐 동안 달래 주고 돌아가려고 했지만 바위나리가 아름답고 귀여워서 바위나리와 같이 노는 것 밖에는 아무 생각도 없었습니다. 다 잊어버렸습니다. 그리고 이야기도 하고 달음질도 하고 노래도 부르고 숨바꼭질도 하고 밤 가는 줄도 모르고 놀았습니다.

어느 틈에 밤이 새게 되니까 그 때에야 아기별이 깜짝 놀랐습니다.

"큰일났다. 바위나리! 우지 마라, 오늘 밤에 또 올 테니."

하고 돌아가려 하니까 바위나리가 옷깃을 붙들고 울면서 떨어지지를 않습니다.

"나는 낮에는 여기 있지 못한단다. 지금 좀 더 늦으면 하늘문이 닫혀져서 나는 못 들어가게 된단다. 오늘 밤에 또 올 터이니……." 하고 스르르 위로 올라갔습니다.

바위나리는 하는 수없이 밤 되기를 기다렸습니다. 아기별은 아무에게도 들키지 않고 돌아와서 어서어서 밤이 되어 바위나리와 놀게 되기를 기다렸습니다. 밤이 되어 사방이 캄캄해지니까 아기별은 옳다구나 하고 또 임금님에게도 아무에게도 말 없이 슬그머니 바닷가에를 내려갔습니다. 바위나리와 아기별은 이렇게 해서 밤마다 밤마다 즐겁게 놀았습니다. 그런데, 하루는 찬 바람이 불어 오더니 흰 모래가 날리고 바닷물이 넘실대는 통에 바위나리도 그만 병이 들었습니다.

아름다운 꽃은 쬐어 들고 머리를 숙이면서 괴로워했습니다. 그 날 밤 아기별은 걱정걱정하면서 간호하고 있었습니다. 추워하는 바위나리를 품어 안아서 따뜻하게도 해 주고, 머리를 짚어 주기도 하면서 훌쩍훌쩍 울었습니다.

그러니까 바위나리가,

"왕자님, 왕자님, 때가 늦었습니다. 어서 돌아가세요. 그리고 오늘 밤에 꼭 와 주세요, 네!" 하고 눈물을 똑똑 흘립니다.

아기별이 정신을 차리고 보니까 때는 좀 늦었습니다.

그렇지만 병든 바위나리를 혼자 두고 차마 일어나 갈 수가 없었습니다.

그래도 바위나리가 또,

"나는 괜찮으니 어서 가세요." 하고 재촉을 하니까, "자! 그럼 오늘 밤에 또 올 테니……"

"네, 꼭 오늘 밤에 기다릴 터이야요."

아기별은 하늘문이 닫혔을까 봐 숨도 못 쉬고 하늘로 하늘로 올라갔습니다. 그렇지만 어떻게 되었겠습니까? 아! 때는 벌써 늦었습니다. 하늘문은 꽉꽉 닫혔습니다.

"앗! 큰일 났다."

아기별은 어쩔 줄을 모르고 한참 동안이나 멍하니 서 있다가 겨우 문지기를 몇 번이나 불러 보았으나 아무도 대답하는 이가 없었습니다. 하는 수 없이 뒤로 가서 있는 힘을 다 내서 높고 높은 성을 넘어 들어갔습니다. 간신 간신히 성은 넘어 들어갔으나 임금님은 요사이 밤마다 아기별이 없어지는 줄을 다 아셨습니다.

큰일 났습니다. 아기별은 임금님 앞에 불려갔습니다. 임금님은 눈을 부릅뜨고,
"나가거라!"

소리치셨습니다. 아기별은 무서워서 몸을 바르르 떨면서, "용서해 주십시오. 다시는 밖에 나가지 않겠습니다." 하고 겨우 임금님 앞을 물러 나왔으나, 병들어서 혼자 괴로워하는 바위나리를 생각하면 가슴이 미어지는 것 같았습니다.

바위나리는 그 날 밤 늦도록 기다려도 아기별은 영영 내려오지 않았습니다. 그 이튿날도 그 이튿날도 왕자님은 보이지 않았습니다.

바위나리의 병은 점점 더해 꽃은 시들고, 몸은 말라 들었습니다. 그 때에 어디서인지 찬 바람이 몹시 불어 오더니, 간신 간신히 감장 바위에 몸을 의지하고 있는 바위나리를 획 쓸어서 바다에 날리고 말았습니다. 바위나리는 밀물과 같이 바다로 끌려가고 말았습니다.

아기별은 날마다 밤마다 바위나리 생각만 하고 울었습니다. 어떻게든지 한 번 가 보고 싶은 마음이 간절하지만 내려갈 수는 없고, 소리를 질러 울고 싶으나 그도 임금님과 여러 별들이 듣겠으니까 울 수도 없고, 다만 솟아 나오는 눈물만은 어찌할 수 없어 눈에는 눈물이 그칠 사이가 없었습니다. 그렇지만 이렇게 혼자서 눈물을 흘리는 것조차 임금님 눈에 거슬리고 말았습니다.

하루는 임금님이 아기별 앞으로 오시더니, "너는 요사이 밤마다 울기 때문에 별의

빛이 없다. 빛 없는 별은 쓸데 없으니 당장에 나가거라!" 하고 소리를 벽력같이 지르면서 아기별을 붙들어 하늘문 밖으로 내어 쫓았습니다.

하늘에서 쫓겨난 아기별은 정신을 잃고 한정없이 떨어졌습니다만 그것은 이상하게도 아름다운 오색꽃 바위나리가 들어간 바다, 그 위로 풍덩실 들어갔습니다.

그 후로도 해마다 해마다 아름다운 바위나리는 피어나옵니다.

여러분은 바다를 들여다본 일이 있습니까? 바다는 물이 깊으면 깊을수록 환하게 맑게 보입니다. 웬일일까요? 그것은 지금도 바다 그 밑에서 아기별이 빛나는 까닭이랍니다(겨레아동문학선집 · 1 엄마마중).

(4) 강소천(1915~1963)

강소천은 1915년 함경남도에서 태어났다. '작은 샘'이란 뜻으로 소천이라는 필명을 사용한 그는 독실한 기독교 집안에서 자라나, 문학에 많은 관심을 보이며 나름대로의 문학 사상을 확립해 나갔다.

그는 동시와 동요로 출발하여 우리나라 아동문학을 크게 발전시키는데 기여하였고, 피해의식에서 생겨난 감상주의에서 탈피하여 문학 본연의 세계로 아동문학을 승격시켰다. 그는 어린이에 관해 이야기했고 아동문학에 관해 생각했다. 그는 처음에 환상적인 동화를 많이 썼지만 후에는 생활동화로 방향을 바꾸었다. 그것은 어린이의 입장이 되어 동화를 써봄으로써 어린이에게 정말로 필요한 동화를 쓰게 된 것이다.

그의 대표작품으로는 「은구슬 금구슬」이 있으며, 동요에는 「봄 동산 꽃동산」, 대표 동시는 「닭」과 「조그만 하늘」 등이 있다(kangsochun.com).

닭

물 한 모금
입에 물고

하늘 한 번
쳐다 보고,

또 한 모금
입에 물고

구름 한 번
쳐다 보고.

보슬비의 속삭임

나는 나는 갈 테야,
연못으로 갈 테야
동그라미 그리러
연못으로 갈 테야.

나는 나는 갈 테야,
꽃밭으로 갈 테야
꽃봉오리 만지러
꽃밭으로 갈 테야.

나는 나는 갈 테야,
풀밭으로 갈 테야
파란손이 그리워
풀밭으로 갈 테야.

(5) 윤석중(1911~2003)

윤석중은 오랜 세월 동안 많은 사람들에게 사랑을 받아온 동요 「어린이 날 노래」, 「퐁당 퐁당」, 「고추 먹고 맴맴」 등을 비롯하여 13세 때 첫 동요 「봄」을 발표한 후로 수없이 많은 동요를 지으며 어린이를 위한 일에 평생을 바쳤다. 1911년 서울에서 출생하여 2003년 12월에 세상을 떠났다. 윤석중의 호는 석동(石童)이며 양정고등보통학교를 거쳐 1942년 일본 조치대학(上智大學) 신문학과를 졸업하였다. 1925년 동아일보 신춘문예에 동극 「올빼미의 눈」이, 〈어린이〉에 동요 「오뚜기」가 각각 당선되었으며, 32년 「윤석중 동요집」을 발간하면서 본격적인 활동을 시작하였다. 그 뒤 〈어린이〉 〈소년중앙〉 〈소년〉 등의 주간을 지냈고, 56년 새싹회를 창립하여 소파상 · 장한어머니상 · 해송동화상 · 새싹문학상 등을 제정하는 한편, 77년 계간지 〈새싹문학〉을 창간하고 〈한글나라〉 주간이 되었다. 그는 동요 · 동시의 소재를 자연의 변화 및 명절, 어린이의 모습과 생활체험 등에서 발견하여 밝고 아름다운 동심을 표현하고, 유머 있고 재치 있는 시어를 선택하여 낭만적인 동심의 세계를 부각시키려고 하였다. 예술원회원(1978) · 원로회원(1986)이며, 막사이사이상 · KBS동요 대상을 받았다. 윤석중의 동시는 아이의 감수성을 키워 주고 표현력을 풍부하게 해 준다. 특히 리듬과 운율을 살린 그의 동시는 아이들에게 우리말의 아름다움을 깨닫게 해 준다. 그러면서도 아이들의 감수성을 키워 주고 표현력이 풍성하게 자라도록 돕는다. 윤석중 선생님의 동시는 생활 주변의 친숙한 대상을 소재로 한 점이 특징이다. 주변에서 늘 바라보는 자연, 이웃이나 친구, 가족들에 대한 애정과 놀이의 즐거움을 더해 주는 리듬감 있는 동시, 꿈과 희망을 키워갈 수 있는 시들로 짧으면서도 재미있는 말들이 윤석중 선생님의 시가 사랑받는 이유일 것이다. 동요집으로 「윤석중 동요집」에 「고추 먹고 맴맴」, 「낮에 나온 반달」 등이 있고, 「노래 동산(1957)」, 「바람과 연(1966)」, 「날아라 새들아

(1983)」, 「아기 꿈(1987)」이 있다. 동화로는 「열 손가락 이야기」, 「멍청이 명철이」, 「열두 대문」 등이 있다. 그밖에 「새싹의 벗 윤석중 전집」, 팔순 기념 동요집 「여든 살 먹은 아이」가 출간되었다.

옹 달 샘

깊은 산속 옹달샘 누가 와서 먹나요.
새벽에 토끼가 눈비비고 일어나
세수하러 왔다가 물만 먹고 가지요.

맑고 맑은 옹달샘 누가 와서 먹나요.
달밤에 노루가 숨바꼭질하다가
목마르면 달려와 얼른 먹고 가지요.

- 윤석중 -

2) 외국의 아동문학가와 작품

(1) 안데르센(Hans C. Andersen, 1805~1875)

안데르센은 1805년 덴마크의 퓨네 섬의 작은 마을 오덴세에서 태어났다. 그의 아버지는 책읽기를 좋아했고 진보된 생각의 소유자였으며 라 퐁텐느의 우화시와 아라비안나이트를 읽어 주었다고 한다. 1816년 부친이 사망하고 안데르센은 「아보르와 에르비르」란 시극을 쓰고 1822년 문법학교에 입학한다. 1837년도에 우리에게 잘 알려진 「인어공주」를 발표하고 1843년에는 「성냥팔이 소녀」를 발표한다. 이 작품 속 할머니는 자신의 할머니를 의미하며 어머니에 대한 사랑을 그리워하며 썼다고 한다. 동화작가로 알려진 안데르센은 덴마크에서 대시인으로 알려져 있으며, 시인으로 많은 활동을 하였고 그의 동화는 시에서 피어난 꽃이라고 할 수 있다.

그의 동화는 창작동화 또는 예술동화라고 한다. 즉 창작한 사람의 느낌이나 생각이 이야기 속에 스며드는 것이 특색이라고 할 수 있다. 그의 동화에는 단순한 권선징악을 초월하여 인간사의 순리를 표현하고 있다. 웃음과 슬픔이 있고 견딜 수 없는 슬픔도 이겨 나가는 인간애가 담겨 있으며 어린이 뿐만 아니라 어른들에게도 깊은 감명을 준다.

그의 대표작품으로는 「성냥팔이 소녀」, 「미운 오리 새끼」, 「인어공주」, 「그림

없는 그림책」 등 수많은 작품들이 있다.

(2) 그림 형제

그림 형제는 형 야콥 그림(Jacob Ludwing Karl Grimm, 1785~1862)과 동생 빌헬름 그림(Wilhelm Karl Grimm, 1786~1859)을 말한다. 이 형제는 독일의 대학 교수였으며 언어학자로서 독일의 옛날 이야기를 수집하여 독어의 문법과 역사를 연구하였고, 1812년과 1815년에 「어린이와 가정의 옛날 이야기」를 각각 두 편의 책으로 내었다. 그림 형제는 민화나 전설 속에 독일의 민족정신이 깃들어 있는 것을 발견하고 국민들 사이에 전해져 내려오던 민화나 전설을 모아서 정리하였는데 그것을 민족동화라고 한다. 그림 형제가 모은 250편의 이야기 중 완성되어 내려오는 것은 약 200여 편으로 여기에 실린 이야기들은 시대가 흘러도 변하지 않는 사람들의 영혼, 상상력, 신념을 전하고 있다. 그림 형제 동화의 뛰어난 점은 옛날 이야기의 민담적 성격을 바꾸지 않고 읽기 쉬운 형태로 독일을 비롯해 지구상의 모든 지역에서 널리 보급되어 모든 곳에서 민담수집의 모범이 되었다.

그의 대표작품으로는 「백설 공주」, 「빨간 모자」, 「헨젤과 그레텔」, 「늑대와 7마리 어린 왕」, 「황금거위」, 「엄지공주」 등 수많은 작품들이 있다.

(3) 생텍쥐페리(1900~1944)

생텍쥐페리는 1900년 프랑스 리옹귀족 가문에서 태어나 행복한 어린시절을 보냈다. 그가 6살 때 그린 그림은 아무도 이해하지 못했다. 6살 때의 이 역작이 바로 그 유명한 '코끼리를 삼킨 보아 구렁이'다. 1917년에 그는 해군 사관학교에 입학하기 위해 시험을 준비했으나 실패하고 미술학교 건축과에 들어가 15개월 동안 공부를 했다. 그가 「어린왕자」에 직접 삽화를 그린 것도 이것으로 충분히 설명이 될 것 같다. 그는 1920년 징병으로 공군에 입대하여 조종사 훈련을 받았다. 제대 후 자동차 공장 등 여러 직종을 전전하다가, 평범한 사회의 일상생활에서 벗어나 행동적인 인생을 개척하고자 1926년부터 위험이 뒤따르는 초기 우편비행 사업에 가담하였다. 제2차 세계대전이 일어나자 군용기 조종사로 종군, 대전 말기에 정찰비행 중 행방불명이 되었다.

그의 본격적인 작품 「남방 우편기」(Courrier Sud, 1929)에서 그의 마지막 작품 「성채(城砦)」(Citadelle, 1948)에 이르기까지 모든 작품은 행동을 통한 명상에서 비롯된 것으로, 언제나 어려움과 역경과의 싸움에서 인간이 삶을 영위해 나가는 의의를 찾아 내놓은 것이라고 할 수 있다.

아르헨티나 항공에 근무하던 시기의 경험을 토대로 한 「야간비행」(Vol de nuit, 1931)은 행동적인 문학으로서 앙드레 지드의 격찬을 받았으며 페미나상(賞)을 받았다.

그의 작품들은 현대문명에 대한 탁월한 비평인 동시에 인간이 인간으로서의 긍지를 되찾기 위한 꾸준한 노력이다. 그의 대부분의 작품은 동료애와 고독에 대한, 사막과 산맥과 낯선 부락에 대한, 그리고 구름 위의 초지상적인 장관에 관한 회상들로 이루어져 있다. 즉 그의 작품은 그저 단순한 허구에서 시작되는 것이 아니라 개인보다는 인간 전체를 사랑하는 휴머니즘과 행동주의 문학가였다.

그의 대표작품으로는 「인간의 대지」, 「인생의 의미」, 「어린왕자」, 「바람과 모래와 별들」, 「야간비행」, 「장미의 기억」, 「성채」 등이 있다(Libro).

길들인다는 것…

난 빵을 안 먹는다.
그러므로 밀은 나에게 필요 없는 물건이야.
밀밭을 보아도 내 머리에는 아무것도 떠오르는게 없어.
그게 몹시 슬프단 말이야.
참, 그런데 네 머리는 금빛깔이지!
그러므로 네가 나를 길들여 놓으면 참 기막힐 거야.
금빛깔이 도는 밀을 보면 네 생각이 날 테니까.
그리고 나는 밀밭으로 지나가는 바람소리가 좋아질 거야.

생텍쥐페리의 「어린왕자」 중에서…

(4) 아스트리트 린드그렌(1907~2002)

스웨덴을 대표하는 아동문학가 아스트리트 린드그렌은 1907년 스웨덴에서 태어났다. 오래 전에 텔레비전에서 방영된 「말괄량이 삐삐」로 잘 알려진 린드그렌은 대부분의 장편에서 거침없는 판타지와, 다층적인 구조, 깊이 있는 상징을 잘 구사하는 작가로 이름이 높다. 그는 고아 소년 라스무스를 그린 「방랑자 라스무스」로 국제 안데르센상을 수상하고, 탐정소설 「명탐정 칼레」 시리즈, 시골 아이들의 일상을 그린 「떠들썩한 아이들」 시리즈 등을 발표하여 스웨덴 국가 대상을 수상하였다.

「사자 왕 형제의 모험」은 판타지 동화의 새로운 전형이란 이름이 붙을 정도로 판타지의 열린 구조를 잘 보여주고 있다. 아름다운 심성을 가진 형제가 펼치는 모험을 판타지 세계에서 마음껏 그린 작품으로 자유와 평화는 희생을 통해 얻어지는 것임을 느낄 수 있게 한다. 딸에게 들려주었던 이야기를 바탕으로 만든 「삐삐」 시리즈는 모든 간섭과 억압에서 통쾌하게 벗어나 자유롭게 살아가는 삐삐, 풍부한 상상력으로 신비스러운 숲의 세계와 그 곳에 사는 사람들의 이야기를 전해 주고 있는 「산적의 딸 로냐」는 여자 아이들의 강인함과 모험심을 길러 주는 공통점을 갖고 있다. 린드그렌은 인간에 대한 따뜻한 시각과 번뜩이는 유머가 돋보이는 재미있는 이야기를 수없이 많이 썼다.

그래서 세계적으로 이름이 났고, 상도 많이 받았다. 세계에서 가장 많은 어린이 독자를 가진 작가 중의 하나인 린드그렌의 작품은 그 어느 것을 읽더라도 재미와 감동을 얻을 수 있다. 또한 장편만이 아니라 단편 동화에서도 작가 특유의 발랄함과 깔끔한 구성, 그리고 따뜻한 삶의 철학을 느낄 수 있다. 그는 아기자기하고 작은 생활 이야기에도 뛰어난 솜씨를 발휘한다.

그의 대표 작품으로는 「사자 왕 형제의 모험」, 「내 이름은 삐삐 롱스타킹」, 「산적의 딸 로냐」, 「소년 탐정 칼레」, 「미오 나의 미오」 등 수많은 작품들이 있다(Libro).

3) 아동문학상의 종류

(1) 한국의 아동문학상

1 방정환 아동문학상

아동문학가인 소파(小波) 방정환(1899~1931)을 기리기 위해 아동문학 평론사에서 이재철 등이 1991년에 제정한 문학상이다.

평생을 통하여 아동문학 보급과 아동보호운동에 힘쓴 방정환의 업적을 기리고 그 정신을 계승하기 위해 서울국제아동문학관 부설 아동문학 평론사에서 제정한 아동문학상으로 동시 · 동화 · 평론 등의 부문으로 나누어 수상자를 선정한다.

동화 부문에서는 이영호 · 조장희 · 윤수천 · 정진채 · 조대현 등이, 동시 부문에서는 신현득 · 문삼석 · 제해만 · 최춘해 · 손광세 · 엄기원 · 김종상 · 이춘희 등이, 평론 부문에서는 김만석 · 김용희 · 김경중 등이 수상하였다.

2 소천 아동문학상

오늘날 우리나라의 아동문학은 그 역사가 비록 오래되지는 않았으나 어려운 여건 속에서 피나는 노력으로 개척한 선인들의 보람이다. 특히 1930년대 이후 30년 동안 아동문학에 전념하여 수많은 작품들을 남긴 강소천 선생의 업적을 기념하기 위해 제정한 상이다.

1965년부터 실시한 소천 아동문학상은 한국에서 발표된 아동문학 작품을 토대로 가장 우수한 작가에게 수여함으로써 아동문학의 발전에 기여하고자 제정한 것이다.

3 세종 아동문학상

세종 아동문학상은 1968년에 어린이 대상 일간 신문 「소년 한국일보」에서 재정하여 해마다 시상하는 아동문학상으로 전년도 7월부터 해당 연도 7월까지 발표된 동시 · 동화 등을 대상으로 수상작을 선정한다.

동시 부문에서 신현득 · 김녹촌 · 이상교 · 김옥분 · 권영상 · 문삼석 · 정두리 등이 수상하였으며 동화 부문에서는 손춘익 · 이준연 · 정채봉 · 선안나 등이 수상하였다. 수상자들의 모임인 세종아동문학회가 있다.

4 한정동 아동문학상

동요시인 한정동 작가의 업적을 기념하기 위해 1969년도에 제정된 아동문학상이다. 한정동 아동문학상은 운영위원회에서 운영 · 관리하고, 운영위원장이 위촉한 5명의 심사위원이 지난 1년간에 발표된 동시 · 동요 중에서 우수한 작품을 선정하여 그 아동문학가에게 시상한다. 소천아동문학상이 주로 동화 부문을 대상으로 하는데 비하여 이 상은 동요 및 동시 부문에 치중한다고 할 수 있다. 해마다 5월 3일에 시상된다.

(2) 외국의 아동문학상

1 뉴베리상(The Newbery Medal)

뉴베리상은 해마다 미국 아동문학 발전에 가장 크게 이바지한 작가에게 주는 아동문학상으로 미국에서 가장 오래되었다. 이 상은 1921년 6월 21일 미국도서관협회(ALA) 아동 문학분과회의에서 멜처(Frederic G. Melcher)가 처음 제안하였다.

수상자에게 메달을 수여하기 때문에 뉴베리상보다는 '뉴베리 메달'로 더 유명해져 있다. 18세기 영국의 서적상인 뉴베리(John Newbery)에서 유래한 것으로 그를 기념하기 위해 제정된 상으로 미국도서관협회가 주관하며 시상식 1년 전에 출판된 작품 가운데 미국 아동문학 발전에 가장 크게 이바지한 작가(작품)에게 메달이 주어진다. 시상식은 매년 초에 개최된다.

수상 작품 중 우리나라에 소개된 작품들은 다음과 같다(네이버백과사전).

- 모리스 센닥 : 「괴물들이 사는 나라」, 「깊은 밤 부엌에서」, 「꼬마 곰의 방문」, 「토끼 아저씨와 멋진 생일 선물」
- 미쯔마사 안노 : 「우리 함께 세어 보아요」, 「여행 그림책」
- 로버트 잉펜 : 「살아 있는 모든 것은」
- 두산 칼라이 : 「십이월의 친구들」
- 리즈벳 쯔베르거 : 「난쟁이 코」, 「욕심쟁이 거인」, 「이솝우화」
- 토미 웅거러 : 「달사람」, 「크릭터」, 「제랄다와 거인」, 「세 강도」
- 앤써니 브라운 : 「고릴라」

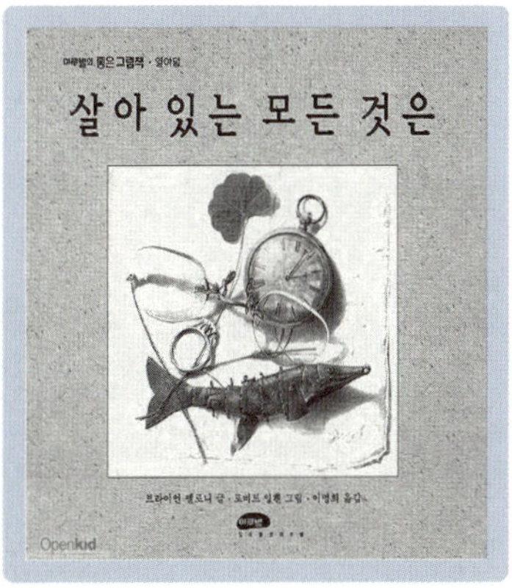

▶ 「살아 있는 모든 것은」

2 칼데콧상(The Caldecott Medal)

칼데콧상은 19세기 후반에 활약한 영국 일러스트레이터 랜돌프 칼데콧(Randolph Caldecott, 1846~1866)을 기념하여 한 해 동안 미국에서 가장 뛰어난 그림책을 만든 일러스트레이터에게 주는 상이다. 칼데콧상은 그 역사가 오래되고 미국의 가장 대표적인 그림책 상으로 꼽히고 있다. 미국도서관협회(American Library Association : ALA)에 의해 이 상의 기원을 뉴베리(John Newbery) 상에 두고 있다. 1937년 멜처는 그림책의 그림이 뛰어난 삽화가에게도 상을 주자고 제안하였고 19세기 삽화가인 랜돌프 칼데콧(Randolph Caldecott)을 기리기 위해 칼데콧상이라고 부르게 되었다. 칼데콧상은 미국뿐만 아니라 전세계의 어린이들에게 우수한 도서를 선정하여 소개해 주고 있다. 또한 우리나라에도 많은 작품들이 알려져 소개되고 있다. 칼데콧상의 수상작의 성격에는 제한이 없으나 삽화는 창작적이어야 하며, 미국시민이거나 미국에 거주하고 있는 자에게만 국한하여 수상하게 된다.

「칼데콧 메달」

▶「Drummer Hoff by Emberley, Barbara, 1968년」

▶ 「Joseph had a little overcoat by Simms Taback, 2000년」

▶ 「So you Want to be President? by David Small, 2001년」

▶ 「Ten, Nine, Eight by Molly Bang, 1984년」

3 한스 크리스찬 안데르센상(Hans Christian Andersen Awards)

작은 노벨상이라고 불리는 한스 크리스찬 안데르센상(Hans Christian Andersen Awards)은 국제아동협의회(International Board on Books for Toung People, IBBY)에서 주관하는 덴마크의 문학작가 한스 안데르센(Hans Christian Andersen)을 기념한 상이다. 1956년 청소년 국제도서위원회(International Board on Books for Young People)가 주최하여, 1956년부터 짝수 해에만 수여되고 있으며 일러스트레이션 부문은 1996년부터 수여되었다.

이 상은 상당히 받기 어려운 상으로 지금까지 열아홉 명의 일러스트레이터가 받았으며 중복해서 받은 작가는 없다. 이 상을 받게 되는 작가는 금메달과 증서를 받고 매년 발행하는 안데르센 어워드도록과 IBBY에서 주최하는 행사에 참여하게 된다. IBBY(국제아동도서협의회)는 1953년에 설립된 아동도서 관계자의 국제조직이다.

무엇보다 일러스트레이터가 이 상을 받는다는 것은 생애 최고의 영예이며 스스로의 작업을 인정받았다는 증명이 되기 때문에 매우 중요한 의미를 지닌다(Book-Mart, Picturebook-Illust).

4 케이트 그린어웨이상(The Kate Greenaway Medal)

케이트 그린어웨이상(Kate Greenaway Medal)은 1877년에 설립된 영국도서관협회(Library Association)에서 창설했다. 19세기에 우아하고 영원한 어린이의 순진무구한 모습을 그려 내었던 영국 일러스트레이터 케이트 그린어웨이의 이름을 딴 이 상은 매년 영국에서 초판 발행된 그림책 작업을 한 일러스트레이터를 대상으로 하며 작품의 완성도를 중요시한다. 이 상의 심사의 중요한 기준을 보면 아이들이 시각적으로 즐거운 경험을 할 수 있게 할 뿐만 아니라 텍스트와 가장 적절히 조화를 이루는 작품이며, 텍스트와의 시너지 효과를 극대화시킬 수 있도록 주목을 끌어야 한다는 점이다(Book-Mart, Picturebook-Illust).

▶ 「광글왕글의 모자 / 에드워드 리어 글 · 헬렌 옥슨버리 그림 / 보림」 1969년 수상작

▶ 「산타할아버지 / 레이먼드 브릭스 글 · 그림 / 비룡소」 1973년 수상작

▶ 「잠이 안 오니, 작은 곰아? / 마친 웨델 글 · 바바라 퍼스 그림 / 비룡소」 1988년 수상작

PART 02

아동문학의 장르와 교육

CHAPTER 05

동　　화

1. 전래동화
2. 창작동화
3. 역사동화
4. 동화의 창작과 지도

1. 전래동화

1) 전래동화의 개념

전래동화는 나이든 어른이나 부모가 여러 세대를 지나면서 아동들에게 전해온 이야기들로 구성된 전승문학(traditional literature)이다. 모든 문학의 기초가 되는 것으로 세계 각 나라마다 그 명칭과 구분을 달리하고 있다. 독일의 메르헨(märchen), 영국의 요정 이야기(fairy tale), 미국의 포크테일(folk tale, household story) 등 여러 가지 이름으로 불려진다. 민간에서 발생하여 소박한 민중과 자녀를 위해 알려진 이야기로 풀이할 수 있다.

전래동화는 믿을 수 없는 일들이 자연스럽게 일어나는데 그러한 일들을 믿을 수 있도록 분위기를 조성하고 있다. 자연스럽고 평범한 화술로 전개되는 전래동화는 이상한 세계 속에서의 사건이나 유머, 사랑에 의해 유아의 상상력을 풍부하게 만족시켜 유아에게 이야기로써, 상상의 안식처로서 중요한 가치를 지니게 된다. 또한 전래동화는 오랜 세월 동안 서민들의 삶 속에서 전해져 왔으므로 각 나라의 민족성과 자연환경 그리고 문학적 특징이 많이 포함되어 있다(신혜선, 2009).

여러 학자들에 따라 전래동화를 보는 시각은 다르게 나타난다. 인류학자들은 전래동화를 사회의 결속제로 보고 있다. 당시 사회에서 각 구성원이 같은 가치관과 목표를 갖고 사회를 지탱하고 발전시켜 나갈 수 있도록 한 것이 전래동화라는 것이다. 따라서 그 속에는 당시 사회의 종교, 관습, 미신, 역사 등이 포함된다.

심리학자가 전래동화를 보는 시각은 전래동화를 모든 사람들이 가지고 있는 정서적 갈등을 상징적으로 표현한 것이라고 말한다. 여기서 갈등이란 부모에 대한 외디푸스적인 사랑, 형제 · 자매간의 사랑과 질투 등 인간이 가지는 의식적 · 무의식적인 감정을 말한다. 그리고 이러한 감정들을 상징화하여 이야기로 풀어낸 것이 전래동화라고 보고 있다. 이렇게 전래동화는 다양한 인간의 생활을 고찰하고 그 속에서 서로 반대되는 힘을 대립시킨다.

우리나라의 경우를 살펴보면 전승문학과 전래동화가 혼용되어 전해지고 있는 것을 볼 수 있다. 모든 전승문학, 즉 민담, 신화, 전설, 우화 등을 전래동화라고 하기도 하고 민담을 전래동화로 크게 구분해 놓고 신화, 전설을 전래동화 범주 속에 포함시켜 보는 경우가 많다. 분명히 해야 할 것은 전승문학 중에서 그 이야기의 바탕에 동심이 깔려 있고 유아에게 유익한 것이라면 그것이 전래동화라는 것이다.

전래동화는 전승문학에 속하지만 전승문학 중에서 어른에게만 통하고 유아에게 유익하지 않다면 전래동화라고 할 수 없다. 이러한 이야기를 바탕으로 최운식과 김기창(1988)은 전래동화의 정의를 "동심을 바탕으로 하여 꾸며진, 일정한 구조를 가진 이야기다"라고 하였다.

2) 전래동화의 교육적 의의

전래동화는 아동이 좋아하는 이야기의 하나로서 이야기 속에 나름대로의 교육적 의의를 가지고 있다.

첫째, 바람직한 인간상을 형성하는 것이다. 바람직한 인간이란 바른 언어와 사고를 가지고 고난을 극복할 수 있는 의지를 지니고 있으며, 다른 사람을 배려하는 따뜻한 마음씨와 원만한 인간관계를 맺으며 살아가는 사람을 의미한다.

둘째, 전래동화는 전통문화를 계승하고 발전시키며 조상의 풍속, 습관, 생활, 지혜, 신앙 등 전통 문화적 요소들이 많이 내포되어 있기 때문이다.

셋째, 내용의 대부분이 권선징악의 내용이므로 유아에게 윤리적 신뢰, 즉 도덕적 교훈을 전달해 준다(신혜선, 2009).

넷째, 모든 사람이 가지는 생리적 욕구, 안전함의 욕구 등 기본적인 욕구뿐만 아니라 사랑하고 싶고 사랑받고 싶은 욕구, 어떤 일에든 유능하게 성취하고 싶은 욕구까지 전래동화에서는 다양한 이야기의 소재로 아동의 욕구를 대신 해소해 주고 있다.

3) 전래동화의 특징

전래동화가 갖는 특징을 살펴보면 다음과 같다.

첫째, 전래동화는 가끔 '인간의 거울'로 묘사될 때가 있다. 그것은 인간의 공포심이나 욕망 등을 이야기의 소재로 삼고 있으며 사회관습과 문화적 형식들을 기록하고 인간의 보편적 정서인 즐거움, 슬픔, 공포, 질투, 경외감 등을 표현하고 있다.

둘째, 전래동화는 남녀노소를 막론한 보편적인 교육수단이다.

셋째, 전래동화는 전승문학 중에서 유아에게 가장 호소력이 있는 문학이다. 특히 유아가 전래동화를 좋아하는 이유를 여러 가지로 제안하고 있다. 전래동화는 풍부한 줄거리와 이야기 전개가 계속되며 유머가 있으며 권선징악의 내용으로 유아에게 정의감을 일깨워 준다. 또한 주인공의 성격 묘사가 단순하고 만족할 만한 뚜렷한 결론으로 끝나며 대부분 환상적이거나 마술적인 요소가 포함되어 있다.

우리나라 전래동화의 특징은 김인애(1985)의 연구에서 유럽의 전래동화와 구조상 크게 차이가 나지는 않으나 내용에서 사상과 시대의 배경으로 인해 다른 면을 보이고 있다고 하였다(이기숙, 2008).

첫째, 3회 반복의 법칙, 선과 악의 대결, 과제 부여와 과제 해결, 은혜받은 주인공, 말한 대로 이루어짐 등의 특징이 있다.

둘째, 현실세계와 환상세계가 구분되어 있지 않아 두 세계를 자유롭게 다닌다.

셋째, 현실세계와 환상세계의 인물이 자유롭게 만날 수 있으며 관계를 가진다.

넷째, 유교적 윤리관이 많이 개입되어 있어 동화는 현실적인 내용이 많다.

다섯째, 악과 대립하지 않으려는 소극적인 태도를 보이며 악에 대해 관대한 양상을 보여 준다.

여섯째, 현실은 염세적이고 고통스러운 곳으로 묘사되며 초현실의 세계는 풍요롭고 살기 좋은 곳으로 묘사되고 있다.

다음은 우리나라 전래동화의 특성을 문학 요소별로 나누어 살펴보고자 한다.

(1) 주제(theme)

전래동화의 주제는 주로 권선징악의 도덕률과 인과응보의 인과율로 구분되어진다. 김세희(1982)의 「아시아의 전래동화의 분석」에서 살펴보면 일반 전래동화는 권선징악의 내용이 가장 많다는 것을 알 수 있다. 전래동화의 주제는 이야기가 생겨난 사회의 분위기와 문화적 특징을 반영하므로 그 시대 사람들의 삶에 대한 기본적인 태도를 보여주고 있다.

우리나라의 전래동화 200여 개를 분석한 결과 전래동화의 주제가 다음과 같이 나타났다.

- 아는 것이 힘
- 생성의 유래, 원인, 이유
- 효도
- 은혜를 베풀라, 원수를 사랑하라.
- 남을 깔보지 말라.
- 정신일도 하사불성
- 남을 해롭게 하면 자신도 해를 입는다.
- 허욕을 부리지 말자.
- 지성이면 감천

(2) 플롯(plot)

전래동화는 발단, 전개, 절정, 결말의 과정으로 이야기가 진행된다. 발단에서는 등장인물과 배경을 소개하면서 이야기가 서서히 시작된다. 갈등을 해결하는 절정에 이르면 빠르지만 만족스러운 결과를 보이며 끝을 맺는 특징을 나타내는 데 이러한 특징을 점진적인 플롯 또는 단선적인 플롯이라고 한다.

플롯(plot) 진행의 형식은 다음 4가지로 표현된다.

1 단선적 형식

등장인물의 행동을 시간의 흐름에 따라 이야기를 진행해 나가는 것이 전래동화의 기본형식이다. 즉 시간의 진행에 따라 인물의 행동에 의해서 사건이 이루어지며 장소와 배경 역시 계속 바뀌게 되는 것이다. 그 예로 「은혜 갚은 까치」를 보면 주인공의 행동이 끊이지 않고 계속 진행되면서 이야기가 만들어져 나가는 것을 볼 수 있다. 두 인물이 대립되는 경우에는 먼저 한 인물의 행동을 서술한 이후에 다음 인물을 이해하는 형식을 취한다. 예를 들면, 「혹부리 영감」에서 착한 혹부리 영감의 이야기가 먼저 시작되어 끝맺음을 한 후에 나쁜 혹부리 영감의 이야기가 다시 시작되는 것을 볼 수 있다.

② 누적적 형식

누적적 형식은 비슷한 사건들이 반복해서 일어나며 그 사건 속에서 하나의 행위가 다른 행위를 일으킬 수 있는 원인이 되는 것을 말한다. 이와 같은 형식은 중간에 하나의 사건만 빠져도 이야기가 성립되지 않는 특징이 있다. 예로는 「커다란 무」 등이 있다.

③ 연쇄적 형식

반복되는 사건들이 서로 연관성을 갖고 있지 않으므로 중간의 사건 하나를 빼도 사건의 이야기 진행에는 지장이 없다. 예로 「삼년 고개」 등이 있다.

④ 회귀적 형식

비슷한 사건이 반복되다가 다시 처음으로 돌아가게 되는 형식이다. 그 예로 「쥐의 결혼」 이라는 전래동화는 들쥐의 딸이 시집을 가기 위하여 해, 구름, 바다, 산, 소에게 청혼을 하였지만 결국엔 총각 들쥐에게 시집을 가게 된다는 내용으로 이루어져 있다.

(3) 등장인물(character)

전래동화에 등장하는 인물은 전형적인 성격을 나타내며 주로 대립을 이루는 경우가 많다. 전형적 인물이라고 칭하는 경우는 잘생긴 왕자나 착한 하녀 등 주인공을 착하고 예쁘게 묘사한 반면 계모나 여우, 호랑이 등은 나쁜 성격을 가진 인물로 묘사하고 있다. 등장인물로는 어린이보다 어른이, 여자보다는 남자가 더 많이 등장하고 있다. 그 이유는 전래동화가 민간설화에서 분리되어 나온 장르로서 성인이 만들었고 즐기기 위해 만들어진 이야기였기 때문이며, 남성의 권위가 우선되는 사회제도인 가부장제를 이야기 속에 반영했다고 볼 수 있다.

(4) 배경(setting)

전래동화의 배경은 구체적으로 표현되지 않고 "옛날 옛날에 어느 마을에"라든지 조금 구체적으로 "충청도 어느 두메산골에"로 간단히 시작된다. 이러한 전래동화의 배경은 시간적 · 공간적 배경을 구체적으로 표현하지 않고 대충 알아볼 수 있을 정도의 시간으로 표현되는 것으로 보아 사건전개에 그다지 영향을 미치지 않음을 알 수 있다.

(5) 문체(style)

전래동화는 이야기가 책으로 만들어지기 전에 입에서 입으로 구전되었으므로 이야기의 분위기와 문체가 바르게 변형되어 전해져 왔다. 전래동화의 이야기는 주제를 전달하기에 적합한 말만 남았으며, 단순하고 군더더기 없는 묘사로 일관되어 있다.

4) 전래동화의 종류

전래동화는 내용과 형식면에서 학자들에 따라 다르게 분류하고 있는 것을 볼 수 있다. 서더랜드와 어버스넛(Sutherland & Arbuthnot, 1991)은 누적적 이야기, 말하는 동물 이야기, 익살이나 유머, 사실적 이야기, 종교 이야기, 낭만적 이야기, 마술 이야기 등으로 그 종류를 나누었으며 넬슨(Nelson, 1972)은 놀라운 이야기, 속임수 이야기, 동물 이야기, 익살, 누적적 이야기 등으로 구분짓는 것을 볼 수 있다.

여기서는 서더랜드와 어버스넛과 넬슨의 분류를 종합하여 살펴보고자 한다.

(1) 누적적 이야기(accumulative tales)

이야기의 구조 중 가장 단순한 형태를 취하고 있으며 반복적인 사건과 행동이 나타난다. 누적적 이야기의 특징은 최소한의 구성과 최대한의 운율이 이루어져 이야기가 전개되는 것인데 반복되는 것은 유아들이 흥미를 느끼며 재미있어 하는 부분 중에 하나다. 사건은 연이어 일어나며 사건이 일어나는 행위는 반복과 발전을 통하여 진행된다. 누적적 이야기를 예를 들면, 「커다란 무」, 「팬 케이크」, 「장갑」, 「해와 달이 된 오누이」, 「잭크가 지은 집」 등이 있다.

(2) 동물 이야기

유아들이 즐겨듣는 이야기 중 하나가 의인화된 동물 이야기다. 등장하는 동물들은 인간의 행동을 과장되게 표현하여 재미를 느끼게 하며 우화와 같이 뚜렷하진 않지만 교훈적인 내용도 포함되고 있다. 고지식함의 어리석음이라던가 용기와 독립심의 강조 등은 유아에게 좋은 본보기가 되는 예라고 할 수 있다. 이러한 이야기는 매우 생동감이 있고 재미가 있어 유아들에게 많은 기쁨을 준다. 또한 인물의 행동을 과장되게 표현하면서 그 행동이 유머와 감흥을 담고 있도록 하고 있다. 예를 들면, 「장화 신은 고양이」, 「아기돼지 삼 형제」, 「늑대와 일곱 마리 아기염소」, 「토끼와 호랑이」, 「브레멘의 음악대」 등이 있다.

(3) 마술 이야기

마술 이야기는 모든 전래동화에서 다루어지고 있는 내용으로 여러 종류의 마술을 기초로 이야기가 구성된다. 마술 이야기의 특징은 마술을 부릴 수 있는 여러 종류의 주인공이 등장한다는 것이다. 즉 땅 속의 요정이라던가, 마귀, 난쟁이 마술사, 초인 등이 등장하며 때로는 평범한 사람이 신비한 초능력을 갖게 되는 경우도 있다. 이렇게 마술적인 힘을 가진 인물이 전래동화에 등장하게 된 이유는 현실에서 보상받지 못한 일들과 두려움을 극복하기 위함인 듯하다. 예를 들면, 「신데렐라」, 「백설공주」, 「혹부리 영감」, 「장화 신은 고양이」, 「은혜 갚은 까치」, 「우렁이 색시」 등이 있다.

(4) 익살이나 유머 이야기

유머 이야기는 엉뚱한 사람, 바보, 못난이 또는 현명한 사람이 등장하여 우스꽝스럽고 엉뚱한 사건들을 엮어 나가는 이야기로 유머와 익살이 많다. 그러나 웃음 속에서 사회의 권위나 고정관념 등을 풍자함으로써 삶을 윤택하게 하고 인간의 진실된 모습을 이야기해 주므로 우스운 이야기에서 그치는 것만은 아니다. 예를 들면, 「게으른 잭」, 「역할을 바꾼 남편」, 「쌀 한 톨로 장가든 총각」, 「임금님 귀는 당나귀 귀」 등이 있다.

5) 우리나라의 전래동화

우리나라의 전래동화는 전승문학, 즉 신화 · 민담 · 전설 중에서 민담에 동화가 가장 많이 포함되어 있다. 전설이나 신화 역시 동화를 포함하고 있으나 "동심을 기초로 한 이야기"를 동화의 초점으로 한다면 민담 속에 동화가 많이 포함되고 있다고 볼 수 있다.

(1) 민중의식이 깃든 동화

전래동화는 시대를 반영하는 문학이므로 민중의 생활경험이나 의식, 가치관 등이 그대로 이야기 속에 내포되어 평민층의 생활사를 그대로 반영한다고 볼 수 있다. 예를 들어, 「해와 달이 된 오누이」에서 호랑이는 권력을 가진 자의 횡포라 볼 수 있으며, 특권층에 대한 항변과 서민층 희로애락을 이야기를 통해서 볼 수 있다.

(2) 교육성이 강함

이야기의 주제가 선과 악의 대립, 효도, 은혜 갚음, 우애 등을 강조하는 내용이 많아 교육적 효과를 갖는다. 예를 들면, 자선을 베풀면 꼭 보답이 온다는 내용의 「나무꾼과 선녀」, 「요술 물고기」, 「은혜 갚은 까치」 등이 있다.

(3) 서민의 애환이 담긴 동화

전래동화는 옛날 사람들의 생활상을 토대로 만들어진 것으로 서민의 애환이 잘 나타나 있다. 예를 들어, 「심청전」, 「흥부와 놀부」, 「콩쥐 팥쥐」 등에서 의 · 식 · 주에 대한 근본적인 문제를 해결하기 위한 주인공들의 노력이 보여지며 이것은 서민들의 생활과도 밀접한 관련을 가지는 것이다.

또한 우리나라의 전래동화는 형식상 몇 가지 공통점을 가진다.

① 서두와 결말에서 관용적 표현을 사용함으로 이야기에 흥미를 주고 이야기를 그럴듯하게 끌어 나갈 수 있는 효과를 갖는다.
② 이야기의 흐름이 시간순서에 따라 전개되며 인물은 그 시간을 좇아 행동하게 된다.
③ 이야기의 형식이 연쇄적 형식과 누적적 형식을 띈다.
④ 이야기의 표현 방식에는 대립법, 반복법, 의인법, 소거법 등이 쓰인다.

위에서 살펴본 바와 같이 우리나라의 전래동화는 주로 선과 악의 대비에서 이야기가 진행되며 그 속에서 교훈적 내용을 찾아볼 수 있다.

또한 우리나라 전래동화에는 호랑이나 도깨비가 많이 나타나는 인물 중 하나다. 호랑이가 서민에게 횡포자의 역할로 비춰진다면 도깨비는 약한 자의 편에 서서 함께 놀고 춤추는 서민적 모습을 보이고 있다. 우리의 전래동화는 문학적인 가치뿐만 아니라 이야기가 만들어진 시대의 일반문화에 대해서도 중요한 의미를 가지게 됨으로 전래동화의 적극적 수집과 올바른 재화의 노력이 필요하다.

6) 외국의 전래동화

전래동화는 문학적 가치와 함께 그 시대의 문화적인 것까지 파악할 수 있으므로 재화의 역할이 중요하다. 세계 각국에는 많은 전래동화들이 있으나 그것을 문학의 위치까지 끌어 올리는 데는 재화자에 의해 가능했다. 전래동화를 읽고 아동이 무엇을 얻으려고 한다면 이야기 속에는 문화적 환경과 그 시대의 특징까지도 담겨 있어야 한다. 다음은 외국의 전래동화를 재화자 중심으로 살펴보고자 한다.

(1) 샤를르 페로(Charles Perrault)

▶ 샤를르 페로

샤를르 페로(Charles Perrault, 1628~1703)는 프랑스의 시인이며 비평가, 건축가였던 그는 아동의 인격도야를 위해 전래동화를 쉽고 아름답게 엮어 책으로 편찬하였다. 그 책의 제목은 「거위 아줌마의 이야기(1697)」 또는 「교훈을 주는 옛날 이야기」이며 책의 내용으로는 '빨간 모자', '엄지 이야기', '장화 신은 고양이' 등이 포함되어 있다.

페로의 동화는 명쾌하고 꾸밈없는 사건의 진행과 어려움에 부딪혔을 때 사건을 풀어나가는 기민한 태도와 기지 등을 표현하고 있으며 이것은 프랑스의 국민성과도 잘 맞는 이야기다. 이러한 예는 「장화 신은 고양이」에서 아주 잘 나타나 있다. 이야기의 주인공인 고양이는 우아한 예절과 교묘한 말솜씨로 사건을 풀어 나가며 그러한 이야기 속에서 경쾌하고 화려한 기분을 맛보게 된다.

(2) 그림 형제(Jacob Lodwig Karl Grimm, Wilthelm Karl Grimm)

독일의 동화는 세계의 전래동화 중에서 한 부분에 속하지만 그림 형제의 동화는 세계 아동들에게 사랑을 받는 동화다. 그것은 그림 형제만이 가질 수 있는 언어상의 아름다움과 구성의 완전성, 소재의 독자성, 이야기 전개의 자연스러움으로 말할 수 있다. 그림 형제의 동화는 그들의 문학이론이나 수집방식에서 오늘날까지도 선구적인 역할을 하고 있다.

이들은 낭만파 시인인 클레멘스 브렌타노(Brentano)의 영향을 받아 1812년 82개의 동화를 묶어 책으로 편찬하였으며, 나폴레옹의 독일 침공에 자극을 받아 그들의 언어 · 민속 등에 대한 연구에 열중을 하였다. 또한 고대 독일어, 스칸디나비아어, 앵글로색슨어에 대한 연구 끝에 독일어 문법과 독일어 사전을 편찬하였다. 이것은 독일어 연구의 기초가 되는 자료가 되기도 하였다. 그림 형제는 독일의 동화를 문학적인 작품의 수준까지 끌어 올리려는 노력을 일생에 걸쳐 했다.

(3) 죠셉 자콥스(Joseph Jacobs)

자콥스(Joseph Jacobs, 1854~1916)는 영국의 아동들에게 기쁨을 주기 위하여 전래동화를 수집하였다. 따라서 자콥스의 전래동화는 이야기의 부분이 삭제되거나 변경되기도 하였다. 그의 「영국동화집」에서는 앵글로색슨족의 사상과 유머, 자유 등을 표현하는 이야기를 수록하였다.

2. 창작동화

1) 환상동화

(1) 환상동화의 개념

전래동화와 같은 전승문학은 작가가 알려져 있지 않은데 반하여 창작문학은 작가가 자신의 상상력을 바탕으로 만들어 낸 문학이다.

환상동화(fantasy)는 현실과 다른 초자연적인 소재나 대상 혹은, 사건이 중심이 되는 이야기다. 환상동화 안에서는 과학적인 설명이나 자연법칙은 일시 정지된다. 환상동화는 자연세계에서 발견되지 않는 어떤 요소들을 담고 있으며 그러한 요소는 마술, 말을 하는 동물이나 무생물, 공간과 시간으로부터의 자유로움 등을 들 수 있다(Cullinan & Galda, 1994 ; Knowles & Malmkjaer, 1996).

환상동화는 비실제적인 것을 다루기는 하지만 비논리적인 것을 다루는 것은 아니다(Hillman, 1995). 오히려 훌륭한 환상동화는 실제의 세계보다 더 합리적이고 사려 깊게 이야기를 풀어 나가고 있는 것이다. 환상동화에 대해 각 학자들이 나타내는 견해에 따라 살펴보면 다음과 같다.

헉, 헤플러, 힉맨(Huck, Hepler & Hicman, 1987)은 환상동화는 독자에게 새로운 통찰력으로 현실세계를 보여준다고 하였으며 선과 악의 갈등, 인간성, 삶과 죽음의 문제에 관련된 보편적인 문제들을 끊임없이 제시하고 있다.

티멀먼(Timmerman, 1983)은 환상동화의 세계는 우리의 현실세계와 잘 맞으며, 오히려 실제 세계에서 확실히 보지 못한 것이 더 통합적이고 분명하게 드러낸다고 하였다.

즉 환상동화란 아동을 위해 작가가 상상적인 요소로 창작해낸 이야기로서 아동들의 생활과 밀접하게 연관되어 있는 이야기를 의미한다.

(2) 환상동화의 교육적 의의

환상동화가 아동문학의 한 부분으로 갖는 가치와 아동들이 환상동화를 접해야 하는 교육적 의의에 대해 살펴보면 다음과 같다.

① 유아들은 현실세계와 환상세계를 잘 구분하지 못하는 시기에 있다. 환상동화는 이러한 유아에게 환상의 세계와 현실의 세계를 보다 자세하게 드러냄으로써 그 구분을 확실히 할 수 있도록 도와 준다.

② 유아가 이성적이거나 합리적이어야 할 필요없이 마음껏 상상하고 추측할 수 있도록 격려한다. 또한 유아가 환상동화를 통해 주의 깊고, 신비로운 세계에 빠질 수 있도록 돕는다.

③ 주인공과 유아와의 동일시를 통해 심리적 위안감을 준다. 환상동화를 통하여 자기와 비슷한 상황을 겪는 사람과 동일시를 경험하면서 동정심과 심리적 안정

감을 얻게 된다. 또한 유아와 전혀 다른 상황의 인물일지라도 대리경험을 통한 즐거움과 만족감을 얻는 정서적 카타르시스를 경험하게 된다.

④ 인간으로서의 가능성을 상상하는 인지적 활동을 격려한다. 좋은 환상동화는 실제세계와 잘 연결되어 있으며 배경과 주인공에 대한 묘사가 세밀하게 되어 있다. 이러한 책을 읽는 유아는 상상의 세계와 신기한 주인공들을 마음 속에서 재창조함으로써 인지적 활동에 도움을 받는다.

(3) 환상동화의 특징

환상동화는 실제로 일어날 수 없는 일이나 존재하지 않는 사람이나 사물에 관한 일로 꾸며진 이야기다. 즉 「이상한 나라의 앨리스」나 「엄지 공주」와 같은 이야기처럼 현실의 세계에서는 일어나지 않는 일이나 사건들이 다루어지는 것이다. 이러한 환상동화는 그 내용에 따라 시 · 공간을 초월한 우주선이나 타임머신, 외계인들의 세계를 다루는 고도의 환상적 요소가 포함된 공상 과학동화가 있다. 또한 주인공이나 등장인물이 동물이나 장난감으로 의인화되어 사건은 실제 일어날 수도 있는 것으로 구성되어 환상성 정도가 낮은 환상동화가 있다. 이러한 동화는 유아의 발달적 특징인 물활론적 · 실재론적 · 인공론적 사고에 영향을 미쳐 유아의 관심을 끌기도 한다. 그러나 환상동화에서 이러한 점을 일관성 있게 다루는 것은 어느 면에서는 현실에 기반한 매우 진실된 것이 스며 있어야 한다. 유아들이 주인공과 동일시하고 동정하는 것은 이러한 진실성과 관련이 깊기 때문이다(이지호, 2005).

환상동화에 대해 티멀먼(Timmerman, 1983)은 문학적 요소에 따라 특징을 소개하고 있다. 티멀먼은 하나의 문학작품이 환상동화라고 불리기 위해서는 여섯 가지 특성을 가지게 된다고 하였다. 그 여섯 가지는 전통적 이야기의 이용, 평범한 인물과 영웅적 자질의 묘사, 다른 세계의 환기, 마술과 초자연적인 것의 사용, 선과 악의 갈등표출, 그리고 탐색의 추적을 들고 있다. 이 여섯 가지 특징을 문학적 특성인 주제, 등장인물, 배경, 플롯의 네 가지 요소를 통해 구체적으로 살펴보고자 한다.

1 주제(theme)

주제를 살펴볼 때 알렉산더(Alexander)는 "환상문학과 사실문학은 양극단에 있는 것이 아니라 같은 것을 표현하는 두 양식일 뿐이다"라고 이야기했다(Burke, 1986).

그러므로 환상동화에서 다루는 주제는 특별한 것이 아니라 사실적인 문학에서 나타나는 대부분의 주제(예를 들어, 유머, 가벼운 선과 악의 대결, 삶과 죽음의 의미 같은 것 등)를 다루게 되는 것이다.

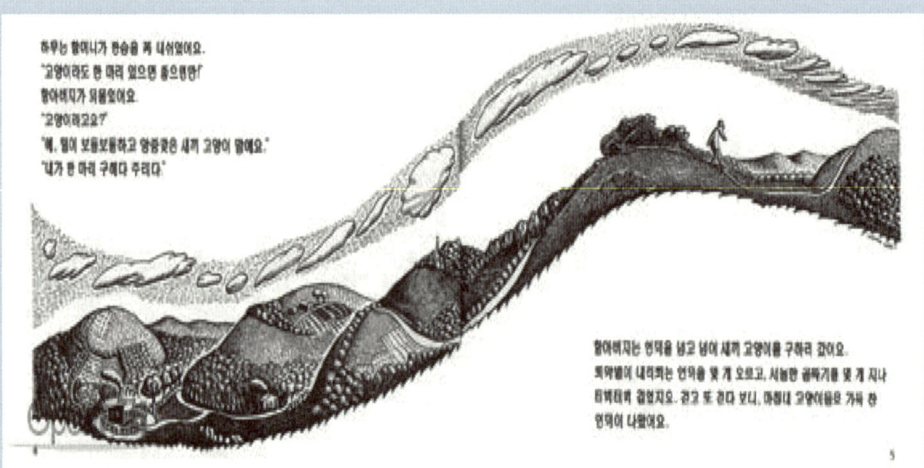

▶ 「백만 마리 고양이 / 완다 가그 글 · 그림 / 시공주니어」

완다 가그(Wanda Gag)의 「백만 마리의 고양이」에서는 수많은 고양이 중에 결국 주인과 함께 사는 고양이는 가장 연약하고 못생긴 고양이라는 것이 주제로 삶과 죽음에 관한 이야기가 포함되어 있다.

울프 에를브루흐(Wolf Erlbruch)의 「개가 무서워요」, 버더넷 와츠(Berna-dette Watts)의 「조지 아저씨네 정원」은 자아개념의 형성을 길러 주는 주제이다. 이렇듯 환상동화는 인간의 정신을 그 주제로 삼고 있다고 할 수 있다(Burke, 1986, 재인용).

환상동화에서 주인공은 현실세계에서 벌어지는 모든 문제와 만나며 그것을 해결하려고 한다.

예를 들어, 이지호(2009), 김향금(1998)의 「아무도 모를 거야 내가 누군지」에서는 어른과 어린이와의 관계에서 느끼는 갈등과 현실세계에 대한 불만을 환상세계에서 탈을 쓰고 그것을 해결하게 된다. 실제세계에서 잘 인지하지 못했던 인간 정신의 실제가 환상세계에서 재구성되면서 선명해지고 신뢰와 가치를 얻게 되는 것이다. 이는 다른 세계 속에서 현실세계에 대한 진실을 볼 수 있으며 현실세계를 이해하게 됨을 의미한다.

▶ 「아무도 모를 거야 내가 누군지 / 김향금 글 · 그림 / 보림」

환상 속에서 벌어지는 초자연적인 일들은 인간생명의 존중과 같은 일반적이고도 확연한 진리로 결말이 이어지기 때문에 글을 읽는 유아 역시 이러한 부분에 공감을 하게 된다. 예를 들어, 토미 웅거러(Tomi Ungerer)의 「제랄다와 거인」(1967)을 보면 작가는 그 이야기 속에서 사회부조리를 풍자의 방법으로 표현하고 있다. 이야기를 통해 글을 읽는 유아들이 어른이라는 두려운 존재에 대한 부담감을 덜고 유아만이 만족하고 즐거워할 만한 '선의 이미지'가 주제로 실리는 것이다.

▶ 「제랄다와 거인 / 토미 웅거러 글 · 그림 / 비룡소」

2 등장인물(character)

환상동화는 인간을 비롯하여 초현실적인 존재, 의인화된 동물이나 무생물 등이 등장한다. 이러한 등장인물은 그 자체만으로도 환상적인 느낌을 전달하기 때문에 이야기를 보다 쉽게 환상적으로 만들어 나갈 수 있다. 환상동화의 등장인물은 초기에 도깨비, 요정, 마녀와 같이 전래동화에서도 만날 수 있는 사람이었으나 현대에서는 독창적이며 어딘가 있을 법한 가공적인 인물을 창조해 내기도 한다.

그러나 대부분의 환상동화에 등장하는 인물은 어떤 인물이든지 우리와 연관되어 있는 인물이다. 그러므로 아동은 동화를 읽으면서 등장인물과 쉽게 동일시를 하게 되는 것이다.

환상동화의 핵심은 인간의 성공이나 희망에 대한 기대를 평범한 인물이 그 기대 이상으로 행동한다는 것이며 독자는 그것에서 만족을 느끼게 된다. 이러한 환상동화에 등장하는 인물은 힘과 인내력을 필요로 하기도 하며 위험을 선택하고 그것을 해결하기 위해 애쓴다.

다음은 티멀먼(1983)의 정리에 따라 환상동화에 등장하는 이러한 인물들에 대한 특성을 평범한 성격, 아이다움, 영웅주의로 살펴보겠다.

① 평범한 성격 : 환상동화에서는 우리와 유사한 인물들이 많이 등장하는 것을 볼 수 있다. 이러한 인물들이 등장하는 이유로는 주인공에 대한 동일시가 쉽게 일어나기 때문이며, 평범한 인물은 호기심이 많고 기꺼이 모험에 뛰어들 수 있는 순수성을 가지고 있다.

② 아이다움의 성격 : 환상동화에서의 인물은 대부분 순수하게 묘사되어 있다. 그렇게 순수한 사람들은 호기심이 많고 선한 사람들이며 세상에 의해 아직 타락하지 않았고 삶에 대해 비관적이거나 냉소적으로 바라보지 않는다. 그래서 환상동화의 주인공은 대부분 어린이로 등장한다.

③ 영웅주의의 성격 : 환상동화의 주인공이 평범하다고 해서 그들이 영웅적인 행동을 할 수 없다는 것은 아니다. 그러나 환상동화의 영웅은 여러 가지 면에서 전래동화에 등장하는 영웅과 차이를 보인다. 전래동화에서는 보통의 인간이 가지지 못하는 신체적 · 지적 능력을 소유하고 있으므로 신과 같이 보이는 경향이 있는 반면 환상동화의 주인공은 그러한 능력이 없는 평범한 사람이다. 이러한 환상동화에서 등장인물의 영웅적인 요소는 스릴과 위험으로 가득 차 있으므로 평범한 성격의 인물이라도 무미건조하게 느껴지지 않는 것이다.

3 배경(setting)

환상동화의 배경은 시 · 공간적 제약을 받지 않기 때문에 자유로우며 다양하다. 즉 배경은 과거 · 현재 · 미래를 자유롭게 넘나들 수 있으며 우주 · 바다 · 산 · 육지 등 공간 역시 제한이 없으므로 복합적인 시 · 공간을 활용하기도 한다.

환상동화의 작가들은 현실과 환상의 세계를 연결하는 그럴듯한 장치를 마련함으로써 자유롭고 광범위한 시간여행이 자칫 터무니없는 이야기로 전환되는 것을 막는다. 또한 이러한 장치는 각각의 이야기 특성에 맞추어져 환상의 질서를 이끌어 내는 역할을 담당하기도 한다. 존 버닝햄(John Bunigham)의 「구름 나라」, 모리스 센닥(Maurice Sendak)의 「괴물들이 사는 나라」에서 현실과 환상세계의 자연스러운 전이를 찾아볼 수 있다.

▶ 「구름 나라 / 존 버닝햄 글 · 그림 / 비룡소」

티멀먼(Timmerman, 1983)은 환상동화에서 현실과 다른 세계를 구성하는 이유를 회복, 탈출, 위안으로 이야기했다. 선과 악이 현실세계에서는 혼란스럽게 존재하지만 환상의 세계에서는 정신적 질서를 제공하여 선과 악의 구분이 분명해지는 것이다. 또한 환상의 세계에서는 인간이 바라는 희망을 제공하여 위안을 주기도 한다.

환상동화의 이차적 세계는 인간이 다양한 경험을 할 수 있도록 하는 것을 뛰어넘어 인간이 추구하는 것을 실현할 수 있도록 한다. 그래서 이차적 세계에서 불공정함을 제시하여 많은 불공정함을 깨달을 수 있도록 만든다.

4 플롯(plot)

환상동화의 구성에서 독특한 것은 초자연적인 소재, 즉 초자연적인 사건, 마술의 사용, 초자연적인 문제해결 등의 사용이다.

맨로브(Manlove, 1976)에 의하면 환상동화에서 초자연적인 것의 사용은 단순히 가능성을 넘어 추진력이며, 플롯 뿐만 아니라 인물의 발전과 형성에 중요한 역할을 한다. 인물들은 단순한 개인이 아니라, 도덕적이며 지적인 표준을 지닌 지지자로서 행동 역시 윤리적 지향성을 가지며 마술을 사용함에 있어서도 선과 악의 문제가 중요시된다(Timmerman, 1983).

현대의 환상동화 작가들은 어떤 형태이든지 초자연적인 것과 주인공의 만남이 어떻게 변화되느냐에 초점을 두고 있다. 이런 작가들에게 마술이란 현실을 비추는 거울이다. 예를 들어, 레오 리오니의 「알렉산더와 태엽쥐」에서 알렉산더가 요술 도마뱀에게 태엽쥐 윌리를 자신과 같이 살아있는 쥐로 바꾸어 달라고 하는 것에서 주인공의 자아개념 발달과 성장을 엿볼 수 있다.

이렇듯 환상동화의 플롯은 일련의 사건들을 논리 있게 전개하면서 믿을만한 줄거리를 제시하는 것이다. 즉 환상의 질서는 중요한 요소다. 환상이 자연스럽게 실제와 융합되어 보이며 독자가 글 속에 몰입할 수 있도록 하는 것이 잘 짜여진 환상동화의 플롯 요건이라고 할 수 있다. 우연적 사건의 남발이 아닌 현실과 환상세계를 자유롭게 넘나드는 것이 훌륭한 환상동화의 특징이다.

(4) 환상동화의 종류

환상동화는 아동들로 하여금 신비하고 흥분과 만족감을 주는 이상적인 세계로 인도한다. 그러므로 아동들은 환상동화를 통해 자유롭고 창의적이며 자발적인 사고를 하게 된다. 이러한 환상동화는 다양하게 분류하고 있는데 템플, 마르티네즈, 요코타와, 테일러(Tample, C. Martinez, M. Yokota, J. & Taylor, A., 1998)는 환상동화를 낮은 수준의 환상동화(Low Fantasy), 의인화된 동물의 환상동화(Personified Animals), 의인화된 장난감의 환상동화(Personified Toy), 이색적인 인물과 유머러스한 상황의 환상동화(Outlandish Characters and Humorous Situation), 이상한 세상의 환상동화(Extraordinary World), 초자연적인 요소의 환상동화(Supernatural Elements) 등으로 분류했다.

서더랜드와 어버스넛(Sutherland & Artbuthnot, 1991)은 민담의 요소를 가진 환상동화(Fantasy with Folk-Tale Elements), 순수한 상상에 의한 환상동화(Tale of Pure Imagination), 말하는 동물이 등장하는 환상동화(Modern Stories of Talking Beasts), 의인화된 장난감과 무생물을 다룬 환상동화(Personified Toys and Other Inanimate Objects), 유머 환상동화(Humorous Fantasy), 공상 과학동화(Science Fiction) 등으로 분류하고 있다.

지금까지 정리되어온 환상동화를 일괄된 분류에 따라 나누어 소개하고자 한다.

먼저 동물과 생물, 무생물에까지 이르는 것들이 의인화되어 등장하는 것을 다룬 동화는 그 분류 기준이 '등장인물의 속성'이라 할 수 있다. 이상한 세계, 소인국의 세계, 시간여행 등의 환상동화는 '배경의 속성'으로 그 기준이 분류될 수 있다. 초자연적인 요소의 환상동화, 전승문학 유형의 환상동화, 마술이 있는 환상동화 등은 대부분 마술이 그 이야기의 핵심 요소이므로 '사건의 속성'으로 분류할 수 있다. 따라서 통일감 있는 기준 속에서 환상동화를 구분짓기 위하여 그 분류 기준을 문학적 요소인 등장인물, 배경, 플롯(사건)으로 구분하였다.

1 등장인물에 따른 환상동화의 유형

등장인물을 기준으로 하는 환상동화는 다시 초현실적 등장인물의 환상동화, 의인화된 동물의 환상동화, 의인화된 무생물의 환상동화, 현실적 인물의 환상동화로 나뉘어진다.

① 초현실적인 인물이 등장하는 환상동화 : 환상동화 이야기 속에 등장하는 인물은 평범한 사람으로 보이면서 평범한 사람이 가지는 이상의 능력을 갖고 있기 때문에 과장이 많으며 유머러스한 상황이 많이 등장한다. 이러한 동화의 예를 들면, 트래버스의 「메어리 포핀스(Mary Poppins)」 시리즈가 있다.

작가는 초현실적인 인물을 우리들의 주변에서 찾아 변형시킬 수도 있으나 외부 세계로부터 창안하기도 한다.

▶ 「달 사람 / 토미 웅거러 글 · 그림 / 비룡소」

이 동화의 주인공인 「달사람」은 지구를 동경하여 별똥별을 타고 지구로 내려온다. 포동포동하고 푸른빛을 띈 달사람을 본 지구인들은 그를 감옥에 가두지만 달의 모양 변화에 따라 달사람 역시 작아져 감옥을 탈출할 수 있게 된다. 달사람은 마법을 쓰진

▶ 「샬롯의 거미줄/ 웰윈 브룩스 화이트 글 가스 윌리엄즈 그림 / 시공주니어」

않지만 달의 변화로 작아지는 모양 변화를 함으로써 마법을 사용한 것과 같은 느낌을 독자에게 전하고 있다.

② 의인화된 동물이 등장하는 환상동화 : 아동들은 발달 특성상 인간의 사고, 감정, 언어를 동물이나 무생물에도 부여하는 물활론적 사고를 하는 시기로 이러한 이야기를 재미있게 받아들이며 좋아한다. 의인화된 동물의 이야기는 아동들을 위한 도서에 많이 등장하며 정서적 발달을 돕고 있다.

의인화된 동물의 이야기에 나오는 주인공으로는 「샬롯의 거미줄」의 윌버, 「피터 토끼 이야기」의 피터, 「바바 이야기」의 바바 등의 인물이며 주인공들은 아동들이 쉽게 기억하는 인물이다.

화이트의 「샬롯의 거미줄(Charlotte's Web)」에 등장하는 돼지 윌버, 거미 샬롯, 쥐 템플론은 각자 동물의 모습을 하고 있지만 인간처럼 말을 하고 생각하는 등 인간의 다양한 모습을 그리고 있다.

우리나라의 의인화된 환상동화로는 이억배가 그린 「세상에서 가장 힘센 수탉」과 정승각이 그린 「강아지 똥」, 「오소리네 집 꽃밭」 등이 있다. 타지마 신지가 쓰고 강우현이 그린 「사막의 공룡」도 동물이 의인화된 환상동화로 소개되고 있다.

③ 의인화된 무생물이 등장하는 환상동화 : 아동들은 자신이 아끼는 물건이나 좋아하는 물건이 인간과 같은 능력, 즉 말하고, 생각하고, 행동한다는 것에 대해 믿고 있으며 이것을 물활론적 사고라고 한다. 이러한 사고를 하는 아동들의 마음 속에서 어떤 물건은 생명을 부여받아 환상, 희망, 공포 등을 투사하는 대상으로 삼는다.

콜로디의 「피노키오」 이야기에서 작가인 콜로디는 말못하고 움직이지 못하는 나무 인형에게 생명을 불어 넣어 살아 숨쉬게 하였다.

우리나라의 무생물이 의인화된 환상동화로는 이영경의 「아씨방 일곱 동무」가 있다. 물건을 의인화한 조선시대의 소설 「규중칠우쟁론기」를 개작한 동화로 여자들이 바느질할 때 쓰는 일곱가지 도구를 의인화하여 바늘은 세요각시, 자는 척부인, 가위는 교두각시, 인두는 인화부인, 다리미는 울낭자, 실은 청홍흑백각시, 골무는 감투할미로 의인화되었다.

▶ 「아씨방 일곱 동무 / 이영경 글 · 그림 / 비룡소」

④ 현실적인 성격을 지닌 인물이 등장하는 환상동화 : 현실적인 성격을 지닌 인물이란 인간은 인간처럼, 동물은 동물처럼 행동한다는 것이다. 이러한 유형의 동화는 인간의 우둔함을 드러내기 위하여 코미디 장르를 사용하여 말놀이, 유머, 야단법석, 위트를 사용하여 환상적인 분위기를 연출하기도 한다.

이를 컬리넌(Cullinan, 1981)은 가벼운 수준의 환상동화(light fantasy)라고 말한다. 이런 유형의 이야기는 환상동화가 반드시 환상적인 세계에서만 가능한 것이 아님을 나타내 주고 있다. 현실세계에서 현실적 인물이 현실적인 문제를 만나고 그것을 해결하는 과정에서 풍자, 유머, 재치, 언어적 유희 등이 과장되게 사용되므로 현실세계에서 벌어지는 일이기는 하나 실제로 일어나기 힘든 이야기다. 이러한 이야기는 아동들에게 유머와 카타르시스를 제공해 준다.

「삐삐 롱스타킹(Pippi Longstocking, 1950)」에서 삐삐는 괴상하고 엉뚱한 행동을 하여 이웃과 친구들을 끊임없이 즐겁게 해 주며 그 속편에서의 삐삐는 아동들이 하고 싶어 하는 일을 무엇이든지 하는 말괄량이로 그려졌다.

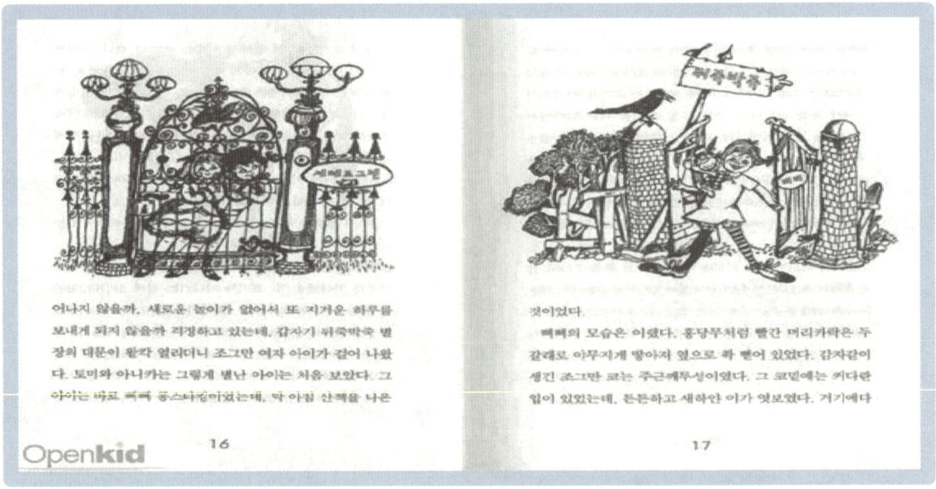
어나지 않을까. 새로운 놀이가 없어서 또 지겨운 하루를 보내게 되지 않을까 걱정하고 있는데, 갑자기 뒤죽박죽 별장의 대문이 왈칵 열리더니 조그만 여자 아이가 걸어 나왔다. 토미와 아니카는 그렇게 별난 아이는 처음 보았다. 그 아이는 바로 삐삐 롱스타킹이었는데, 막 아침 산책을 나온

16

것이었다.

삐삐의 모습은 이랬다. 홍당무처럼 빨간 머리카락은 두 갈래로 야무지게 땋아져 옆으로 쫙 뻗어 있었다. 감자같이 생긴 조그만 코는 주근깨투성이였다. 그 코밑에는 커다란 입이 있었는데, 튼튼하고 새하얀 이가 엿보였다. 거기에다

17

▶ 「내 이름은 삐삐 롱스타킹 / 아스트리드 린드그렌 글 · 로렌차일드 그림 / 시공주니어」

2 배경에 따른 환상동화의 유형

① 신비한 배경의 환상동화 : 신비한 배경은 실제의 시 · 공간적 배경을 배제하고 새로운 세계를 창조해 내는 것이다. 미래와 과거를 자유롭게 날아다니며 현실적 시간 개념을 초월하는 시간 여행을 하기도 한다. 환상동화 작가가 현실과 다른 시 · 공간을 창출해 내는 이유는 모든 사람들이 경험하지 못한 세계로 안내함으로써 우리가 살고 있는 세상과 다른 세계를 믿도록 하기 위해서다.

이러한 이야기를 시간여행 환상동화(Time Slip)라고 부르며 이 이야기에서 사용하는 시간의 개념은 현실세계의 시간 개념과 다른 것이다. 시간 환상동화의 작가들은 등장인물이 현실세계의 시간과 환상세계의 시간을 자유롭게 드나들 수 있도록 다양한 통로와 장치를 고안해 낸다.

존 버닝햄(John Burningham)의 「구름 나라(Cloudland)」(1996)의 이야기에서는 절벽에서 떨어지게 됨으로써 환상의 세계로 갔다가 주문에 의해 다시 현실세계로 돌아온다는 이야기다. 레이먼드 브릭스(Rymond Briggs)의 「눈사람 아저씨(Thd Snowman)」(1978) 이야기 역시 환상의 세계로 통하는 연결고리가 꿈으로 이루어진다.

환상적인 배경이 되는 동화는 환상의 세계와 현실의 세계를 자연스럽게 연결시키기 위해 아동에게 친숙한 도구, 놀이, 활동을 활용하고 있으며 아동의 특성이 잘 반영되도록 하고 있다. 그렇게 함으로 아동들이 환상의 세계로 무리 없이 서서히 빠져들도록 유도하고 있다.

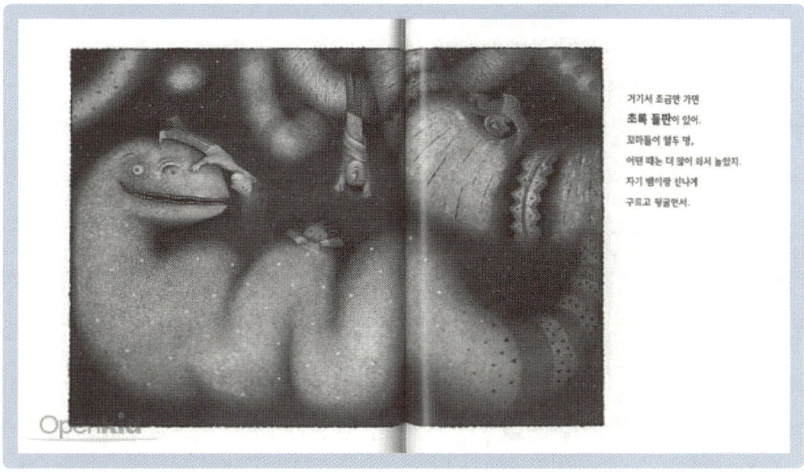

② 과학 환상동화(Science Fantasy) : 과학 환상동화는 기존의 공상 과학동화(Science Fiction)와 같은 의미로 사용된다. 과학 환상동화는 일반적인 환상동화에 등장하는 마술이나 초현실적인 것이 과학 이론과 결합된 것이다.

과학 환상동화는 현실세계의 복잡한 사건을 다루지만 현실세계에 없는 인물의 등장이나 시 · 공간의 초월, 지구와 인류의 행복, 한 개인의 책임 등을 강조하므로 다른 유형의 환상동화와 구분되어 설명할 수 있다. 과학 환상동화는 다른 시대나 미래의 삶에 대해 어떻게 변할 것인지를 추측하는 것이 대부분이다. 기술공학의 경이로움을 극화하며 그 이야기가 실현 가능성이 있다는 데서 다른 환상동화와 구분을 지을 수 있다.

줄 베르느(Jules Verne, 1828~1905)는 과학 환상동화의 창시자로 그의 작품인 「기구를 타고 5주일 동안」, 「해저 2만리」, 「80일간의 세계일주」 등의 동화에서 등장했던 TV나 비행기, 잠수함, 라디오, 우주여행 등은 현대에 와서 실제로 가능하게 되었다.

모든 훌륭한 문학작품이 그러하듯이 과학 환상동화 중의 등장인물은 인간 삶의 의미와 더 나은 미래를 찾기 위해 노력한다. 등장인물은 과학적 진보를 하면서 그로 인해 인간의 우정, 성실, 희생, 사랑의 가치, 악에 대한 선의 승리 등의 변하지 않는 지식 역시 지키려고 노력한다.

일반 환상동화는 미래를 예견하거나, 신기하거나 기이한 현상에 대해 논리적인 설명을 필요로 하지 않는데 과학 환상동화는 미래를 예견하려 하며, 비합리적인 사건을 현실 속에서 논리적인 설명으로 이해시키려 한다.

다른 유형의 과학 환상동화로는 마인드 컨트롤(mind control), 텔레파시, 심령술이나 기타 시 · 공간을 넘나드는 주제를 다루기도 한다.

우리나라의 과학 환상동화로는 한락원의 「마라 3호」(1987)가 있는데 인조인간에 관한 이야기다.

과학 환상동화가 아동에게 주는 교육적 의의에 대해 다음과 같이 정리할 수 있다.

첫째, 과학 환상동화는 그 이야기가 추측과 환상에 기초하기 때문에 발명에 대한 가능성과 호기심의 유발을 촉진한다. 둘째, 과학 환상동화는 아동들 마음 속의 상상력 · 유창성 · 사고력을 자극한다. 셋째, 과학 환상동화 속에서 다루어지는 유머와 환상의 세계는 독자에게 즐거움을 주며 탐구하고자 하는 마음을 자극하고 격려한다.

3 사건에 따른 환상동화의 유형

① 비현실적 사건이 일어나는 환상동화 : 전래동화에서 자주 소개되는 초현실적인 마법과 같은 사건을 만나는 이야기와 구분되어 현실적 인물이 마법이 아닌 상상이나 꿈을 통해 현실적으로 일어날 수 없는 사건을 만나게 되는 것이다. 시간여행 환상동화와 유사하다고 볼 수도 있겠지만 현실세계와 환상세계가 구별되지 않은 배경을 사용하고 있다는 점에서 시간여행 환상동화와도 구분된다. 이런 유형의 예로는 사토 와키코의 「도깨비를 빨아버린 우리 엄마」를 들 수 있다.

② 초현실적 사건을 다룬 환상동화 : 초현실적 사건이 있는 동화와 초현실적 인물이 등장하는 동화는 마법과 변형이 나타난다는 점에서 유사하게 보일 수 있다. 그러나 이야기의 초점이 등장인물인지, 사건에 있는지를 살펴본다면 구분이 가능할 것이다. 초현실적 인물이 등장하는 동화는 인물이 직접 마법을 사용할 줄 아는 이야기로 보다 인물중심적인 이야기다. 그러나 초현실적 사건의 동화는 평범한 인물이 마법의 도구를 얻게 되고 어려운 일에 처했을 때 마법의 도구를 이용해 어려움을 이겨낸다는 사건중심적인 이야기로 볼 수 있다.

▶ 「트리갭의 샘물 / 나탈리 배빗 글 · 그림 / 대교출판」

나탈리 배빗(Natalie Babbitt)은 「트리갭의 샘물(Tuck Evelasting)」(1975)에서 원초적인 마법을 보여 준다. 마시면 영원히 사는 샘물이 이야기에 등장된다. 이 이야기는 영원히 살고자 하는 인간의 헛된 욕망을 충족시켜주나 유아들이 자라고 변화하고

결국에 죽는 그래서 새로이 태어나는 자연의 질서를 더크 가족의 이야기로 자연스럽게 풀어 나가고 있다.

이러한 이야기의 인물들은 마법의 사용으로 인해 터무니없게 과장된 행동으로 보여질 수가 있으나 이러한 부분들이 아동들에게 즐거움을 주기 때문에 정서 발달에 도움을 준다. 도구를 이용한 또 다른 환상동화로 조문현의 「꼬마 호랑이와 요술약」(1994)이 있다. 이 동화의 호랑이는 평범한 작은 호랑이이지만 바르면 몸을 투명하게 만드는 요술약을 갖게 됨으로 이야기가 전개된다.

2) 생활동화

(1) 생활동화의 개념

아동들은 그들 자신에 관한 이야기를 하거나 듣는 것을 좋아한다. 전래동화나 환상동화가 상상의 세계를 다룬 것이라면 생활동화는 주로 아동들의 실제경험을 다룬 이야기다. 생활동화는 아동의 생활 경험을 소재로 사실적인 기법을 사용하는 특성을 갖고 있다.

아동교육의 내용이 가까운 것에서 먼 것으로, 구체적 경험에서 추상적 경험으로 진행되는 것이라면 생활동화는 아동들에게 가장 가깝고 구체적인 일들을 이야기하는 내용으로 교육의 기초에 도움이 된다고 볼 수 있다.

19세기 초 뱅크 스트리트 유아학교(The Bank Street School)의 미첼(Lucy Spragye Mitchell)은 아동에게 매일매일의 일상 생활이 다루어지며 그들 자신과 관계 있는 이야기가 제공되어야 한다고 주장하였고 그에 맞는 생활동화(contemporary realistic fiction)를 창작하였다. 유아에게 환상적인 얘기를 들려주어야 할 것인지, 실제적 문학을 접하게 해 주어야 할 것인지에 대해 아동문학가에 따라 견해가 다르다. 그러나 아동에게 그 어떤 그림책도 글과 그림에서 완성도가 뛰어난 좋은 그림책이라면 다양한 장르를 접할 수 있도록 해야 한다고 본다.

생활동화는 동시대의 또래 아동의 생활을 다루기 때문에 등장인물이 자신인 것처럼 느끼며 감정이입이 쉽게 된다. 동화는 현실세계의 여러 가지 문제점들을 슬기롭게 해결해 나갈 수 있는 열쇠가 되는 것이다.

(2) 생활동화의 교육적 의의

생활동화가 아동에게 미치는 교육적 의의는 다음과 같다.

첫째, 생활동화는 인간의 삶을 이해하도록 도와 준다. 영웅적인 면보다는 인간으로서의 한계점을 인정하도록 도와 주는 것이다.

둘째, 현실적으로 가능한 이야기이며 같은 또래의 비슷한 경험을 이야기하는 것이므로 동일시가 쉽다.

셋째, 자신이 처한 문제와 비슷한 문제를 겪는 사람을 동화 속에서 발견할 때 그러한 문제를 혼자만이 겪는 것이 아니라는 심리적 안정감을 준다.

넷째, 아동의 개성을 살려 주며 전형적인(stereortyped) 인간적 모습에서 자유로울 수 있도록 도와 준다.

다섯째, 아동이 직접 겪지 않은 문제들을 책을 통해 해결하는 방법을 배우도록 돕는다.

여섯째, 주인공이 문제를 해결해 나가는 과정을 간접경험함으로써 현실을 극복할 수 있는 문제해결 능력과 건전한 자아개념을 고무시켜 준다.

일곱째, 다른 장르와 같이 유머와 반복적인 요소가 많아 책을 읽는 즐거움을 준다.

(3) 생활동화의 특징

생활동화는 아동의 경험세계, 사실의 세계를 다루기 때문에 익숙하고 친숙하게 다가갈 수 있다. 아동들은 이러한 생활동화를 통해 경험의 폭을 넓혀 가고, 호기심을 충족시키고, 미숙한 자아를 발달시키려고 한다. 생활동화의 특성을 문학적 요소인 배경, 등장인물, 플롯(구성), 주제로 나누어 살펴보면 다음과 같다.

첫 번째, 생활동화의 배경은 실제의 상황이거나 실제에서 일어날 수 있다고 말할 수 있는 일들로 이루어진다. 또한 배경은 시간과 장소, 사건들 간에 논리적으로 연관성을 맺고 있어야 한다.

두 번째, 등장인물은 아동의 주변에서 쉽게 볼 수 있는 사람들이 대부분이며 현실세계에서 살아가는 사람과 다르지 않은 사람으로 구성되어 있다. 과장되지 않고 실제 사람의 성격으로 평범한 사람이 묘사된다. 때로는 환상적인 요소를 가미하기 위해 동물이나 식물과 말을 주고 받거나 의인화된 동물이 등장하는 경우도 있다.

세 번째, 문학적 특징인 플롯, 즉 구성은 실제적인 문제, 목적, 갈등으로 구성되어 있기에 아동 자신의 이야기인 것처럼 흥미를 갖고 읽을 수 있다. 갈등상황은 주인공이 부딪히는 문제들을 해결해 나가면서 발전된다. 주인공은 빠른 속도로 문제를 해결해 가며 이야기를 진행시킨다. 생활동화는 전래동화처럼 항상 행복한 결말로 끝나지 않으며 현실을 반영하거나 유머를 지니기도 한다.

네 번째, 주제는 보편적인 진리를 추구하며 아동의 생활태도 및 일상생활에서 쉽게 발생할 수 있는 이야기를 다루었기 때문에 이후 아동의 삶에 영향을 끼칠 수 있다. 이는 생활동화 주제가 환상동화 주제보다 더 다양할 수 있음을 보여 준다.

또한 사회 변인적인 요소를 다양하게 그리고 직접 나타낼 수 있다. 현대사회는 이혼율, 미혼모, 한부모, 가족제도의 변화, 환경오염 등 수많은 문제들이 일어나며 이것은 같은 시대를 살아가는 유아에게도 영향을 미치게 된다. 이러한 주제들을 생활동화에서 폭넓게 다룸으로써 사회현상에 대한 이해와 대처방법을 돕게 된다.

(4) 생활동화의 종류

생활동화의 주제는 대부분 독자의 읽는 연령이 다양하므로 연령에 맞는 행동과 독자의 정서적 · 교육적 영향을 고려하게 된다. 그리고 발달 단계에 따라 아동이 주변에서 겪을 수 있는 문제들이 소재가 된다. 건강한 정신과 따듯한 마음과 삶의 지혜를 간접적으로 체험할 수 있도록 도와야 할 것이다.

생활동화를 소재 유형에 따라 분류하면 다음과 같다.

1 독립심을 다룬 생활동화

유아는 1년 6개월부터 스스로 밥을 먹고 옷을 입으려고 하는 자율성을 보이다가 5세가 되면 주도적으로 무언가를 하려고 하는 시기다. 이 시기의 유아들은 혼자 무엇을 해냈을 때 성취감을 느낀다. 그러므로 유아에게 성취감을 만족시켜 주는 동화를 읽어 줌으로써 동일시를 하게 하는 것이 좋다. 예시 동화는 다음과 같다.

▶ 「이젠 다 컸어요/ 나카노 히로다카 글 · 그림 / 한림출판사」

어린 유아가 이젠 혼자서도 할 수 있다고 이야기하며 아침부터 저녁 잠자리에 들기 전까지 하루 일과를 그리고 있는 작품이다. 아이들은 자아가 점점 형성되어 가는 시점에서 무엇이든지 스스로 하려는 자립심이 생기는 시기에 때로는 실수를 하지만 서서히 생활 습성을 터득해 가며, 스스로 성취감도 느끼기에 적합한 내용을 담고 있다.

▶ 「똥이 풍덩! (남자)/ 알로나 프랑켈 글 · 그림 / 비룡소」

기저귀를 벗어 던지고 변기에 앉아 배변 훈련을 거듭하는 여자 아가의 모습을 통해 자연스럽고 즐겁게 배변을 익힐 수 있도록 구성되어 있다.

[2] 정서적 적응을 다룬 생활동화

유아는 성장해 가면서 부모와 친구 형제에 관해 많은 정서적 갈등을 겪는다. 유아의 심리적 상태를 나타내는 동화를 권해 주면 이야기를 읽고 스스로 자신의 감정상태를 깨우치며 즐거워할 것이다. 이러한 정서적 갈등을 세 가지 유형으로 나누어 보면 다음과 같다.

① 유아 자신의 성장과 발달 문제를 다룬 생활동화

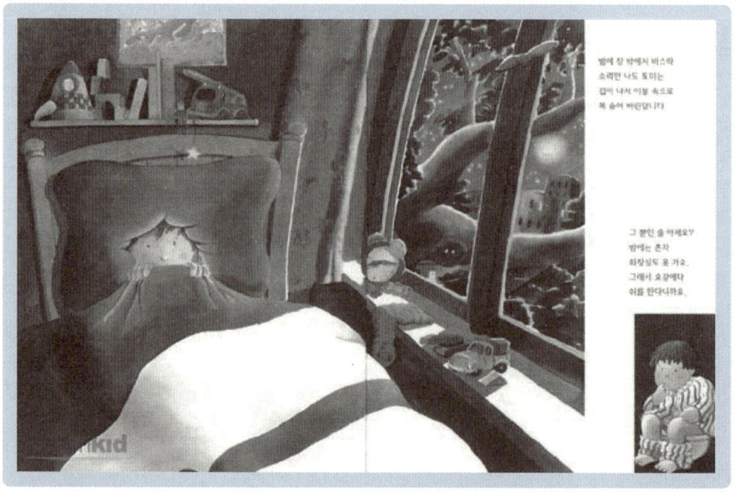

▶ 「토미는 이제 겁쟁이가 아니에요 / 클라우스 바움가르트 글 · 그림 / 아가월드」

아이들이 세상에 대해 갖는 두려움을 조금씩 견디고 이기게 해주는 내용이다. 겁이 많은 아이 토미가 친구 강아지를 만나고 모든 일을 같이 하면서 무서움을 없애 가는 과정을 통해 유아들 자신이 갖는 두려움에 대해 점차 이겨낼 수 있는 해결점을 발견할 수 있을 것이다.

② 가족관계에서 겪는 변화와 사랑을 다룬 생활동화

▶ 「엄마를 위해 아빠와 함께 / 쓰찌다 요시하루 글 · 그림 / 계림북스쿨」

엄마곰이 아기곰 동생을 낳으려 병원에 가 있는 1주일 동안, 아빠곰과 함께 지내는 곰돌이의 생활과 생각을 통해 가족관계의 변화의 이야기를 담고 있다.

③ 타인과의 관계에서 겪는 갈등

▶ 「외톨이 사자는 친구가 없대요 / 나카노 히로수 글 · 그림 / 한림」

혼자 사는 사자가 너무 외로워서 친구를 만나려고 찾아 나선다. 사슴을 만나면 사슴 흉내를 내고 고슴도치를 만나면 고슴도치 흉내를 내지만 모두들 사자가 변장한 모습이 무서워 가까이 가려고 하지 않는다. 소나기에 원래 사자의 모습이 드러나자 오히려 동물들이 다가와 친구가 된다.

④ 장애아를 다룬 생활동화 : 장애아에 대한 동화는 아직까지 초등학교 작품에 많이 실려 있지 않으며 작품의 수도 많지 않은 실정이다. 그러나 시대적인 인식이 바뀌어 유치원 교실 속에서 장애아가 같이 수업을 받으므로 이러한 종류의 글이 더욱 많이 출판되어야 할 것이다.

▶ 「내게는 소리를 듣지 못하는 여동생이 있습니다 / J. W. 피터슨 글 · D. K. 레이 그림 / 히말라야」

동생은, 예쁜 피아노 소리를 듣지는 못해도 손끝에 전해지는 소리를 느낄 수 있다. 동생에 관해 이야기하는 언니의 목소리는 우리에게 청각장애인들을 마음으로 이해하며 손 내밀게 해 준다.

⑤ 사실적 동 · 식물을 다룬 생활동화 : 환상동화에서 나오는 동물과는 달리 실제 동물의 모습이 그려지는 것이 특징이다.

▶ 「선인장 호텔 / 브렌다 가버슨 글 · 미간 로이드 그림 / 마루벌」

사막 한가운데 있는 사구아로 선인장의 일생을 통해 자연과 생태계에 대한 이해와 흥미로움을 갖게 해 주는 그림책이다. 사구아로는 250년 동안이나 메마른 사막에서 수명을 유지하며 새들과 작은 동물들에게 편안한 휴식처가 되어 준다. 한편 그들에게서 해로운 벌레가 생기지 않도록 도움을 받는 선인장의 일생이 소개되고 있다.

⑥ 운동(Sport)을 다룬 생활동화 : 생활동화 중 스포츠를 다룬 것도 많은 인기를 끄는 책 중의 하나다.

축구 역사에 빛나는 실제 인물들의 이야기와 경기 모습, 여러 놀라운 기록들, 축구에 대한 상세한 알거리들이 들어 있다. 월드컵에 검은 돌풍을 몰고 왔던 카메룬의 축구 경기와 세계적인 축구 선수의 대명사인 펠레 이야기, 두 아들을 국가대표로 길러낸 축구광 엄마 시시 등 흥미로운 축구의 세계를 들여다 볼 수 있다.

▶ 「거리왕, 펠레 / 앨런 맥도널드 글 · 양정익 그림 / 아이세움 출판사」

⑦ 죽음을 다룬 생활동화 : 유아들에게 죽음을 이해시키는 것은 쉽지 않다. 그러나 애완동물이나 가까운 가족이 죽었을 때의 슬픔을 그린 동화를 보여 준다면 쉽게 이해를 할 것이다.

▶「우리 할아버지 / 존 버닝햄 글 · 그림 / 비룡소」

할아버지와 어린 손녀가 만나 사계절을 함께 보내며 겪었던 여러 이야기들. 들판과 해변, 가을날의 낚시와 겨울의 눈내리는 거리를 할아버지와 손녀는 추억으로 가득찬다. 그러나 할아버지는 안 계시고 할아버지의 빈 의자만 손녀에게 남게 된다. 죽음이라는 무거운 소재를 다루면서도 아름답고 훈훈한 이야기가 잔잔히 펼쳐지는 그림책이다.

3. 역사동화

1) 역사동화

(1) 역사동화의 개념

역사동화란 위인전과 구분되어 시간적 배경이 먼 과거로 설정되어진 현실동화를 말한다. 비록 이야기들이 상상에 의하여 만들어졌다고는 하지만 이야기의 사건들은 대부분 있었음직한 일들로 꾸며져 있다. 역사동화는 지나간 과거의 사실과 작가의 상상력이 결합된 이야기다.

역사동화 작가는 역사라는 사실에다 이야기를 붙여 독자에게 역사적 사실을 단순히 늘어놓기만 하는 것이 아니라 사적자료(史的資料)를 바탕으로 재미있게 이야기를 구성해야 한다. 작가의 솜씨에 따라 책 내용은 밀도가 있고, 없고와 엉성함과 반듯함 등에 의해 좌우된다. 역사적 사실은 상상의 인물과 플롯에 따라 구성되나 그 속에는 실제에서 일어났던 사건들이며 믿을 만한 시기의 배경과 역사적 모습을 담고 있다. 역사적 사실이 중요하면 중요할수록 독자는 그 시대적 배경을 이해하면서 감동을 받게 된다.

역사적 사건과 장면은 경우에 따라 이야기를 압축하거나 늘려도 그 시대의 모습을 반영하는 데 균형을 잃지 않아야 한다. 목적을 위해 역사의 내용을 사실과 다르게 전개해서는 안 된다. 예를 들어, 세상에 널리 알려진 어떤 사건을 사실과 다르게 이야기를 전개한다면 작가는 독자로 하여금 신빙성을 잃게 된다. 아동을 위한 역사동화는 어떤 시대를 다루던지 아동들에게 좋은 역사동화를 판별할 수 있는 눈을 길러 주어야 한다.

(2) 역사동화의 교육적 의의

역사동화를 읽음으로써 아동들이 얻게 되는 교육적 의의를 다음과 같이 정리할 수 있다.

① 아동들은 역사동화를 읽고 자신의 현재 삶은 과거에 살았던 사람들로부터 이어져 온 것임을 알게 된다. 또한 지금 현재의 내 삶이 미래의 사람들에게 영향을 미칠 것임을 깨닫게 된다.

② 역사를 누군가 특별한 사람이 아닌 자신과 같은 사람들이 만들었다는 것을 이해하게 된다.

③ 역사적으로 다른 시대의 사람들이 어떻게 살았으며 그 삶을 어떻게 즐겼는지 이해하게 된다.

④ 인간 욕구의 보편적인 진가는 역사를 거쳐서 발달되었음을 알게 된다.

⑤ 고유의 민족유산에 대해 배울 수 있다.

⑥ 시간 감각을 얻게 되어 역사는 과거에 일어났던 일들로 구성된다는 것을 알게 된다.

(3) 역사동화의 특징

역사동화는 과거를 이야기하는 하나의 방법이며, 동화로 구성될 만한 과거의 이야기가 있었다는 것을 독자들이 알 때 그 가치가 더욱 빛나는 것이다.

이러한 역사동화를 문학적 요소별로 특징을 살펴보면 다음과 같다.

1 배 경

역사적 상황이나 벌어진 일들에 대해 정확한 전달을 함으로 특정 역사적 시기임을 신뢰하는 배경이어야 한다. 스토리가 아무리 재미있더라도 역사적인 일들이 잘못된 것이라면 역사동화로서 믿음을 얻을 수 없다. 역사동화는 역사, 편집, 시대감각, 그 시대를 규정하는 직감 등의 균형을 이루어야 한다.

2 등장인물

등장하는 인물은 세 가지로 구분되는 데 역사 속에 실제로 있었던 인물, 현실세계에서 역사를 말하는 인물, 역사 속에 일들이 벌어질 때 있었을 법한 인물이 등장한다. 이러한 인물들의 역할은 과거에 대해 막연하게 상상만 해왔던 일들이 현실감으로 느껴지게 만들며 옛날의 생활모습이나 일들을 매력있게 만든다.

3 구 성

역사동화에는 독자가 믿을 만한 역사적 문제, 목적, 갈등 등을 담고 있다. 특히 아동을 위한 역사동화 속에는 모험의 요소가 강조된다. 모험적 요소가 풍부한 이야기는 등장인물들의 행위로 구성되어 있으며, 그 구성이 빠르게 진행될수록 아동들의 마음을 사로잡을 수 있다. 역사적 주변의 이야기로만 행위를 부여한다면 유아에게는 결코 흥미를 불러일으킬 수가 없다. 그러므로 스토리와 역사를 잘 엮어서 흥미를 주는 이야기로 만들어야 한다.

4 주 제

보편적으로 주제는 충성심, 용기, 우정, 효도 등과 같은 보편적인 진리의 주제를 나타내는 것이 대부분이다.

역사동화를 통해 과거에 살았던 사람들 역시 현대에 살고 있는 사람들과 마찬가지로 슬픔, 모험, 사랑 등을 느끼며 살았다는 것을 알게 되며 그들이 살았던 시대도 우리가 살고 있는 시대와 같이 소중했다는 것을 알게 된다.

아동에게 있어서 역사동화는 이 세상은 오래된 것으로, 옛 시대에도 많은 이야기가 있다는 사실을 인식시킴으로 과거로부터 오늘에 이르기까지 계속되는 시간의 흐름을 자각(自覺)할 수 있는 역사에 대한 감각을 익히게 해 준다.

(4) 역사동화의 종류

역사동화에는 여러 가지 형태가 있다. 작가가 인물 · 구성 · 사건 등을 자신의 임의대로 창조해 내는 경우도 있고, 실제의 구성에 역사적 인물을 등장하는 경우와 때로는 이 두 가지 방법을 적합하게 맞추어 이야기를 만들어 내는 경우도 있다. 다른 형태는 역사적 사건이 일어날 때의 특별한 인물에 초점을 두는 경우와 보통 사람이 특정한 시대에 살았던 이야기에 초점을 두는 경우가 있다. 또한 과거의 풍습, 전통, 관습 등 그 시기의 가치를 충분히 묘사하지만 역사적 사실에 대해 묘사하지 않는 경우가 있다. 그러나 물리적 위치는 정확하게 재구성하여 그 신빙성을 높이고 있다.

「연오랑 세오녀」는 고려 시대 일연 스님이 쓰신 삼국유사를 요즘 어린이들의 정서에 맞는 동화로 새로 풀어 쓴 책이다. 고구려의 첫 번째 왕 주몽은 새 나라를 세우는 데 뜻을 가진 주몽이 어려움에 처한 백성들과 함께 고구려를 건국하기까지의 모험이 담겨 있는 글이다.

▶ 「연오랑 세오녀 / 조호상 엮음 / 산하」

「새야 새야 녹두새야」는 전봉준과 동학농민 혁명을 소재로 새로 꾸민 역사동화다. 우리 역사의 어두웠던 부분, 탐관오리와 왜적의 침입 등에서는 저도 모르게 손에 힘이 불끈 들어가기도 하고, 우금치 전투의 장렬한 모습을 담고 있기도 하다. 초등학교 고학년 수준의 이야기나 유아들의 발달에 적합하도록 쉽게 읽어 줄 수 있겠다.

▶ 「새야 새야 녹두새야 / 김은숙 지음 · 정승각 그림 / 현암사」

그 외 「오랑캐로 시집간 소군공주 / 이등 글 · 장위화 그림 / 여명」은 중국 역사동화로 소군공주가 한나라와 오랑캐 나라의 화친을 도모했다는 이야기로 개인의 적극적이고 희생적인 모습은 어려운 상황에 처해 있는 나라를 돕는다는 내용의 역사동화가 있다.

2) 위인 이야기

(1) 위인 이야기의 개념

위인 이야기, 다시 말해 전기(biography)는 과거에 살았던 실제 인물의 이야기를 다루었다. 비허구적 이야기로 아동에게 가장 인기 있는 장르에 속하기도 한다. 위인 이야기는 확실한 사료를 토대로 객관적이며 주인공 인물중심인 역사서술의 일종이어야 하는데, 원래 사서(史書)는 귀감(龜鑑)으로서의 윤리적 성격을 가진다. 특히 영웅이나 위인 등을 대상으로 하는 위인 이야기는 때때로 윤리성 및 교훈성을 띠고, 교훈을 목적으로 하여 쓰거나 어떤 인물의 덕을 예찬하기 위하여 쓰는 경우가 많다.

이러한 위인 이야기에는 이야기를 풀어 나가는 방법이 두 가지가 있다.

위인 이야기의 내용이 사실에 입각하여 쓰여진 것이라면 이야기 주인공의 일생이나 시대에 대한 정보를 전달하는 목적으로 쓰여진 것이다. 이러한 전기를 신빙성 있는 전기(authentic biography)라고 부르고 있다. 다른 전개방법으로는 역사적 사실과 사건을 기초로 하여 그 자료들을 해석하고 재창조하여 쓰게 되는데, 이러한 위인 이야기를 전기적 소설(fictionalized biography)이라고 부르며 이러한 전개방법으로 인해 위인 이야기가 문학의 영역에 속하게 된다.

(2) 위인 이야기의 교육적 의의 및 특징

위인 이야기는 사실에 입각하여 지식전달을 목적으로 하는 지식 그림책의 역할과 과거에서 일어났음직한 이야기를 꾸며낸 역사동화의 간격을 메우는 역할을 한다고 볼 수 있다.

위인 이야기가 주는 교육적 의의에 대해 살펴보면, 아동은 위인 이야기에 나오는 인물들과 자기 자신을 동일시하는 것을 좋아하며 그 인물의 행동을 모방하게 된다. 따라서 위인 이야기에 나오는 인물들을 통해 상상력이 풍부하고 희망과 경쟁심을 높게 해 주며, 아동은 이러한 책을 접함으로써 유아의 내면에서 인간 생활에 대한 공감과 이해를 돕는 간접적 경험이 넓어진다. 또한 아동은 위인 이야기를 읽으면서 자기 자신의 잠재능력을 개발하려는 노력을 하게 되며 위인을 자기 발전의 모델로 삼아 앞으로 살아야 할 자세와 가치관을 배우게 된다.

이러한 위인 이야기의 특징을 문학적 요소인 주제 · 등장인물 · 배경으로 나누어서 살펴보면 다음과 같다.

첫째, 위인 이야기의 주제(theme)는 반드시 교훈적이지는 않지만 의미 있고 건전하다. 또한 이야기의 주제는 주인공의 성격묘사나 행동묘사를 통해서 작가의 관점을 뚜렷하게 나타내 준다. 예를 들어, 미국의 16대 대통령인 링컨은 복잡하고 문제가 많은 사람이었지만 작가가 그를 성실함과 진지함을 갖춘 인물로 부각시키고 싶다면 그러한 사건이나 일화 등을 집어 넣음으로써 이야기를 전개시킬 수 있다.

둘째, 위인 이야기의 등장인물은 역사적으로 정치 · 과학 · 예술분야 등에서 뛰어난 특정 인물이 주로 등장한다. 시대에 따라서 중세시대에는 성직자나 왕의 명성을 높이기 위함으로 상류계층의 인물들이 주로 등장했으나 20세기에 들어서는 무용수, 교사, 수학자, 노예 등 그 인물의 폭이 점차 넓어짐을 알 수 있다. 주의할 점은 등장인물이나 주인공의 묘사가 사실적이고 정확하여야 하므로 확실한 역사적 고증을 참고하여야 한다.

셋째, 배경(setting)은 위인 이야기의 중요한 요소다. 주로 다루어지는 배경은 사실적인 과거의 시간과 장소인데, 이러한 배경은 이야기의 구성에서 커다란 영향을 미친다. 주인공과 등장인물의 성장배경이나 그 시대에 있었던 커다란 사건은 독자로 하여금 이야기를 이해하는 요소로 작용하는 것이다. 이러한 위인 이야기의 배경을 제시할 때 어떠한 시대에 대해 좋고 나쁨을 너무 과장되게 표현하면 감상적인 이야기를 만들게 되므로 주의를 해야 한다.

(3) 위인 이야기의 종류

그 동안 위인 이야기는 초등학교 고학년에게 적합한 문학장르이었다. 우리나라의 경우 아동을 위한 것보다 초등학생에게 알맞도록 그 이야기가 꾸며져 있었다. 그러나 요즘엔 본문의 글자 크기를 크게 한다거나 아름다운 그림을 곁들이는 등 아동을 위한 위인전도 많이 소개되고 있다.

위인 이야기는 그 인물의 생애를 어떻게 다루느냐에 따라 세 가지로 구분될 수 있다.

1 완전한 전기(complete biography)

완전한 전기란 인물의 탄생에서부터 죽음까지 전생애를 다루는 것으로 대부분의 위인 이야기가 여기에 속한다. 이러한 위인 이야기에서 아동을 위해 그려진 예시 작품을 소개하면 다음과 같다.

「그림 그리는 아이 김홍도」와 한국의 위인시리즈(국민서관) 「세종대왕」, 「장보고」, 「정약용」과 곽영권의 독특한 그림으로 그려진 「꽃동네 이야기」는 최기동 할아버지의 일생을 이야기한 작품이 있다.

▶ 세종대왕

▶ 장보고

▶ 정약용

2 부분적 전기(partial biography)

한 인물의 일생 중 그 인물의 특정한 사건이나 그 인물이 살았던 시대와의 연관성을 기초로 한 곳에 초점을 두고 쓰여진 작품이다. 즉 유아와 같은 나이 어린 독자들을 위해서 그 인물의 중점적인 것만을 다루어 이야기가 전달하고자 하는 주제를 말하는 것이다. 이러한 이야기의 대표적인 작품으로는 「안네 프랑크의 일기」가 있다.

▶ 문익점과 목화씨

3 집합적 · 수직적 전기(collective biography)

과학자나 대통령의 부인 등 공통점을 가진 몇몇 인물들의 일생을 간단하게 다룬 위인 이야기로서 각 개인의 일생과 업적에 관한 주제를 강조하며 내용을 풀어 나가고 있다.

「문익점과 목화씨」와 같은 책이 그 예가 된다. 이 책에서는 문익점 외 이율곡, 이순신, 아인슈타인, 패러데이, 간디, 카네기 등 여러 위인들의 어린 시절을 재미있는 그림과 함께 곁들여 엮은 책이다.

4. 동화의 창작과 지도

1) 동화를 쓰고자 하는 교사를 위해

현재까지 많은 동화가 창작되었지만 정작 유아를 위한 창작동화는 많지 않으며 창작동화의 내용도 환상적이기보다는 사실적인 작품을 많이 다루고 있는 실정이다. 유아에게 들려줄 수 있는 동화를 만드는 것이 시급한 문제이며 그러한 동화를 만들도록 창작지도를 하는 것도 중요한 것 중 하나다.

동화는 특수한 문학적 능력을 타고난 사람만이 창작할 수 있는 것인지, 아니면 작가가 아닌 누구든 쓸 수 있는 것인지에 대해 생각해 보면 작가라는 직업에 국한된 것이 아닌 유아들의 일상생활에서 가까이 지내는 사람들이나 그들을 가장 잘 이해하며 알고 있는 사람들이라면 누구나 동화를 창작할 수 있다.

동화를 창작하기 전에 우선 창작자가 갖추어야 할 기본적 자세는 다음과 같다.

첫째, 허욕이 없는 마음, 정직성, 인간스런 감정의 풍부함을 가진 동심(童心)의 마음을 가져야 한다.

둘째, 사랑과 진실에 대해 자연스럽게 이야기할 수 있어야 한다.

셋째, 동화의 의의와 문학사의 위치를 잘 파악하여야 한다.

넷째, 동화 창작상의 필수 요건인 동심(童心)의 이해, 향토색을 가미, 표준어의 사용, 밝은 희망과 이상의 지향을 갖는 창작을 해야 한다.

다섯째, 어떠한 것이 유아가 흥미로워하는 것인지에 대한 심리적 연구를 해야 한다. 그것은 유아의 흥미관점 여부에 따라 이야기의 진행 순서, 전개 방법, 삽화, 상상력을 유발할 수 있는 요소 등이 고려되어야 하기 때문이다.

다음으로는 동화의 기본 요소인 주제, 소재, 구성 문체를 가지고 창작에 대해 살펴보고자 한다.

(1) 주제(theme)

주제는 작품의 중심 사상이므로 명확하고 유아의 발달에 적합하게 단순한 주제를 선택하여야 한다. 또한 주제는 이야기의 요소 요소마다 스며들어 있어서 유아가 동화를 들을 때, 이야기에 공감하고 주제를 자연스럽게 받아들이도록 해야 한다. 즉 동화의 주제는 명확하고 단순해야 한다. 그 주제가 불분명하고 명확하지 않으면 유아들이 먼저 흥미 없어 할 것이다.

(2) 소재(subject matter)

주제가 이야기의 중심적인 내용이라면 소재는 이야기를 구성하는 중요한 요소다. 가정생활이라던가 동·식물의 세계 또는 친구와의 관계 등 어떠한 것이라도 이야기의 소재가 될 수 있다.

(3) 플롯(plot)

플롯(plot)은 이야기의 구체적인 설명으로 인물과 배경 사건으로 나뉘어 진다.

등장인물은 사람이 아닌 동물, 자연, 천사 등 환상의 세계에서 만들어 낼 수도 있다. 이렇게 등장한 인물은 모두 의인화되어 유아의 상상력으로 의사소통이 가능하다. 등장인물을 그릴 때 어떠한 성격의 인물을 그리느냐가 동화의 내용과 전달하고자 하는 의미가 달라질 수 있으므로 신중하여야 한다.

배경은 곧 이야기의 환경을 의미하며 이야기의 분위기를 이끌어 가는 역할을 한다. 주로 리얼리티와 환타지로 구분되며 리얼리티는 유아들의 주변생활을 묘사한 것이고 환타지는 시·공간을 초월한 유아들이 상상하는 곳이나 꿈 등을 그려내는 것이다. 이야기의 배경은 리얼리티와 환타지가 조화를 이루는 것도 좋은 배경이 될 수 있다.

사건은 이야기를 전개해 나가는 과정이며 사건전개를 통하여 등장인물의 성격과 주인공의 역할이 분명하게 드러나게 하는 역할을 한다. 사건은 주로 기승전결로 이루어진다.

이재철(1969)은 동화의 구성을 ① 흥미와 호기심을 자극하는 발단, ② 통일과 간명성을 가진 본간, ③ 강력한 결말, ④ 침착한 결론으로 이야기했다.

유아를 위한 동화의 구성은 명확하고 단순해야 하며, 유아들이 듣는 도중 판단을 직감적으로 할 수 있는 구성이어야 한다.

(4) 문체(style)

유아를 위한 동화에는 쉽고 간결하며 내용을 전하는데 가장 알맞은 말을 선택해야 한다. 이러한 문체를 만들어 내기 위해서는 다음과 같은 원칙을 지켜야 한다.

① 이해하기 쉬운 말, 상황에 맞는 적절한 말을 골라서 써야 한다.
② 유아가 알기 쉬운 문장으로 써야 한다.
③ 문장은 적당한 길이로 쓰는 것이 좋다. 이 때 유아의 호흡시간을 생각하면 쉽다.
④ 복잡한 구조나 문장은 피하는 것이 좋다.
⑤ 구두점과 부호, 쉼표 등의 효과를 생각하며 써야 한다.

2) 유아와 함께하는 동화 창작지도

이야기를 재미있게 듣고, 다양한 표현을 해 본 경험을 갖고 있는 유아들은 이야기를 창의적인 방법으로 구성할 줄 안다. 유아가 읽었거나 들은 문학작품과 관련하여 이야기를 짓거나 창의적으로 어떤 이야기를 꾸며 보는 것은 문학에 대한 유아의 흥미를 증진시키고 이야기 구성, 등장인물, 주제 등에 대한 통찰력을 키우게 해 준다. 그리고 독창적이고 무한한 상상력을 펼쳐 보도록 하는 창의력을 개발시켜 준다.

유아들과 함께 할 수 있는 문학적 창작활동으로 동시 짓기, 동화 만들기, 극본 만들기와 같은 활동이 있다. 그 중 유아에게 어떠한 방법으로 동화 창작을 지도해야 하는지 그 지도방법에 대해 알아보도록 하겠다.

(1) 동화 재구성하기

동화 재구성하기란 원래 동화는 그대로 두고 특정 부분을 집어 내어 그곳의 단어나 문장을 바꾸어 보는 것이다. 동화 속에 등장하는 인물과 사건의 중요한 맥락은 살리면서 이야기를 보다 흥미롭게 다시 구성하는 창작 활동을 의미한다.

루트만(Routman, 1988)은 유아가 동화를 읽고 그 이야기를 재구성할 때 나이가 들어감에 따라 다음과 같은 재구성 단계를 가진다고 했다.

① 원문에 의거하여 반복적인 양상으로 짓기
② 이야기를 부분적으로 변화시키기
③ 대부분의 이야기를 변화시켜 새 이야기 짓기
④ 원문 이야기의 구조를 유지하면서 완전히 새 이야기짓기

발달 특성에 따라 유아의 동화 재구성 능력이 달라지므로 교사는 유아의 발달단계를 잘 고려해야 할 것이다.

활동방법

- 동화를 들려준다.
- 원동화의 제목을 그대로 사용할 수도 있고 바꿀 수도 있다.
- 동화의 어떤 부분을 어떻게 바꾸어야 하는지에 대해 이야기를 나눈다.
  "이 동화의 어디를 어떻게 바꾸어 보았으면 좋겠니?"
- '재구성'이란 단어의 이해를 돕기 위해 설명한다.
  "원래 있던 동화의 한 부분을 내가 원하는 생각으로 바꾸어 보는 것을 재구성이라고 한단다."
- 작가 이름을 유아의 이름으로 바꾸어 쓴다(재구성 ○○○).
  "이야기를 다시 ○○의 생각으로 바꾸었으니까 지은 사람의 이름도 바꾸어야겠지?"
- 큰 종이나 칠판에 유아들이 바꾼 이야기의 내용을 적는다.
- 유아가 재구성한 이야기를 유아들에게 다시 읽어 준다.
- 그림마다 기존에 있던 글과 다른 글을 써 볼 수도 있다.
  "이 그림은 어떤 일이 벌어지고 있니?"
  "이 그림으로 원래 있던 이야기와 다른 이야기를 만들어 보자."
- 다시 쓴 이야기를 각 그림에 붙이고 유아에게 새로운 이야기를 들려 준다.

(2) 그림에 적합한 동화 짓기

그림에 적합한 동화 짓기는 글이 없고 그림으로만 되어 있는 동화이거나 글이 아주 적게 있는 동화가 적합하다. 이러한 활동을 통해 유아들은 문학적 상상력과 창의력을 기를 수 있다.

유아들에게 글 없는 그림책을 나누어 주고 읽게 한다. 유아들은 글이 없음에도 불구하고 그림에 이야기가 있기 때문에 쉽게 읽을 수 있다. 좋은 그림은 상상력으로 언어를 생각하도록 자극하며, 아주 어린 유아들까지도 그림의 시각적 단서의 도움으로 이야기를 구성해 낼 수 있다.

활동방법

- 글이 없거나 적게 있는 그림책을 제공한다.
- 어떤 이야기인지 처음부터 끝까지 읽도록 한다(개별이나 소그룹활동에 적합하다).
- 주인공이 누구일지에 대해 이야기 나눈다.
- 주인공의 이름을 짓는다.
- 동화의 제목을 정한다.
  "책의 제목을 뭐라고 붙이면 좋을까?"
- 삽화 한 장마다 유아들이 이야기를 만들어 내도록 유도한다.
  "이 장면은 어떤 일이 벌어지고 있을까?"
  "이 장면에서 어떻게 이야기를 꾸미면 좋을까?"
  "이 장면 속의 등장인물들이 무엇이라고 이야기하는 걸까?"
- 유아들과 만든 이야기를 삽화와 함께 적절한 공간에 기록하여 전시한다.
- 글이 없거나 글이 빈약한 그림책은 다음과 같다.
  - 「콩이네의 아침」(1993) 소학사 푸른교실 엮음/도서출판 소학사
  - 「빨간 풍선의 모험」(1995) 엘라마리 글 · 그림/시공사
  - 「나무」(1996) 엘라마리 글 · 그림/시공사
  - 「서커스」(1996) 엘라마리 글 · 그림/시공사

(3) 중간 이야기 또는 뒷이야기짓기

유아가 동화책 이야기를 처음부터 끝까지 다 읽은 후에 중간이나 끝에 들어갈 수 있는 이야기를 만들어 보는 것이다. 이 활동은 유아의 상상력 발달을 도울 뿐만 아니라 사건 이후의 사건에 대해 생각해 보고 해결하는 능력을 기를 수 있다.

특히, 개방적으로 끝나는 이야기의 결말은 유아들에게 다음의 이야기를 창작하도록 하는 동기를 제공한다. 유아들은 이런 유형의 이야기를 들은 후, 이야기의 다음 내용이 어떻게 전개될지 궁금하게 생각하고 뒷이야기에 대한 많은 상상을 갖게 된다. 교사는 개방적인 구성의 동화를 선정해 상상적인 이야기 짓기 활동을 진행시킬 수 있다.

활동방법

- 읽은 동화책의 중간 부분과 끝 부분에 대해 이야기를 나눈다.
- 중간 부분이나 끝 부분을 가지고 이야기 짓기를 한다. 이야기 짓기 활동은 글이나 그림으로 나타낸다.
  "이 이야기의 중간 부분에 다른 이야기를 만들어 넣는다면 어떤 부분에, 어떤 내용으로 바꾸고 싶니?"
  "이 이야기의 다음에 또 어떤 일이 일어났을까?"
- 만들어낸 이야기를 각각 그 내용이 들어갈 중간 부분이나 끝 부분에 붙인다.
- 유아들에게 만들어진 이야기를 넣어 이야기를 다시 들려 준다.

(4) 동화짓기

동화 짓기는 이야기에 대한 경험이 많이 쌓이게 되면 유아들은 기존에 있는 이야기에서 소재를 찾지 않고서도 창의적으로 동화 짓기 활동을 할 수 있다고 했다(김은미, 1988). 유아 동화 짓기 활동 과정을 소개하면 다음과 같다.

1 동화의 소재 선정

동화의 소재를 고르는 일은 다음과 같은 활동을 통하여 이루어질 수 있다.

① 동화를 많이 활용한다. 이미 유아에게 읽혀져 익숙한 동화는 유아들의 동화에 대한 이해와 표현 능력의 중요한 요소가 될 수 있으며 새로운 동화 창작의 소재가 될 수 있다.
② 유아의 일상생활이나 견학 등의 경험을 살려 소재를 찾는 경우도 있다.
③ 주제를 가지고 활동한 후에 그와 연결되는 활동으로 주제에 맞는 동화 짓기 등의 활동을 계획한다.
④ 그림자료, 인형, 교실 안팎의 관찰거리, 다양한 소리 등의 소재를 찾는데 활용한다.

2 동기유발

유아가 동화를 짓기 위해서는 유아 스스로 동화를 짓고자 하는 마음이 들어야 한다. 그것을 동기유발이라고 하며 이러한 것을 길러 주기 위한 활동은 다음과 같다.
① 만약…… 이라면 이라던가 어떠한 배경만을 제시한 채 직접 이야기를 지어 보도록 함으로 상상의 경험을 풍부하게 한다.
② 일상적인 경험을 이야기한다. 예를 들어, 놀이를 하고 난 후의 느낌 등을 이야기하거나 그림으로 그려보게 한다.
③ 동화 속의 인물이나 인상깊은 장면의 표상활동을 통해 유아 스스로 이야기를 꾸며 보거나 극 활동을 할 수 있도록 준비한다.
④ 동화 속의 인물에게 편지를 쓰는 활동을 통하여 창의적 이야기를 꾸며 보도록 한다.

3 직접 동화짓기

다음과 같은 활동을 통해 유아가 동화 짓기를 해 볼 수 있다.
① 그림이나 물건, 사건 등을 제시하면서 "이 곳에는 누가 살고 있을까?", "무엇을 하고 있니?" 등의 질문을 통하여 이야기의 소재를 찾게 한다.
② 소재를 정했다면 다음 단계로 "그래서 어떻게 되었니?", "그 다음은……" 등의 질문으로 이야기를 이어나갈 수 있도록 한다.
③ 이야기를 나눈 것을 토대로 동화를 짓는데 필요한 요소들에 대해 이야기를 나눈다. "이야기를 다른 사람에게 책으로 들려주려면 어떻게 꾸며야 하겠

니?", "주인공의 이름은 무엇으로 할까?"등의 질문으로 시간, 장소, 주인공의 성격 등을 구체적으로 정하게 한다.

④ 함께 지었던 동화를 전부 읽고 잘못된 부분이나 수정하고 싶은 부분을 고치게 한다. 또한 내용에 어울리는 제목을 붙여 그림을 그리거나 그 이야기를 가지고 동극을 하는 등 다양한 사후 활동을 할 수 있도록 한다.

4 평가활동

어떤 활동이든지 평가를 하게 되며 이러한 평가는 사후 활동으로 이어지는 경우가 많다. 예를 들면, 자신의 동화를 소개하거나 동화에 그림을 덧붙여서 벽면에 전시를 하는 것 등의 활동을 할 수 있으며, 위에서 소개한 것과 같이 동극으로 창작동화를 나타낼 수도 있다.

CHAPTER 06

동요와 동시

1. 전래동요
2. 동요
3. 동시
4. 동시의 창작과 지도

1. 전래동요

1) 전래동요의 개념

전래동요는 오랜 역사와 함께 입에서 입을 통하여 전해져 내려오는 노래로서 작가나 부른 사람, 부른 시대에 대해서는 알 수 없지만 많은 사람들이 함께 불러온 노래이다. 대부분의 마더 구즈는 예로부터 구전되어 불리어지는 것이지만 일부는 창작된 것들도 있다. 마더 구즈는 잠들게 할 때, 일어나게 할 때, 칭찬할 때, 꾸짖을 때, 아픔을 덜게 해줄 때 등 여러 가지 경우에 노래하기도 하고 이야기를 들려주기도 한다.

우리나라에는 오랜 역사만큼 수많은 전래동요가 전해져 내려오고 있는데 이것은 활달하고 순수한 아름다움을 지니고 있는 우리 민족의 유산이다.

전래동요는 '전래(傳來)'와 '동요(童謠)'의 두 단어가 결합하여 하나의 복합적인 의미를 갖는 용어로, 유아들의 생활 감정이나 심리를 나타낸 조상 때부터 전해 내려오는 유아들의 가요를 뜻한다(유아교육사전, 1996; 신혜선, 2009).

장덕순(1972)은 전래동요는 대중의 작품으로, 오랜 세월을 이어오면서 대중들의 마음에 맞도록 형식과 내용이 보편성을 가지게 되었다고 하였다. 이상금 · 장영희(1986)는 전래동요의 내용이 우리나라의 전래동화가 가진 계급의식과 비판의식이 결여된 순수성을 가지고 있다고 하였다. 이는 다양한 소재와 순수성을 지니며 솔직하고 직선적인 표현과 순진한 감정이 자연스럽게 표현된 특성을 갖고 있다.

즉 전래동요는 시대적 흐름에 따라 첨삭, 소멸, 재발생의 과정을 통해 현대에 와서 수집 · 정리된 것이 일반적인데 이를 '구전동요(口傳童謠)'라고 한다.

전래동요는 모국어로서의 그 맛과 향기를 유아들에게 전해 주는 언어로 어머니의 품에 안겨서 듣던 자장가, 친구들과 놀면서 함께 부르던 노래, 글을 배우면서 부르던 노래들이 이에 속한다.

2) 전래동요의 특징 및 교육적 의의

세계 여러 나라 각 민족들의 전래동요는 그들 나름대로의 독특한 특성을 지니고 있다. 이러한 전래동요들은 전래동요가 발생한 나라 또는 민족들의 정서나 지혜, 소망, 꿈, 재치, 웃음, 풍자 등을 담고 있으며 놀이, 생활모습, 생각, 정감 등이 표현되어 있다.

전래동요의 특성을 전원범(1995)은 아래와 같이 제시하였다.

- 고대로부터 현재까지 전해진다.
- 대중작으로서 작가와 창시자가 없다.
- 구전된다.
- 어린이의 마음에 맞도록 늘 변모된다.
- 곡조에 구애됨이 없이 노래로 불려진다.
- 어린이들이 따라 부르고 몰려다니며 즐겨 왔다.
- 사람들의 희 · 로 · 애 · 락의 감정 표현이 응축되었다.
- 수평적인 민주의식과 질서를 키웠다.

전래동요는 구전되어 내려오다가 근대에 와서 수집 · 수록하는 일에 관심을 기울이게 되었다.

서양의 경우 18세기 말부터 발달한 인쇄술과 낭만주의 문학운동에 힘입어 독일을 중심으로 전래동요 수집에 관심을 갖기 시작하였다. 그 중 독일에서는 민족의 전통을 지키려는 민족주의 차원에서 시작되었다.

우리나라의 경우 전래동요의 수집이 본격적으로 이루어진 것은 근대에 와서이다. 1924년 엄필진의 「조선 동요」가 우리나라 최초의 전래동요집이다(전원범, 1995). 그 후 서구의 민족 자결주의 선언과 일제강점기의 시대적 맥락 속에서 우리의 민족의식 자각으로 소실되어 가는 민족 문화 유산의 보존 차원에서 전래동요 수집과 보존 운동에 관심을 가지게 되었다.

전래동요들은 대부분 유아들을 통해 불린다. 유아들은 전래동요를 부르면서 자신도 모르는 사이에 여러 가지 교육적 효과를 얻게 된다.

유아교육적 측면에서 전래동요의 교육적 의의는 다음과 같다.

(1) 유아들에게 즐거움을 준다.

전래동요는 구전문학으로 오랜 세월 동안 입에서 입으로 전해 내려오는 과정에서 중요하지 않은 부분이 탈락되어 짧고, 이야기의 구성이나 표현이 극도로 정선되어 있다(Cullinan, 1989). 전래동요는 다양한 유형의 반복적 특징을 갖는데, 이런 반복적 요소는 유아의 기억과 이해를 돕고 즐거움을 준다. 또한, 유아들이 쉽게 말하거나 노래를 부를 수 있는 어휘에서 오는 언어적 재미와 리듬감은 동요를 소리내어 말할 때 입과 귀를 즐겁게 한다(유구종 · 문기임, 2003).

(2) 유아들의 언어발달을 돕는다.

전래동요는 반복 리듬과 운율을 기초로 한 후렴구가 많고, 문답 형식도 있으며, 소리를 놀이적으로 표현하고 있으므로 언어의 아름다움이 잘 표현되어 있다. 전래동요는 유아들이 시를 짓거나 노래를 부르는 등 문학으로의 입문 역할을 하는 중요한 기회를 제공해 줄 수 있다(Burke, 1990). 즉 전래동요는 의미를 모르면서도 쉽게 암기할 수 있으며, 읽는 흉내를 통해 진정한 읽기를 시작하게 되므로 유아들에게 전래동요를 듣고, 읽을 수 있는 기회를 제공하면 어휘의 발달을 돕는 자극제가 된다.

(3) 유아들의 간접 경험의 폭을 넓혀 준다.

전래동요는 그 소재가 놀이, 음식, 가족, 친구, 옷, 우주, 동 · 식물 등 매우 다양하다. 이처럼 다양한 소재를 가진 전래동요는 생활 체험의 범위가 좁은 유아들에게 경험의 폭을 넓혀 주며, 현실세계의 한계를 벗어날 수 있도록 도와 준다. 그러므로 유아들은 노래를 부르면서 다양한 경험을 간접적으로 자연스럽게 학습할 수 있다.

(4) 유아들의 사회성 발달을 돕는다.

특별히 한국 전래동요의 특성에는 놀이를 하면서 부르는 동요를 많이 발견할 수 있는데, 이러한 동요는 유아가 혼자서 하는 놀이보다 집단놀이를 활성화시켜 유아의 사회성 발달을 돕는다.

(5) 유아들의 정체성을 갖는데 효과적이다.

전래동요는 전래동화와 마찬가지로 동요가 발생되고 전래되어 온 과거 문화의 독특성을 포함하고 있다. 그러므로 현대의 유아들은 전래동요를 통하여 과거의 문화를 이해할 수 있으며 과거에 뿌리를 둔 현재 자신의 정체감을 형성할 수 있다(Cullinan, 1994).

(6) 유아들의 모국어 학습을 돕는다.

전래동요는 각 민족의 언어로 표현되는데 오랜 세월을 구전되어 오는 과정에서 다듬어져 가장 아름다운 형태를 띠고 있다. 그러므로 유아들은 모국의 전래동요 속에서 살아 있는 모국어의 아름다움을 감상할 수 있으며, 자연스럽게 학습할 수 있다.

(7) 유아들에게 음악적 경험을 제공한다.

전래동요의 음악성과 리듬감은 현대까지 구전되어 올 수 있었던 중요한 요건이 된다. 한국 전래동요는 대부분 동적이고 경쾌한 속성을 가진 2음보율의 운율을 가지고 있어 그 박자와 리듬감은 유아에게 음악적 경험을 제공하는 교육적 가치를 갖는다.

3) 전래동요의 종류

(1) 우리나라의 전래동요

우리나라의 전래동요는 현대 동요가 나오기 이전의 동요들을 말하는데 우리나라의 현대 동요들은 대부분 갑오경장 이후부터 창작되기 시작하였다. 우리나라의 전래동요는 주로 아동들의 요구에 대한 소박한 노래로서 그 노래가 만들어진 시대의 아동들의 정서나 생활 감정을 반영하고 있다.

우리나라의 전래동요에 대해 박두진(1962)은 다음과 같이 설명하고 있다.

> “전래동요는 옛날부터 우리나라에 전해 내려오는 어린이들의 노래입니다. 이 노래

는 누가 지은 것인지, 누가 처음 부르기 시작한 것인지를 모릅니다. 이 사람에게서 저 사람, 이 고장에서 저 고장으로 두고두고 내려오며 퍼지고 퍼진 노래들입니다. 그러는 동안에 이 노래들은 조금씩 달라지기도 하고, 어떤 것은 엉뚱하게 달라지면서, 누구나의 입에 또 그때 그때의 부르는 사람들의 마음에 알맞도록 다듬어지면서 전해 내려 왔습니다. 이렇게 저절로 생겨서 저절로 나온 어린이들의 노래를 전래동요라고 합니다."

이를 정리하면 예로부터 현재까지 전해지면서, 작자와 시창자가 없는 대중적인 작품이며, 입에서 입으로, 방방곡곡 전파하는 힘이 있으며, 그 과정 속에 변모되면서 아동들의 정서에 맞도록 다듬어진 자생(自生)하고 자성(自成)한 노래라는 것이다.

이상금 · 장영희(1986)는 전래동요의 내용이 우리나라의 전래동화가 가지고 있는 계급의식과 비판의식이 결여된 순수성을 가지고 있다고 하였다. 이는 소재의 다양성과 순수성, 직선적인 표현, 솔직한 비유와 함께 순진한 감정이 그대로 표현된 특성을 지니고 있다고 본다.

우리나라의 전래동요는 리듬감이 있고 반복적이어서 아동들이 즐거워할 요소를 매우 많이 담고 있다. 이는 형식적으로 3 · 4조와 4 · 4조의 형식이 많으며 그 외에도 5 · 5조, 4 · 5조, 3 · 3조의 형식 등이 있다. 또 우리나라 전래동요는 다양한 소재를 담고 있는데, 옛날 아동들의 놀이 및 생활을 담고 있는 것도 있으며, 식물이나 동물 등 자연에 대한 내용을 담고 있는 것도 있고, 효도, 형제간의 우애, 나라 사랑 등 교훈을 담고 있는 것도 있다.

이러한 전래동요를 통합적으로 활용하기 위해 최근에는 책으로 소개되고 있다. 예를 들어, 「우리집에 왜 왔니?」, 「기차」, 「이서방」 등이 있다. 또한 전래동요와 자장가들을 모아서 우리 고유의 정서를 느끼게 하는 그림과 함께 책으로 발행되고 있다.

우리나라의 전래동요 중 현재까지 많이 불리는 전래동요들을 주제별로 그 종류를 살펴보면 다음과 같다.

1 자장가를 주제로 한 노래

우리나라의 민요 중에서 자장가를 주제로 한 노래들은 때와 장소를 가리지 않고 가장 보편적으로 불려졌던 노래다. 자장가는 아기를 재우며 아기에게 애정을 표현하는 방법으로 아기를 잠재우는 사람이 불렀다. 대부분의 자장가는 아기가 잘 자기를 바라는 축원의 성격을 띠고 있다.

자장자장 우리애기

자장자장 우리애기
울애기는 재워 주고
넘애기는 깨워 주고
울애기는 꽃방석에
꽃이불에 재워 주고
넘애기는 개똥밭에
개똥 이불에 재워 주고
자장자장 우리애기
잘도 잔다.

- 전북 부안지방 -

2 자연현상을 주제로 한 노래

여러 가지 자연 현상의 모습을 소재로 한 노래이다.

비야 비야

비야비야
오지마라
우리 성(형)
시집갈 때
치마꼭지
물들어서
비단댕기
얼엉(얼룩)진다
비단저고리
얼엉진다
다홍치마
얼엉진다

- 경상남도 -

3 가족애를 주제로 한 노래

가족의 사랑을 담고 있거나 어른이 아이를 달래거나 놀리며 부르는 노래도 이에 속한다.

▶ 아이보기

아이보기

해 넘어 간다 밥해라
애기 운다 젖줘라
안아줘도 깽깽 업어줘도 깽깽
성났다 골났다 호박죽을 끓여라
너 먹자고 끓였니 나 먹자고 끓였니

-경기 · 충청-

가 족

뒷집영감	우리오빠
심술쟁이	욕심쟁이
울아버지	우리동생
골통쟁이	귀염쟁이
앞집영감	우리누나
욕보쟁이	헛말쟁이
울어머니	
카트랑쟁이	

-대전-

4 놀이를 주제로 한 노래

꼭꼭 숨어라

꼭꼭 숨어라, 꼭꼭 숨어라.
텃밭에도 안 된다, 상추 씨앗 밟는다.
꽃밭에도 안 된다, 꽃모종을 밟는다.
울타리도 안 된다, 호박순을 밟는다.
꼭꼭 숨어라, 꼭꼭 숨어라.
종종머리 찾았네, 장독대에 숨었네.
까까머리 찾았네, 방앗간에 숨었네.
빨간댕기 찾았네, 기둥 뒤에 숨었네.

-충남 연기 지방-

이거리 저거리 각거리

이거리 저거리 각거리 천사만사 다만사
조리 김치 장독간 총채 비파리 딱
한 다리 두 다리 세 다리 인사만사 주머니끈
칠팔월에 무사리 동지섣달 대사리
한 다리 두 다리 세 다리 너희 삼촌 어디갔니
자전거를 고치러 오꽁조꽁 부지깽

-중부지방 중심으로 전국적으로-

◉ 놀이방법 : 두 줄로 마주 앉아 다리를 서로 어긋나게 끼도록 쭉 뻗는다. 노래는 다같이 부르지만 한가운데 앉은 사람이 뻗은 발을 노래에 맞춰 차례로 두드리며 센다. 마지막 박자에 걸린 발을 뺀다. 이렇게 한 절에 한 발씩 빼게 되면 마지막에 남은 발의 임자는 술래가 된다.

얼굴 그리기

아침에도 땡 저녁에도 땡
창문을 열었더니 비가 오더래
아이고 무서워 지렁이가 두 마리
해골 바가지

-경기 · 충청도 중심으로 전국적으로-

5 동물을 주제로 한 노래

기 러 기

아침바람 찬 바람에
울고 가는 저 기러기
우리 선생 나갈적에
편지 한 장 써 주세요
한 장 말고 두 장이요
두 장 말고 세 장이요

세 장 말고 네 장이요
네 장 말고 다섯 장이요
구리 구리 구리 구리
가위, 바위, 보 !

-서울-

꿩꿩 장서방

꿩꿩 장서방
너의 집이 어딘가
이산 저산 넘어서
솔밭집이 내집이지

꿩꿩 장서방
무얼먹고 살았나
이웃집에 콩 한 되
아랫집에 팥 한 되

꿩꿩 장서방
무얼하고 살았나
아들 낳고 딸 낳고
미역국에 밥 한술

-전국적으로-

* (수꿩은 장끼라 하고 암꿩은 까투리라 부른다. 「꿩 꿩 장서방」은 수꿩을 부르는 동요다.)

6 식물을 주제로 한 노래

나무타령

나무 나무 무슨 나무
열 아홉에 스무 나무
가다 보니 가닥 나무
너구 나구 살구 나무
갓난 애기 자작 나무
동지 섣달 사시 나무
방구 뀌는 뽕 나무
낮에 봐도 밤 나무

십리 절반 오리 나무
아흔 아홉 백양 나무
오다 보니 오동 나무
따끔 따끔 가시 나무
앵돌아져 앵두 나무
바람 솔솔 솔 나무
입맞추자 쪽 나무

참나무 뽕나무 대나무

참나무 허구 뽕나무 허구 대나무가 살았는데
뽕나무가 방구를 뻥뻥 뀡게
참나무가 참으시오 참으시오 형게
대나무가 대께놈 대께놈 허드라네

-전북 부안 지방-

7 학습을 주제로 한 노래

가갸 거겨

가갸 가다가 거겨 거렁에
고교 고기 잡아 구규 국을 끓여
나냐 나도 먹고 너녀 너도 먹고
노뇨 노놔 먹자 누뉴 누가 먼저
마먀 마자 먹자

다댜 다 먹었나 더뎌 더 다고
도됴 돗다 먹자 두듀 두지 말고
라랴 소리 하며 러려 너럼 너럼
로료 료리 하여 루류 루룽지까지

-충남 예산지방-

말 엮기 노래

원숭이 똥구멍은 빨개, 빨가면 사과, 사과는 맛있어,
맛있으면 바나나, 바나나는 길어, 길면 기차, 기차는 빨라,
빠르면 비행기, 비행기는 높아, 높으면 백두산, 백두산은 삐죽해,
삐죽하면 바늘, 바늘은 얇드라.

-경기도 평택지방-

8 놀릴 때 부르는 노래

앞니 빠진 갈가지

앞니 빠진 갈가지 앞도랑에 가지마라
앞도랑에 가며는 붕어새끼 놀랜다
덧니 빠진 갈가지 뒷도랑에 가지마라
뒷도랑에 가며는 잉어새끼 놀랜다

-경북 상주지방-

꼬부랑깽

꼬부랑 늙은이가
꼬부랑 지팡이를 짚고
꼬부랑 개를 데리고
꼬부랑 길을 가다가
꼬부랑 나무에 올라

꼬부랑 개가
꼬부랑 똥을 먹으며
꼬부랑 지팡이로
꼬부랑 개를 때리니
꼬부랑 나무에 올라
꼬부랑깽 꼬부랑깽

-함남 삼수지방-

9 음식을 주제로 한 노래

인 절 미

인절미 떡은
팥고물에 콩고물에
화장을 하고
빨간쟁반 우에
가마를 타고
어서가자 목구멍으로
헤이 꼴딱꿍

-경북 경주지방-

(2) 유아들이 좋아하는 전래동요의 특징

유아들이 좋아하는 전래동요의 특징으로 노래의 유형과 언어적 특성과 병렬구조 그리고 음률을 살펴보면 다음과 같다.

1 유 형

유아들은 언어놀이 노래, 동작놀이 노래, 대상놀이 노래 순으로 선호하는 것을 볼 수 있다. 특히 몇 수의 동작놀이 노래에 대한 유아의 선호도가 높으며 그 예는 다음과 같다.

- 술래잡기 노래 (여우야 여우야 뭐하니 등)
- 줄넘기 노래 (꼬마야 꼬마야 뒤로 돌아라 등)
- 두꺼비 집짓기 노래 (두껍아 두껍아 헌 집 줄게 새 집 다오 등)

2 언어적 특성

유아들은 재미있어 하는 말은 포함되고 어려운 말은 되도록 적게 있는 전래동요를 선호하였다. 예를 들면, '뚤레뚤레', '꼬부랑 깽깽', '아침에도 땡'이란 말을 재미있어 하며, '꿔다 갚지', '(방석이나) 틀세', '(울어머니) 카트랑쟁이' 등의 말은 어려워했다.

3 선호하는 이유

유아들이 즐겨 부르는 전래동요의 선호 이유를 살펴보면 말이 재미있어서, 리듬이 재미있어서, 놀이 또는 동작이 재미있어서로 분류할 수 있다.

4 병렬 구조

유아들은 반복적 요소를 기본으로 한 병렬 구조로 된 부분을 선호하였다.

① 형태의 병렬 : 음운, 어휘, 통사, 연의 병렬
- 음운의 병렬—빠른 - 빨라, 이 서방 일하러 가세, 잘잘잘, 맹꽁
- 어휘의 병렬—두껍아 두껍아, 꼬마야 꼬마야
- 통사의 병렬—어디까지 왔나, 퉁덩퉁덩 찧어라

• 연의 병렬—숨바꼭질 노래

② 의미의 병렬 : 전개적 · 반복적 · 대립적 병렬

• 전개적 병렬—달아 달아 밝은 달아(한 행 안에서 구체화)
  달달 무슨달 / 쟁반같이 둥근 달(둘째 행에서 더욱 구체화)
  여우야 여우야 뭐하니 / 잠잔다(문답 형식으로 전개)

• 반복적 병렬—가자가자 갓나무 / 오자오자 옻나무(나무타령)
  이서방 일하러 가세 / 조서방 조 베러 가세(성풀이 노래)

• 대립적 병렬—가벼우냐 맹꽁 ↔ 무거웁다 맹꽁

5 운 율

전래동요는 대부분 2음보율 혹은 2음보 연첩한 4음보율로 된 것이 대부분이다. 유아들은 동적이고 경쾌한 속성을 갖는 2음보율의 동요를 선호한다.

① 2음보율 : 새야 새야 파랑새야 ♩♩ ♩♩ ♩♩♩♩

• 녹두 밭에 앉지마라
• 녹두 꽃이 떨어지면
• 청포 장수 울고 간다

② 4음보율 : 꼬마야 꼬마야 뒤로 돌아라 ♪♪♩ ♪♪♩ ♩♩ ♪♪♩

• 돌아서 돌아서 땅을 짚어라
• 짚어서 짚어서 만세를 불러라
• 불러라 불러라 잘 가거라

(3) 세계 여러 나라의 전래동요

전래문학의 전래동요 기원을 단기원설(monogenesis)과 복기원설(polygenesis)로 설명하고 있다. 단기원설은 조상들이 지역을 옮길 때 전래동요도 함께 옮겨져 세계 공통적으로 유사점이 발견된다는 주장이다. 그러나 이 단기원설에 대해서는 현재 신뢰성이 부족하다. 다른 한편인 복기원설은 인간이 가질 수 있는 희로애락을 포함한 다양한 감정은 공통성이 있어 지역적으로 멀리 떨어진 곳에서도 유사한 전래동요를 찾을 수 있으며 전해지고 있다는 주장이다. 전래문학의 복기원설이 단기원설보다 유력하게 해석되고 있다. 그러나 지역적으로 가까운 나라들의 예를 들면, 한국과 일본, 독일과 프랑스에 비슷한 노래와 이야기가 존재하는 것은 한 곳에서 생겨나 퍼져 나가기도 하고 서로 영향을 주고받은 것으로 이해될 수도 있다.

유사한 전래동요를 찾아보면, 프랑스의 '숲 속으로 산책 가자'와 한국의 '여우야, 여우야, 뭐하니 ?', 미국의 '꼬부랑 할아버지가 있었네'와 한국의 '꼬부랑 할머니', 일본의 '지나가세요, 지나가세요'와 한국의 '동대문' 등에서 유사점을 발견할 수 있다. 프랑스의 '엄마 엄마께 말할까요 ?'와 미국의 '반짝반짝 작은 별'처럼 전래동요의 내용은 다르나 곡이 같은 경우도 있다.

좀 더 구체적으로 살펴보면, 한국의 '여우야, 여우야, 뭐하니 ?'와 프랑스의 '숲 속으로 산책 가자'는 여러 가지 공통점과 차이점을 찾아볼 수 있다. 공통점은 구성형식이 점진적으로 발전해 가는 것과 차례로 동작을 바꿔가고, 문답형식으로 이루어진 점이다. 또, 노래의 마지막에 다음 술래를 정하는 게임의 형식과 여러 유아들이 함께 어울려 노는 집단놀이를 위한 전래동요라는 점이다.

차이점은 인물 선정에 있어 한국은 '여우'이고, 프랑스는 '늑대'로 여우는 늑대보다 온순하며, 늑대는 두려움의 상징으로 표현되고 있다. 실제 전래동요의 내용에서 한국의 '여우야, 여우야, 뭐하니 ?'에는 '잠잔다, 세수한다' 등으로 여우가 답변하고 유아들이 '잠꾸러기, 멋쟁이' 등으로 여우를 놀린다. 그러나 프랑스의 '숲 속으로 산책 가자'에서는 '늑대가 있으면 우리를 잡아먹겠지, 늑대가 없을 때 산책 가자'의 내용으로 늑대는 단지 두려운 횡포자의 의미만을 갖는다. 또, 한국의 '여우야, 여우야, 뭐하니 ?'는 마지막에 여우가 '개구리 반찬'하고 말한 후 유아들이 '죽었니 ? 살았니 ?'라는 질문에 대해 '살았다'하면 도망가고 '죽었다'하면 움직이지 않아야 하는 선택의 여지가 있다. 그러나 프랑스의 '숲 속으로 산책 가자'에서는 늑대가 '나간다'하면 모두 도망가는 일방적인 형태다. 이처럼 유사한 전래동요 속에서도 흥미로운 차이점을 발견할 수 있다.

여러 나라들은 각기 민족 특유의 전래동요들을 가지고 있다. 그 중 미국 및 영국, 일본, 독일, 프랑스의 전래동요들을 알아보기로 하겠다.

1 미국 및 영국의 전래동요

미국과 영국의 전래동요는 마더 구즈(Mother Goose)로 불리우고 있다. 마더 구즈란 명칭은 전래동화를 수집하여 책으로 펴낸 프랑스의 샤를르 페로(Charles Perrault)의

▶ 케이트 글리너워의 「마더 구즈」

책제목에서 유래되었다. 페로는 이 책에서 이야기를 운율을 가진 동요 형태로 개화하여 수록하였고 그때부터 서구에서는 운율이 담긴 시를 마더 구즈라고 지칭하게 되었다. 마더 구즈에 대한 최초 인쇄물은 1697년 페로의 동화집 「엄마거위의 이야기」(Contes de Ma Mre l'Oye)로 이 책은 동화집이며, 영어로 전해 내려오는 전래동요는 아니었다.

그 후 영국의 존 뉴베리(Jone Newbery)에 의해 「Mother Goose's Melody : or So-nnets from the Cradle-the Most Celebtated Songs and Lullabies of Old British Nurses」라는 제목으로 책이 출판되었다. 뉴베리가 사용한 책 제목은 샬를르 페로의 초기판에서 이름만 따온 것 같다고 한다(Glazer, 1990).

대부분의 마더 구즈는 예로부터 구전되어 내려오는 이야기지만 창작된 이야기도 있다. 잠을 잘 때, 아플 때, 공부를 할 때, 칭찬할 때 등 여러 가지 상황을 이야기로 하기도 하고 이것에 운을 붙여 모양을 바꾸고, 재미있게 꾸미면서 모국어의 가장 기본적인 모습으로 유아들에게 나타난다.

다음은 미국과 영국의 전래동요다.

반짝 반짝 작은별

반짝 반짝 작은별
아름답게 비추네.
높은 하늘 아래서
다이아몬드처럼
반짝 반짝 작은별
아름답게 비추네.

맥도날드 아저씨

맥도날드 아저씨 EIEIO
소 한 마리 있었네, EIEIO
여기서 음메 음메, 저기서 음메 음메,

여기서 음메, 저기 음메, 여기저기 음메 음메,
맥도날드 아저씨 EIEIO.

이 노래는 맥도날드 아저씨네의 집짐승이 내는 소리를 노래한 것이다. 노래에서 소는 음메음메(moo-moo), 돼지는 꿀꿀(oink-oink), 오리는 꽥꽥(quack-quack), 말이 히이힝(neigh-neigh), 당나귀는 푸우후(hee-hee), 닭은 꼬꼬꼬(cluck-cluck)로 바꾸어 노래한다.

2 일본의 전래동요

일본에서는 전래동요를 전승(傳承)동요라고 부른다. 일본의 전승동요는 곡조가 대부분 단순하며 노래에 맞춰 놀이가 병행된다고 할 수 있다. 공치기, 팥주머니, 줄넘기, 술래잡기, 손유희, 손가락 유희, 말꼬리 잇기 등이 그 예이다. 또한 계절, 동·식물, 세시풍속 등 성장환경의 모든 대상을 소재로 하고 있다.

안으로 안으로 짱

안으로 안으로 짱, 밖으로 밖으로 짱.
안으로 밖으로 밖으로 안으로 안으로 안으로 짱.
밖으로 밖으로 짱, 안으로 안으로 짱.
밖으로 안으로 안으로 밖으로 밖으로 밖으로 짱.

なかなかホイ

(香川)

이 노래는 공치기 노래로 일본에서는 예로부터 공치기 노래가 많았다. 주로 여자 유아가 수를 세면서 공을 땅에 튕기며 놀이를 하며, 변화를 주기 위해 팔 안쪽과 바깥쪽을 왔다갔다 치면서 놀기도 한다. 때론 다리 밑을 통과시켜 뒤로 보내는 재주를 보이기도 한다.

기러기 잘 가

기러기 기러기 잘 가!
큰 기러기 앞서고
꼬마 기러기 뒤따라
사이좋게 가거라!

이 노래는 옛 도시의 하늘에서 기러기 떼가 나는 모습을 보며 유아들에게 계절의 정서를 느끼게 했던 노래다.

3 독일의 전래동요

독일에서는 전래동요를 폴크슬리더(Volkslieder)라고 부르며, 민요가 그 바탕을 이룬다. 헤르더(Johann Gottfried Herder)에 의해 1778~1779년 수집 출판된 「민요(Volkslieder)」, 1808년 아르힘 론 아르님(Arhim von Arnim)과 클레멘스 브렌타노(Clemens Brentano)의 민요 모음집 「분더흔 소년(Des Kanben Wunderhorn)」, 1844~1845년에 루드비히 울란트(Ludwig Uhland)의 「Alte hoch-und niederdeutsche Volkslieder」의 세 모음집이 독일 전래 민요의 대표 수집작이다. 여기에 함께 한 18세기의 시인이자 문학교수인 아우구스트 하인리히 호프만(August Heinrich Hoffmann)은 유아를 위한 많은 민속 선율에 가사를 지었다. 그의 작품은 독일의 대표적인 전래동요다.

숲 속 작은 집

이 노래는 우리나라에서 '숲 속 작은 집 창가에'로 잘 알려진 노래다.

숲 속에 작은 집에
노루가 창 밖을 보고 있는데,
아기 토끼가 달려와
벽을 두드렸네.
살려 주세요.
살려 주세요.
제발 나를 살려 주세요.
아니면 사냥꾼이
나를 쏠 거예요.
착한 토끼야, 들어와
악수합시다.

소 나 무

소나무여, 소나무여, 언제나 푸른 네 잎(빛)
(소나무여, 소나무여, 나는 너를 좋아해)
(소나무여, 소나무여, 네 모습 날 가르쳐)

비바람 부는 날이나 눈보라 치는 날에도
(크리스마스 때에도 또 다른 모든 날에도)
(희망과 굳건함으로 늘 힘과 위로를 주네)

소나무여, 소나무여, 변하지 않는 네 잎(빛)
(소나무여, 소나무여, 나는 너를 좋아해)
(소나무여, 소나무여, 네 모습 날 가르쳐.

나는 멋쟁이 음악가

1. 나는 멋쟁이 음악가, 슈봐벤서 왔지.
우리도 멋진 음악가, 슈봐벤서 왔지.
나는 바이올린을 멋지게 켜지요.
우리도 바이올린을 멋지게 켜지요.
티 랄랄라, 티 랄랄라, 티 랄랄라, 티 랄랄라,
티 랄랄라, 티 랄랄라, 티 랄랄랄랄라.

2. 나는 트럼펫도 멋지게 불지요.
우리도 트럼펫을 멋지게 불지요.
태 태태라, 태 태태라, 태 태태라, 태 태태라,
태 태태라, 태 태태라, 태 태태태태라.

이 노래는 독일의 슐레지엔 지방의 전래동요로서 음악가 팬터마임 놀이 노래다. 유아들은 이 노래를 부르면서 악기 연주 형태를 표현한다.

4 프랑스의 전래동요

프랑스의 전래동요를 비에일 샹송(Vieilles Chonsons)이라고 부른다. 비에일 샹송이란 오래된 노래를 뜻한다. 다음은 프랑스의 전래동요의 예이다.

월요일 아침

월요일 아침, 임금님 왕비님 어린 왕자는
우리집에 오셨네, 악수하기 위해서
내가 없어서 어린 왕자 말했네.
이래서 우리는 화요일에 다시 올 꺼야.

Lundi matin

이 노래는 행진곡의 리듬으로 부른다. 월요일에 시작하여 계속해서 요일을 바꿔 부르는 노래로 일요일까지 부르면 다시 월요일로 계속 이어진다. 유아들에게 요일을 알게 하기 위해 유치원에서 잘 불리는 노래다.

숲 속으로 산책 가자

모두들 : 늑대가 없을 동안
숲 속으로 산책 가자.
늑대가 있으면
우리를 잡아먹겠지.
그러나 늑대가 없으니까
우리를 잡아 먹지 못할거야.
늑대야 너 거기 있니?
뭐 하니? 듣고 있니?
늑　대 : 나 셔츠 입는다.
모두들 : (위의 노래 반복)
늑　대 : 나 바지 입는다 !
나 옷저고리 입는다 !
나 양말 신는다 !
나 모자 쓴다 !
나 안경 쓴다 !
나 총 챙긴다 ! 나간다.
모두들 : 도망가자 !

이 노래는 약 17세기에 작곡된 놀이를 위한 노래다. 전통적으로 늑대는 프랑스 유아들이 가장 무서워하는 동물이다.

2. 동 요

1) 동요의 개념

동요(童謠)란 동(童)과 요(謠)의 결합한 의미로 유아의 노래, 아동들의 노래로 정의할 수 있다. 동요가 노래니만큼 동시와 다른 것은 글자수를 맞추어 지은 정형시라는 점이다. 민족시인 김소월(金素月)의 시에 7 · 5 조가 많으나, 그것을 민요나 가요로 보지 않는 것과 같이, 동요도 역시 정형동시로 보는 것이 마땅하다. 이처럼 정형동시를 동요로 본다면, 글자수에 얽매이지 않고 자유스럽게 풀어 쓴 시를 동시라고 해도 무방할 것이다.

동요는 음수율, 음위율, 음성률이라는 음악성을 구비해야 하는데 이 세 가지 중 어느 한 가지 또는 그 이상이 적용되어진다. 음수율은 음절의 수를 일정하게 하여 나타나는 운율이고, 음위율은 비슷한 음을 처음, 중간, 끝에 규칙적으로 되풀이하는 것을 말하며, 음성률은 어음의 강약과 장단의 배치를 말한다. 이것은 3 · 4조, 4 · 4조, 5 · 5조, 7 · 5조 등과 같이 일정한 음절의 시어(詩語)가 일정한 순서에 따라 반복되어야만 음악성을 느낄 수 있다.

동요는 리듬감을 살리면서 읊을 수 있다. 또한 듣는 사람도 들으면서 리듬감을 살려 들을 수 있다. 이것은 음수율 때문인데, 동요는 가볍고 재치 있고 서정적인 음수율이라는 형식 속에 담겨 있기 때문에 유아들도 쉽게 감상하며 즐길 수 있다.

이와 같이 인간의 내면 세계에 있는 감성이 정형시의 형식을 빌어 표현되는 것이 동요다.

2) 동요의 특징 및 교육적 의의

동요는 독자에게 따뜻함과 안정감을 주고 웃음을 주기도 하며 우리를 고요하고 편안하게 해 주기도 한다.

아동들이 동요를 듣고 경험할 때에는 순수한 즐거움이 함께 해야 하는데 이러한 순수한 즐거움의 경험은 유아들의 정서적, 지적, 심미적 자원의 영구적인 한 부분으로 자랄 수 있다.

동요의 기본적인 특징은 우리들의 정서, 분위기, 경험들을 집약시키거나 구체화시키는 것이다. 또 단어들과 소리들을 사용하여 우리들의 기억과 감정들을 불러일으키며, 은유나 직유 등의 비유적 표현을 사용한다.

한편, 동요는 유아들에게 리듬과 음률을 통하여 청각적인 즐거움을 증가시켜 주므로 동요를 완전하게 즐기려면 들려줘야 한다.

유아들은 동요나 노래를 들으며 박자를 맞추면서 그 리듬에 쾌감을 느끼고 즐거워하는데, 이것은 유아가 리듬과 언어의 음악성에 대한 즐거움을 표현하는 것으로 볼 수 있다. 이처럼 유아들이 동요나 노래를 통해서 얻는 즐거움은 시(時) 속에 포함된 언어의 리듬에 대한 생생한 반응이다. 그러나 유아는 시를 읽음으로써가 아니라 들음으로써 그 운율을 즐기는 것이다. 따라서 어렸을 때의 좋은 동요의 풍부한 경험은 유아가 지니고 있는 생각과 감정을 공감하고 잘 표현할 수 있게 해 주며, 모국어의 아름다움에 대한 자각도 경험하게 한다. 유아에게 동요를 접하게 해 주는 것의 교육적인 의의는 다음과 같다.

(1) 동요는 모국어의 아름다움을 느낄 수 있는 가장 좋은 문학 장르다.
(2) 동요를 부르고 들으면 정서적으로 풍부한 경험을 하게 된다.
(3) 동요의 리듬감과 운율을 통해 감각적인 즐거움을 경험하게 된다.
(4) 자연과 사물, 삶에 대한 올바른 통찰력을 기를 수 있도록 도와 준다.
(5) 자신의 감정을 정확하고 자연스럽게 표현할 수 있도록 도와 준다.
(6) 감성과 상상력 개발의 증진으로 전인적 교육의 기초를 마련한다.

3) 동요의 종류

우리나라의 동요는 전래동요에서 그 뿌리를 찾아볼 수 있으며, 이후 1910년대에 접어들면서 딱딱하기 이를 데 없는 깨우침 노래인 창가(唱歌)가 아동의 입에 오르내리다가 1920년대에 들어서서야 비로소 예술동요라 할 수 있는 동심을 살린 동요가 소개되었다.

개화기에 이르러 순수한 예술적 동요로써 자리잡기 시작하였으며, 우리나라 최초의 창작동요인 ≪반달(1924년)≫이 작곡되었다. 방정환(方定煥)의 ≪형제별≫, 유지영(柳志永)의 ≪고드름≫, 윤극영(尹克榮)의 ≪반달≫, 윤석중(尹石重)의 ≪흐르는 시내≫가 그 무렵의 동요들이다.

판에 박은 듯한 4 · 4조나 7 · 5조에서 벗어난 첫 시도는 1933년에 나온 동시집 「잃어버린 댕기」(윤석중 지음)로, ≪세계지도≫, ≪담모퉁이≫, ≪도깨비 열두 형제≫ 등의 창작 동시가 실렸다. 이어 박목월(朴木月) · 강소천(姜小泉) · 이원수(李元壽) 등이 동요 창작에 힘을 기울였고, 시단(詩壇)에서는 정지용(鄭芝溶) · 윤동주(尹東柱) 등의 동요가 문학적 수준을 높이는 데 공헌하였다.

동요는 일제강점기 때 아동들에게 활력을 불어넣어 주기 위해, 일제의 억압 속에서 자생적 민족문화 운동의 일환으로 그 저변을 확대해 갔다. 해방 이후 동요는 밝고 씩씩한 건설적인 노래로 변하였고, 동요의 인식도 바뀌어져 아동들의 유희적 개념에서 교육적이며 음악적인 개념으로 평가되기 시작했다.

1950년대 중반 동요의 전성시대로 아동들에게 아름다운 정서생활을 심어 줄 수 있는 우리말로 된 가사에 즐겁게 부르는 동요가 창작되었다. 가사가 주는 정서와 박자, 리듬, 음역 등 서로 조화를 이루며 교육용으로 활용하기 위한 동요 창작이 시도되었다. 이후 1960년대의 혼란시대와 1970년대의 가치관의 정립시대를 거쳐 1980년대 이후의 다양화시대로 창작동요의 질적 향상과 전통음악의 재정립이라는 관점에서 국립국악원과 여러 동요 단체, 초등 교사회의 헌신적인 활동과 노력이 이루어졌다.

특히 교육과정 개편에 따른 학교 교육을 통한 전통음악 형식의 동요를 보급한 교육관계자, 동요 부르기 운동을 전개한 방송국 및 여러 단체의 역할을 통해 첨단 기계에 의한 동요 보급이 현시대에 새롭게 활기를 띠게 되었다.

'3~5세 누리과정'(교육과학기술부 · 보건복지부, 2013 시행)에 소개된 노래 부르기 활동을 바탕으로 생활주제에 따라 소개되는 동요의 종류와 그 흐름에 대해 살펴보고자 한다.

(1) 유치원/어린이집과 친구(악보 : 둥근해)

둥 근 해

이춘희 요
김규환 곡

(2) 우리 동네(악보 : 우리 모두 다같이)

우리 모두 다 같이

외국 곡

(3) 봄 · 여름 · 가을 · 겨울(악보 : 꽃씨)

꽃 씨

이춘희 요
김성균 곡

(4) 나와 가족(악보 : 웃음소리)

웃음소리

돌림 노래

이춘희 요
김성균 곡

(5) 동식물과 자연(악보 : 달팽이)

달 팽 이

이춘희 요
이수인 곡

(6) 생활도구(악보 : 돋보기 안경)

돋보기 안경

이춘희 요
김성균 곡

(7) 교통기관(악보 : 길조심)

길 조 심

(8) 세계 여러 나라(악보 : 세계의 인사)

세계의 인사

에클로프 작사·작곡

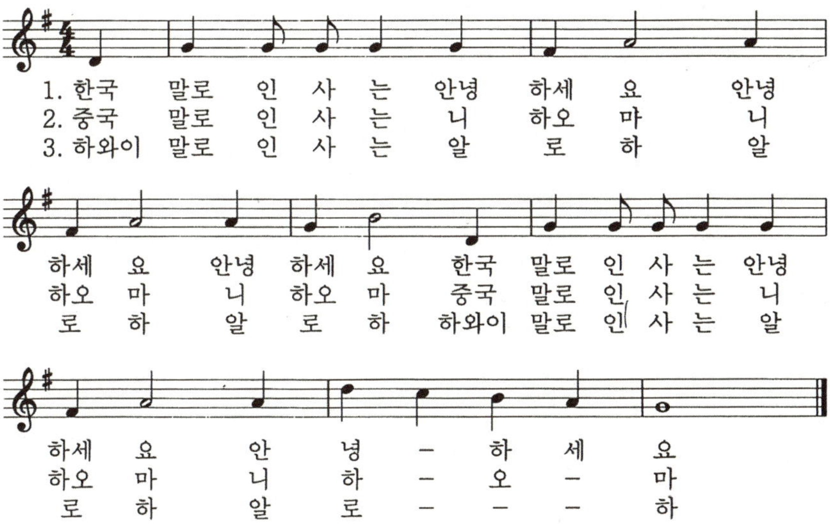

(9) 환경과 생활(악보 : 울어요)

울어요

TYP10

유은정 작사·작곡

(10) 우리나라(악보 : 송편)

송 편

고민정 작사
이영주 작곡

3. 동 시

1) 동시의 개념

동시는 서정시로부터 발전한 운문 문학의 한 형태로서 아동들을 독자로 삼아 쓴 시를 말한다.

스미스(Smith, 1994)는 "시는 모든 생명의 깊숙한 곳에 자리잡은 진실에 대해 시인이 직감하여 예술이라는 방법을 사용하여 상상의 세계에서 재창조하는 것이다"라고 하였다.

브롬리(Bromley, 1992)는 "시란 메시지를 촉진하는 리듬, 운율, 반복이 내포되어 있는 것으로 소리내어 읽혀져야 하며 즐길 수 있는 것이어야 한다. 그리고 시 속에는 배경, 인물, 주제 혹은 메시지, 시점 또는 화자(speaker), 독특한 양식 혹은 어조, 시각적인 장면의 창조 혹은 감각적 영상, 운율의 사용 혹은 반복 등의 요소들이 포함되어야 한다"고 하였다.

이재철(1989)은 "동시는 어린이다운 심리와 정서로 어른과 어린이 모두가 공감할 수 있게 성인이 쓴 시다. 그러므로 동시는 적어도 유아들이 이해할 수 있는 언어와 소박하고 단순한 시상 · 감정을 담아야 한다. 동시가 성인시와 다른 점은 바로 어린이답다는 조건에 있다"고 하였다.

이를 종합해 보면, 시는 인간 내면의 정서, 사상의 세계를 정선된 언어로 요약 · 압축하여 표현한 것이다. 다시 말해, 시는 인간 내면에 있는 정감의 세계를 다듬고 걸러서 운율적인 문장 속에 요약하고 압축하여 가장 농도가 짙은 언어로 쓰여진 것을 의미한다.

시는 인생과 경험에 관한 진실을 담고 있다. 형식적으로 외관상 형태가 특이하고, 운율적이며, 함축된 언어를 사용한다. 시의 언어는 친숙한 언어지만 조심스럽게 알맞은 자리에 상상력을 사로잡도록 쓰여진다. 즉 시는 적은 수의 단어로 이미지를 창조하고 감정을 흔들어 놓는 아름답고 잘 표현된 그림과 같은 이미지를 주게 된다.

유아들이 시에 대해 쉽게 접하게 하기 위해서는 시를 유아에게 얼마나 노출시키느냐가 중요하다. 시를 사랑하는 것은 타고나는 것이 아닌 만들어지는 것이다. 교사나 부모가 시를 사랑하는 태도로 즐겁게 읽어 줌으로써 그 효과를 갖게 될 것이다. 즉 시를 사랑하는 부모나 교사의 태도가 시를 좋아하는 유아로 만든다. 시를 유아에게 크게 자주 읽어 주고, 시화로 만들어 전시하는 등 자주 접하게 하는 것이 효과적이다.

2) 동시의 특징 및 교육적 의의

동시가 무엇인가에 대해서는 의견을 제시하는 사람에 따라 강조점이 다르다. 동시에 대한 이러한 각기 다른 의견들은 동시의 의미를 정확하게 전달해 주지 못한다. 여기에서는 동시의 일반적인 특징과 교육적 의의에 대해 살펴보기로 하겠다.

(1) 동시의 특징

1 동시는 소리 또는 운율에 따른 음악성

동시를 동시답게 만들어 주는 기본 요소는 운율이다. 시인은 음과 의미가 하나가 되는 말을 주로 사용한다. 즉 동시는 운율이 있는 언어를 사용하는 것이다.

운율이란 운(韻)과 율(律)의 합성어로서 시 속에 같은 소리의 글자를 반복해서 배치하여 발생하는 음악적 요소를 운이라 말하고, 음의 강약, 장단, 고저 등을 이용하여 발생되는 음악적 요소를 율이라 말한다. 이러한 동시의 음악적 요소들은 유아들에게 언어의 즐거움과 함께 소리나 리듬의 즐거움을 준다.

① 소리에 따른 음악성: 대개 사람이나 동물의 소리 또는 자연계의 소리를 나타내는 의성어와 사물의 모양이나 태도 또는 움직임을 묘사하는 의태어가 주로 음악성을 나타내는 낱말이다.

새 벽

쉬가 마려워
새벽 잠이 깼지요.

조용 조용 조용히
문을 열었어요.

어?
이게 무슨 소릴까?
새근 새근
우리 아가
고운 숨소리.

쿨쿨 쿠울쿨
우리 오빠
힘찬 숨소리.

우리 엄마 숨소리
들리지 않아
살금살금 엄마 곁에
기어갔더니
엄마는 사알짝 깨어
나를 꼭 안네.

따뜻하고 포근한 우리 엄마 품

"쉬 다 봤니?"

- 이춘희 -

② 리듬에 따른 음악성 : 동시의 리듬을 표현하는 방법으로는 표면적으로 드러나게 하는 방법과, 그렇지 않고 자연스럽게 느껴지도록 하는 방법 두 가지가 있다. 여기에서 음절을 기본 단위로 하여 표면적으로 드러나는 방법을 외재율 또는 외형률이라고 하고, 드러나지 않는 방법은 내재율이라고 한다.

운율이 있는 동시는 독자로 하여금 운율에 주의 집중을 하도록 요구하며 듣기만 해도 즐거운 마음을 가지도록 한다. 또한 동시의 음악성은 동시의 내용과 의미를 분명하게 해 주며 의사소통을 쉽게 할 수 있도록 한다. 자유시와 산문시는 대부분 내재율의 형식을 취하며, 정형시는 주로 외재율의 형식을 취한다. 아래의 동시는 4 · 3조의 리듬으로 외재율을 취한 동시의 예로서 4 · 3조의 리듬이 운율의 재미를 느끼게 해 준다.

엄마하고

엄마하고 길을 가면
나는
키가 더 커진다

엄마하고 얘길 하면
나는 내가
말이 술술 나온다.

그리고 엄마하고 자면
나는
자면서도 엄마를 꿈에 보게 된다.

참말이야, 엄마는
자면서도 빙그레
웃는다고 하셨어.

- 박목월 -

2 동시는 서정적인 상상력을 기초

동시는 독자로 하여금 단순한 지적 동의를 요구하는 것이 아니라 독자에게 무엇인가를 느끼게 하는 것이다(Brooks & Warren, 1976).

같은 내용을 소재로 상상력을 펼친다 하더라도 동시와 동화가 펼치는 상상력은 각각 다르다. 동시가 펼치는 상상력은 서정적 상상력이라 하고 동화가 펼치는 상상력은 서사적 상상력이라고 한다.

토 끼

아카시아 잎을 물고
호물호물

두 눈이 말똥말똥
잘도 먹지요.

클로버 잎을 물고
사각사각

두 귀가 쫑긋쫑긋
잘도 먹지요.

- 이진호 -

3 동시는 함축적인 글

동시는 다른 문학 장르에 비해 언어를 효율적이고 경제적으로 사용한다. 동시의 글은 표면적으로 드러난 의미 외에도 표면적으로 드러나지 않은 감추어진 다른 의미도 글 속에 가지고 있다.

동시는 다른 장르의 문학에 비해 생략과 비약에 기초를 두고 있기 때문에 동시 속에는 매우 함축적인 속성을 가지고 있는 것이다.

울까 말까

사과 껍질을 벗기다가
손가락을 베었다
피는 조금 나지만
겁은 더 난다.
울까?
말까?
피는 난다.

울까?
말까?
울까?
말까?
새빨간 핏방울
그런데 그런데...
울려도
집에는
아무도 없다.

\- 이종택 -

4 비유와 상징이 많이 포함

시를 효과적으로 표현하기 위한 예술적 기법으로 비유와 상징의 표현을 들 수 있다. 비유란 어떠한 현실을 그와 비슷한 것에 빗대어 표현하는 수사법으로 유아들이 경험을 표현하는 데 있어 비유와 상징은 매우 중요한 역할을 한다.

동시는 시인이 말하고자 하는 것을 직접 말하는 것보다 비유를 사용하여 말을 할 때 더욱 생생하고 구체적으로 말을 할 수 있으며, 좀 더 많은 것을 말할 수 있다. 또 그 자체가 독자들에게 즐거움을 주며, 감정을 더욱 풍부하게 만들어 준다. 동시에는 의인법, 은유법, 직유법의 비유수사법을 많이 사용한다.

다음은 의인법을 활용한 동시로서 유아들을 독자의 대상으로 하여 공감을 형성할 수 있도록 한 작품의 예다.

이 슬

이슬이
밤마다 내려와
풀밭에서 자고 가지요.

이슬이
오늘은 해가 안 떠
늦잠이 들었지요.
이슬이 깰까봐
바람은 조심조심 불고
새들은 소리 없이 날지요.

\- 윤석중 -

다음은 직유법을 사용한 동시의 예로서 안경이 자전거에 재미있게 비유되어 독자로 하여금 즐거움을 느끼게 해 주는 시다.

안 경

안경은 자전거 같다.
동그란 바퀴가 두 개

요런 자전거는 누가 타지

내가 읽은 이야기책의
꼬마 사람이 타겠지.

\- 김현옥 -

위와 같이 동시는 다른 장르의 아동문학들보다 더욱 음악성이 있고, 서정적 상상력을 포함하고 있으며, 함축적인 의미를 가지고 있고, 비유와 상징을 사용하는 특징을 가지고 있다.

(2) 교육적 의의

아동들은 그들이 직접 표현하는 것보다 훨씬 더 많은 것을 이해하고 있다. 그들은 직감과 상상을 통해 새로운 경험과 발견을 한다.

어렸을 때의 적당한 시적 경험은 모국어에 대한 아름다움을 경험할 수 있는 가장 적절한 방법이며 그들이 느끼고, 생각하고, 감정을 표현할 수 있는 길을 발견하게 한다. 따라서 유아들에게 시를 경험하게 하는 것은 언어에 대한 감수성을 많이 계발시킬 수 있으며, 그들이 가진 본능적인 리듬에 대한 즐거움을 발전시키는 데 적당하기 때문이다.

어버스넛과 서더랜드(1972)는 시는 어린이의 상상력을 다른 여러 방법으로 확장시켜 주면서 내면적으로는 새로운 희망을 주는 것이라 설명하고 있다. 또한 단순한 시구의 반복, 운율, 리듬은 시를 가깝게 함으로써 언어의 아름다움에 대한 감사와 더불어 시의 분위기, 정서, 장면 등의 아름다움 등을 구체적으로 느끼게 해 준다고 했다.

아동들에게 시를 경험시키는 교육적 의의를 정리하여 보면 다음과 같다.

① 아동들이 가지고 있는 감성과 상상력을 통한 인성교육의 기초로 필요하다.
② 아동들에게 모국어의 아름다움을 느낄 수 있게 하는 적절한 매체다.
③ 시의 리듬과 운율을 통해 감각적인 혀와 귀의 즐거움을 경험한다.
④ 가장 잘 선택되고 정선된 선택을 통해 언어의 신비스러운 기능을 체득한다.
⑤ 동시 전체가 표현하는 감동을 느낄 수 있고, 자연이나 수영역에서 나오는 분석하거나 뜯어 보는 그런 지식을 통함이 아닌 동시의 이미지를 통해 전체를 느낄 수 있다.
⑥ 동시가 아동에게 주는 것은 감동의 세계다.
⑦ 시를 감상함으로 아동들의 감정세계를 더욱 풍부히 할 수 있다.
⑧ 아동에게 아름다운 마음씨를 갖게 해 주며 사물을 전체로 한꺼번에 볼 수 있는 직관력을 길러 준다.
⑨ 자신의 감정을 자연스럽게 표현할 수 있는 능력을 길러 준다.

3) 동시의 종류

동시의 유형은 형식을 중심으로 정형시, 산문시, 자유시 등으로 분류할 수 있다. 내용을 중심으로 서정시, 서사시, 극시 등으로 분류할 수 있다. 모든 동시가 형식과 내용을 동시에 포함하고 있기 때문에 동시는 자유시이며 정형시일 수도 있고 산문시이며 서정시일 수도 있다.

다음에서 동시를 형식과 내용으로 분리하여 설명하고자 한다.

(1) 형식적 분류

동시를 형식적으로 분류할 때는 일반적으로 외형적 운율에 따라 정형동시, 자유동시, 산문동시, 동화시로 나누어 볼 수 있다.

1 정형동시

정형동시는 음수율, 행수, 운율에 따른 동시를 말한다. 음악성이 강하여 동요로 많이 불리우고 있다. 정형시의 음수율은 3 · 4조, 4 · 4조, 5 · 5조, 7 · 5조가 대부분이다.

아래의 동시는 정형동시의 형식을 취하고 있는 한 예로써 동시들을 읽어 보면 음수율, 행수에 따라 강한 음악적 리듬감을 가지고 있어서 율동적이며 음악적인 맛을 풍기고 있다.

키대보기

누구 키가 더 큰가
어디 한 번 대 보자

올라서면 안 된다 또
발을 들면 안 된다

똑같구나 똑같애
내일 다시 대 보자

- 윤석중 -

2 자유동시

자유동시는 정형동시에 대응되는 개념으로 음수율, 행수, 운율이 정형적 구조에 구애받지 않는 자유로운 형태의 동시를 말한다.

자유동시는 자유로운 형식을 가지고 있으나 그 내면에는 나름대로의 리듬을 가지고 있는데, 여기서 리듬이란 시의 호흡이며 언어 속에서 이루어지는 음성의 질서를 말한다. 따라서 자유동시는 내재율을 취하고 있다.

다음의 동시는 자유동시의 형식을 취하고 있는 동시의 예로써 이 동시는 정형적인 운율에 대입하지는 않았으나 그 나름대로의 리듬을 가지고 있다. 이것을 내재율이라고 한다.

내 마 음

몹시 화가 나고 울고 싶다가도
금방 깔깔 웃기도
좋기도 한 내 마음

꼭 하나인 것 같으면서
날마다 때마다
다른 빛깔 되는 마음

사진으로 찍어 낼 수 있다면
어떤 모양이 될까
정말 궁금한 내 마음

- 이해인 -

3 산문동시

산문동시는 자유동시와 비슷하다. 그러나 자유동시가 내재율을 반영하여 자유로운 운율 구조의 음악적인 측면을 가지고 있는 반면, 산문동시는 아무런 리듬을 가지고 있지 않는 산문에 가깝다. 그럼에도 산문동시는 시의 의미의 본질인 음악성, 상징성, 함축성 등을 갖추고 있기 때문에 동시의 범주에 있는 것이다.

산문동시는 초등학교 고학년들에게 읽히는 산문적인 시로서 산문동시, 동화시,

서사동시가 이에 포함된다. 산문동시는 산문(散文)과 동시(童詩)라는 의미가 내포되어 있는 명칭으로서 시정신을 산문의 틀 안에 담아 놓은 것이라고 볼 수 있다.

우리나라의 대표적 산문동시로는 윤동주의 「소년」이 있다.

> "여기저기서 단풍잎 같은 슬픈 가을이 뚝뚝 떨어진다. 단풍잎 떨어져 나온 자리마다 봄을 마련해 놓고 나뭇가지 위에 하늘이 덮여 있다. 가만히 하늘을 들여다보려던 눈썹에 파란 물감이 든다. 두 손으로 따뜻한 봄을 씻어 보면 손바닥에도 파란 물감이 묻어난다. 다시 손바닥을 들여다본다."

4 동화시

동화시는 형식면에서 볼 때 시적인 짜임새를 가지고 있으면서 그 안에 동화적인 내용을 담은 시를 말한다. 이것은 자유시와 비슷하지만 스토리를 가지고 이야기를 담고 있다는 면에서 자유시와는 분명히 다르다.

다음은 단순한 현실의 이야기가 아닌 동화시의 특징을 잘 보여주고 있는 박경용의 「이런 꿈을 꾸며」의 일부분이다.

> "빠알간 유리를 통해 본 세상은 아주 먼 어제였습니다. 나 또래의 아이 하나가 조그만 보따리를 등에 업은 채로 어쩔줄 몰라 하며 엉엉 울고 있었습니다. 길을 가뜩 메운 그 많은 사람의 물결 가운데서 어느 한 사람도 거들떠보는 사람은 없었습니다."

(2) 내용상의 분류

동시를 내용으로 분류할 때는 내용의 특성에 따라 일반적으로 서정동시, 서사동시, 극시로 나눈다.

1 서정동시

서정동시는 시인의 사상이나 감정을 표현한 시를 말한다. 서정동시는 소재나 내용이 자연세계를 대상으로 자연과의 교감이나 시적 감동을 시인의 주관적인 감정 표현으로 형상화한 시를 말한다. 서정동시는 한 사건에 주의를 집중하기 때문에 독자에게 생명감을 주기도 하며, 서사동시에 비해 내용이 주관적이며 개인적이다. 또한 시의

음악성(리듬)이 중요시되며 현재적인 표현을 한다.

아동들이 보통 접할 수 있는 정형동시, 자유동시, 산문동시 등은 대부분 서정동시에 속한다. 다음의 동시는 서정동시의 한 예로써 아무런 정보 전달은 하지 않으나 자연의 아름다움에 대한 상상력을 자극하고 자연과의 교감을 가질 수 있도록 하는 아름다운 동시다.

징검다리

꽃동네
새동네
이어주는
징검다리.

꽃동네
바둑이
꽃소식 전하러
팔딱 팔딱
건너고.

새동네
달돌이
엄마 심부름
껑충껑충
건넌다.

개울물에
송사리 떼
요리조리
재미있다.

징검다리
재미있다.

- 이춘희 -

2 서사동시

서사동시는 한 주제에 대해 운문으로 길게 표현한 시를 말한다. 서사동시는 주로 역사적 이야기, 설화, 위인 전기를 소재로 하므로 시의 내용이 영웅이나 위인들을 주인공으로 하여 전개된다. 그렇지만 소설과는 달리 허구적인 특성을 지닌 이야기가 아니라 객관성을 가진 이야기여야 하며, 남의 이야기를 독자들에게 전달하려는 형식을 취해야 한다.

아동의 발달수준에 알맞은 서사동시는 그리 많지 않다. 우리나라의 대표적인 서사동시로 박성만의 「지금 싸움이 한창 급하니」를 들 수 있다. 그 외 호머의 「일리아드」,

「오딧세이」와 밀턴의 「실락원」 등이 있다. 다음의 시는 이순신 장군의 생애를 표현한 동시다.

여수의 맑은 하늘날
거북 구자 깃발을 단
거북선의 진수식과
지자포 현자포 등 대포쏘기
시험을 마치니 바로 그 달이다.
이 때가
천 오백 구십 이년 사월 초
이는 임진왜란이 일어나는

- 중략 -

신기한 배를 본
장병들과 백성들은 탄성을 지르고
바람도 처음인 듯 만져보고
바다도 으뜸인 듯 안아보고
앞산도 지켜보고
뒷산도 숨죽여 내다보고
아니나 다를까
무모하게 쫓아온 적선을 향해
뱃머리를 돌린 거북선은 뛰어들고
힘차게 노를 저어
적선 한가운데 뛰어들고

- 생략 -

3 극 시

극시란 극적인 내용을 시적 언어로 표현한 시, 즉 운문으로 씌어진 희곡이다. 흔히 시라고 하면 서정시를 연상하게 되는데 극시는 희곡의 일부이거나 시와 희곡의 혼합 형태라고 하겠다.

동서양을 막론하고 중세까지는 희곡이 운문으로 씌어지는 일이 많았지만 오늘날에는 일부 시인들이 간혹 이와 같은 형식의 시를 쓰기는 해도 그리 흔하지 않다.

(3) 동시의 선택

동시는 음악성, 상징성, 함축성을 가진 언어로 표현되므로 아동들은 대부분 본능적으로 동시에 관심을 가진다. 좋은 동시는 많은 아동들이 흥미를 가지게 하며, 감동하게 만든다. 좋은 동시는 동화나 동극과 같은 다른 문학 작품의 형태보다 아동의 언어에 대한 감수성을 더욱 개발할 수 있으며 아동들이 가지고 있는 본능적인 리듬에 대한 즐거움을 느끼게 할 수 있다.

동시는 아동에게 표현력을 길러 주고 많은 정보를 주므로 교사는 아동들에게 좋은 동시를 경험할 수 있도록 많은 기회를 제공해야 한다.

좋은 동시는 아동들의 상상력을 자극하여 이들을 풍부한 상상의 세계로 갈 수 있도록 도와 주며 아동들에게 기쁨을 주기도 한다.

아동들에게 기쁨을 주는 시와 좋은 시를 선택하여 아동에게 들려주기 위한 방법을 정리해 보면 다음과 같다.

① 우선 교사가 그 시를 좋아해야 한다.

② 시대가 변해도 공감이 되는 시가 좋다. 현재 아동들이 공감할 수 없는 주제를 지닌 시는 선택하지 않는다.

③ 행동을 묘사한 시를 선택하는 것이 좋다.

아동들은 행동을 묘사한 시를 추상적인 관념에 대한 시보다 더 좋아하므로 행동의 이미지를 변화시켜 주는 시를 선택한다.

섰 네

흔들흔들 겨우 엉덩이 들고
건들건들 겨우 두 손을 떼고
비틀비틀 겨우 두 무릎 펴고
우쭐우쭐 겨우 우리 아가 섰네.

- 문삼석 -

④ 리듬감과 운율을 함께 지닌 시가 좋다.

리듬감과 운율은 시의 음악적 요소가 포함된 것으로 이러한 시는 큰 소리로 읽기에 좋다.

김 밥

단무지랑 엄마옆에
시금치랑 붙어앉아
소세지랑 터진김밥
계란이랑 집어먹고

함께넣고 낼 소풍날
돌돌말아 비올까봐
조물조물 하늘보고
오물오물 걱정하고

- 김 현 -

⑤ 오래된 시와 현대시를 함께 선택하는 것이 좋다.
⑥ 유아가 있는 시를 선택한다.
⑦ 긴 시보다는 짧은 시가 좋다.
⑧ 감각적이고 함축적이며 명백하고 기억될 만한 시어를 사용한 것이 좋다.

아동들이 이해할 수 없는 너무 어렵고 모호한 의미의 언어를 사용한 시는 선택하지 않는다. 의성어나 의태어는 아동들의 시각적 · 청각적 이미지를 형성할 수 있도록 도와주므로 의성어나 의태어가 잘 사용된 시를 선택하는 것이 좋다.

눈 오는 날

송이송이 함박눈 두런두런 말소리
소복소복 장독대 조용조용 새소리
오목오목 발자국 둥글둥글 눈사람

- 이문구 -

⑨ 시의 주제가 색다르거나 일상생활에 새로운 의미를 부여하는 것이 좋다.

시의 주제가 좀 색다르거나 아동들의 일상생활에 새로운 의미를 부여할 수 있는 시를 선택하되 아동들이 이해할 수 있는 주제를 가진 시가 좋다.

찻잔과 숟갈

작은 이모 오시면
조그맣고
예쁜 주전자
뽀글뽀글 물 끓고.

그릇장 선반 위
찻잔이 손짓

……나를 내려 주세요.

찻잔 옆 얌전한
찻숟갈 방실

……나도 내려 주세요.

쟁반 위에 달콤한 차
김이 모락 모락.

작은 이모
예쁜 입술 데실라

나는 옆에서 다소곳.

\- 이춘희 -

⑩ 아동들에게 흥미로운 시각적인 시인 모양시(concrete poem)를 선택하는 것도 좋다. 모양시에서는 단어가 주제를 묘사하기 위해 실제적인 물체의 형태를 나타낸다. 모양시는 작품 그 자체가 뜻을 나타내는 단어나 문장의 모습을 나타내거나 일련의 단어들이 형태를 갖기도 한다.

종달새

비
비비
비비비비비비비비
비비비비비비비비비비

하늘에도 빗소리
들에도 빗소리

빗방울은 없는데
온종일 빗소리

- 김용섭 -

⑪ 유머러스한 시를 선택하는 것이 좋다.

유머러스한 시는 아동들로 하여금 상상력을 불러일으키며 웃음을 자아내게 한다. 이러한 시는 아동들을 즐겁게 해 주고 시와 친해질 수 있는 계기를 마련해 준다.

아 기 눈

아기, 눈 감고
"엄마, 나 눈 없지?"
"없네 !"
아기, 눈 감고
"엄마, 난 눈 하나지?"
"하나네 !"

아기, 눈 마저 뜨고
"엄마, 나 눈 다아지?"
"다아네"
"엄마두 눈 다아구 !?"

- 박병섭 -

4) 동시의 감상

(1) 동시 감상이란

사람들이 짓는 문장 중에 가장 요약되고 압축된 문장을 '시'라고 하고, 언어 중에 가장 농도가 짙은 언어를 '시어'라고 한다. 동시는 유아교육기관에서 유아에게 최초로 소개되는 경험이기에 동시에 대해 살피는 일은 매우 중요하다. 시의 감상이란 여러

분야에서와 마찬가지로 자신의 감정을 작품에 이입하면서 느끼는 감정으로 유아가 시를 읽으면서 마음 속에 느끼어 일어나는 생각 또는 그림을 동시 감상이라고 할 수 있다.

(2) 동시 감상하기

① 유아의 생활 경험과 관련 있는 동시를 선택한다.
② 쉬는 시간이나 조용히 안정을 취하고 있는 시간, 또는 낮잠 자는 시간에 천천히 낭송한다.

가을 소풍

파란
하늘
뭉게구름.

논과 들엔 벼 · 콩 · 고추 · 들깨
과수원엔 사과 · 배 · 대추 · 감……

노래 소리
즐거워.

걸머진 배낭엔
김밥 · 초콜릿 · 우유 · 껌……

우리 좋은 내 짝아
가을 소풍 참 좋지?

\- 이춘희 -

③ 하나하나 질문을 통해 내용을 이해하게 도와 준다.
\- 가을 소풍을 어디로 간 걸까?
\- 논에서는 무엇을 볼 수 있지?

- 과수원에선 무엇을 볼 수 있지?
- 배낭엔 무엇이 있었지?
- 친구들의 마음이 어떨까?

④ 다시 한번 들려주고 일연씩 내용을 주고 받는다.

⑤ 눈을 감고 동시의 영상을 상상해 보게 한다.

- 논밭이 보이는 들녘의 모습을 생각해 보자.
- 파란 하늘에 무엇이 보일까?
- 가을 소풍을 가는 친구들의 마음은 어땠을지 상상해 보자.
- 우리가 다녀온 가을 소풍은 어땠었는지 생각해 보자.

⑥ 발현적 교육과정인 주제망을 구성할 수 있다.

4. 동시의 창작과 지도

1) 동시의 이미지 표현

시의 이미지(image)란 독자가 시를 읽으면서 갖게 되는 느낌을 말한다. 독자가 '하늘'에 대한 시를 읽으면서 하늘의 여러 가지 모습들을 떠올려 마음 속에 담게 될 것이고, '산'에 대한 시를 읽으면서 산의 이 모습, 저 모습을 느끼게 될 것이다. 따라서 어떤 시를 읽으면서 여러 가지 그림이 마음 속에 떠오르게 되면 그것이 바로 그 시의 이미지인 것이다(이춘희, 2007).

이미지란 마음 속에 그려지는 그림이나 모습을 의미하는 것으로 보통 심상(心象)이라고 표현하기도 한다. 예를 들면, 어떤 독자가 우정을 주제로 한 시를 읽을 때, 독자는 자기의 정다운 친구의 얼굴을 마음 속에 떠올리게 되는데 이 때 그 마음 속에 떠올린 친구의 모습이 바로 이미지다. 즉 이미지란 상상(想像)이나 기억(記憶) 또는, 외적(外的)인 자극에 의해 의식(意識)에 나타나는 직관적 표상을 말하는 것이다. 또 이미지는 감각적인 것으로도 분류가 되는데, 눈에 보이는 것 같은 느낌을 주는 시각적(視覺的)인 이미지, 소리를 직접 듣는 것 같은 느낌을 주는 청각적(聽覺的)인 이미지,

만지고 있는 것 같은 촉각적(觸覺的)인 이미지, 물체 등이 움직이는 것 같은 운동적(運動的)인 이미지 등으로도 구분할 수 있다.

시를 통해서 여러 가지 이미지에 대해 구체적으로 살펴보도록 하겠다.

(1) 시각적(視覺的) 이미지 표현

시각적 이미지란 시를 읽으면서 우리가 눈으로 직접 보고 있는 것 같은 느낌이 마음에 떠오르는 심상을 의미한다. 이러한 시각적인 이미지는 현대시의 표현기교(表現技巧)에 있어 매우 중요한 과제로써 이는 시의 지배적인 이미지 표현이 시각적 이미지를 뜻하기 때문이다. 시각적 이미지의 기교를 익히기 위해서는 움직이는 물상을 표현하는 수련에 힘써야 할 것이다.

이러한 시어를 예를 들면, 반짝반짝 냇물 속에 빠진, 알밤 줍는 다람쥐, 깜빡깜빡 잠자지, 뚱뚱한 우리아빠, 힘차게 퍼덕이는 커다란 날개, 두 볼에 흐르는 눈물, 웃는 얼굴 예쁜 얼굴, 파릇파릇 뒤뜰에 넓은 뒤뜰에, 빨간 불꽃 피워, 잔잔한 호수에 등으로 시어를 통해 시각적 이미지를 느끼게 된다.

(2) 청각적(聽覺的) 이미지 표현

청각적 이미지란 우리가 시를 읽으면서 음향 등 모든 소리를 듣는 것 같은 느낌을 말한다. 청각적 이미지는 시를 묘사함에 있어서 그 시를 생동감(生動感) 있게 또는 역동적(力動的)인 이미지로 전개시키는데 효과적이다.

시는 시각적일 뿐 아니라 청각적으로 뛰어난 묘사에 의해 좀 더 리얼한 실감미(實感美)를 자아내게 하는 효과가 있다. 따라서 시를 쓰고자 할 때 그 시의 내용에 적합한 청각적 이미지의 구사는 시를 쓰는 이들에게 바람직한 표현이 될 수 있다. 이러한 시어의 예를 들면, 처얼썩 처얼썩 척 쏴아아, 댕그랑 앙앙아아 댕그랑 앙앙아아, 이리 오너라, 울음을 삼키고 있다, 뙤약볕 정적을 깨내는 소리 호이호이, 바스락 바스락, 덜컹덜컹, 겨울밤 개 짖는 소리가 반가웁다 등으로 시어를 통해 청각적 이미지를 느끼게 된다.

(3) 공감각적(共感覺的) 이미지 표현

심리적인 감각 작용에 공감각(synesthesis)의 작용도 있다. 공감각이란 시각적인 색채나 형태를 느끼는 동시에 청각적인 소리를 듣는 것 같이 느낌을 동시에 느끼는 경우를 뜻한다. 즉 어떤 하나의 자극에 의해 어떤 감각의 작용과, 또 다른 영역의 감각이 동시에 작용하는 것을 말한다.

시에 있어서 이러한 공감각의 작용은 시의 이미지를 부각시키는 데 있어 시의 생동(生動)과 역동적 이미지를 부각시켜 주는 중요한 작용을 한다. 이러한 시어의 예를 들면, 바람 소리, 물결 소리, 갯마을의 봄은 해조냄새에 묻어 온다, 떼로 울음 울어, 저문 산이 무쇠울음을 운다, 고운 숨소리, 뽀글 뽀글 물 끓고, 찰랑찰랑 흔들면, 가오리연 팔랑팔랑, 보슬보슬 조용조용, 푸른 종소리, 향기로운 얼굴, 코스모스 웃음 등으로 시어를 통해 공감각적 이미지를 느끼게 된다.

(4) 상상적(想像的) 이미지 표현

상상력이란 시인이 갖는 뛰어난 능력의 하나로 시의 표현미를 이루어 준다. 시인은 눈에 직접 보이지 않는 것을 언어를 통해서 볼 수 있도록 함으로써 시의 상상적 표현미를 이루게 된다. 인간의 무궁한 능력 속에는 현재 자기 자신의 눈앞에 존재하지 않는 것을 생각해 낼 수 있다. 그 중 시인은 좀 더 폭넓은 상상력을 적합한 언어 표현을 통해 독자에게 그들의 상상의 세계를 이미지로 만들어 실감시키는 것이다.

이러한 시어의 예를 들면, 눈부신 분수, 넘실거리는 향긋한 물결이, 모든 돌이 보석이다, 어머니는 마침내 별을 뜬다, 꿈 속의 나라로, 하늘의 요술쟁이, 마음 속 아우성, 요술쟁이 돋보기 안경, 번뇌로운 생명, 하늘을 보면 파아란 시가 보인다, 옹기종기 모여 사는 크레파스들 등의 시어를 통해 상상적 표현미를 느끼게 된다.

2) 동시의 표현방법

(1) 동시의 끝말(어미 : 語尾)

시는 그 시의 어미 또는 시연(時聯)의 마지막이 되는 어미처리를 어떻게 하느냐에 따라서 의미 내용이 강화되며 시인이 의도하는 내용미(內容美)가 훨씬 더 선명하게 드러나게 된다.

시행 등의 어미처리에 있어서 보통 '~다'를 많이 사용하고 있다. 이 '~다'라고 하는 어미는 어간에 붙어서 그 말의 원형(原形)을 나타내거나 형용사, 존재사, 받침이 없는 체언(體言)의 어간에 붙어서 현재형(現在形)을 서술할 때에 끝맺는 종결어미(終結語尾) 역할을 하기도 한다. 특히 어미처리를 '~다'라고 하는 것은 그 시의 표현을 산문적으로 처리하는 데 큰 작용을 하고 있다.

다음의 동시들을 통해 시의 어미처리 표현을 살펴보도록 하겠다.

달팽이

달팽이 이사간다
이상하다 이상하다.
커다란 집을 지고
느릿느릿 이사간다.

달팽이 이사간다
이상하다 이상하다.
동그란 집을 지고
엉금엉금 이사간다.

\- 이춘희 -

이 시에서는 어미처리를 모두 산문적인 분위기로 이끌어 가고 있다. 만약에 어미를 다음과 같이 처리했다면 어땠을지 바꾸어서 읽어 볼 수 있겠다.

- → 이사하네
- → 이사하지
- → 이사하였네
- → 이사하였지.

어미를 '~네'와 '~지'로 바꾸면 시를 읽을 때 분위기가 한결 부드러운 운문체(韻文體)로 바뀔 것이다. 이처럼 시의 어미처리를 어떻게 하느냐에 따라 시의 맛이 달라진다.

시의 내용 여하에 따라 어미처리에 어떤 어미를 사용할 것인지 시를 다듬는 과정에서 적합한 것을 선택해야 한다.

돋보기 안경

할머니 할아버지 돋보기 안경
내가 쓰면 어지러운 돋보기 안경

고것 참 이상하다 돋보기 안경
심술쟁이 요술쟁이 돋보기 안경

- 이춘희 -

이 시의 경우는 어미를 사용하지 않은 종결어미가 없는 시다. 시가 운문(韻文)임을 알고 있으나 종종 그 시를 운문의 범위에서 빼내는 경우도 있다. 운문이라고 하는 것은 일정한 운자(韻字)를 구말(句末)에 사용하여 성조(聲調)를 고른 글에서 시작된다. 즉 현대적인 의미에서 설명하면 현대시는 시어를 배열하는데 있어 운자를 쓰는 대신에 운율 또는 리듬을 살려야 한다. 시어의 배열에 운율감을 살린다는 의미는 본질적으로 시 자체가 산문과 다름을 나타낸다.

운문은 곧 노래다. 노래를 산문으로 엮는다는 것은 시의 본질에서 벗어나는 잘못이 된다. 시가 산문과 상대적으로 대등한 존재임을 염두에 두고 산문적인 표현을 극복하도록 하여야 한다. 〈돋보기 안경〉의 시에서는 '안경'이라는 공통된 단어로 시행을 마무리함으로 산문적인 표현에서 벗어났다.

(2) 호격조사(呼格助詞)

우리는 시어로서 '산산이 부서진 이름이여', '사람이여' 등과 같이 '~여' 또는 '~아'라고 하는 호격조사를 종종 사용하게 된다. 이 호격조사 '~여' 또는 '~아'는 시의 표현미를 한결 더 높일 수 있는 방법 중 하나다. 호격조사 '~여'는 호소하는 뜻을 나타내는 조사이므로 제대로 어울리게 쓰기만 하면 시의 표현 기교가 돋보일 수 있으나 너무 남발하여 쓰면 작품의 품격을 떨어뜨릴 수도 있으니 주의해야 한다. 다음은 호격조사를 효과적으로 사용한 동시다.

넘어졌어요

엄마 – 아
엄마 – 아
나는 나는 웅덩이에 넘어졌어요
빨강피가 손등에서 팔꿈치에서
보송 보송 보송 보송 보송 보송.

엄마 – 아
엄마 – 아
나는 나는 돌에 걸려 넘어졌어요
빨강피가 발등에서 무릎에서
보송 보송 보송 보송 보송 보송.

- 이춘희 -

(3) 반복법(反復法) 사용

한 편의 시에서 똑같은 어구를 계속해서 반복 표현하는 경우를 종종 볼 수 있는데, 이러한 것을 수사법에서는 '동어반복'이라고 한다.

동어반복은 시의 의미를 강조하는데 쓰이는 강조법에 속하므로 효과적으로 사용하면 그만큼 시의 표현미를 이루게 되고 리듬을 고르게 조화시키는 효과도 얻는다. 그러나 반복법은 시에 있어서 시의 감동적인 표현미를 살리는 가운데 심도 있는 의미를 독자에게 잘 전달시키도록 하는 기교가 요구되기도 한다.

반복법은 시어에 따라서 동어 반복, 동의어(同義語) 반복, 유사어(類似語) 반복, 이어(異語) 반복 등으로 구분할 수 있고, 그 기능에 따라서는 전사(前事) 반복, 도치(倒置) 반복, 수구(首句) 반복, 수미동어(首尾同語) · 역대어(逆對語) 반복 등의 기능적인 작용으로도 구분할 수 있다.

다음은 실제 반복법을 사용한 동시다.

우리 엄마!

엄마 엄마
우리 엄마
엄마 엄마
엄마 엄마

좋아 좋아 엄마 좋아
우리 엄마 바라보면
나는 공주 나는 공주.

엄마 엄마
우리 엄마
사랑 사랑 나를 사랑
우리 엄마 뽀뽀하면
나는 왕자 나는 왕자.

엄마 엄마 좋은 엄마
엄마 품에 안겨보면
나는 천사 나는 천사.

- 이춘희 -

3) 동시 창작

동시는 청각적인 즐거움을 더해 주며, 언어의 아름다움을 느끼게 해 준다. 유아들은 일상 생활에서 일어나는 즐거운 경험들을 시적으로 표현할 수 있다.

(1) 동시를 쓰고자 하는 교사들을 위해

1 동시를 쓰고자 할 때

첫째, 동시를 쓰고 싶은 생각을 가져야 한다.

외부 자극에 대한 마음의 움직임은 우리의 감각을 통해서 내부로 들어온다. 시에 있어 이를 감각체험이라고 하는데, 이 감각체험에 의해 정서가 일어나고 상상을 하고 다른 생각을 하게 된다. 따라서 동시를 쓰고자 하는 사람은 동시를 쓰고 싶다는 생각을 가져야 한다.

둘째, 동시는 성인시보다 어렵다는 사실을 인식해야 한다.

아동의 지적 능력의 발달과 이해력 그리고 생활경험에 적합한 형식과 내용으로서 동시에 교육적 효과를 갖추어야 함을 고려해야 한다. 동시가 성인시보다 쉽다는 의미가 시에 담겨지는 사상 감정이나 표현의 매개체인 어휘가 아동의 이해능력을 벗어나지 않는 단순하고 평이한 것임을 말하는 것이지, 제작상의 안이함을 뜻하는 것은 아니다.

셋째, 동심(童心)을 지녀야 한다.

동시의 밑바탕에는 아이다운 사고와 감동으로 이루어져야 한다.

넷째, 동시는 일상생활과 더불어 써야 한다.

아동의 일상생활과 더불어 쓰여진다는 것은 동시를 쓰고자 할 때 작가 자신이 아이다운 마음가짐으로 생활주변에서 소재를 찾아야 한다. 또한 가능한 시의 언어도 아동의 일상용어를 사용한다. 다음 동시를 예로 살펴보겠다.

왜 가 리

왜가리야 !
왝 !
어디가니 ?
왝 !
엄마 찾니 ?
왝 !

아빠찾니 ?
왝 !
왜 말을 않고 대답만 하니 ?
왝 !
……
왝 !

- 박경종 -

앞의 '왜가리'는 눈으로 볼 수 있는 모습을 그린 것이 아닌 음향의 모습을 시각적으로 나타내면서 아동이 엄마 · 아빠를 그리는 마음의 흠모와 찬미가 깃들어 있다. 엄마 · 아빠를 찾고 그리는 생활은 바로 아동의 현실적 일상생활인 것이다.

다섯째, 한 편의 동시가 완성된 후 다시 읽고 고치고 매만지고 다듬어야 한다.

동시를 처음 쓰는 사람일수록 싯구를 잘라 내거나 말을 갂아내는데 미련을 가지기 쉽다. 따라서 불필요한 군더더기 수식어가 다닥다닥 붙기 마련이다. 이것은 정감이나 생각을 전달하는 데 오히려 혼란을 초래할 염려가 있다.

2 시의 요소

① 시상(詩想) : 시를 쓰기에 앞서 시상을 어떻게 잡을 것인가 하는 문제는 매우 중요하다. 우리나라의 대표적 시인 중 한 사람인 서정주 시인은 「시창작법(詩創作法)」에서 다음과 같이 말하였다.

> "여러분도 아시다시피 한 개의 시상(詩想)이라는 것은 한순간에만 의거하는 것은 아니올시다. 또 모든 과거의 상념(想念)들과 전혀 무관하게 단독으로 우연히 성립될 수 있는 것도 아니올시다. 가령 미비하나마 졸작(拙作) 〈〈국화 옆에서〉〉를 예로 들어, 말씀드리더라도 여기에는 네 개의 이미지가 중첩되어 있습니다만 이것들은 그 하나도 한순간에 우발적으로 투영된 것에만 의거한 것은 아닙니다."

국화 옆에서

한 송이의 국화꽃을 피우기 위해
봄부터 소쩍새는
그렇게 울었나 보다

한 송이의 국화꽃을 피우기 위해
천둥은 먹구름 속에서
또 그렇게 울었나 보다.

그립고 아쉬움에 가슴 조이던
머언 먼 젊음의 뒤안길에서
인제는 돌아와 거울 앞에 선
내 누님같이 생긴 꽃이여.

노오란 네 꽃잎이 피려고
간밤엔 무서리가 저리 내리고
내게는 잠도 오지 않았나 보다.

\- 서정주 -

위와 같이 시상이란 한 순간에 의한 것도 아니고 그렇다고 해서 과거와 무관한 것도 아니다. 그렇다면 시상을 어떻게 포착할 것이며 이것을 또 어떻게 보존할 것인가?

- 일상생활을 통해 하나의 느낌일 수도 있고 하나의 이미지일 수도 있는 것을 붙잡아야 한다.
- 영감(靈感)이 계속적으로 상상력과 어울리게 된다. 이를 위해서는 여러 가지 생활체험이 필요하다.
- 이렇게 해서 성장한 이미지는 서로 연결되고 구성되어 한 편의 시로서 그 형태가 잡히게 된다.
- 탄생된 한 편의 시는 다시 깎고 보태어 다듬는 단계로 들어간다.

시상을 잡고 그것을 작품으로 형상화시키기 위해서는 우리의 생활주변을 보는 안목에서부터 풍부한 상상력과 예민한 감수성이 요구된다는 것을 알 수 있다.

② 소재와 주제 : 소재를 선택하는 일은 시의 창작작업에 있어서 기본적인 작업에 속한다. 시의 내용은 인간의 생각이나 느낌이 들어간 것인데, 이 생각이나 느낌을 얻을 수 있는 하나의 상황 또는 사물이 시에 있어서는 소재가 된다.

나를 둘러싸고 있는 과거나 현재, 미래의 모든 상황과 사물들이 소재가 될 수 있으므로 소재의 범위는 굉장히 넓다. 동시 또한 동 · 식물, 일상생활, 자연, 사람 등 그 소재가 무한정하다. 그런데 소재가 같다하더라도 그것을 보는 사람의 인생관이나 개성 등에 따라 다르게 보이기도 한다. 그러므로 중요한 것은 어떤 소재냐 하는 것이 아니라 그것을 어떻게 보고 어떻게 표현했느냐가 중요하다.

주제는 작가가 시를 통해서 독자들에게 전달하고자 하는 사상이다. 이 주제는 시를 짓기 전에 설정되기도 하며 시작품을 끝냈을 때 선명해지는 수도 있다. 또한 시 속에서 형상화된 시인의 사상 또는 관념을 살펴보면 형상화된다는 의미는 주제가 관념이나 사상의 모습 그대로 표현되는 것이 아니라 다른 요소(이미지, 율격)와 결합 용해된 상태로 존재해야 한다는 것이다. 즉 시는 언어를 사용하여 형상화된 표현이지만 그 속에는 정서나 사상의 중심이 되는 어떤 뚜렷한 의미가 담겨 있다. 동시에서도 마찬가지로 중심을 이룬 느낌을 가다듬고 모아서 뚜렷한 하나의 뼈대가 된 것이 바로 주제인 것이다.

동시의 경우 이미지가 동심적인 형상화된 표현을 요구하기 때문에 주제 선정이 조심스럽다. 주제가 명확하지 않은 동시는 유아가 무엇을 읊었는지 모르게 되므로, 부모의 사랑, 계절의 변화, 친구간의 우정, 이웃돕기 등과 같이 정확하게 표현되어야 한다.

③ 제목 : 한 편의 동시를 지을 때마다 그 작품에 제목을 붙이는 과정은 매우 중요하다. 우리는 시를 읽어 보기도 전에 제목만으로 그 작품의 소재가 무엇이며, 무엇을 표현하고자 하는 것인지 짐작할 수 있다. 따라서 시의 제목은 그 시의 주제와 통일성을 이루어야 하며 소재와도 연관성이 깊어야 한다.

시를 쓰는 과정에서 제목을 정하는 방법은 다음과 같다.

- 제목을 미리 정해 놓고 작품을 쓰는 경우
- 작품을 쓰는 도중이나 완성한 후에 제목을 붙이는 경우
- 제목이 없이 일련번호를 매겨서 구별하거나, '무제'라는 제목을 붙이는 경우

그러나 동시에는 대부분 제목을 붙인다.

동시에 제목을 붙일 때 주의해야 할 점은 되도록 쉽고 구체적인 것으로 사용한다. 추상적인 낱말이 제목이 되었을 경우에는 그 동시의 표현이 관념적으로 흐르기 쉽기 때문에 가능한 추상적인 낱말은 피하는 것이 좋다. 또 동시의 제목은 설명하는 표현이거나 잔인스런 감정을 유발할 염려가 있는 제목을 지어서도 안 된다. 동시의 제목을 정하는 문제는 시를 쓴 사람의 관점에 따라 다르겠으나 제목은 주제에서 동떨어진 것보다는 주제와 부합하는 것이 좋다.

④ 리듬 : 유아들은 리듬감이 있는 시를 매우 좋아한다. 유아들은 리듬에 맞춰 손뼉을 치고 큰 소리로 노래를 부르거나 자연스럽게 몸의 균형을 유지한다. 그렇기 때문에 동시를 쓸 때 고려해야 할 문제 중 하나는 시어가 지닌 음악성에 대한 것이다.

시의 음악성을 말할 때에는 대체로 운율의 외형률(外形律)과 내재율을 이야기한다.

⑤ 이미지(image) : 우리가 다른 사람에게 들은 이야기나 직접 경험한 사물들은 감각적 이미지로 우리의 기억 속에 많이 남게 된다. 논리나 관념은 우리의 기억 속에서 잊혀지기 쉬우나 이미지는 잘 잊혀지지 않는다.

이미지란 상상에 의해 사물을 인식하는 것을 뜻하는데, 여기에는 내면적 인식으로부터 감각적인 인식, 초현실적인 인식에 이르기까지 여러 단계가 있다. 동심의 재현이라는 문제면에서 명상이나 관념적인 표현보다는 이미지를 통한 회화적 표현이 더 요구될 수 있다.

⑥ 행(行)과 연(聯) : 시에 있어서 행을 구분하는 것은 원래 행 구분을 했기 때문도 아니고, 보기에 좋으라고 하는 것도 아니다. 자유동시 중에는 연(stanza)을 나누기도 하고 때로는 한 연으로만 그치는 작품도 있는데, 시를 짓는 사람에 따라 행의 길이가 길어지기도 하고 짧아지기도 한다. 하지만 무의미하게 그렇게 하는 일은 피하는 것이 좋다.

다음은 박화목(1979)이 제시한 행을 구분하는 기준을 살펴보겠다.

- 한 행이 각각 독립된 정경과 생각을 나타낼 때
- 행의 매듭은 곧 시의 한 부분의 매듭이 되도록 하며
- 시의 내용과 형태가 일치되도록 할 것이며
- 시인의 정감이 고르게 전달되도록 할 것이며
- 한 행이 그 다음 따라오는 행과 연결되는 데 있어서의 부드러움까지도 생각해야 된다고 했다.

즉 시를 쓰면서 행을 구분하고 연을 나눌 때에는 그 시에 포함된 생각이나 감정의 매듭을 고려해야 하나, 시의 내용에 따라서 행이나 연의 구분이 필요 없을 때도 있다.

⑦ 시어(詩語) : 언어의 기능은 일반적으로 대상을 지시하거나 뜻을 드러내는데 있다고 보고 있으나 시에서는 전혀 다르다. 시어에서는 다음과 같은 특징을 갖고 있다.

- 시어는 시인의 창조적인 세계를 드러내기 위한 작품의 내부구조 속에서 재구성된 언어이기 때문에 일상어와는 전혀 다르다.

- 시에서 언어란 어떠한 정서적인 효과를 불러일으키기 위해 사용된 언어다.
- 시어는 표시의 기능이 아닌 상상의 능력을 수반하는 함축적인 언어다.
- 시어는 애매모호성(obscurity)을 지니고 있다.

(2) 유아와 함께 하는 동시 창작지도

동시를 가르치는 이유에서 힐데브란트(V. Hildebrand, 1981)는 유아교육과정에서 동시를 취급함으로써 유아는 즐거움을 얻으며, 시를 자주 들려 줌으로써 듣는 기술 및 듣는 태도의 증가, 창조적인 언어 표현력, 개념 파악에 도움을 주며, 어휘력 증가, 독서 준비도 향상, 짧은 시를 자주 접함으로써 기억력 증진에 도움을 준다고 하였다.

박목월(1962)은 어린이에게 시를 소개하는 것은 어린이들로 하여금 자신들의 감정을 자연스럽게 표현하는 힘을 기르게 하고 그들의 감정세계를 풍부하게 하며 사물에 대한 올바른 직관력과 예리한 판단력을 기르고 언어의 신비한 기능을 체득하게 한다고 하였다.

이처럼 유아들에게 동시를 효과적으로 소개 · 지도하기 위해서는 그들의 즐거움이나 감정세계를 보다 구체적으로 알아야 한다는 것이다.

창작동시 지도 방법에 대해 레인(Lane, 1958)은 교사 자신이 시를 사랑하지 않으면 유아에게 시를 소개하려고 시도하지 말 것이며, 유아의 취향을 발굴하기 위해서는 다양한 시를 경험시킬 필요가 있다고 했다.

다음은 유아들의 동시 창작을 위한 구체적인 지도방법이다.

1 동시 재구성하기

동시 재구성하기는 동시의 구조는 원래 그대로 살려두고 동시의 특정 단어나 문장을 바꾸어 보는 것이다.

활동방법

- 유아들에게 동시를 들려준다.
- 동시를 듣고 바꾸고 싶은 부분에 대해 이야기를 나눈다.
- '재구성'이라는 단어의 뜻을 설명해 준다.

- 작가의 이름 부분을 재구성 ○○○ 라고 바꿔 적는다.
- 교사는 칠판이나 큰 종이에 유아들이 바꿔 이야기하는 동시의 내용을 적는다.
- 유아들이 재구성한 동시를 교사가 다시 낭송해 준다.
- 유아들과 함께 낭송할 수도 있다.

2 협동하여 동시짓기

협동하여 동시짓기란 여러 명의 유아들이 하나의 제목으로 의견을 모아 함께 동시를 짓는 방법이다. 그러므로 소극적인 유아들도 부담 없이 참여할 수 있는 활동이다.

활동방법

- 유아들과 함께 동시 제목을 정한다.
- 교사는 정해진 제목을 칠판이나 큰 도화지 위에 쓴다.
- 제목을 간단한 그림으로 표현해 봄으로 유아의 상상력, 창의력을 자극한다.
- 정해진 제목에 대한 생각을 모은다. 이 때 가능한 한 많은 어휘와 문장을 만들도록 한다.
- 만들어진 문장을 유아들에게 동시처럼 말을 정리해 보도록 한다.
- 유아들의 의견을 수렴하여 하나의 동시로 정리한다.
- 만들어진 동시를 유아들에게 낭송해 준다.
- 배경 음악을 준비해 본다.
- 교사는 유아들에게 동시를 만든 것에 대해 칭찬해 준다.

3 동시짓기

유아들은 스스로 창의적인 동시짓기 활동을 할 수도 있다.

활동방법

- 쓰고 싶은 동시의 제목을 정한다.
- 정해진 제목을 쓰고 이에 적절한 동시를 쓴다.

- 글을 쓰지 못하는 유아는 그림으로 동시를 쓸 수도 있고 유아가 말하는 동시를 교사가 받아 적어줄 수도 있다.
- 본인만의 창의적인 글씨로 동시를 쓸 수도 있다.

CHAPTER 07

그 림 책

1. 그림책의 개념 및 특징
2. 그림책의 성격
3. 그림책의 글과 그림
4. 그림책의 표현방식과 요소
5. 그림책에 기초한 누리과정의 통합적 활용
6. 그림책의 교육적 가치와 의의

1. 그림책의 개념 및 특징

1) 그림책의 개념

그림책(picture book)은 글과 그림, 두 개의 의사소통 방식으로 의미를 전달하는 독특한 예술형식이다(Nikolajeva, 2008). 다시 말하면 그림책은 글과 그림이 서로 다른 기호체계를 사용하여 동일 이야기를 함께 해 나가는 매우 독특한 장르의 책이다. 이 말은 글이나 그림이 서로 같은 내용을 반복적으로 이야기한다는 것이 아니라 두 기호체계가 각기 다른 의미를 전달하기도 하고, 서로의 의미를 보충·확장하기도 하면서 하나의 이야기를 함께 해나가는 다중텍스트라는 뜻이다. 따라서 그림책을 읽는 독자는 글만 읽어서도 안 되고, 그림만 읽어서도 안 된다. 그림책은 글과 그림을 모두 읽어야 하는 책이다. 즉 그림책은 글과 그림이 유기적으로 결합된 새로운 예술형식이다.

이런 맥락에서 러셀(Russell, 1991)은 그림책을 "글과 그림의 행복한 결혼"이라고 표현하였고, 마쓰모토 다케시(Takeshi, 2000)는 "그림책은 여러 그림들이 연속적으로 조합됨으로써 그림이라는 공간에 시각적인 흐름이 도입된 것으로, 그 속에 그림과 언어가 유기적으로 결합하고 있다"고 설명하였다. 또한 노델먼(Nodelman, 1988)은 「Art Words About Pictures」에서 "그림책이란 유아를 위해 만들어진 책으로 정보를 나누거나, 많은 그림과 상대적으로 적은 양의 글과의 결합 또는 글이 전혀 없이 그림만으로 이야기를 하는 책"이라고 정의하였다. 베이더(Bader, 1976)는 「American Picture Books from Noah's Ark to the Beast Within」에서 "그림책은 글과 그림으로 이루어진 종합적인 디자인이고, 제조품 혹은 상업적 생산품이라고 할 수 있으며, 사회·문화·역사적인 문서라고 할 수 있다. 예술적인 형태로써 그림책은 그림과 어휘간의 상호 관계를 연결하고, 두 장면을 동시에 보여주는데 사용되기도 하며, 다음 장면으로 넘어갈 수 있게 한다"고 하였다. 즉 베이더는 그림책을 신중한 독서를 요하는 정교한 예술품인 동시에 유아기 혹은 유년기에 흔히 접할 수 있는 기본 문학형태로 인식하였다. 또한 디자인의 중요성과 글과 그림의 상호 연관성, '페이지를 넘기는 드라마'의 개념에 근간을 둔 강력한 매체로서 그림책을 설명하였다. 정리하자면 그림책은 글과 그림이 유기적으로 결합하여 이야기를 표현한 예술적 소산물로, 유아문학에서 가장 큰 범위를 차지하고 있으며 동심을 바탕으로 한 문학매체라고 할 수 있다.

2) 그림책의 특징

현대의 그림책은 성인이 읽어도 되는 책으로 독서의 대상이 바뀌어져 가고 있지만 그림책의 주 독서대상은 유아들이다. 그림책은 유아들의 관심과 흥미를 끄는 내용들로 가득하며, 유아들은 이런 책을 읽으면서 즐거움과 재미를 느낀다. 유아들에게 즐거움과 재미를 줄 수 없는 그림책은 좋은 그림책이라고 할 수 없다.

유아들은 그림책을 읽으면서 책의 주제, 내용, 등장인물, 작가의 의도 등 다양한 분야에 걸쳐 자신의 생각과 의견을 드러내면서 그림책 읽기를 즐긴다. 유아들이 그림책 읽기를 좋아하는 이유 중 하나는 그림책의 언어텍스트와 시각 텍스트 간 '상호교류의 역동성' 때문이다. '상호교류의 역동성'은 그림책의 대표적인 특성이라고 말할 수 있다. 다시 말해서 글과 그림의 역동성은 그림책이 지닌 가장 매력적인 요소이다. 진정한 의미에서 그림책은 그림 없이 글만으로 존재할 수 없다. 독자 역시 그림책의 글만으로는 이야기의 의미를 이해하고 해석하기 어렵다. 그림은 글에 담겨있지 않은 이야기를 하고, 글은 그림이 전달하지 못한 이야기를 한다. 예를 들면, 글은 시간의 흐름이나 인간의 묘한 감정을 표현하기 좋고, 그림은 공간적 배경을 동시적으로 전달하기 좋다. 이 둘이 합쳐지면서 그림책의 의미는 더욱 생생해지고 의미전달이 효율적이 된다. 한 마디로, 글과 그림의 상호작용과 교류의 역동성은 그림책의 전체적인 의미를 생성하는데 아주 중요한 역할을 한다. 그렇기 때문에 글과 그림 중 어느 하나만으로는 그림책의 의미를 제대로 파악하기가 어렵다. 진정한 그림책이란 글과 그림이 중복적으로 이야기를 전달하기보다는 함께 어우러져 의미를 전달할 때 가장 효과적이다. 그러나 글과 그림의 다양한 형태의 역동성을 완전히 이해한다는 것은 어려운 일임에는 틀림이 없다.

최근의 연구에서 살펴보면 그림책을 '아이코너텍스트(Iconotext)'의 일부로 보고 기호학적으로 분석하려는 경향이 있다. 아이코너텍스트란 글과 그림의 서로 뗄 수 없는 총체를 뜻하는 것으로, 이 때 글과 그림은 메시지 전달을 위해 서로 협조하는 것을 의미한다(Nikolajeva, 2001). 이는 그림책이 표면적으로는 글과 그림이 합쳐져서 의미를 전달하는 텍스트로 보이지만, 실제로는 글도 아니고 그림도 아닌 각각의 독자성을 유지하면서 통합적인 '제3의 텍스트'라고 정의된다. 이러한 입장은 그림책에서 그림이 글의 보조 역할을 하는 것으로 보던 과거의 견해와는 달리 그림과 글이 대화를 하는 새로운 매체로 본다는 것을 의미한다. 아래의 옌스 라스무스(Jeans Rassmus, 1999) 『보름달 음악대』은 글과 그림을 함께 읽도록 고려한 작품이다(박일우, 1995; 현은자 외, 2004).

▶ 「보름달 음악대 / 옌스 라스무스 지음 / 비룡소」

이 그림책은 글과 그림을 분리해서 볼 수 없도록 전체적인 편집과 스토리 구성을 독특하게 고안하여, 독자의 책읽기 방법까지(내용에 따라 매번 책을 거꾸로 돌려 읽어야 함) 제시하였다. 그림책에서 글과 그림이 합쳐져 새로운 하나의 기호가 될 수 있는 가장 큰 이유는 글과 그림이 합쳐질 때, 각각이 가진 의미의 합 이상의 의미가 생겨나기 때문이다. 결국 새로운 의미는 글과 그림의 역동적인 상호작용에서 생긴다고 말할 수 있다. 글과 그림은 독립적이면서도 서로에게 의존하여 함께 또 다른 의미를 생성하는 흥미로운 텍스트이다.

2. 그림책의 성격

그림책의 출판이 활성화되기 시작하면서 화가와 일러스트레이터들 즉 그림 작가들은 보다 적극적으로 그림책 창작에 참여하게 되었다. 다양한 그림책이 나오게 되면서 사람들의 그림책에 대한 시각 또한 다양해지게 되었다. 본 장에서는 그림책이 가지고 있는 다양한 측면 즉 유아문학, 교수 · 학습 매체, 시각예술, 도서, 문화상품으로서의 성격을 살펴보고자 한다.

1) 유아문학

그림책은 가장 먼저 유아문학의 한 장르로 분류된다. 「Cullinan & Galda」(1998)와 같은 아동문학 개론서나 국내외의 유아문학에서는 아동문학을 10가지로 분류하고 있다. 그림책, 시와 동요, 민담, 환상, 과학동화, 사실동화, 역사동화, 전기, 논픽션, 문화적으로 다양한 책이 바로 그것이다. 그러나 그림책은 책의 형태에 따른 분류이므로 그림책 안에 모든 장르가 포함될 수 있다고 설명한다. 이처럼 그림책은 유아문학에서 큰 비중으로 다루어지고 있다.

2) 교수 · 학습 매체

그림책은 교육 현장에서도 활용되는데 유아와의 교수 · 학습을 도와주는 매체로 중요한 기능을 가지고 있다. 그림책을 교수 · 학습 매체의 관점으로 보는 시각은 유아교육 현장에서 자주 볼 수 있다. 그림책은 유아들의 흥미를 끌 수 있고, 소집단 혹은 대집단에서의 사용이 용이하며, 여러 가지 매체로 제작 · 활용하기 쉽다. 또한 내용이 각 활동 영역과 관련을 갖기 쉽다는 특징을 가지고 있기 때문에 유아교육자들의 관심을 끌고 있다. 그림책은 유아의 언어학습에 큰 영향을 미치고 있다. 이는 그림책의 언어는 다른 매체와 달리 대부분 유아에게 익숙한 어휘, 구문으로 이루어져 있으며 아름다운 언어로 쓰여졌기 때문이다. 작가의 의도에 의해 유아의 언어학습에 초점을 두고 만들어지는 책을 '읽기 쉬운 책'(easy to read books)이라고도 한다.

최근에는 그림책 중에서도 지식 그림책이 다른 장르에 비해 빠른 발전을 보이며 중요한 장르로 자리잡아가고 있다. 지식 그림책은 지식 혹은 정보와 학습의 개념에 있어서 획기적인 아이디어를 보여주고 있다(현은자 · 변윤희, 2000). 지식 그림책의 계속적인 발전은 선진국의 학교에서 훌륭한 교수 · 학습 매체로서 자리를 잡아가고 있으며 최근에는 컴퓨터와 인터넷의 보급과 함께 CD-ROM타이틀과 인터넷으로 연결되고 있다.

3) 시각 예술의 성격

그림책은 시각적인 요소를 매우 중요하게 다루는 장르다. 그림책의 글과 그림의 비중을 볼 때 그림의 비중이 클수록 시각적인 요소에 더 비중을 두고 있는 책이라 할 수 있다. 그림책이 독자를 비롯한 화가에게 매력 있는 표현매체로 인식되면서 그림책은 하나의 독립된 시각적 표현 매체의 성격을 띠게 되었다.

그림책의 화가들은 '교육적이어야 한다'는 생각을 탈피하게 되었으며 점차 자신들의 상상력을 자유롭게 표현하게 되었다. 지금까지와는 다른 주제와 소재를 사용함으로써 그림책의 다양화에 한 몫을 하고 있다. 작가로는 모리스 센닥(Maurice Sendak), 존 버닝햄(John Burningham), 토미 웅거러(Tomi Ungerer) 등이 있다.

글 없이 시각적인 요소가 두드러지는 작품으로는 칼데콧 명예상(Calder-cott Honor)을 수상한 스테판(Stephen T. Johnson)의 「알파벳 도시」(Alphabeer City)와 도날드 크루(Donald Crew)의 도안식 그림인 「트럭」(Truck)과 「화물열차」(Freight Train)가 있다. 한국 작가의 작품으로는 조각보를 이용한 김혜환의 「한 조각, 두 조각, 세 조각」을 들 수 있다.

▶ 「한 조각 두 조각 세 조각 / 김혜환 지음 / 지경사」

4) 도서의 성격

그림책이 도서의 성격을 띠고 있다는 것은 당연한 일이다. 도서는 인쇄매체로 오감으로 인식할 수 있는 구체적인 사물인 동시에 일반 사물과는 다른 특징을 갖고 있다. '책'이라는 사물은 특별하고 즐거운 대상이 된다. 그 중에서 그림책은 '책'으로서 다른 사물과 구별되는 나름대로의 형식과 디자인이 있다.

스티윅(Stewig, 1995)은 책의 디자인 요소로 형태(appearance), 크기(size), 제본(binding), 면지(end-papers), 종이(paper), 서체(typeface), 면 배정(layout)을 들고 있다. 그리고 여기에 앞표지, 뒤표지, 본 화면이 덧붙여질 수 있다.

(1) 그림책의 앞표지는 다음과 같은 성격을 가지고 있다.

① 그림책의 얼굴인 동시에 뒤표지와 함께 그림책의 세계를 감싸는 역할을 한다.

② 표지에서의 문자는 화면의 일부로서 계산되어야 한다.

③ 표지는 디자인적인 요소를 가지는 한편, 그림책 속에서 전개되는 세계를 상징적으로 표현할 필요가 있다.

이러한 성격이 잘 나타나 있는 작품의 예로는 에릭 칼(Eric Carle)의 「매우 배고픈 애벌레」(The Very Hungry Caterpiller)를 들 수 있다. 앞표지는 독자로 하여금 그 책이 담고 있는 내용이나 특징을 한눈에 알아보고 그 책을 읽거나 보고 싶다는 결정을 할 수 있게 해야 하므로 매력적이어야 한다.

▶ 「매우 배고픈 애벌레」의 표지

(2) 타이틀 화면은 제목이나 작가의 소개를 하면서 그림책의 세계에 독자를 끌어들이는 역할을 담당한다. 또한 화가가 단순한 삽화를 등장시키는 절호의 장소라고 볼 수 있다.

(3) 마지막 화면은 오페라에서 서곡이나 피날레를 장식하는 것과 같이 여운을 남기는 역할을 한다. 때문에 활자 없이 삽화만으로 꾸며지는 경우가 많다.

(4) 뒤표지는 앞서 말했던 바와 같이 그림책의 세계를 감싸는 역할을 한다. 뒤표지는 대부분 여운을 남기기 위해 아무것도 그리지 않거나 여운을 넓히기 위해 상징적인 작은 그림을 넣어 주거나 표지와 호응하는 그림을 넣어 장식하게 된다. 때때로 책을

펼쳐 얹어놓으면 앞표지와 뒤표지가 하나의 그림으로 이어져 그 그림책의 내용을 나타내기도 하고, 드물게는 뒤표지에 또 다른 이야기를 덧붙인 경우도 있다.

(5) 책의 크기와 형태는 그림책의 내용과 분위기에 영향을 미친다. 류재수의 「백두산 이야기」는 그림책 속에 등장하는 백두거인의 웅장함에 걸맞게 판형이 아주 크다. 반대로 버지니아 리 버튼의 「작은 집 이야기」는 그림책 제목과 어울리게 작은 크기의 판형으로 되어 있다. 이 외에도 글자 배열, 글씨체나 글씨 크기, 그림틀도 그림책의 내용에 많은 영향을 미친다.

이와 같이 앞표지에서부터 뒤표지에 이르기까지 그림책의 디자인 요소는 많은 부분이 고려되어야 한다. 그러나 무엇보다 중요한 것은 화가의 성실함과 재능에 의한 창의성과 통일성이라 하겠다.

5) 문화상품의 성격

그림책은 일반도서의 성격을 벗어나 다른 문화 영역과 관련을 맺고 부가가치를 높여가고 있다. 이러한 면에서 그림책은 문화상품이라고 할 수 있다. 그림책은 관광지의 역사를 소개하는 역할을 하기도 한다. 예를 들면, 파올라 볼드리니(Paola Boldrini)의 「예술과 놀기」(Jouons avec l' art)라는 그림책은 유아를 위해 이탈리아의 도시 플로렌스(Florence)의 예술과 풍물을 소개하고 있다. 또한 그림책은 인쇄 매체에 머무르지 않고 다양한 미디어로도 제작된다.

위에서 살펴본 것과 같이 그림책은 우리의 문화에서 독특한 장르를 구축하고 있다. 그림책의 언어는 아름답고 유아들에게 알맞은 것이어야 하며 정확하고도 가치 있는 지식을 전달할 수 있어야 한다. 또한 시각적 표현 매체로서 예술성을 갖고 하나의 출판물로서 내용과 외양의 통합성과 아름다움을 갖추어야 한다. 마지막으로 다양한 매체로 제작되었을 때 각 매체의 고유한 특징을 잘 살릴 수 있어야 한다.

3. 그림책의 글과 그림

그림책은 글과 그림으로 이루어진 하나의 교향곡에 비유할 수 있다. 각각의 악기 소리들이 어우러져서 교향곡의 멋진 화음이 이루어지듯이 글과 그림에 있는 각 요소들이 서로 어우러져서 그림책의 전체 의미를 만든다. 그림책 안에서 글과 그림은 함께 어우러져 창의적으로 결합한다. 한 권의 그림책이 한 가지 유형의 글과 그림의 관계를 보여주는 것은 아니다. 한 권의 그림책 속에도 다양한 유형의 관계가 존재한다. 그렇기 때문에 그림책에서 글과 그림의 관계는 매우 흥미롭다.

러셀(Russell, 1991)은 그림책의 글과 그림은 진정한 파트너여야 하며, 최상의 그림책이란 글과 그림의 행복한 결혼이어야한다고 표현하였다. 한 마디로 글과 그림은 서로 다른 기능을 하지만 이 둘은 마치 교향곡의 멋진 화음처럼, 또는 행복한 부부처럼 어우러짐이 강조된다는 뜻이다.

▶ 「괴물들이 사는나라 / 모리스 센닥 지음 / 비룡소」

예를 들어, 모리스 센닥(Maurice Sendak, 1965)의 작품인 「괴물들이 사는 나라」를 그림 없이 글만 보았다고 상상해 보자. 센닥이 그린 괴물들을 보지 않은 사람들은 자신들이 평소에 생각하고 있는 무서운 괴물을 연상할 것이다. 하지만 센닥만의 귀엽고 익살스러운 괴물들을 보고 나면 끔직하다기보다는 전혀 위협적이지도 공격적이지도 않은 괴물이라는 것을 금방 알게 될 것이다.

노들만(Nodelman, 1988)은 글과 그림은 정보를 전달하는데 각기 장점과 단점이 있다고 하였다. '글은 세부 사항 간의 관계를 묘사하는데 좋고, 그림은 전체적인 느낌을 부여하는데 좋다. 또한 그림책에서 글은 시간정보를 구체적으로 묘사하기에 더 좋고, 그림은 묘사적 성격의 정보를 전달하기에 더 좋다'고 언급하였다. 이처럼 그림책은 글과 그림이 유기적으로 이루어진 예술작품이기에, 글과 그림의 관계를 바로 알고 분석하는 일은 중요하다. 글과 그림의 관계에 대한 그림책 학자들의 견해를 정리하면 다음과 같다.

1) 일치

루이스(Lewis, 2001)와 사이프(Sipe, 2002)는 글과 그림의 변화무쌍한 관계를 기술하기 위해 '일치'라는 단어를 사용하고 있다. 이는 슈와츠(Schwarcz, 1982)의 표현을 인용한 것으로, 글과 그림이 대응관계를 이룬다는 것을 의미한다. 예를 들어, 이영경(2009)의 「아씨방 일곱 동무」는 '규중칠우쟁론기'라는 고전을 모티브(motive)로 하고 있다. 바느질을 좋아하는 아씨가 잠든 사이 바늘, 실, 골무, 인두, 다리미, 가위, 자 등은 자신이 더 잘났다고 뽐내지만 결국은 서로의 소중함을 깨닫고 반성한다는 교훈적 이야기이다.

글은 그림의 내용을 간단하게 서술하고 있지만 그림은 일곱 가지의 바느질 도구들을 의인화시킴으로써 한 치의 양보도 없이 말싸움을 벌이는 장면을 재미있게 그리고 있다. 이 책은 글과 그림이 동일한 이야기를 하고 있는 대표적 사례이다. 글은 글의 장점을 살리면서 필요한 이야기들을 하고, 그림은 그림대로 이야기를 진행함으로써 둘의 절묘한 어우러짐을 드러낸다.

2) 아이러니

노들먼(1988)은 글이 그림의 의미를 변화시키고, 그림이 글의 의미를 변화시키는 역동적인 관계를 '아이러니(irony)'라는 말로 설명하고 있다. 아이러니란, 사전적인 의미로 풍자, 비꼼, 반어 또는 예상 외의 전개를 뜻하며, 문학에서는 반어적 대조 형식을 의미한다. 그림책을 읽다 보면, 글과 그림의 내용이 일치하지 않고 서로 다른 경우가 많다. 그렇기 때문에 다양한 해석이 가능하고 독자의 상상력을 필요로 하기에 매우 흥미롭다. 그림책의 아이러니는 글을 통해서가 아니라 그림을 통해서 주로 드러난다. 다음의 그림은 영국의 그림책 작가 바베트 콜(Babette Cole, 1986)의 「내 멋대로 공주 princess Smartypants」의 한 장면이다. 이 그림책은 표지에서부터 글과 그림의 아이러니한 관계를 잘 보여 준다.

▶ 「내 멋대로 공주 / 바베트 콜 지음 / 비룡소」

「내 멋대로 공주」의 그림을 보면 아름답지도 않고, 전혀 부자처럼 보이지 않는 선머슴 차림의 공주님이 등장한다. 사랑하는 애완동물과 함께 평생 결혼하지 않고 혼자 살고 싶은 공주에게 임금님과 왕비님은 결혼을 명령한다. 공주는 자신의 테스트를 통과하는 왕자님과 결혼하겠다고 선언한다. 공주는 청혼한 왕자들에게 실현 불가능한 테스트를 실시한다. 예를 들면 지렁이들이 정원의 풀을 갉아먹지 못하게 하는 일, 밤새 롤러스케이트를 타며 춤추기, 오토바이타고 국토 순례하기, 뚱뚱한 왕비님과 하루 종일 쇼핑하기 등의 테스트 과정이 코믹하게 전개된다. 이 그림책에는 평소 우리가 알고 있는 디즈니 애니메이션에 나오는 공주의 이미지와는 사뭇 다른 모습의 유머러스한 공주가 그려져 있다. 드레스가 아닌 청바지를 입은 공주의 모습, 용과 함께 오토바이를 타고 가는 공주를 묘사한 재미있는 그림은 글과 만나서 아이러니한 관계를 형성하며 함께 의미를 전달한다(Schwarcz, 1982; Nikolajeva, 2008). 그림에서 하는 이야기와 글이 하는 이야기가 아주 다르지는 않지만, 그림이 없었다면 서사에 포함된 많은 유머와 아이러니는 없었을 것이다. 그림책의 글과 그림의 아이러니한 관계는 독자들에게 재미와 즐거움을 선사하고 여러 가지 생각할 거리를 제공한다.

3) 고정과 중계

그림책을 제대로 읽기 위해서는 글과 그림의 관계를 알아보는 것뿐만 아니라 글과 그림의 역할 또한 알아보아야 한다. 그림책에서 글과 그림의 역할은 '고정'과 '중계'로 나누어 설명할 수 있다. '고정'이란 그림에 주의를 집중할 수 있게 하는 것을 말한다. 그림책을 볼 때 글이 설명하는 어느 부분에 자연스럽게 시선이 가는 행위로, 우리의 시선이 그림책의 그림에서 다소 분산되었을 때 고정시키는 역할을 한다(Barthes, 1985; Sipe, 2008; 현은자 외, 2004). 또한 그림이 글에서 어느 부분에 더 주의를 기울여서 읽어야 하는지를 가르쳐 주기도 한다. '고정'은 다음과 같이 그림책을 읽을 때 가장 주목하기를 바라는 내용을 나타낸다. 예를 들어 피터 시스(Peter Sis, 1996)의 「갈릴레오 갈릴레이」를 살펴보면, 많은 군중 들 속에서 유독 눈에 띄게 그려진 갈릴레오를 만날 수 있다. 많은 사람들과는 달리 갈릴레오만 눈에 띄게 시선과 몸을 반대방향으로 하고 있다. 이는 등장인물이 너무 많아 독자가 어디에 집중해야 할지 모를 때 우리의 시선을 주인공에게 고정시키는 역할을 한다.

▶ 「갈릴레오 갈릴레이 / 피터 시스 지음 / 시공주니어」

그림책에서 상호보완의 역할을 설명할 수 있는 또 다른 예로 '중계'를 들 수 있다. '중계'란 인지적 지도와 같은 것이다. '중계'란 여러 가지 해석이 가능한 그림에서 올바른 해석 방향을 독자 스스로 찾도록 도와주는 것이다(Barthes, 1985; 현은자 외, 2004). 다시 말하자면, '중계'는 글과 그림에 추가적인 정보를 제시하여 해석에 도움을 주는 역할을 하는 것이라고 할 수 있다. 예를 들면, 1986년 안데르센상을 수상한 브라이언 멜러니와 로버트 잉펜(Bryan Mellonie & Robert Ingpen, 1999)의 「살아있는 모든 것은」에서 '중계'의 예를 쉽게 찾아볼 수 있다.

▶ 「살아있는 모든 것은 / 브라이언 멜러니(글), 로버트 잉펜(그림) 지음 / 마루벌」

이 그림책은 '살아있는 모든 것에는 시작이 있고 끝이 있단다.'는 반복적인 글로 시작한다. 글과 그림의 반복되는 예시와 중계는 유아에게 다소 어려운 주제일지 모르는 자연 사랑과 생명 존중에 대한 해석을 올바르게 잡아 주는 역할을 한다. 그림은 글에서는 알 수 없는 상황을 설명해 주고, 유아는 자연스럽게 이러한 글의 부적절성을 인식하게 되어 더욱 그림에 주목하게 되어 있다. 그 가운데서 유아는 자연스럽게 그림이 가지는 의미를 찾으며 그림을 읽는 지적 즐거움을 느끼게 되는 것이다. 그림책을 읽을 때 유아는 글과 그림을 번갈아 보면서 이야기의 내용을 이해한다. 즉 우리는 무의식적으로 '고정'과 '중계'를 계속 경험하면서 그림책을 읽는다.

4) 상호보완의 관계

대부분의 그림책은 상호보완의 관계를 가진다. 글과 그림은 각 매체가 가지고 있는 특성을 활용하여 서로 도움을 주며 이야기를 전개시켜 나간다. 따라서 그림책은 글만 읽어서도 안 되고, 그림만 읽어서도 안 된다. 글과 그림은 마치 퍼즐을 맞추어 나가듯 읽어야 그 의미를 제대로 이해할 수 있다. 이러한 그림책의 상호보완의 관계를 자세히 살펴보면 그 특성에 따라 '강화(enhancement) · 보완(compiementation) · 교대(alternation)'로 세분화할 수 있다(Schwarzc, 1982; Sipe, 2008, Nikolajeva, 2008; Nodelman, 1988; 현은자 외, 2004).

첫째, '강화'란 글에서 설명하지 않은 부분들을 그림이, 그림이 설명하지 않은 부분을 글이 자세하게 보여주며 부연하는 설명의 역할을 한다(Nikolajeva, 2008). '강화'는 글과 그림의 대응 관계에서 세부묘사를 통해 보다 자세한 정보를 제공한다. 그림은 글을 지지하고, 글은 그림에 의존한다. 즉 서로의 의미를 확장시켜 줌으로써 이야기를 진행시켜 나간다. 그러나 중요한 것은 이 부분을 생략하여도 크게 이야기 흐름을 방해하지 않는다. 예를 들면 모리스 센닥의 작품 「괴물들이 사는 나라」에서 글에는 엄마가 등장하지만 그림에는 등장하지 않는다. 반대로, 글로 언급되지는 않았지만 그림에 이차적으로 등장하는 그림책도 아주 많다.

둘째, '보완'이란 글과 그림이 서로 도와 가며 보다 자연스럽게 이야기를 전개해 나가는 것을 말한다. 즉 글과 그림이 각자 독립적으로 하나의 서사에 기여를 하면서 서로의 빈자리를 채워 주는 것이다(Sipe, 2008). 우리가 잘 알고 있는 베아트릭스 포터(Beatrix Potter, 1962)의 「피터 토끼의 이야기」는 글과 그림의 보완 관계를 매우 잘 보여주고 있다.

▶ 「피터토끼의 이야기」의 앞표지와 뒤표지

Potter의 경우, 뛰어난 그림과 독특한 문장 간의 보완적 균형이 탁월하다. Potter 책에 나타난 수많은 표현 방법을 보면, 글과 그림의 중복이 거의 없고, 오히려 최종 효과를 높이기 위해 글과 그림이 서로 협조한다(Nikolajeva, 2008). 그림책의 글에는 서술되지 않았지만 그림책의 앞표지와 뒤표지를 각각 살펴보면, 유독 다른 행동을 하는 한 마리의 토끼가 있다. 유아는 다른 토끼들과는 달리 딴 짓을 하는 주인공

피터를 발견하면서 그림책의 내용을 마음껏 상상할 수 있다. 글이 설명하지 않은 피터의 성격을 그림이 설명한 것이다. 등장인물을 묘사하는데 있어서, 글과 그림간의 상호작용은 캐릭터 간의 섬세한 균형을 보여 준다.

셋째, '교대'란 글과 그림이 번갈아 가면서 이야기를 진행시키는 것을 뜻한다. 글이 그림의 이후를 설명하거나, 그림이 글 이후의 설명을 하는 경우가 이에 해당한다. 예를 들어 레이첼 이사도라(Rachel Isadora, 1979)의 「벤의 트럼펫」은 이 책의 결말 부분에서 트럼펫 연주자가 벤과 함께 있는 모습은 글이 설명하지 않은 이후의 상황을 보여 준다(Schwarzc, 1982; 현은자 외, 2004). 만약 글과 그림이 서로의 빈자리를 완전히 채워 버린다면, 독자가 상상할 여지가 사라져 수동적인 존재가 될 것이다. 또한 글과 그림에서 남겨 둔 빈자리가 동일하거나 전혀 없어도 마찬가지일 것이다. 그러나 글과 그림에서 정보를 교대로 제공하거나 어떤 식으로든 이 두 가지가 서로 모순이 될 경우, 독자는 이를 다양하게 읽고 해석할 수 있다.

지금까지 그림책의 글과 그림의 다양한 관계 방식에 대해서 설명하였다. 그림책 작가는 글과 그림의 관계를 적절히 활용함으로써 메시지를 보다 의미 있게 그리고 효과적으로 전달할 수 있다. 그리고 독자는 이러한 글과 그림이 지닌 역동성과 관계성을 파악함으로써 그림책 읽기에서 긴장과 재미를 느낄 수 있다. 글과 그림의 이러한 관계를 사이프(Sipe, 2002)는 '시너지(Synergy)'라는 말로 표현하고 있다. 그만큼 글과 그림이 잘 어우러진 그림책은 소통 면에서 그 효과가 강력할 것이다. 글 텍스트와 그림텍스트가 함께 조화를 이루며 만들어 내는 메시지는 글과 그림 둘 중 그 어느 하나만으로 만들어 내는 것보다 훨씬 효과적이라는 뜻이다.

4. 그림책의 표현방식과 요소

1) 그림책의 표현방식

그림책에서 글과 그림은 상호관계가 담긴 복합적 기호라는 점은 같지만, 이 둘의 표현방식은 다르다. 즉 글과 그림은 아주 다른 방식으로 소통한다는 것이다. 글은 서술적으로 단어의 나열에 따른 시간의 축적을 필요로 하지만 그림은 집약적 · 종합적이어서 일시에 모든 것을 함께 보여 준다(김이산, 2004). 먼저 관습기호인 글은 그림보다 훨씬 자유롭고 구체적으로 시간적 · 공간적 이동을 나타낼 수 있다. 글은 누가, 무엇을, 어떻게 했는지 순서에 따라 이야기하는 선형적인 방식으로 의미를 전달한다. 글은 서사의 속도를 빠르게 할 수도 있고, 느리게 할 수도 있다. 이에 반해 도상기호인 그림은 대상의 특징이 어떠한지를 묘사하고 표상하는 비선형적인 방식으로 의미를 전달한다. 글과 달리 그림은 비선형적이기 때문에 어떤 순서로 읽어야 할지 어렵다. 그림은 이야기 순서에 합당한 위치에 질서 있게 나열되어야만 스토리가 안정되고, 글과 같이 지속적인 시간의 흐름을 보여줄 수 있다.

정지용(1999)의 「여러 나라 이야기」는 국내 창작물로는 유일하게 복잡한 시간적 · 공간적 형태를 도입한 창의적인 그림책이다. 이 책은 미국, 프랑스, 영국, 이집트, 그리스, 아프리카, 인도, 중국, 일본, 그리고 한국 등 여러 나라의 문학, 정치, 문화, 그리고 사상을 엿볼 수 있다. 그림책은 크게 3개의 시공간을 찾을 수 있다. 엄마의 그림책을 열어 본 형제들의 모습과 엄마가 그린 여러 나라의 이야기들이 담긴 엄마의 그림 공간에서 시공간의 구분을 보게 된다. 그리고 작가는 그림책 마지막에 이 두 시공간 외에 또 하나의 시공간 차원을 더하였다(현은자 외, 2004).

「여러 나라 이야기 / 정지용 지음 / 마루벌」, 「콜랭의 멋진 신세계 / 스테파니 히드릭젠 지음 / 마루벌」

또한 스테파니 히드릭젠(Stephanie Heendrickxen, 1999)의 「콜랭의 멋진 신세계(Les Lunettes de Colin)」는 현대문학에서 말하는 메타픽션(meta fiction) 성격의 그림책이다. 메타픽션이란 독자로 하여금 이야기 속 허구의 세계와 이야기 밖 실제 세계의 관련성에 의문을 품도록 하는 방식을 말한다. 보통의 그림책에는 허구인 스토리가 완성된 상태로 끝나지만, 메타픽션 그림책은 책의 창조과정 자체가 하나의 이야기 주제가 된다. 「콜랭의 멋진 신세계(Les Lunettes de Colin)」는 그림책 작가가 자신이 창조한 이야기 속에 등장하여, 이 그림책의 내용이 작가에 의한 허구임을 알려주면서 독자의 흥미를 고조시킨다.

2) 그림책의 문학적 표현요소

그림책은 글과 그림이 함께 어우러진 것이다. 글이 없는 그림책도 있으나 글이 있는 경우에도 대부분 간결하고 아름다운 글이 담겨 있다. 글의 분량이 많고 그림이 보조역할을 할 때는 그림이 삽화가 된다. 때문에 그림책의 평가기준에서 그림과 글을 분리해서 볼 수 없다. 그러나 대개 그림에 대해 더 관심을 갖고 본다.

여기서는 이야기 그림책을 위주로 유아를 위한 좋은 그림책의 글이 갖추어야 할 문학적인 형식과 요소, 그리고 그림책 속에서 이루어지는 이야기 개념 발달 단계에 대한 특징을 살펴보고자 한다.

(1) 주제와 소재

주제란 이야기 속에 들어 있는 핵심이 되는 생각으로 작품을 힘 있고 긴장감 넘치게 해 주는 역할을 해 준다. 그림책의 주제로 적당한 것은 다음과 같다.

첫째, 단순하면서도 보편타당한 진리를 담고 있어야 한다. 즉 사랑과 자율성이 담겨진 내용이 바람직하다.

둘째, 유아의 기본적인 욕구를 만족시켜 줄 수 있어야 한다. 유아들은 욕구가 만족되어야만 흥미를 느낄 수 있으며 반복해서 보아도 싫증을 내지 않고 즐겨 보는 책이 될 수 있다.

셋째, 유아의 발달 수준에 적합하면서도 고정관념에서 탈피할 수 있는 주제가 적합하다. 즉 성별 차, 인종 차, 연령 차별은 물론 입양, 이혼, 재혼, 죽음 등과 같은 다소 무거운 주제도 함께 다루어 주어야 한다.

넷째, 문학의 본질에 충실한 글이 담긴 그림책이어야 한다.

(2) 등장인물의 성격 묘사

유아문학에 등장하는 인물 혹은 의인화된 동물이나 물건 등은 유아들의 모습이나 행동이 반영되며 그들의 감정과 정서를 잘 나타낼 때 좋은 작품이라는 평을 받을 수 있다. 이는 유아들의 시선에서 보는 일상생활을 바탕으로 하여 성격이 묘사(characterization)되어야 함을 의미한다. 즉 유아들은 자신과 같은 행동과 생각을 하는 등장인물들을 통하여 공감대를 형성하고 동일시하여 작품 속으로 빠져든다.

유아들을 위한 그림책은 성인들의 문학작품과 같이 글로써 묘사되기보다는 그림으로 등장인물의 성격과 심리를 묘사하게 된다. 이러한 그림책 중에서도 전래동화와 같은 민담에 나오는 등장인물들은 평면적(flat)이고 단순하게 묘사되는 것이 전형적이다. 주로 착하고 예쁘거나 악하고 욕심이 많은 성격의 인물들이 등장하는데 예를 들면, 「흥부와 놀부」, 「콩쥐팥쥐」 등이 있다.

한편, 창작동화에서 환상이나 일상생활을 묘사할 때에 등장인물의 개성이 뚜렷하고 입체적이며 다면적으로 묘사되는 것이 대부분이다. 이렇게 이야기가 진행되는 가운데 등장인물의 성격이 나타나게 된다. 이야기의 흐름상 등장인물의 성격이 변화하지 않는 경우에는 정적(static) 인물로, 변화하는 경우에는 역동적(dynamic) 인물로 구분한다.

(3) 플 롯

플롯(plot)이란 이야기 속에서 일어나는 사건들이 전개되는 순서를 뜻한다. 좋은 작품의 플롯은 독자의 흥미를 일으키고 즐거움, 긴장감, 갈등과 함께 줄거리를 만들어 낸다. 이는 유아를 위한 그림책에도 적용되어 처음에는 간단하고 단순한 사건의 이야기가 전개되다가 절정에 이르러서 만족스러운 결말을 맺음으로써 유아들의 흥미를 이끌어 낸다.

이야기의 줄거리를 전개해 가는 구성 형식에는 단선적(linear) 형식, 누적적(cumulative) 형식, 연쇄적(chain) 형식, 일화적(episodic) 형식, 순환적(circular) 형식이 있다.

1 단선적(linear) 형식

일반적으로 기승전결의 흐름을 갖는, 이야기가 시간의 흐름과 함께 전개되는 형식이다. 문제의 발단, 사건의 진행, 클라이맥스, 대단원의 흐름을 갖는 것을 의미한다. 유아를 위한 문학작품에 가장 많이 사용되는 형식으로 「누가 곰순이 잠 좀 재워줘」와 「괴물들이 사는 나라」 등을 예로 들 수 있다.

2 누적적(cumulative) 형식

문장이나 사건들이 반복되면서 시간의 흐름에 따라 새로운 요소가 첨가되는 형식이다. 예를 들면, 「쌀 한 톨로 장가든 총각」에서는 쌀 한 톨 → 쥐 → 고양이 → 강아지 → 송아지를 얻게 되기까지의 비슷한 과정을 반복하는 형식을 말한다. 또 「야, 우리 기차에서 내려!」와 「검피 아저씨의 뱃놀이」, 「검피 아저씨의 드라이브」에서도 반복적인 사건의 내용을 담고 있다. 「검피 아저씨의 뱃놀이」에서는 뱃놀이를 떠나는 길에 꼬마와 동물들이 등장하면서 "우리도 따라가도 돼요?" 가 반복되며 누적적으로 동물들을 태우게 된다.

3 연쇄적(chain) 형식

하나의 행위가 원인이 되어 다음 행위가 생기는 결과로 이야기가 진행되는 형식이다. 이 형식은 「곰돌이 푸우는 아무도 못 말려」와 「삐약이는 흉내쟁이」에서 잘 나타나고 있다.

「삐약이는 흉내쟁이」에서 삐약이 → 꿀꿀이 → 개골이 → 멍멍이 → 야옹이 → 거북이 순서로 만나는 동물에 따라 연쇄적으로 삐약이의 목소리가 달라지고, 만나는 동물들도 연쇄적으로 삐약이가 가진 목소리와 바꾸게 된다.

▶ 「삐약이는 흉내쟁이 / 사토 와키코 글 · 그림 / 사계절」

4 일화적(episodic) 형식

한 권의 책이 여러 장으로 구성되어 있는 것처럼 여러 사건이 모여 있는 형식이다. 한국에서 출판된 그림책에서는 이 형식을 찾기가 어렵다. 헤어리 스테이너(Heiri Steiner)의 「빨간 장화 신은 도」(Do in Red Boots)가 그 예로 이 이야기는 일곱 가지 일화로 구성되어 도(Do)의 일곱 가지 방랑과 여행을 보여 주며 한 그림에 한 가지 방랑과 여행이 담겨 있다.

5 순환적(circular) 형식

▶「쥐아가씨의 신강감 찾기 편집부 글 · 백명식 그림 바른사」

이야기 속의 사건이 시작되어 진행되다가 결말에는 원점으로 다시 돌아오는 형식을 뜻한다. 이 형식의 예로 「쥐 아기씨의 신랑감 찾기」에서 들쥐 부부가 딸에게 힘이 제일 세고 훌륭한 사윗감을 고르기 위해 길을 떠났으나 (쥐 → 해 → 구름 → 바람 → 담벼락 → 쥐) 순환되어 다시 돌아온다.

그림책의 좋은 플롯이란 발단 → 전개 → 절정 → 결말이 있어야 하며 그 과정이 명확하고 만족스러워야 한다. 그리하여 유아가 이야기를 듣거나 읽은 후 머릿속에 줄거리가 떠올라야 하며, 지나치게 복잡하지 않은 것이 좋다. 또한 지나치게 감상적(sentimentalism)이지 않고 교훈성을 강조하기 위한 인위적인 것도 없어야 된다.

(4) 문체 및 언어 표현력

문체는 언어의 사용, 단어의 선택, 문장의 구성 및 상징과 관련이 있다. 좋은 그림책에 사용되는 언어는 반복적인 것이 좋다. 반복되는 언어는 리듬감과 박진감을 주고 즐거움을 준다. 또한, 그림책에는 최대한 간결한 문장을 사용하여 정확하고 경쾌한 언어로 쓰여지는 것이 좋다.

특히, 우리말의 아름다움을 느낄 수 있도록 의성어와 의태어를 많이 사용하면 유아들이 그림책을 읽으며 더욱더 커다란 기쁨을 느낄 수 있다. 그리고 유아들을 위한 책이므로 되도록 유아들이 이해할 수 있는 쉬운 말로 쓰여져야 한다. 책을 읽음으로써 언어 경험이 확장되어 어휘력이 향상된다는 점을 고려하여 수준 있는 단어도 사용하는 것이 좋다.

유아들의 호기심과 사고력 향상을 위하여 그들의 창의력과 상상력을 자극할 수 있는 의문형이나 세련된 언어의 표현이 요구된다. 이와 같이 쓰여진 그림책은 시각적인 즐거움과 함께 청각적인 즐거움도 함께 느낄 수 있다.

(5) 배 경

이야기가 진행함에 따라 그 배경도 시간적 혹은 공간적으로 변화하게 된다. 전래동화의 경우 그 시대적, 공간적 배경이 매우 단순하게 처리되는 것이 대부분인데 비해 창작동화의 경우는 시간과 공간이 좀 더 구체적으로 제시되고 있다. 이는 배경이 갈등상황을 명료화하여 이야기의 분위기에 영향을 주기 때문이다.

유아를 위한 그림책에서는 현실과 환상을 잇는 공간적 배경이 변하면서 이야기를 진행해 나가기도 하는데, 구체적인 언어의 표현이 없더라도 시간의 흐름과 공간의 변화에 따른 분위기가 글이 아닌 그림으로 연출되기도 한다. 이 밖에도 그림책의 문학적인 요소에는 어조(tone)와 관점(point of view) 등이 포함된다.

(6) 시 점

그림책의 시점은 글이나 그림이 진술되는 위치를 의미한다. 어떤 방향에서 어떻게 인물이나 사물을 보고 파악하는지 그 태도를 뜻하는 말이다. 즉 그림책을 이루고 있는 글이나 그림, 등장인물과 사물을 어떤 각도에서 그리고 있는가에 대한 작가의 관점이다. 그림책 작가가 글로 어떻게 표현하는가, 그림을 어떻게 그리느냐 혹은 그림책을 읽는 독자가 어떻게 보느냐에 따라 보이는 것이 보이지 않기도 하고, 불명확한 것이 선명해지기도 한다. 예를 들어 우리에게 잘 알려진 그림책 헬린 옥슨버리와 알릭세이 톨스토이의 「커다란 순무」에서는 시점이 늘 옆에서 바라보는 위치에 놓여 점층법의 효과를 연출한다. 커다랗게 자란 순무는 할아버지 혼자서는 뽑을 수 없다. 할머니 → 손자 → 개 → 고양이 → 쥐 등 할아버지를 돕는 이들이 점점 많아진다. 이런 모습을 바로 옆에서 움직임이 없는 시점으로 잡아내어 사람과 동물들이 많아지는 모습을 선명하게 그려내었다.

3) 그림책의 미술적 표현요소

그림책은 문학성과 예술성의 조화를 보여주는 예술작품이다. 문학성은 앞서 설명하였기에 여기에서는 예술성, 즉 미술적 요소에 대해서 살펴보고자 한다. 미술적 특징을 논하는 이유는 유아가 그림책을 볼 때 글을 읽기보다는 그림을 읽기 때문이다. 유아는 그림을 통해 이야기를 읽고 이야기의 영상을 마음속에 그려 나간다.

좋은 그림책은 그림을 통하여 글과는 또 다른 정서적인 경험을 하게 해주며, 훨씬 풍부한 세계를 상상하게 한다. 그림책의 미술적 요소는 유아의 상상력을 키우는 것과 함께 자유로운 이미지를 그리게 하며 그림 자체가 유아와 상호작용을 하고 유아 개개인의 개인적 반응을 격려하는 힘을 갖고 있다. 이처럼 그림책의 미술적 요소는 중요한 평가기준이 될 수 있다.

러셀(Russell, 1991)은 그림책 속에 나타나는 미술적인 특징을 선(line), 공간(space), 모양(shape), 색(color), 촉감 혹은 결(texture), 구도와 원근법(composition and perspective)으로 보았다.

(1) 선

선(line)은 사물의 특성과 모양의 윤곽을 드러내며 정서적인 반응을 암시해 준다. 또한 움직임, 거리, 느낌까지도 표현한다.

예를 들면, 휘어진 곡선과 원은 따뜻하고 아늑하며 안전한 느낌을 주지만 날카롭고 Z형의 선은 흥분과 빠른 움직임을 나타낸다. 수평선이 침착하고 안정된 느낌을 주는 반면 수직선은 높이와 거리감을 나타낸다. 선에서는 선의 굵기, 명암, 사용용도 또는 선의 독특한 점을 살펴보는 것이 중요하며 유아들이 다양한 특성의 선으로 표현된 책을 접해 보고 선의 예술성에 대해 생각해 볼 수 있도록 기회를 주어야 한다.

「개」(김은주 · 송윤아)에서는 유아가 그린 그림을 모아 책으로 소개한 작품으로 유아

의 자유롭고 자신감 있는 선의 사용이 독특한 느낌을 준다.

(2) 공 간

공간(space)은 대부분 페이지의 빈 여백부분으로 인식되기 때문에 미술적 요소로 생각되지 않기 쉽지만 실제로는 작품에 큰 영향을 미치고 있다. 공간은 페이지 안의 어떤 모양에 주의를 끌어 중요성을 나타내는 역할을 하기도 하며 빈 공간이 많을수록 공허, 외로움, 고립 등을 나타내기도 한다. 반대로 빈 공간이 적을 때에는 폐쇄, 공포감과 혼란, 무질서를 표현하기도 한다.

▶ 「표범의 얼룩무늬는 어떻게 생겨났을까?/ 루디야드 키플링 글 · 송수정 그림 / 재미마주」

「표범의 얼룩무늬는 어떻게 생겨났을까?」(송수정 그림)는 위의 숲 속 그림 장면에서 빈 공간이 적고 빽빽한 나무 그림으로 가득한 모습은 울창한 나무숲을 느끼게 하는 반면, 아래 부분의 빈 공간이 있는 그림에서는 사냥꾼이 바위에 앉아 쉬는 모습으로 여백의 공간으로 굶주림과 허탈감을 더욱 실감나게 보여 준다.

(3) 모양과 형태

그림에 나타나는 모양(shape)과 형태는 모양, 선명함, 선명하지 않음, 단순함과 복잡함, 화려함, 실제적 또는 추상적, 자유로움 또는 고정됨 그리고 이야기와 조화의 정도를 의미한다. 그림책을 통해 표현되는 모양을 보면 모양마다 느껴지는 정서가 다르다는 것을 느낄 수 있다. 그림책 속 사물들의 모양은 다양한 느낌을 준다. 즉 직사각형은 딱딱한 느낌을 주고 원이나 희미한 모양은 부드러운 느낌을 준다.

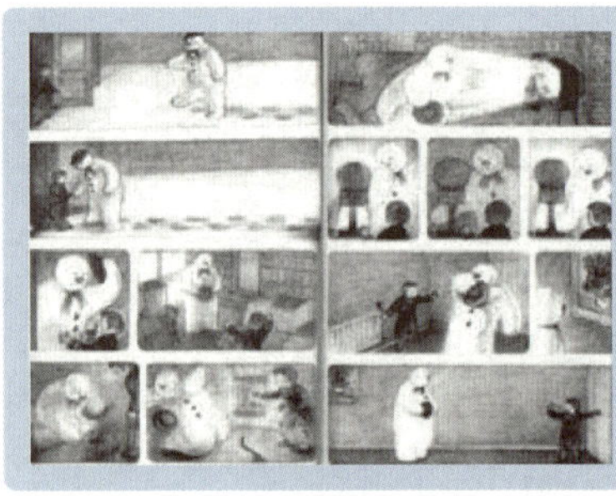

▶ 「눈사람 아저씨 / 레이먼드 브릭스 글 · 그림 / 마루벌」

「눈사람 아저씨」(레이먼드 브릭스 그림)에서 부드럽게 구부러진 선과 동그란 모양들은 따뜻함과 안정감을 느끼게 해준다. 그리고 「숨쉬는 항아리」(박완숙 그림)에서도 우리 맛을 지켜온 옹기의 배가 두둑하고 둥근 모양은 넓은 아량을 보여준다고 할 수 있다.

▶ 숨쉬는 항아리

그러나 「고슴도치가 위험해요」(파트릭 모랭 그림)에서는 고슴도치의 가시로 둘러싸인 모습은 위험에 처한 고슴도치의 상황을 더욱 극적으로 보여주게 된다. 그림의 형태도 정서적 반응을 이끌어 내는데, 부피가 큰 물체의 경우 안정감 혹은 거북함과 어색함이 느껴지는 반면 작고 섬세한 모양은 우아함과 자유 등을 느낄 수 있다.

좋은 그림책일수록 그림의 모양과 표현기법이 표현하고자 하는 사물의 본질적인 아름다움이나 특성을 잘 나타내고 있으며 이야기와 잘 조화를 이루고 있다.

▶ 고슴도치가 위험해요

(4) 색

그림은 어떤 색이 주로 있으며 밝기 정도는 어떠한지, 어떻게 사용되었는지, 이야기의 분위기와 내용이 어떻게 연결되었는지가 중요하다.

색(color)에 관해 가장 잘못 생각하기 쉬운 것은 유아들이 항상 밝게 채색된 그림을 원한다고 생각하는 것이다. 유아들은 원색을 좋아하기도 하지만 항상 화려하고 밝은 색을 원하는 것은 아니다. 오랫동안 유아들의 사랑을 받고 있는 작품 중에는 흑백으로 되어 있거나 한 가지 색으로만 그려진 책도 포함되어 있다.

그림책의 작가가 흑백이나 한 가지 색으로 그림을 그릴 때에는 대부분 선이나 공간 또는 모양을 더욱 효과적으로 활용한다. 「우리끼리 가자」(이태수 그림)는 따뜻한 연필 그림으로 겨울산 속 풍경과 어린 들짐승을 정성스레 묘사하고 있으며, 컬러가 아닌 흑백으로 선, 공간, 형태를 보다 효과적으로 사용하고 있다.

▶ 「우리끼리 가자 / 윤구병 글 · 이태수 그림 / 보리」

「힐드리드 할머니와 밤」(아놀드 로벨 그림)에서는 밤을 나타내는 흑백 그림에 아침 풍경이 되면서 햇살에 비친 노란색이 나타난다. 이 색의 대비는 이야기 내용을 잘 부각시킨다.

그림책에서 색이 너무 강조되거나 부적절하면 글의 의미를 명확하게 전달하지 못하게 될 수도 있다. 또 그림이 항상 사실적이고 정형적인 방법으로 표현된 그림책은 유아들의 상상력과 창의력을 제한할 수도 있다. 색을 통해서도 정서적인 반응이 달라질 수 있는데 빨강과 노랑은 따뜻하거나 더운 느낌을 주며 흥분을 나타내고, 파랑과 초록색은 시원하거나 추운 느낌을 주며 침착하고 고요함을 나타낸다. 또한 색은 관습적 반응이 있다. 이러한 관습적 반응은 문화에 따라 다르게 나타난다.

(5) 촉감(결)

그림책 작가들은 이야기의 내용에 따라 색, 선, 모양, 기법 등 여러 가지 방법을 활용하여 다양한 질감을 만들어 낸다. 질감 표현은 주로 그리는 도구를 이용하기도 하며 그림 기법에 변화를 주어 표현하기도 한다. 예를 들면, 종이의 평면적인 표면에 3차원적인 표면의 특성, 즉 모피, 나뭇결, 그리고 부드러운 비단결 등의 특성을 환상적으로 나타내는 것이다. 이러한 특성을 촉감(texture)이라고 하는데 대부분 그림의 사실적인 특징을 강조하고 싶은 화가가 촉감에 큰 관심을 갖는다. 좋은 그림책은 이야기 내용과 분위기에 맞는 질감이 느껴지는 책이다.

「해와 달이 된 오누이」(심미아 그림)에서는 톱밥을 붙여 나무와 지붕의 질감을 두드러지게 표현하고 있다.

(6) 구도와 원근법

그림의 구도(composition)는 정서적인 면은 물론이고 이야기를 이끌어 나가는 데에도 많은 영향을 주는 중요한 특성 중 하나로 세부 묘사를 어떻게 배열하느냐와 관계가 있다. 또한 사물과 사건을 효과적으로 나타내기 위해 다양한 위치에서 시각적으로 표현할 수 있다. 작가는 그림을 그릴 때 어디에 초점을 둘 것이며 어떤 분위기를 나타낼 것인가, 그림이 보여 지는 각도가 어떠한지 등을 고려하여야 한다.

구도의 중요한 특징은 그림을 보는 사람이 어떤 위치에서 사물이나 사건을 보아야 하는지를 결정하는 것이다. 이를 위해 각도 또는 원근화법(perspective)을 이용하게 된다. 지루함을 피하기 위해, 혹은 사물을 특별한 방법으로 보기 위해 그림마다 원근화법이 달라질 수 있다. 좋은 구도는 그림과 본문이 잘 조화되어 내용에 어울리는 분위기를 나타내고 통일감을 만들어 내기도 한다.

4) 그림책의 교육적 요소

그림책의 범주는 다양한 해석이 가능한 영역이기 때문에 도덕적이거나 비정상적인 주제도 가능하지만, 아직 개념이나 가치관의 형성이 미완인 유아의 경우는 되도록 전인발달에 초점을 맞추는 것이 좋다. 이는 반드시 책 속에 교훈적인 가르침이 있어야 한다는 의미는 아니며, 앞서 기술한 문학적 요소와 미술적 요소를 고려하여 전체적으로 우수한 준거들을 갖추어야 한다는 의미이다. 유아를 위한 그림책은 무엇보다 그림책을 읽는 동안 유아가 즐거움을 느낄 수 있어야 하고, 긍정적인 세계관과 자아존중감이 형성될 수 있어야 하고, 호기심을 확장시켜 사고를 확장시키고, 나아가 책을 사랑하는 좋은 습관을 기르도록 도와줄 수 있어야 한다.

5. 그림책에 기초한 누리과정의 통합적 활용

유치원이나 어린이집에서 문학교육을 할 때에는 유아의 발달 수준을 고려하고, 일상생활, 계절적 요소, 유아가 경험해야 할 교육과정 요소 등을 고루 반영해야 할 필요가 있다. 이는 연간 활동 전반에 걸친 생활주제를 통해 가능해진다. 유아문학교육 또한 생활주제를 고려하여 구성하는 것이 바람직한데, 3~5세 연령별 누리과정 생활주제는 교사가 그림책을 선정하고 활동을 계획하는 데 기본 요건이 된다. 이러한 교육에 연관되어 누리과정에서 볼 수 있는 생활주제에 따라 통합적인 활용성에서 그림책을 분류하고, 그에 따른 설명을 하고자 한다.

1) 유치원/어린이집과 친구

'유치원/어린이집과 친구'는 유치원/어린이집의 물리적 · 인적 환경을 탐색해 보고 선생님 · 친구들과 긍정적인 관계를 형성하여 새로운 환경에 잘 적응하도록 돕는 그림책을 활용하여 지도하는 것이 좋다. 유아가 새로운 환경과 유치원/어린이집에서 경험하는 일과에 대해 전반적으로 이해하고, 새로운 친구나 어른들과 함께 지내는데 필요한 다양한 가치와 전략들을 경험하도록 그림책을 선정한다.

▶ 「놀이방에 처음 가던 날 / 제랄드 스테르 글 · 오사와 시카 그림 / 교학사」

유치원/어린이집은 유아들이 처음으로 집단생활을 경험하는 곳이므로 상대방을 아끼고 배려할 줄 아는 마음을 심어 주는 것이 중요하다. 아이들이 처음으로 가족이 아닌 다른 이들과 새로운 관계를 맺으면서 사회성과 독립심을 기르는 과정, 또래친구의 소중함을 알아가는 과정이 잘 표현되어 있다.

▶ 「두두에게 친구가 생겼어요 / 안네테 스보보다 글 · 그림 / 중앙출판사」

어린이들이 노는 모습을 자세히 살펴보면 옹기종기 모여 있어도 실은 따로 놀고 있음을 발견하게 된다. 그들의 외부에는 아직 가족만이 있을 뿐, 친구라는 것이 존재하지 않기 때문이다. 이 그림동화는 짧은 글 속에 친구를 사귐으로 인해 얻는 기쁨, 혼자는 할 수 없지만 친구와 함께라면 할 수 있는 재미있는 놀이 등에 대해 알려 준다. 일상의 구체적 놀이와 유아들이 상호작용의 상황을 통해 친구의 소중함을 알아가는 그림책이다.

2) 나와 가족

'나와 가족'은 유아가 자신의 몸과 마음에 대한 기초적인 지식과 이해를 바탕으로 가족 구성원으로서의 자신을 이해하고, 다양한 가족 문화와 생활에 대한 경험을 제공하는데 목적이 있다. 그림책을 활용할 때에 만 3세는 나를 인식하는 것에 중점을 두고, 점차 연령이 높아질수록 나에서 가족, 타인으로 넓혀서 지도하는 것이 좋다.

▶ 「나는 여자, 내 동생은 남자 / 정지영 글 · 정혜영 그림 / 길벗어린이」

유아기는 신체적으로나 정신적으로 급속히 성장하는 시기며 자기를 중심으로 주변에서 일어나는 일에 예민하게 반응한다. 남자와 여자의 다른 점 등에 관심을 보이면서 '나'에 대한 이해를 갖는다. '나'는 여자고 동생은 남자다. 왜 남자와 여자의 몸은 다를까? 자라면서 점점 달라지는 여자와 남자의 신체 비교, 그리고 고추와 잠지는 나중에 어른이 되면 아기를 만들 소중한 곳이라는 설명과 함께, 한 권의 책을 통해 '소중한 나의 존재'를 넘어서 사람들 '모두가 소중한 존재'임을 일깨운다.

▶ 「그래도 엄마는 너를 사랑한단다 / 이언 포크너 글 · 그림 / 중앙출판사」

사랑은 마음에 안정과 편안함을 준다. 그래서 누구나 사랑을 필요로 하고 또 그 사랑을 잃지는 않았는지 자주 확인하게 되는 것 같다. 특히, 아직 어려서 모든 걸 부모님의 손길에 의지하는 유아들은 더욱 그럴 것이다. 유아들은 가족 구성원과의 관계에서 형성되는 신뢰감과 안정감을 토대로 건강한 사회 구성원으로 성장하게 되는 것이다. 장난치고 말썽을 부려도 변함없이 엄마 아빠의 사랑을 받고 있다는 느낌, 그 행복한 느낌을 「그래도 엄마는 너를 사랑한단다」라는 책을 통해 느낄 수 있을 것이다.

3) 우리 동네

'우리 동네'는 유아 자신이 사는 사회에서 필요한 지식과 기술 및 능력을 갖춘 구성원으로 성장할 수 있는 내용의 그림책을 선정한다.

▶ 「스텔라 거리 45+47번지에서 생긴 일 1 / 엘리자베스 허니 글 · 그림 / 중앙출판사」

더불어 사는 일의 아름다움과 행복함을 느끼게 해 준다. 오스트레일리아 어린이책 수상작이며, 이탈리아 프레미오 센토 어린이 문학상 최우수작인 「스텔라 거리 45+47번지에서 생긴 일」은 이웃과 가족의 따스함을 느끼기에 충분한 이야기다. 크게 가진 것은 없지만 서로 돕고 아끼며 살아가던 스텔라 거리 사람들과 새로 이사 온 부부와의 갈등과 그 갈등을 해결하기 위한 아이들의 모험이 신나게 그려지고 있다.

4) 동 · 식물과 자연

'동 · 식물과 자연'은 유아가 동 · 식물에 관심을 가지며 인간이 동 · 식물과 자연 속에서 더불어 살아가는 관계임을 경험하고 이를 실천해 가는 삶의 태도를 기르는데 중점을 두도록 한다. 그림책 활용 시 주제에 따라 연령에 따라 차이를 두어야 한다. 동식물의 이름과 특징에 대해 알려주는 것에 치중하기보다는, 동 · 식물과 자연을 있는 그대로 보고 이해하도록 지도한다. 동 · 식물과의 관계에서 즐거움을 느끼고, 그들이 주는 이로움에 감사하며, 동 · 식물과 자연을 사랑하고 이에 대한 긍정적인 태도를 형성할 수 있도록 지도한다.

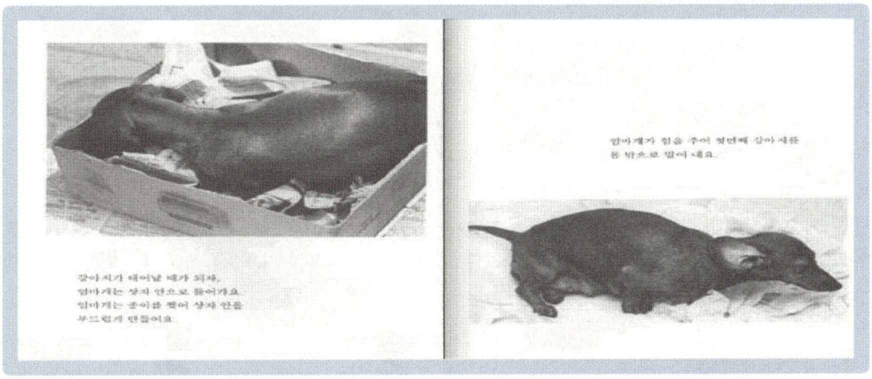

▶ 「강아지가 태어났어요 / 조애너 콜 글 · 제롬 웩슬러 사진 / 비룡소」

아이들에게 가장 친근한 동물인 강아지가 어떻게 태어날까? 강아지가 처음부터 이만큼 컸을까? 호기심 많은 유아들의 질문에 명쾌한 해답이 될 수 있는 책이다. 개의 출산 장면과 출산 뒷처리 과정, 새끼 강아지의 단계별 성장 등을 사실적인 사진 배치와 함께 섬세하고 생생하게 담아주고 있다. 유아들이 생명 탄생의 신비로움과 소중함을 스스로 깨우쳐 나갈 것이다.

5) 건강과 안전

'건강과 안전'은 즐거운 운동과 휴식, 깨끗한 나와 환경, 맛있는 음식과 영양, 안전한 놀이와 생활의 내용을 포함한 그림책을 활용한다. 특히 유아들이 생활 속에서의 직접 체험을 통해 건강하고 안전한 생활 습관을 형성하고 실천할 수 있는 다양한 활동을 연계하여 그림책을 소개하는 것이 좋다.

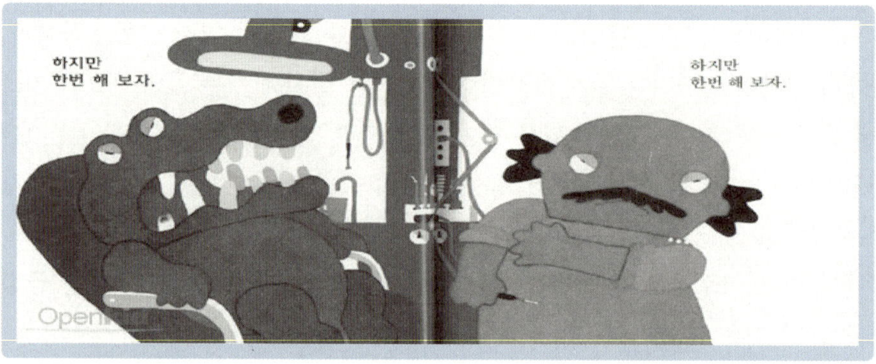

▶ 「악어도 깜짝, 치과 의사도 깜짝! / 고미 타로 글 · 그림 / 비룡소」

동물과 사람의 익살스런 모습을 통해 치과에 가기 싫어하는 아이들의 마음을 잘 표현하고 있다. 또한, 반복적인 단어와 단순한 그림이 유아들에게 더 큰 상상을 불러일으키며, 책을 읽고 나면 '반드시 이를 닦아야겠다'는 생각이 들게끔 만든다. 따라서 유아들이 좋은 생활 습관을 기르는 데 도움이 되는 책이다.

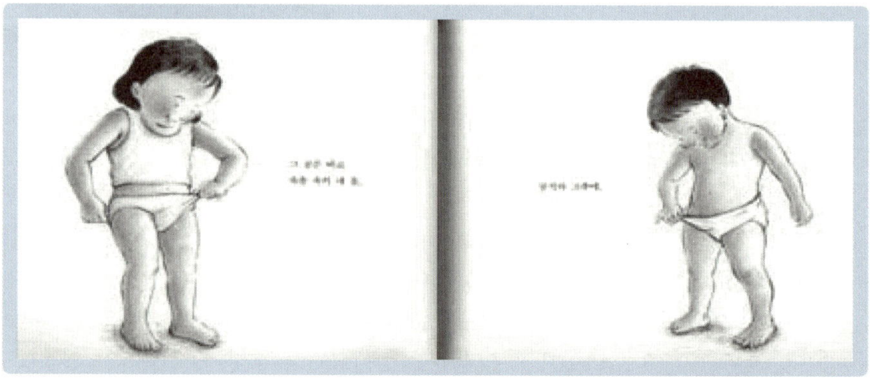

▶ 소중한 나의 몸 / 정지영, 혜영 글 · 그림 / 비룡소

아이의 신체에 대한 호기심은 부모를 즐겁게도 하지만 당황하게도 한다. 자기의 존재를 확인하는 일로 우리의 몸이 왜 소중한지 그리고 소중한 몸을 지키는 방법이 무엇인지 일려주고 있다.

6) 생활도구

'생활도구'와 관련한 그림책은 유아가 다양한 종류의 생활도구와 미디어, 에너지를 생활 속에서 유용하게 활용할 뿐 아니라, 바르고 안전하게 사용하는 것과 새로운 생활도구에 관심을 가지도록 하는 내용이 포함되어야 한다.

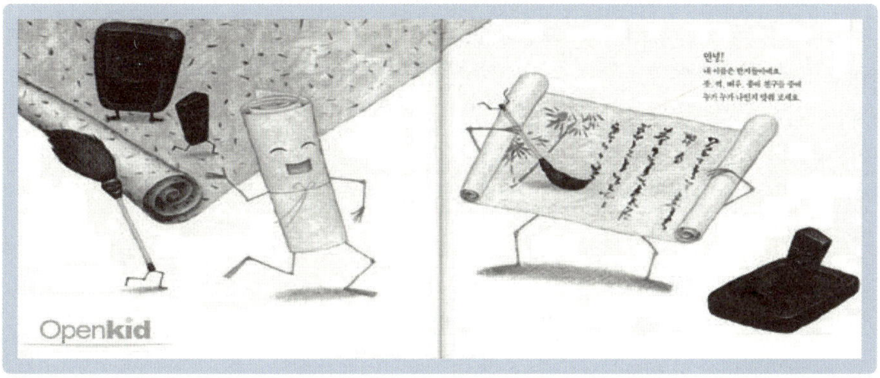

▶ 「한지돌이 / 이종철 글 · 이춘길 그림 / 보림」

공장이나 기계가 없었던 옛날에는 한지를 어떻게 만들었을까? 또, 한지의 색깔은 어떻게 넣었을까? 한지로 만들 수 있는 많은 종류의 물건들은 어떤 것들이 있고, 어떻게 쓰였을까? 옛날에 유아들의 장난감도 한지로 만들었다는 데 어떤 것일까? 이 모든 궁금증들을 책 속에서 풀 수 있다. 더불어 우리나라 종이의 역사와 그 속에 담긴 우리 조상들의 슬기를 느낄 수 있을 것이다.

7) 교통기관

'교통기관'은 우리 생활에 직 · 간접적으로 관련되어 있는 다양한 교통기관의 종류와 유아들이 경험할 수 있는 편리하고 안전한 교통 생활을 다룬 그림책을 활용한다. 육상 및 항공, 해상 교통기관에 대해 알아보고, 일하는 교통기관에 대한 고마움을 가지며, 즐겁고 안전한 교통 생활을 위해 지켜야 할 교통질서를 경험하도록 하는 그림책을 선정한다.

▶ 「트럭」/ Donald Crews 글 · 그림 / 비룡소

이 그림책은 일단 펼치면 방바닥 하나를 다 차지할 만큼 크다. 방바닥은 곧장 도로 한복판으로 변하고, 도로 위에는 빨간 트럭이 있고, 트럭은 색채가 강렬하고 선명하다. 장난감에 가까운 이 그림책은 그저 조그맣고 앙증맞은 세발자전거를 태우고 있는 트럭의 여행 이야기를 담고 있을 뿐, 전체적인 줄거리는 없다. 이 책은 처음에는 그저 큰 자동차가 그려진 책으로 보이지만, 언어화를 통하여 그림책은 유아들의 이야기가 담긴 의미 있는 책으로 변한다.

8) 우리나라

'우리나라'는 우리나라 사람들의 생활, 놀이와 예술, 역사, 자랑거리의 내용을 중심으로 문학 활동을 전개해 본다. 각 소주제마다 관심가지기, 경험하기, 즐기기, 알아보기를 중심으로 연령별 발달수준, 관심과 흥미 생활과의 연관성을 반영한 그림책을 소개한다.

▶ 「솔이의 추석 이야기 / 이억배 글 · 그림 / 길벗어린이」

유아들에게 추석의 의미와 자신들이 보내고 온 추석 체험을 되새기며 많은 이야깃거리를 만들어 내게 하는 그림책이다. 엄마 아빠가 함께 보면서 이 이야기 저 이야기를 보태다 보면 가족과 명절이 주는 즐거움이 새록새록 더해질 것이다. 또한 우리의 선과 색을 살린 그림들을 보면서 유아들의 감성을 키울 수 있을 것이다.

9) 세계 여러 나라

'세계 여러 나라'는 국제화 · 세계화 시대에 유아가 관심을 가지며 경험할 수 있는 내용을 중심으로 그림책을 선정한다. 만 4세의 경우에는 다른 나라의 문화를 접하고 탐색할 수 있는 내용으로 기본적인 것을 다루도록 하며, 만 5세의 경우에는 기본적인 탐색과 더불어 심화된 내용을 추가하여 그림책을 제시한다.

▶ 「수호의 하얀 말 / 오츠카 유우조 재화 · 아카바수에키치 그림 / 한림」

몽골의 가난한 양치기 소년 수호는 하얀 망아지를 발견하고 집으로 데려와 키우는데 후에 하얀 말신의 뼈와 가죽, 심줄과 털로 악기를 만들게 된다. 그렇게 해서 몽골의 전통악기 '마두금'이 탄생한다는 몽골의 악기의 유래에 대해 알 수 있다.

▶ 「태양으로 날아간 화살 / 제럴드 맥더멋 그림 · 푸에블로 인디언 설화 / 시공사」

미국 남서부 지역에 사는 푸에블로 인디언의 설화를 그림책 속에 옮겨 놓은 것으로 자연과 사람의 모습을 자연 그대로 그려내기보다는 상징적이고 기하학적인 형태로 그려내어 새로운 느낌을 준다. 또한 유아로 하여금 우리나라와 차이가 나는 다른 나라의 문화, 즉 인디언 문화에 대해 경험할 수 있게 해 준다.

10) 환경과 생활

'환경과 생활'은 유아가 생활 속에서 자연 환경적 요소를 경험하며 자신의 주변 세계를 다양하게 탐구할 수 있는 내용의 그림책을 활용한다. 유아의 생활을 둘러싸고 있는 친숙한 환경 요소인 물, 돌, 흙, 바람, 공기, 빛, 소리를 주제로 구성하고 각 주제 특성에 따라 놀기, 탐색하기, 이용하기, 보호하기 등의 내용을 포함하는 그림책을 선정한다.

▶ 「첫 발견 시리즈 – 빛」

▶ 「첫 발견 시리즈 – 물」

≪첫 발견 시리즈≫ 「빛」, 「물」(장삐에 베르데 글 · 씰밴 빼롤 그림 꼬마 샘터)은 우리가 살

고 있는 지구에서 빛과 물의 관계를 설명하고 실물을 보는 듯한 원색 그림이 인쇄된 투명한 필름 페이지가 이야기의 흥미를 더 한다.

11) 봄 · 여름 · 가을 · 겨울

'봄 · 여름 · 가을 · 겨울'은 각 계절에 따른 날씨와 자연 및 생활의 변화, 계절의 날씨 알기, 계절의 풍경 즐기기, 계절 지내기 등의 내용을 포함한 그림책을 소개한다.

▶ 「우리 순이 어디 가니 / 윤구병 글 · 이태수 그림 / 보리」

유아들에게 봄을 설명하고 보여주기란 매우 어려운 일이다. 그러나 이 책에서는 한눈에 온통 봄이 다 들어오는 풍경을 만날 수 있다. 책을 열면 복숭아꽃, 살구꽃, 배꽃, 개나리꽃이 활짝 핀 순이네 집이 보이고, 순이가 엄마와 새참 갖다 드리러 가는 들길에서는 순이에게 말을 걸어오는 온갖 동물들과 식물들을 만나게 된다. 이처럼 봄에 볼 수 있는 동 · 식물들을 등장시켜 봄의 따뜻하고 화사한 분위기를 잘 전달하고 있으며, 유아들이 계절의 변화와 자연에 대해 관심을 가질 수 있도록 돕는다.

▶ 「여름이 왔어요 / 보리기획 글 · 김영미 그림 / 보리」

한지 느낌이 나는 종이를 뜯어 붙여 만든 그림이 정다웁게 느껴지는 그림책으로 사계절과 날씨 이야기를 읽으면서 나와 내 주변 동물과 식물들을 다시 보게 해 준다. 또한 유아는 시간의 흐름과 자연의 섭리에 눈뜨게 될 것이다.

▶ 「바빠요 바빠 / **윤구병 글 · 이태수 그림 / 보리**」

가을 걷이에 바쁜 사람들과 동물들, 사물들 모두의 모습이 짧고 부드러운 문장 속에서 소개되고 있다. 요즘 유아들이 흔히 볼 수 없는 시골의 정경을 아름답게 그려내고 있다. 까슬한 질감의 콘테화에 담긴 가을 풍경이 퍽 정겹고 아름다운 그림책이다. 가을의 풍성함을 느끼고, 더불어 우리나라의 전통적인 모습을 통해 우리나라의 전통과 문화를 쉽게 접할 수 있을 것이다.

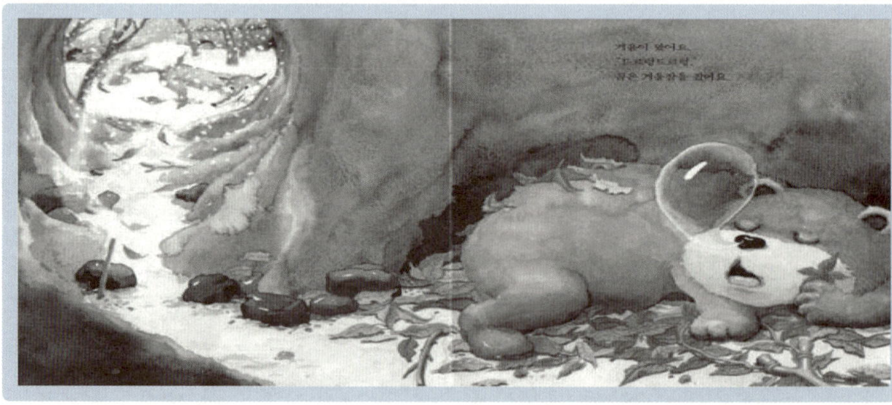

▶ 「나는 잠만 잤는걸 : 동물의 겨울잠 / **심조원 글 · 유진희 그림 / 보리**」

매우 익살스러운 동물들 각각의 특징을 잘 살려냈고, 그림 또한 원색을 피하고 자연 그대로의 색감을 살려 편안한 느낌을 갖게 한다. 책 말미에는 겨울을 나는 각기 다른 동물들의 생태학적 정보가 풍부하게 실려 있어 동물들을 좋아하는 유아들의 지적 호기심이 가득 채워질 것이다.

6. 그림책의 교육적 가치와 의의

지금까지 살펴본 바와 같이 그림책은 글과 그림으로 이루어진 독특한 예술형식으로써 그 고유한 가치와 의미를 지닌다. 그림책이 가지고 있는 고유의 의미와 가치에 대한 관심과 연구는 계속 증가하고 있는 추세이다. 그만큼 유아의 성장과 발달에 그림책의 영향력이 매우 크다는 사실이 입증되고 있는 결과이다. 그림책은 유아가 접하는 최초의 문학 경험이 되므로 그 중요성은 다시 강조해도 지나치지 않을 것이다.

그림책은 유아들을 아름다운 상상 속으로 안내하기도 하고 그림책 속에 담긴 예술적인 단어와 그림을 통해 유아의 정서와 상상력을 보충하고 개발하며 풍부하게 하는 데 큰 역할을 한다. 특히, 나이가 어린 유아일수록 다양한 정서적 경험을 할 수 있도록 도와준다. 그림책은 온갖 인간 삶의 모습과 가치들을 글과 그림으로 보여줌으로써 아직 경험이 부족한 유아들이 관심과 흥미를 갖고 그림책 세계에 빠져들게 한다.

유아들은 그림책 속에서 다양한 인간 삶의 모습들을 보면서 그것을 자신의 삶에 비추어 보고 자기를 성찰할 수 있는 기회를 가진다. 결과적으로, 그림책을 읽는 유아들은 다른 사람들의 생각과 마음을 이해할 뿐 아니라 다른 사람들의 삶을 들여다봄으로써 자신의 삶을 성찰하여 자아를 형성한다. 그림책은 유아들이 읽고 재미와 즐거움을 느낄 수 있을 뿐 아니라 다른 사람들을 이해하고, 자기 정체성을 찾을 수 있는 교육적 가치가 매우 큰 책이다.

1) 그림책의 교육적 가치

그림책은 유아에게 많은 영향을 미친다. 유아에게 즐거움을 주며, 이야기를 마음속으로 그릴 수 있도록 도와준다. 또한 창의력과 상상력을 길러 주며 자연스럽게 글씨를 읽도록 도와주며 그림만으로도 충분히 심미적인 가치를 가지고 있다.

버크(Burke, 1990)는 그림책의 교육적 가치를 다음과 같이 제시하고 있다.

① 그림책은 유아가 그림을 봄으로써 이야기에 대해 더 많은 이해를 할 수 있도록

도와준다.

② 유아들이 문해기술과 사고기술이 생기도록 실습할 기회를 준다.

③ 유아들이 글씨를 몰라도 그림을 보고 얘기할 수 있도록 한다.

④ 주인공과 등장인물에 더 쉽게 빠져들고 동일시할 수 있도록 한다.

⑤ 이야기 문법(story grammar), 이야기 쉐마(story schema), 이야기의 감각(a sense of story)을 발달시킬 수 있도록 한다.

⑥ 유아들이 이야기를 새롭게 만들어 낼 수 있도록 한다.

⑦ 그림 작가가 어떻게 미술적 요소들을 사용하는지에 대하여 이해할 수 있도록 한다.

⑧ 그림을 통하여 구체적이고 세부적인 것들을 관찰할 수 있는 기회를 준다.

⑨ 그림책을 보고 들음으로써 정서적 경험과 반응을 더 잘 유도할 수 있도록 해 준다.

2) 좋은 그림책 선정기준

좋은 이야기 그림책을 선정하기 위해서는 위에서 제시한 여러 가지 조건을 만족시켜야겠다. 3세 이하의 유아를 위한 이야기 그림책을 고를 때 유의해야 할 점을 잘롱고(Jalongo, 1988)는 다음과 같이 제시하고 있다.

① 적절한 주제와 소재를 담고 있어야 한다. 신뢰감을 형성하고 자율성을 키워가는 이 시기의 유아에게는 유아에게 호소력을 가진 일반적인 주제, 즉 부모의 사랑과 자율성이 담겨진 내용이 바람직하다.

② 언어가 효과적이고 상상력이 풍부하게 쓰여져야 한다. 그림책 속의 글은 간결하고 음악적이며 창의적이어야 한다. 그리고 이야기 속의 본문은 장면을 능숙하게 설정하여 활동이 전개되어야 한다.

③ 이야기가 아주 나이 어린 유아를 위한 것일 때는 직접적이어야 한다. 명확하고 단순한 플롯이 이해하기에 좋다.

④ 만족스러운 결말이어야 한다. 유아에게 알맞은 그림책은 빠른 결말이 나와야 하며 행복하게 끝나는 긍정적인 면이 있어야 한다. 그래야만 유아는 위안을

느끼고, 계속해서 반복하여 그 책을 읽고 싶어한다.

3) 그림책 소개 시 고려사항

그림책은 유아들의 정신세계의 성장과 발달에 매우 중요한 역할을 한다. 그림책을 유아에게 소개할 때 고려해야 할 점은 다음과 같다.

첫째, 그림책에 쓰여진 사실이 정확한가이다. 사실적인 정보가 얼마만큼 정확하고 확실하며 조직화되어 객관적으로 쓰여졌는지 잘 살펴보아야 한다. 따라서 좋은 지식 그림책은 저자가 의도한 방식으로 정보가 조직되었는지 알아보아야 하는 것이다. 즉 정보는 연대순으로 체계적으로 조직되어 있는 것이 좋다.

둘째, 그림책에 쓰여진 사실들이 명확히 변별되고 정확한 가설과 검증을 거쳤는지 알아보아야 한다.

셋째, 중요한 사실이 생략되거나 빠지지 않았는지 살펴보아야 한다.

넷째, 최신정보를 다루고 있는지 알아보아야 한다. 이것은 그 내용에 있어 커다란 영향을 미치며 예전엔 그렇지 않았던 것들이 현대에 와서 많이 바뀌고 생성되었기 때문에 예전의 정보를 수집하는 데에 많은 도움을 주지 못한다.

다섯째, 그림책의 내용이 고정관념을 담고 있는지 알아보아야 한다.

여섯째, 그림책의 지식 전달이 가장 큰 목적이지만 책의 효용성도 고려해야 한다. 작가가 얼마나 유아의 시각에서 정보를 제한하고, 지식 전달을 위해 어떠한 자료를 제공했는지 검토해야 한다. 또한 자료의 정리순서도 중요하다. 유아에게는 익숙한 것부터 익숙하지 않은 것으로 간단한 것에서 복잡한 것으로 배열하는 것이 바람직한 것이다.

일곱째, 저자는 책의 사실과 의견을 구분하여 명확하게 써야 하며 과학적인 태도를 유지해야 한다.

여덟째, 제본 상태와 그림책의 형식을 고려해야 한다. 그림책의 크기와 페이지, 자료의 적절한 배치를 살펴보아야 한다. 이것은 그림책이 미학적으로도 손색이 없어야 한다는 것을 말하는 것이다.

아홉째, 그림책이므로 그림책의 평가 준거도 만족시켜야 한다.

열째, 유아의 발달에 적합한지 반드시 고려하여야 한다. 우선 유아의 연령에 따라 그 시기의 일반적인 특성에 부합한 작품을 선택해야 한다. 영아는 입으로 물거나 던져도 좋은 견고하고 안전한 책이 적당하며, 유아는 친숙한 인물이나 사물, 동물이 나오는 그림책이 적당하다.

PART 03

아동문학의 실제와 교육활동 매체

CHAPTER 08

아동문학 교육의 실제

1. 아동문학 작품을 통한 활동의 실제
2. 문학적 사고를 위한 아동문학 활동

1. 아동문학 작품을 통한 활동의 실제

1) 문학작품의 활동

문학경험은 유아들이 문학작품을 듣거나 읽으면서 스스로 자신의 감정을 불러일으키는 과정이므로 유아가 개인적으로 몰입하는 것이 가장 중요하다(Cullinan, 1989). 유아들이 문학작품을 경험하는 것은 밥을 먹거나 놀이를 하는 것처럼 일상생활의 한 부분이 되어야 한다.

유아들의 문학교육을 위해 교사들은 여러 가지 많은 문학활동들을 제공하고 있다. 교사들은 유아들에게 문학작품을 직접 들려주거나 유아 스스로가 읽을 수 있도록 하는 시간을 많이 갖도록 돕는다. 그러나 나이가 어린 유아일수록 혼자서 문학작품을 읽을 능력이 없으므로 어린 유아에게는 문학작품을 직접 들려주어야 한다. 문학교육의 일차적 방법인 듣기 활동은 유아들의 발달에 많은 효과를 가져다 준다.

유아들에게 문학작품을 소개하는 방법에는 여러 가지가 있다. 우선 동화를 들려주는 방법으로 그림책 읽어 주기, 동화구연, 그림동화, 텔레비전 동화, 융판 및 자석을 이용한 동화, OHP를 이용하여 이야기를 들려주는 방법 등이 있다. 동시를 들려주는 방법에는 동시 읽어 주기, 동시 낭송하기 등이 있다. 동극을 보여주는 방법으로는 인형극, 그림자 극, 영상 매체를 이용한 방법 등이 있다. 또 유아 스스로가 책을 읽도록 하는 자유 독서활동이 있다(J. Trelease, 2008).

교사는 유아들에게 문학작품을 소개할 때 유아가 문학의 진정한 즐거움을 느낄 수 있도록 해야 한다. 문학작품의 활동소개에 있어 매체별 특성, 활용, 제작방법 등에 대해서는 10장의 유아문학 교육매체의 실제에서 자세히 다루므로 이 장에서는 간단하게 살펴보고자 한다.

2) 작가 활동

전래동화 · 동요에서는 지은이가 누구인지는 알 수 없지만 재화자나 엮은이를 소개할 수 있다. 그 외의 모든 창작 문학작품에는 지은이, 즉 작가가 있다.

창작동화, 동시, 그리고 그림책에도 글을 쓴 작가와 그림을 그린 작가가 있다. 유아들이 문학작품을 접할 때 그 작품의 이야기를 만든 사람과 그림을 그린 사람을 이해해야 한다. 그들을 명칭 하는 글 작가, 그림 작가의 의미를 전달해야 한다.

유아들에게 글 작가나 그림 작가를 소개하는 것의 필요성은 느끼나, 소개의 어려움을 갖는다고 하여 글 작가나 그림 작가를 소개하지 않고 지나치는 경우가 대부분이다. 그림책의 표지에는 글 작가와 그림 작가가 소개가 간략하게 되어 있다. 따라서 글 작가나 그림 작가를 소개하는 일은 그리 어려운 일이 아니다. 유아들에게 글 작가나 그림 작가를 소개하는 활동은 유아가 문학작품의 구조를 이해하는 데 긍정적이며 유아 자신도 글 작가나 그림 작가가 되어 보고자 하는 장래의 꿈을 갖게 하는 동기를 줄 수도 있다.

활동방법

- 책을 접하기 전에 그 작품의 글 작가와 그림 작가를 소개한다.
- "이 책은 ○○○라는 분이 쓰셨고 그림은 ○○○라는 분이 그리셨어".
- 전에 읽은 책 중에 같은 작가가 있었는지 이야기 나눈다.
  "○○○라는 분이 쓰신 책을 읽어 본 적이 있니?"
  "○○○라는 분이 그린 책을 본 적이 있니?"
- 같은 작가의 작품에 대해 비교해 본다.
  "○○○이야기와 ○○○이야기는 같은 작가가 쓴 것인데 어떤 생각이 드니?"
  "○○○이야기와 ○○○이야기는 같은 작가가 그린 것인데 어떤 생각이 드니?"

3) 동화 활동

유아들에게 동화를 들려주기 위한 방법으로는 그림책 읽어 주기, 구연 동화, 그림 동화, 텔레비전 동화, 융판 및 자석을 이용한 동화, OHP를 이용하여 들려주는 방법 등이 있다.

(1) 그림책 읽어 주기

글을 아직 모르는 어린 유아들이 문학작품을 경험할 수 있는 가장 좋은 방법은 그림책 읽어 주기다. 사람의 목소리는 가장 기본적인 자연의 소리로 유아들은 녹음 테이프나 텔레비전과 같은 인공적인 소리로 이야기를 듣는 것보다 사람의 목소리로 이야기를 듣는 경험을 통해 풍부한 언어 체험을 할 수 있다.

나이가 어린 유아에게 그림책을 읽어줄 경우에는 책의 내용을 그대로 읽어 주는 것보다 유아의 흥미나 발달수준에 따라 내용을 변화시키는 것이 효과적이다.

(2) 동화구연

동화구연(story telling)이란 '이야기하기'라는 뜻을 가진 것으로 문학작품을 그림이나 글이 아닌 음성으로 소개하는 것을 말한다.

동화구연으로 유아들에게 동화를 들려주는 방법은 유아 문학작품 소개방법 중에서 가장 보편적이고 단순한 방법이면서 또 가장 훌륭한 방법이다.

(3) 그림동화

동화를 몇 단락으로 나누어 각 단락에 그림을 그려 유아들에게 그 그림을 제시하며 동화를 들려주기 위한 매체가 그림동화다. 그림동화는 그 나라의 독자적인 문화이며 특색 있는 표현방법이라고 하였다(마쯔이 다다시, 1990).

우리나라 교육기관에서도 그림동화를 많이 활용하고 있지만, 그림의 예술성에 따라 교사들이 손수 그림을 그려 사용하는 경우도 있다.

(4) 텔레비전 동화

텔레비전 동화는 동화를 몇 단락으로 나누어 각 단락을 그림으로 그려서 길게 이은 후 텔레비전 모양으로 만든 매체에 그림을 끼워 손으로 돌려가며 동화를 들려주는 방법이다.

(5) 융판 및 자석을 이용한 동화

융판 및 자석을 이용한 동화는 등장인물이나 배경그림을 한 가지씩 첨가하여 붙이며 자유롭게 연출할 수 있어 그림동화와는 또 다른 흥미를 더해 준다. 유아들은 융판 위 자료의 움직임에 호기심과 흥미를 가지고 집중하게 된다.

(6) OHP를 이용한 그림동화

OHP(Over Head Projector)를 이용한 그림동화는 투명한 아세테이트지(TP : Trans Parency) 위에 그림을 그려 OHP를 사용하여 보여주는 것이다. OHP는 화면이 큰 영상을 얻을 수 있으므로 유아들의 흥미를 유도할 수 있다. 투명한 아세테이트지와 펜만으로도 자료를 만들 수 있으므로 쉽게 활용할 수 있다. 또 밝은 곳에서도 선명한 색을 볼 수 있으므로 장소에 구애를 받지 않고 사용할 수 있다.

4) 동시 활동

유아들에게 동시를 소개해 주는 방법으로는 동시 읽어 주기와 동시 낭송해 주기가 있다.

(1) 동시 읽어 주기

동시는 아름다움과 리듬을 동시에 지니고 있기 때문에 유아들의 흥미를 크게 유발시킬 수 있다. 유아들은 자신의 수준에 적절한 동시를 계속 접하면서 자연스럽게 시를 받아들일 수 있고 시의 아름다움도 함께 느끼게 된다.

교사는 유아들에게 읽어 줄 동시를 선택할 때 다양한 주제를 선택하여 적절한 순간에 알맞은 시를 읽어 주어야 한다. 이를 위해서는 평소에 많은 동시를 수집하여 주제에 따라 정리해 놓으면 많은 도움이 된다.

유아들에게 동시를 읽어줄 때에는 다음과 같은 점을 고려해야 한다.

① 교육 주제 또는 분위기에 적절한 동시를 선택한다.

② 동시의 분위기에 맞춰 목소리의 빠르기나 높낮이를 조절하여 운을 넣어 읽어 준다.
③ 동시의 분위기가 잘 살아날 수 있는 음악을 함께 곁들여 읽어 준다.
④ 그림이 있는 동시를 보여주며 그림에 대한 이야기를 나눈 후 동시를 읽어 줄 수도 있고 동시책을 보고 읽어 줄 수도 있다.
⑤ 동시를 쓴 차트를 칠판 위에 걸어 놓고 읽을 때 교사는 동시의 각 문장을 손가락으로 짚으며 읽어 준다.
⑥ 문장카드나 그림카드를 이용하여 동시를 읽어 줄 수도 있는데 이 때 교사는 한 문장씩 또는 그림 한 장씩을 융판이나 칠판에 붙여 가며 읽어 준다.
⑦ 발달단계를 고려하여 읽어 준다.
⑧ 개방적, 확산적 질문을 가끔 하면서 읽어 준다.

(2) 동시 낭송하기

동시 낭송하기란 교사가 유아들에게 들려줄 동시를 암송한 후 들려주는 방법을 가리킨다. 낭송해 주는 동시는 짧은 시로 시작하여 유아에게 즐거운 시간이 되어야 하며 교사 자신도 즐거워야 한다. 짧은 싯귀를 사용하면서도 반복되는 운율, 유아들이 즐길 수 있는 구체적인 이야기가 담겨 있는 싯귀가 좋다. 또 낭송을 할 때에는 유아의 반응을 살피면서 여유 있게 하는 것이 좋고, 교사가 자주 시를 낭송해 주어 유아들이 자연스럽게 시와 가까워질 수 있도록 도와 주어야 한다. 교사는 평소에 많은 동시를 암기해 두었다가 상황과 분위기에 적절한 동시를 낭송해 줄 수 있다.

5) 동극 활동

유아들에게 동극을 상연하는 방법으로는 인형극, 영상 매체를 이용한 극으로 나누어 볼 수 있다.

(1) 인형극

인형극이란 인형을 활용한 동화를 말한다. 인형극은 그림동화나 동화구연과는 달

리 인형들을 등장시켜 인형들에게 생명력을 불어넣어 여러 방향으로 조작할 수 있고 인형신체의 특정 부분을 조작할 수 있어 동화를 전달하는데 매우 흥미로운 자료다. 이 때 인형은 입체인형 또는 평면인형을 사용할 수 있으며 인형극을 들려주기 위해서는 등장인물이 너무 많지 않은 것이 적합하다.

(2) 영상 매체를 활용한 극

유아 문학작품 중에는 비디오 테이프나 영화로 제작된 것들을 많이 볼 수 있다. 유아들은 텔레비전 화면이나 극장의 화면을 통해 이들을 접하게 된다. 주로 그림책을 원작으로 하고 있는 영상 매체들은 유아들에게 원작 그림책을 보도록 자극하기도 하며 즐거움을 선사한다. 또한 교사 없이 유아들이 스스로 이용할 수 있다는 장점을 가지고 있다.

대부분의 영상 매체들은 사업가들에 의해 기획 · 제작되므로 어떤 경우에는 도덕적인 설교를 만들기도 한다. 영상 매체의 제작시 이야기의 줄거리를 원작보다 지나치게 단순화시키기거나 주제를 훼손시키거나 변질시켜 작품의 정서적 힘을 감소시키는 경우를 볼 수 있다. 그러므로 교사는 작품의 문학성, 교육적 가치, 발달수준의 적합성 등을 검토한 후 영상 매체를 선정하는 것이 바람직하다.

6) 자유 독서활동

유아들 스스로의 독서활동을 자유독서라 한다. 나이가 어린 유아들은 아직 글을 읽을 수 없으므로 그림책의 그림으로 책을 읽으면서 독서를 할 수 있다. 자유독서활동을 하기 위해서는 교실의 도서 영역에 그림책을 비치해 주기, 테이프와 레코드를 사용해서 듣기, 도서관 방문하기 등이 있다.

(1) 도서영역에서 그림책 읽기

유아들이 자유롭게 문학작품을 접할 수 있도록 하는 방법 중 가장 간단한 방법이 도서영역에서 그림책 읽기다.

유아들의 자유독서 활동이 잘 이루어지도록 하기 위해 교사는 문학교육의 목적,

유아들의 발달수준, 교육주제 등과의 연관성을 고려하여 좋은 그림책을 선정한다. 이러한 책들을 도서영역에 배치해 둔다. 또한 유아들이 책을 잘 읽도록 하기 위해서 도서영역 안에 책상, 방석, 쿠션 등의 환경을 꾸며 준다.

도서영역에는 전래 문학작품, 현대 문학작품, 동시, 동화, 우리나라의 문학작품, 세계 여러 나라의 문학작품 등 다양한 문학작품이 비치되어야 한다. 도서영역에 비치되어야 할 책의 수는 유아들의 연령에 따라 차이가 있지만 보통 유아 30명에 10권 내지 15권 정도가 적당하다.

교실의 도서영역에 비치된 도서들을 유아들이 좀 더 적극적으로 활용할 수 있도록 반별 또는 그룹별로 도표를 만들어 유아들이 그 날 읽은 책의 제목을 기록하게 하는 방법도 있다.

(2) 도서 대출하기

유아교육기관에 있는 도서를 유아들에게 대출하는 프로그램을 말한다. 대출을 위해 대출카드를 만들고 유아들이 책을 빌려갈 때, 반납할 때에 대출증을 사용하여 기록하는 방법들에 대해 유아들과 협의하여 진행한다.

대출하는 방법은 유아교육기관의 상황에 따라 매주 금요일에 대출해 주고 월요일에 반납하는 방법이나 주중 어느 때나 유아가 원하는 날에 대출해 주고 며칠 후 반납하도록 하는 방법을 이용할 수 있다.

(3) 테이프나 레코드로 듣기

유아들은 테이프나 레코드를 이용해 동화나 동시를 들을 수 있다. 테이프는 유아나 부모 또는 교사가 직접 만든 것을 활용할 수도 있고 상품화된 것을 활용할 수도 있다.

(4) 도서관 방문하기

유아들이 공공도서관을 방문하는 시간을 가질 수 있다. 지역사회가 운영하는 시립도서관이나 도립도서관 등의 공공도서관에는 유아들이 이용할 수 있는 시설과 도서들이 있다.

교사는 유아들과 함께 도서관을 방문하기 및 도서관을 활용할 방법에 대해서도 계획을 세울 수 있다. 이 때 교사는 도서관 직원들과 협의하여 유아들에게 좋은 도서 프로그램들을 제공하도록 한다.

유아들은 스스로 도서관에 비치되어 있는 책들을 자유롭게 볼 수도 있고 책을 집에 빌려가서 읽을 수도 있다. 책을 빌려갈 때에는 도서 열람카드를 작성하고 활용하는 방법을 알려 주어 유아 스스로 그대로 시행해 볼 수 있도록 지도한다.

2. 문학적 사고를 위한 아동문학 활동

문학적 사고는 문학교육의 영역에서만 이루어지는 것이 아닌 과학교육, 사회교육, 예술교육 등의 교육과정의 여러 영역에서 통합적으로 이루어진다.

문학적 사고를 위한 아동문학 활동은 유아가 문학작품을 읽기, 듣기, 또는 읽거나 들은 문학작품의 내용 및 구성을 감상하며 이해하고 평가하며 반응하는 데 표현되는 모든 방법을 의미한다.

1) 문학적 사고를 위한 활동의 의의

문학적 사고란 문학작품의 줄거리, 사건의 원인과 결과, 사건의 전개 과정을 포함하는 것이다. 또한 등장인물의 삶에 대한 태도, 문학작품의 양식, 인간 삶의 질서와 가치에 대해 이해하고 감상하며 문학작품 자체나 등장인물의 행동과 태도에 대해 어떠한 가치 판단을 하는 것을 말한다(이기숙, 2008).

유아들은 문학작품의 경험을 통하여 문학작품과 관련하여 다른 사람에게 이야기를 들려주거나 그림을 그려주기도 한다. 등장인물의 역할을 해 보기도 하는데 이러한 행동은 유아들이 이미 문학적 사고를 하고 있음을 말해 준다. 교사는 이러한 유아들의 행동을 적극적으로 격려해 주며 때로는 의도적으로 유도해야 한다.

문학적 사고를 위한 활동의 유형은 유아교육기관에서 진행되는 모든 활동과 연계할 수 있어 무수히 많은 형태로 소개될 수 있다. 여기서는 문학교육의 목표를 달성하기 위한 문학교육의 내용을 기초로 한다. 효과적인 문학적 사고를 위한 교수 · 학습 방법으로 말하기 활동, 연출 활동, 짓기 활동, 시각예술 활동, 게임 활동, 동작 활동으로 구분하여 살펴보고자 한다.

다음은 이러한 활동들을 시도할 때에 유의해야 할 점들에 대한 것이다.

① 교사는 유아가 문학작품에 몰입되어 있는 시간을 방해해서는 안 된다. 그러므로 유아가 듣거나 읽은 문학작품을 스스로 음미해 볼 수 있는 시간을 충분히 주어야 한다.

② 문학작품과 관련된 유아들의 우연한 행동에도 격려하며 그 행동을 활용한다. 교사는 유아들이 문학작품을 듣거나 읽은 후 문학작품과 관련하여 우연히 나타내는 행동으로 문학적 사고를 위한 활동을 전개해 나갈 수 있다. 유아들은 문학작품을 경험한 후 문학작품과 관련하여 등장인물의 역할을 흉내내거나 그림을 그리는 행동을 하는 경우가 있다. 이 때 교사는 이러한 상황을 좀더 확장시켜 그 상황을 좀 더 심도 있는 문학활동으로 이끌어 갈 수 있다.

③ 문학작품들은 각기 나름대로의 특성을 지니고 있다. 이러한 특성에 따라 여러 문학활동 중 적절한 활동을 선택적으로 활용해야 한다. 교사는 먼저 문학작품 특성을 파악하여 효과적이고 자연스러운 문학활동으로 연결해야 한다.

④ 문학작품 그 자체로써 하나의 교육활동의 주제가 될 수 있다. 교사와 유아가 함께 협의하여 유아문학을 통한 통합적 접근에서 제시하였듯이 주제망을 짜 보고 다양한 문학활동을 전개할 수 있다.

⑤ 교사는 유아들의 문학활동 과정을 통해 유아들의 문학적 사고 과정을 읽을 수 있어야 한다. 이것을 기초로 하여 다음 교육활동의 방향에 대한 정보를 얻을 수 있기 때문이다.

유아들이 표현한 문학활동 작품들은 교사와 유아가 함께 유아교육기관의 교실이나 그 밖의 적절한 장소에 전시해 볼 수 있도록 하는 것이 집으로 그냥 가져가는 방법보다 유아들에게 더 큰 의미를 가져다 준다. 또 부모들에게 유아들의 작품을 감상할 수 있는 기회를 제공하여 자신의 자녀를 더욱 이해할 수 있도록 하는 것이 바람직하다.

부모나 교사는 유아들의 작품을 매우 소중히 여겨야 한다. 유아들에게도 자신들의 작품을 아무리 사소한 것이라도 소중히 여긴다는 것을 전달해 줄 수 있어야 한다

(Edwards, 1997). 유아들은 부모나 교사가 자신들의 작품을 소중히 여긴다는 것을 알게 되면서 자신의 관심과 생각과 흥미를 이야기하게 된다. 그림 그리기, 만들기, 신체를 표현하는 데에 매우 흥미를 가지게 되며 열심히 하게 된다. 또한 이러한 표현 작업은 계속 반복됨에 따라 더욱 수준이 높아지며 범위도 확장된다.

2) 말하기 활동

문학작품에 대한 말하기 활동은 유아가 문학작품의 내용 및 구성을 잘 이해하고 감상하며 나름대로의 의미를 창조할 수 있도록 도와 준다.

다음은 말하기 활동의 유형과 그 구체적인 활동방법이다.

(1) 누가, 무엇을, 언제, 어떻게

유아들에게 듣거나 읽은 문학작품 중 누가, 무엇을, 언제, 어떻게 했나에 대한 이야기 나누기를 해 보는 것은 유아들이 문학작품의 내용 및 구성을 더 잘 이해하고 나름대로 의미를 창조할 수 있도록 도울 수 있다. 이러한 활동은 이야기 줄거리가 간략하고 짧은 이야기를 활용하는 것이 좋다.

활동방법

- 선택한 문학작품을 읽는다.
- 누가, 무엇을, 언제, 어떻게 했나에 대한 이야기 나누기를 한다.
- 교사는 이야기 나누기에 대한 내용을 기록하여 유아들과 함께 도표로 만들며, 만들어진 도표는 적절한 곳에 게시해 둔다.

(2) 친구에게 이야기 들려주기

친구에게 이야기 들려주기는 유아가 듣거나 읽은 문학작품을 다른 사람에게 들려주는 활동이다. 유아는 이러한 과정 속에서 문학작품의 내용이나 구성을 좀 더 잘 이해하게 된다. 이러한 활동으로 적합한 동화는 주인공의 성격이 개성 있고 이야기의 구조가 간단명료한 것이 좋다.

활동방법

- 짝을 정해서 유아가 다른 유아에게 이야기를 들려주도록 유도한다.
  "친구에게 그림책을 들려줄 수 있겠니?"
  "어느 친구에게 그림책을 들려주고 싶니?"
- 글을 모르는 유아는 그림을 보며 이야기를 꾸며 들려주도록 한다.
- 친구에게 들려줄 그림책을 선택한다.
- 친구에게 그림책의 이야기를 들려준다. 이 때 교사도 함께 들을 수 있다.

(3) 동시 · 동화에 제목 붙이기

동시 · 동화에 제목 붙이기는 동시나 동화를 듣고 유아들이 이에 적절한 제목을 정해 보도록 하는 활동이다. 이야기를 듣고 제목을 정하기 위해서는 동시의 내용을 이해해야 하므로, 이 활동은 문학작품을 이해하기에 적절한 활동이다.

활동방법

- 제목을 이야기하지 않고 동시나 동화를 들려준다. 이 때 동시의 내용이 표현되는 그림을 함께 제시하며 읽어 주는 것도 좋다.
- 들은 동시나 동화에 제목을 붙여 본다.
  "이 동시는 어떤 이야기니?"
  "이 동시의 제목을 무엇이라고 할까?"

(4) 동시로 이야기 꾸미기

동시를 들은 후 이야기로 꾸며 보는 활동으로 이 활동 역시 문학작품을 이해하고 감상하는 데 도움이 된다.

활동방법

- 유아들에게 '동시로 이야기 꾸미기' 활동을 제안한다.
  "이 동시를 잘 듣고 이야기 꾸미기를 해 보자."
- 동시를 낭송한다.
- 들려준 동시로 이야기를 꾸며 본다. 이야기 꾸미기의 내용은 유아가 쓰기를 할 수도 있고, 교사가 대신 써 줄 수도 있다.

(5) 동시의 느낌 이야기하기

동시는 유아에게 감동을 주며 마음을 고요하게 가라앉혀 주기도 한다. 즐겁게 하기도 하고 슬프게 하기도 한다. 그러므로 유아들에게 동시를 들려주고 그 시에 대한 느낌을 이야기해 보도록 하여 동시에 대한 이해를 더 도울 수 있다.

활동방법

- 동시를 들려준다.
- 동시를 듣고 그 시가 어떤 느낌이 드는지 느낌에 대해 이야기를 나눈다.
  "동시를 듣고 나니 어떤 생각이 떠오르니?"
  "이 동시에서 어떤 부분이 재미있었니?"
  "동시를 듣고 나니 어떤 느낌이 드니?"

(6) 등장인물에 대해 이야기하기

이야기를 듣고 등장인물에 대해 이야기를 나누는 활동이다. 문학작품 속의 등장인물이 말하는 것, 행동하는 것, 혹은 다른 등장인물에 관해 하는 말과 행동에 초점을 맞춤으로써 인물의 특징을 알아낸다. 유아들은 등장인물의 특징 또는 등장인물을 묘사해 보는 활동을 통해 등장인물을 이해하고 평가해 볼 수 있다.

활동방법

- 문학작품을 읽거나 듣고 그 작품 속에 등장하는 인물 중 가장 좋아하거나 싫어하는 인물을 생각해 보고 그 이유에 대해 이야기한다.
  "이 이야기에는 누구 누구 나왔니?"
  "어떤 사람이 좋았니?, 싫었니?", "왜 그런데?"
- 주인공이나 등장인물이 한 일 중 가장 재미있거나 인상 깊었던 일은 무엇인지, 왜 그렇게 생각하는지 등에 대해 이야기한다.

(7) 가상해 보기

'가상'은 고든(J. J. Gordon)과 동료들에 의해 고안된 교수전략으로 '창의적인 생각'을 전개시키기 위해 시작한 것이다. 유아들은 원래의 이야기와 자신이 가상한 이야기를 비교 · 분석해 보는 기회를 가지게 되어 사고를 확장시키며 창의력을 발휘하게 된다(Gordon & Poze, 1972). 대개 글짓기나 문제해결 전에 사고를 확장시켜 주기 위해 사용한다.

유아가 문학작품의 주인공이나 등장인물이 되어 이야기의 내용과 다른 사건의 내용을 가정해 이야기를 꾸며 보거나 '만약 나에게 황금거위가 있다면?' 등 문학작품에 등장하는 가상의 이야기를 질문하여 창의적인 사고의 경험을 돕는다.

활동방법

- 동화를 선택하여 읽거나 들려준다.
- 유아가 주인공이나 등장인물이 되면 이야기를 어떻게 구성할지 상상하여 이야기를 나눈다.
- 동화의 가상 이야기를 확산적 질문으로 제시하여 이야기를 나눈다.
  "만약 내가 소가 된다면?"
  "만약 나에게 요술 항아리가 있다면?"

(8) 토 론

문학작품은 토론(discussion)하기에 가치 있는 소재이기도 하지만 조용한 명상을 유도할 수도 있다. 교사들은 토론이 적합할 때와 그렇지 못할 때를 잘 판단해야 하지만 이를 위한 특별한 규칙이 있는 것은 아니다.

유아들은 서로에게 배우고 서로를 지지해 줄 수 있다. 토론을 통해 '문제 상황'에 대해 서로에게 질문한다. 서로의 생각을 나누며, 서로의 작품을 읽어 주며, 문제해결을 위해 함께 노력하게 된다.

토론을 위한 교사의 좋은 질문은 토론이 효과적으로 이루어질 수 있고 유아들로부터 높은 수준의 문학적 사고를 도울 수 있다. 빈약한 질문은 표면적인 사고만을 이끌어 낸다. 질문의 종류에는 문자적, 해석적, 비평적 질문 세 가지 유형이 있다. 다음은 이 세 가지 유형의 질문하기에 대한 것이다.

1 문자적 질문(literal questioning)

문자적 질문은 책에서 언급하고 있는 정확한 실제적인 정보를 생각해 내도록 유도한다. 예를 들면, 「소가 된 게으름뱅이」 이야기에서 "소년은 어떻게 되었니?", "소가 되어서 무엇을 했니?"와 같은 질문이다.

2 해석적 질문(interpretive questioning)

해석적 질문은 책에서 말하고 있는 의미를 찾아낼 수 있도록 유도한다. 유아들은 이야기 속에 숨겨져 있는 뜻을 파악하고 몇 개의 정보들을 종합하여 답을 찾을 수 있다. 예를 들면, 「소가 된 게으름뱅이」 이야기에서 "소년은 왜 소가 되었니?", "소년이 왜 무를 먹었을까?"와 같이 질문할 수 있다.

3 비평적 질문(critical questioning)

비평적 질문은 책에서 언급하고 있는 것들에 대해 평가하도록 유도하는 것으로 정보의 신빙성이나 글의 질에 대한 판단을 돕는다. 또 유아들에게 이야기를 넘어 보다 높은 사고수준에서 요구되는 '가정'을 해 보도록 격려한다. 유아들의 판단을 위해서는 한 명의 개인적인 의견을 듣는 것보다 여러 유아들이 제안하는 다양한 의견들을 존중해 주는 것이 바람직하다. 예를 들면, 이야기에서 "어떤 부분이 가장 좋았니?", "왜 그렇게 생각하니?", "이 이야기가 다르게 끝날 수 없을까?" 등이다.

활동방법

- 토론하기에 적절한 문학작품을 선택하여 들려주거나 읽게 한다. 내용이 간단명료하고 갈등상황이 포함되어 있는 이야기가 적합하다.
- 유아들의 토론활동을 유도한다. 교사는 문자적 질문(내용의 명료화를 위하여), 해석적 질문(이야기 속에 숨은 뜻을 파악하기 위하여), 비평적인 질문(이야기 내용에 대한 추론, 대안, 글의 질에 대한 비평)을 순서대로 사용하여 질문한다.
- 유아들의 의견은 가능한 모두 수용한다.

3) 짓기 활동

쓰기를 잘 할 수 없는 유아들에게 짓기를 통한 문학적 사고 활동은 쉽지 않은 활동이다. 그러나 읽거나 들은 문학작품과 관련하여 이야기를 쓰거나 창조적으로 이야기를 꾸며 보는 것은 유아들의 문학에 대한 흥미를 증진시키며 이야기의 구성, 주제, 등장인물 등에 대한 통찰력을 길러 준다. 또한 독창적이고 무한한 상상력과 창의력을 키워 주며 비판적 사고력을 돕는다.

화이트헤드(Whitehead, 1994)는 짓기 활동에 대한 효과를 다음과 같이 소개하고 있다.

① 창조적인 쓰기 활동 그 자체에서 유아들은 개인적인 만족을 얻게 된다.

② 유아들은 자신의 창조적인 노력을 다른 친구들과 나눔으로써 자신을 인정받게 된다. 물론 이것은 다른 친구들과 비교되는 느낌이나 실패의 두려움을 느끼지 않는 수용적인 반 분위기에서 가능할 것이다.

③ 창조적인 이야기를 쓰는 것은 때때로 유아들의 취미가 되며, 나중에 전문적인 작가가 되는데 결정적인 역할을 하기도 한다.

짓기, 즉 유아가 자신의 생각을 글로 표현하는 것은 나이가 많아진다고 해서 저절로 학습되는 것은 아니다. 짓기 활동은 유아가 자신의 생각을 재미있게 표현하기 위해 그림을 그리거나 기록함으로 시작되는 것이다. 아직 글을 쓸 수 없는 유아들은 자신의 발달수준에 따라 긁적거리기, 자신만이 창안한 글자로 쓰기 등의 방법으로 짓기 활동을 할 수 있다. 교사는 이러한 모든 방법을 인정하고 수용해야 하며 유아들을 격려하며 짓기 경험을 많이 가질 수 있도록 배려해야 한다.

동화 및 동시의 창작과 지도에서 동화짓기 활동과 동시짓기 활동에 대해 앞서 제시하였으며 그 외 활동을 소개하고자 한다.

(1) 자유 주제로 글쓰기

유아들은 자기 스스로 글쓰기의 주제를 선택하여 주제에 따른 창의적인 내용의 글을 쓸 수 있으며 그림으로 그릴 수도 있다.

활동방법

- 유아 스스로 글쓰기 주제를 선택한다.
- 유아가 선택한 주제를 가지고 글을 쓴다. 글을 쓸 수 없는 유아는 그림으로 그릴 수도 있다.
- 글을 다 쓴 후 친구들에게 읽어 주고 이야기를 나눈다.

(2) 이야기 짓기

다양한 이야기의 소재를 사용하여 이야기를 꾸민다. 그림자료, 손가락 인형, 손인형, 막대인형 등의 소품을 사용하여 각각의 유아들이 자신의 이야기를 창안하여 짓는다.

▶ 이야기 장갑

활동방법

- 유아들에게 간단한 이야기를 선택하도록 한다.
- 각각의 유아들에게 자신의 이야기를 창안하도록 해서 이야기 장갑 등의 소품을 사용해서 이야기를 짓는다.

- 이야기 장갑으로 손유희를 해 본다.

(3) 주인공 바꾸어 이야기짓기

문학작품에 나오는 주인공을 바꾸어 새롭게 동화의 내용을 꾸밀 수 있다. 가상하기 활동과 연계될 수 있는 활동이다.

활동방법

- 동화를 선택하여 들려준다.
- 주인공에 대해 이야기 나눈다.
- 동화 속의 주인공을 바꾸어 이야기를 꾸며 본다.
  "이 동화의 주인공을 다르게 바꾸면 어떨까?"
  "주인공을 어떤 사람으로 바꾸어 보면 좋겠니?"
  "그 주인공의 이름을 무엇이라고 할까?"
- 동화의 내용에 따른 제목을 정하고 다 지은 동화를 읽어 본다.

(4) 인형극 각본 만들기

동화를 소재로 한 인형극의 각본을 만들어 보는 과정을 통해 유아들은 이야기의 내용과 구성을 잘 이해하며 감상할 수 있다.

활동방법

- 인형극을 만들기에 적절한 문학작품을 선택하여 듣거나 읽는다.
- 듣거나 읽은 문학작품의 내용으로 인형극의 각본을 만든다. 이야기의 내용을 유아들이 직접 쓸 수도 있고 교사가 적을 수도 있다.
- 연출활동과 시각 예술활동으로 확장할 수도 있다.
- 등장인물은 간단한 막대 인형 또는 테이블 인형으로 만든다. 유아들이 직접 만들 수도 있고 교사가 만들어 제공할 수도 있다.

• 완성된 인형극 각본을 이용하여 역할을 정한다.
• 정해진 역할대로 인형극을 한다.

(5) 내 단어책 만들기

'내 단어책' 또는 '내 사전' 만들기는 유아가 이미 알고 있는 단어나 새로운 단어 또는 읽거나 들은 문학작품에서 나온 단어나 등장인물의 이름 등을 써 보는 활동이다.

'내 단어책'은 한글 견출지로 ㄱ~ㅎ을 붙여 주고 'ㄱ'란에 'ㄱ'자로 시작되는 단어를 모두 적어 사전처럼 묶어 준다. 단어를 적은 날짜를 함께 기록하여 형성평가 자료로도 활용할 수 있다. 유아들은 단어를 기록하는 활동을 통해 무언가 기록하기 위해 자세하게 보고 기록하는 습관을 갖게 되며 어휘력 증진에도 도움이 된다. '내 단어책'을 만들기 위해서는 종이, 풀, 가위, 스템플러 등이 준비되어야 한다.

활동방법

• 유아가 직접 좋아하는 종이를 이용하여 단어책을 만들 수도 있고 교사가 마련해 줄 수도 있다.
• 준비한 단어책의 표지에 제목과 유아의 이름을 적는다.
• 단어책에 등장인물의 이름이나 쓰고 싶은 단어 등을 쓴다.
• 언어 영역에 잘 보관해 두었다가 새로운 문학작품을 읽은 후 새로운 단어를 써 나간다.

(6) 주인공에게 이름 지어 주기

문학작품을 읽다보면 주인공의 정해진 이름이 없이 '나', '그', '소년', '소녀' 등으로 기술되어 있는 경우가 있다. 이러한 경우에는 유아들이 직접 그 주인공에 어울리는 이름을 지어 줄 수 있다. 그런 후 왜 그런 이름을 지었는지에 대해 이야기 나누기를 한다.

활동방법

- 문학작품을 읽고 주인공이나 등장인물의 이름을 짓는다.
- 생각한 이름을 종이에 글로 써 보도록 한다.
- 왜 그런 이름을 지었는지에 대해 이야기 나누기를 한다.
- 여러 가지 이름을 가지고 유아들끼리 투표를 해서 주인공의 이름을 결정한다.
- 새로 결정된 주인공의 이름을 책의 표지나 첫 페이지에 쓴다.
- 새로 지은 주인공의 이름을 넣어 문학작품을 읽어 본다.
- 주인공의 이름을 유아들의 이름으로 바꿔 볼 수도 있다.

(7) 편지 쓰기

주인공 또는 작가에게 편지 쓰기는 문학작품에 등장하는 주인공 또는 작가에게 하고 싶은 이야기를 편지로 써 보는 활동이다. 편지 쓰기는 유아에게 다양한 양식의 편지를 써 보는 기회를 제공함으로 언어 능력을 길러준다. 안부의 내용, 축하의 내용, 충고의 내용, 동정의 내용 등의 편지를 쓸 수 있다. 또한 작가에게 편지 쓰기는 출판사를 통해 작가에게 편지를 보내고 답장을 받는 경험을 통해 유아들은 더욱 열심히 문학작품을 읽고자 하는 동기를 얻게 된다.

활동방법

- 문학작품을 선택하여 읽거나 듣는다.
- 문학작품에 등장하는 주인공에 대해 이야기 나누기를 한다.
- 주인공 또는 작가에게 해 주고 싶은 이야기에 대해 이야기 나누기를 한다.
- 주인공 또는 작가에게 하고 싶은 이야기를 글로 써 본다. 글을 쓸 수 없는 유아는 하고 싶은 이야기를 그림으로 그린다.
- 왜 그런 이야기를 하고 싶은지에 대해 이야기 나누기를 한다.
- 여러 유아가 한 작가에게 편지를 쓴 경우 그 편지들을 하나로 엮어 작가에게 보낼 수 있다.
- 답장이 오는 경우 유아들과 답장을 읽고 이야기 나눈다.

(8) 밴다이어그램 그리기

사회 영역에서 잘 사용되는 밴다이어그램 그리기는 대개 두 권의 문학작품이나 인물에 대해 읽고 두 이야기가 무엇이 같고 다른지를 유아가 비교 · 대조하는 활동이다. 이러한 활동을 통해 문학작품의 내용, 등장인물, 그리고, 개념을 더 잘 이해할 수 있다.

활동방법

- 비교 · 대조해 보기에 적합한 작품을 선정한다. 공통점이 많은 문학작품이 적절하다.
- 두 이야기의 같은 점, 다른 점에 대해 이야기하고 기록한다.
- 이 활동에 적합한 문학작품은 다음과 같다.

  「윌리엄의 인형」과 「쏘피가 화나면」
  「위에 있는 것과 아래 있는 것」과 「소가 된 게으름뱅이」
  「개미와 배짱이」와 「잠잠이」
  「브레멘 음악대」와 「나무 숲 속」
  「해와 달이 된 오누이」와 「잭과 콩나무」
  「재주 많은 키키」와 「아기코끼리 맘보」
  「새앙쥐와 태엽쥐」에서 두 생쥐 알렉산더와 윌리를 비교 · 대조
  「눈 오는 날」에서 주인공과 나를 비교 · 대조

(9) 신문 · 광고 만들기

문학작품을 읽고 그 작품 속의 사건에 기초한 기사나 광고가 포함된 우리반 신문을 만들어 볼 수 있다. 문학작품의 사건, 느낌, 재미있었던 것 등을 그림과 함께 글로 제시하게 된다. 이러한 활동은 다양한 사건을 글로 지어 다른 사람에게 알려야 하기에 생각을 정리하고 조직적으로 전개하는 훈련을 갖게 한다.

자유롭게 지은 이야기나 동시를 싣거나 두 가지 문학작품의 이야기를 비교하여

비교표를 실을 수도 있다. 또한 문학작품과 연계되는 광고를 제작할 수 있다.

활동방법

- 우리반 신문 또는 광고에 실을 내용들에 대해 이야기 나눈다.
- 동시짓기를 한다.
- 두 문학작품의 비교표를 만든다.
- 문학작품 속의 사건으로 기사를 만든다(그림이나 사진을 수집한다).
- 큰 종이에 잘 배치하여 신문을 만든다.
- 교실 벽이나 복도에 게시한다.

(10) 직업 목록 만들기

문학작품 속에 등장하는 다양한 직업을 가진 인물들을 통해 어떤 직업을 가진 사람들이 등장하며 그들은 어떤 일을 하는가에 대해 알아보는 활동이다. 이 활동은 서로 다른 직업과 전문직에 대한 유아의 호기심, 주의력, 이해를 도울 수 있다.

활동방법

- 다양한 직업의 인물이 등장하는 문학작품을 제시한다.
- 책에 어떤 직업의 사람들이 등장했는지 알아보고 직업목록표를 만든다.
- 문학작품 외 다양한 책의 자료를 활용하여 직업목록을 만들 수도 있다.
- 부모님들의 다양한 직업에 대해 살펴보고 그 중 부모님을 초청하여 직업에 대한 이야기를 들어 본다.
- 직업에 대한 글을 지어 본다.
- 이 활동에 적합한 문학작품은 다음과 같다.

  「아기 오리들한테 길을 비켜 주세요」: 교통 순경
  「깊은 밤 부엌에서」: 빵가게 아저씨
  「아저씨 알과 강아지 에디」: 청소부 아저씨
  「말괄량이 기관차 치치」, 「화물 기차」: 기관사

「작은 집 이야기」: 측량사
「멋진 뼈다귀」: 미용사
「서커스」: 마술사
「회전목마」: 화가

4) 연출 활동

연출 활동(performing-art strategy)이란 문학작품과 관련하여 유아들이 드라마를 연출하는 것을 뜻한다. 창조적인 예술 활동인 연출 활동은 유아들에게 즐겁고 색다른 느낌을 줄 수 있다.

연출 활동은 다음과 같은 교육적 가치를 지니고 있다(Whitehead, 1994).

① 유아들은 문학작품과 관련하여 연출 활동을 하는 동안 그들의 문학적 체험에 대해 창조적으로 생각하는 기회를 갖게 된다. 또 자신을 표현할 수 있는 기회를 갖게 된다. 모든 유아들이 자유롭고 창조적으로 표현할 수 있는 분위기와 자유로운 활동들의 조성이 필요하다.

② 연출 활동은 이야기나 시에 새로운 느낌을 더해 준다. 유아들은 연극이나 인형극을 연출해 보는 활동을 통해 그들이 좋아하는 이야기의 주인공이나 등장인물, 구성, 주제, 배경 등을 새로운 관점에서 파악하는 기회를 갖게 된다.

③ 유아들은 연출 활동에 참여함으로써 서로 협동하고 상호 교환하는 것을 배우게 된다. 그룹 활동에 의미 있게 참여하며, 그룹에서의 자신의 역할을 파악하고, 또한 그룹 활동을 위해 열심히 노력할 것이다. 이러한 상호적 활동을 통해 유아들은 사회생활에서 자신이 해야 할 일이 무엇인지를 깨닫게 되고 자신을 돌아보게 된다.

④ 연출 활동을 통해 유아들은 드라마로 꾸미기에 적합한 문학작품을 판별하는 능력을 키우게 되고 연출된 드라마를 평가할 수 있는 능력을 갖게 된다.

⑤ 유아들은 창조적인 드라마를 꾸며 봄으로써 바람직한 언어 구사력이나 태도, 유연성 등을 개발할 수 있는 기회를 가진다. 또한 자세를 바르게 하고 몸을 적절히 움직이는 등 드라마를 하는 데 필요한 기본적인 움직임을 배우게 된다.

(1) 함께 읽기(함께 말하기 ; choral speaking)

함께 읽기는 몇 개의 집단으로 나눈 유아들이 이야기나 동시의 각기 맡은 부분을 읽는 것을 의미한다. 이러한 함께 읽기를 읽기 합창이라고 표현하는 화이트헤드(Whitehead, 1994)는 문학을 감상하는 가장 효과적인 방법 중에 하나로 소개하고 있다. 함께 읽기를 하기에는 동시가 가장 적당하지만 이야기 속에 포함되어 있는 시적인 부분이나 짤막한 시 형식의 이야기도 좋다. 함께 읽기를 통해 문학작품의 분위기를 느끼며 리듬을 이해하게 된다.

함께 읽기는 다른 사람들에게 보여주는 공연으로 연출할 수 있는데 이 때의 교사는 음악을 연주하는 '지휘자'의 역할로 각 유아에게(혹은 그룹에게) 신호를 주어 읽기를 진행한다. 함께 읽기가 갖는 교육적 효과는 다음과 같다.

① 좀 더 정확하고 분명한 발음을 하게 한다.
② 함께 읽으므로 서로 협력하게 한다.
③ 놀이의 한 형태로 유아들이 즐기며, 정서적인 순화를 경험하게 한다.
④ 적극적인 유아는 자신을 억제하는 것을 배우며, 소극적인 유아는 자기 표현력을 증가시킨다.

함께 읽기는 유아 입장에서 볼 때, 리듬으로 느끼는 시를 하나의 청각예술로 생각하게 하며 언어의 정확한 표현을 도와 준다. 효과적인 문학 프로그램의 한 방법으로 동시지도에서 이용되고 있다.

다음은 효과적인 동시지도 시 함께 읽기를 위해 교사가 유의해야 할 점들이다.

① 운율이 있는 시를 선택해야 한다.
② 읽거나 극화하기에 효과적인 시를 택한다.
③ 교사와 유아가 평소 좋아하는 시를 택한다.
④ 설명적인 방법으로 시를 소개하지 않는다.
⑤ 녹음된 시를 자주 들려주는 등 유아가 시를 접할 기회를 많이 준다.
⑥ 유아들로 하여금 리듬이 있는 부분에는 가볍게 발로 두드리도록 미리 허락한다.
⑦ 전체적인 목소리가 커질 경우에는 일단 멈추게 하여 감정을 다시 조절하여 표현하도록 한다.
⑧ 함께 읽기에 지나치게 참여시키면 개인의 표현력이 억제될 수 있다.

동시 감상 후 함께 읽기할 때에는 모든 유아들이 다 볼 수 있도록 동시를 큰 종이 위에 적어 사용해야 하며, 상품으로 제작된 커다란 동시카드나 큰 책을 사용할 수도 있다.

함께 읽기의 방법을 3가지 유형으로 나누면 다음과 같다.

1 후렴 함께 읽기

후렴 함께 읽기는 후렴구가 있는 동시에서 주로 사용되는 방법으로 한 사람의 독창자가 있고 나머지 다른 유아들은 후렴구를 읽는 방법이다. 이 때 독창자는 교사가 하는 것이 좋으며, 유아들이 동시 합창에 익숙해지면 유아 중에서 독창자 역할을 할 수도 있다.

2 전체 함께 읽기

전체 함께 읽기는 유아 전체가 한 목소리로 읽는 방법이다. 이 방법은 가장 쉬워 보이는 방법이지만 유아 전체가 같은 속도, 같은 억양으로 낭송해야 하기 때문에 그리 쉽지는 않다. 전체 함께 읽기를 하기에는 운율이 있는 짧은 시가 적절하다.

3 한 행씩 함께 읽기

한 행씩 함께 읽기는 교사와 유아가 번갈아 가며 1행이나 2행씩 함께 읽는 방법이다. 유아들을 두 그룹으로 나누어 한 행씩 함께 읽기를 해도 좋다. 한 행씩 함께 읽기에 적당한 시는 두 행이 서로 조화를 이룬 2행시다.

(2) 즉흥극

유아들은 듣거나 읽은 문학작품들을 즉흥극(informal play)으로 꾸며 볼 수 있다. 동시나 동화를 듣고 유아들은 그곳에 나오는 등장인물이나 장면 등을 즉흥극으로 꾸며 보는 것에 매우 흥미를 가지게 된다. 즉흥극으로 꾸미기에 적절한 이야기나 시는 행동 중심적이며 내용이 간단하고 대화가 많이 포함된 것이 좋다.

즉흥극은 의상이나 소품, 무대 장치에 신경을 쓰는 것보다 인물 표현에 집중하도록 한다. 그리고 배역이 많은 이야기를 선정하여 많은 유아들이 참여할 수 있도록 하는 것이 좋고 배역이 적을 때에는 이야기를 재구성하여 다양한 역을 만들어서 활동할 수 있다.

활동방법

- 문학작품 속에서 일어난 모든 사건을 회상한다.
- 등장인물들에 대해 이야기를 나눈다.
- 배역을 정한다. 이 때 많은 유아가 주인공을 맡으려고 하면 투표나 연기력으로 결정을 할 수 있다.
- 의상이나 소품, 무대 등을 간단하게 준비한다.
- 공연을 한다. 공연하는 유아 외 다른 유아들은 관객이 된다.
- 공연하지 않은 유아를 위해 배역을 바꾸어서 해 본다.

유아들은 동화를 듣거나 읽은 후 그 작품에 대해 흥미를 느꼈을 경우 교사가 동극으로 유도하지 않아도 유아 스스로 우연한 기회에 동극으로 발전시키는 경우도 있다.

(3) 무언극

무언극(pantomime)이란 이야기의 상황이나 등장인물 등을 대화 없이 신체 동작으로만 표현하는 것이다.

활동방법

- 「피리부는 나무꾼」 이야기를 듣는다.
- 나무꾼과 춤 호랑이의 관계에 대해 이야기를 나눈다.
- 유아가 둘씩 짝을 지어 나무꾼과 춤 호랑이의 역할을 정한 후 나무꾼은 둥글게 앉고 춤 호랑이는 원 안으로 들어간다.
- 나무꾼과 호랑이는 간단한 분장을 한다(㉄ : 나무꾼은 흰색 머리띠를, 호랑이는 호랑이 줄무늬 조끼와 꼬리를 단다).
- 나무꾼이 피리를 불면 춤 호랑이는 계속 춤을 춘다.
- 춤 호랑이들이 넷이 짝이 되어 호랑이 사다리를 만들어 보기도 하며 신나게 춤을 춘다(호랑이 사다리는 위험하지 않도록 유아가 서로 손, 발 또는 꼬리를 잡는 형태로 만든다).

- 여러 가지 악기와 동물들을 짝지어 무언극을 표현할 수도 있다.
- 호랑이 외에 곰, 강아지, 개구리, 거북이 등의 역할을 정해 여러 동물의 춤을 추어 본다.
- 각 동물들은 어떤 악기 소리에 맞춰 춤을 추는 것이 어울리는지 토의를 하여 결정한다(㉥ : 북 - 곰, 실로폰 - 강아지, 캐스터네츠 - 개구리, 탬버린 - 거북이).

(4) 인형극

유아들은 문학작품을 인형극으로 연출해 볼 수 있다. 유아들이 연출하기에 적절한 인형에는 테이블 인형, 손가락 인형, 막대 인형, 손 인형 등이 있다. 인형극에 사용하는 인형은 유아들이 직접 만들어서 사용할 수도 있고 교사가 만든 것을 사용할 수도 있다.

(5) 동 극

유아들은 뛰어난 상상력을 사용하여 대부분의 문학작품을 동극으로 연출할 수 있다. 즉흥극과는 달리 동극은 연극 연습도 해야 하고 무대장치 및 소품도 가능한 잘 갖추어서 연극을 해야 한다.

(6) 노래극

동극의 활동에 노래를 첨가하게 되어 이야기 내용을 노래극으로 표현하는 말 그대로 노래와 극이 합쳐진 형태다. 기존의 동화를 각색하여 대사를 만들고 상황에 맞는 노래도 삽입하는 데 이 때 노래는 개사를 하거나 새로 만들기도 한다. 극의 표현시 노래와 동작의 표현을 통해 문학적 경험과 음악적 경험을 함께 할 수 있다.

활동방법

- 이야기 내용 중 반복적인 대사를 노랫말로 만든다.
- 노랫말에 어울리는 악보를 만들거나 기존의 악보를 선정한다.
- 악보에 맞춰 노래극을 한다.

5) 시각예술 활동

문학작품을 읽거나 들은 후 어떤 생각이 떠올랐을 때 유아들은 천성적으로 이것을 어떤 형태로든지 표현하고 싶어한다. 색칠하고, 자르고, 풀칠하고, 물감으로 그림을 그리는 일을 즐거워한다. 이러한 과정에서 유아들은 단지 근육을 사용하는 단순한 의미가 아닌 많은 사고를 하게 된다.

시각예술 활동(visual art strategy)은 미술적인 방법의 의미를 갖는다. 미술적인 방법은 유아들의 문학활동과 매우 상호 보완성을 갖는 창조적인 작업이다.

이러한 시각 예술활동이 갖는 교육적 가치는 다음과 같다.

① 문학감상 후 창조적인 미술활동은 다양한 매체를 이용하는 방법과 자신의 느낌과 생각을 좀 더 효과적으로 표현하는 활동이 된다. 다양한 매체를 활용하면서 색다른 느낌을 갖고 이를 통해 이해력과 문학적 기술을 기를 수 있다.

② 문학작품과 관련하여 미술활동을 하는 동안 유아들은 자신을 표현할 수 있는 기회와 이를 통한 그들의 문학적 체험에 대해 창조적으로 생각하는 기회를 갖게 된다.

③ 미술적인 활동은 문학작품에 대해 새로운 생각을 갖게 한다. 유아들이 직접 동극이나 인형극의 재료, 무대를 구성해 봄으로써 이야기의 주제, 등장인물, 구성, 배경 등을 새로운 관점에서 접하는 기회를 갖게 된다.

④ 연출활동과 같이 유아들이 함께 미술활동에 참여함으로 사회적인 상호교환과 협동하는 것을 배우게 된다.

⑤ 그림을 그리고 그림에 글을 꾸며 넣어 내용을 적는 활동으로 언어학습을 할 수 있다.

(1) 그림책 만들기

그림책 만들기 활동은 문학작품을 읽거나 들은 후 이야기의 제목이나 주제를 생각해 유아가 직접 그림을 그리고 글씨를 써 넣어 책을 만들어 보거나 유아들이 신문이나 잡지 등에서 그림이나 사진을 오려 스크랩북을 만들어 보는 활동이다. 이러한 활동은 인쇄해서 출판하는 것만이 책의 출판이라는 생각으로부터 자유로워질 수 있도록 돕게 된다. 즉 유아가 그린 그림이나 꾸민 글을 다른 사람이 읽는다는 것 자체가 '출판'이라는 생각을 갖도록 도우며 확산적 사고를 할 수 있게 한다.

이순옥(1996)의 연구에 따르면 유아들은 이야기의 내용과 관계 있는 모양의 책을 선호한다고 보고하였다. 또 이영석(1993)의 연구에 따르면 유아들은 정사각형, 직사각형, 원형, 곰형의 책 중에서 곰형의 책을 가장 많이 선호한다고 보고하였다. 곰의 이야기는 곰 모양의 책, 꽃의 이야기는 꽃 모양의 책을 선호하였다. 따라서 책의 모양은 종이를 스테플러로 찍어 묶은 책, 동물 모양으로 된 책, 두꺼운 표지로 된 책, 정교한 책 등에 이르기까지 그 형태를 다양하게 만들 수 있으며 이러한 전략이 쓰기 과정 운영에도 효과적이다(Nathan, 1989).

교사는 유아가 풍부한 상상력을 전개하며 자연스럽게 이야기하는 것처럼 어떤 생각을 삽화와 문어체로 표현하도록 도와 주며 확산적 질문을 하여 유아로 하여금 뒷 이야기를 짓도록 격려해야 한다. 또한 그룹으로 함께 협동하는 전략을 활용하면 다른 유아가 생각을 말로 표현할 때 잘 듣고 자극을 받게 되어 자기의 생각도 쉽게 표현할 수 있게 된다.

활동방법

- 만들고자 하는 그림책의 주제나 제목을 정한다.
- 정한 주제나 제목에 적절한 이야기를 만든다.
- 유아가 원하는 모양으로 책을 만들어 이야기를 적어 넣는다. 이야기는 유아가 직접 적을 수도 있고 교사가 적어 줄 수도 있다.
- 글을 적은 후 글의 내용에 맞는 그림을 그린다. 그림 대신 신문이나 잡지 등에서 그림이나 사진 등을 오려 붙일 수도 있다.
- 유아들이 만든 책을 도서영역에 보관해 두어 다른 유아들이 볼 수 있게 한다.

(2) 큰책 만들기

큰책 만들기 활동은 유아들이 읽거나 들은 문학작품을 큰 종이에 옮겨 책으로 만드는 활동이다. 유아들은 작은책으로 읽은 이야기를 큰책으로 옮기면서 문학작품의 내용을 더 잘 이해할 수 있다.

브라운, 크로머, 와인버그(Brown, Cromer & Weinberg, 1986)의 큰책과 유아들의 읽기 관계에 대한 연구에 의하면 큰책을 활용할 때 유아들의 읽기 반응이 효과적임을 보고하였다. 또 콤브(Comb, 1987)는 이야기의 내용을 명료화하는 데에도 작은책을 읽은 유아들보다 큰책을 읽은 유아들의 반응이 보다 세밀하였다고 보고하였다. 따라서 큰책 만들기 활동은 문학작품 이해와 감상에 큰 도움을 줄 수 있는 활동이다.

활동방법

- 큰종이, 쓰기 도구, 그림 그리기 도구를 준비한다.
- 작은책 중에서 큰종이에 그리고 싶은 책에 대해 이야기 나누기를 한다.
- 큰종이에 선택한 그림을 그린다. 그림을 확대 복사하여 유아들이 색만 칠할 수도 있다.
- 원본을 보고 그림에 적절한 이야기 내용을 유아들이 직접 쓰거나 교사가 쓴다.
- 겉표지도 같은 방법으로 만든 후 묶어서 큰책을 만든다.

(3) 그림 관찰

문학작품 중에는 삽화가 독특한 작품이 많다. 삽화 관찰에 적합한 문학작품으로는 독일의 한스 크리스티안 안데르센상, 미국의 칼데콧 · 칼데콧 아더상 등을 수상한 그림책들이 있다. 유아들은 그림책의 그림들을 감상하고 비교 · 관찰하는 것을 통해서 선, 질감, 색, 배열 등 그림책의 미술적 요소의 특징과 전체적 효과를 경험하면서 미술적 안목을 높일 수 있다.

활동방법

- 비교 · 관찰할 책들을 제공한다. 다음은 비교 · 관찰하기에 적절한 내용이다.
  - 동일한 주인공이 나오는 그림책들
  - 이야기는 같지만 그림을 그린 삽화가가 다른 작품
  - 같은 삽화가에 의해 그려진 작품들
- 책의 삽화를 비교 · 관찰한다.

"어떤 색들이 보이니?"
"색들이 이야기의 내용(혹은 분위기)과 어울리니?"
"어떤 선들이 그림에 있니?"
"선들의 굵기가 어떠니?"

• 이 활동에 적합한 문학작품은 다음과 같다.
몰리 뱅 그림의 「할머니와 딸기 도둑」 / 「쏘피가 화나면 - 정말, 정말 화나면」
레오 리오스 그림의 「으뜸 헤엄이」 / 「아주 신기한 알」
모리스 센닥 그림의 「깊은 밤 부엌에서」 / 「괴물들의 나라」
그림형제 글 · 베너뎃 와츠 그림의 「빨간모자」 / 최숙희 그림의 「빨간모자」
프레드 마르셀리노 그림의 「장화 신은 고양이」 / 황성순 그림의 「장화 신은 고양이」

▶ 프레드 마르셀리노 그림의 「장화 신은 고양이」

▶ 황성순 그림의 「장화 신은 고양이」

(4) 실물 제시

실물 제시는 문학작품을 들려주기 전이나 읽어 주는 과정에 문학작품과 관련된 실물을 제시하는 활동으로 유아들의 주의를 끌고 호기심을 일으키며 이야기의 내용과 관련된 심상들을 연상할 수 있도록 도와 준다.

활동방법

• 듣거나 읽어 줄 문학작품을 선정하여 그것과 관련이 있는 실물을 준비한다.

㉮ 「요셉의 작고 낡은 오버코트가」 : 오버코트
「으뜸 헤엄이」 : 물고기
「바빠요 바빠」 : 고추, 참깨, 벼이삭 등

- 적절한 시간에 실물을 제시한다.
- 준비한 실물은 유아들이 볼 수 없도록 보관해 두었다가 극적으로 제시하는 것이 더 효과적이다.

(5) 그림 그리기

유아들은 동화를 그림으로 그려보는 작업을 매우 좋아한다. 그림이 없는 동화를 읽거나 들은 후 삽화를 그려 그림책을 만들 수 있다.

활동방법

- 그림이 없는 문학작품을 들려준다.
- 그림으로 그릴 장면을 선택한다.
- 삽화를 무엇으로 그릴 것인지 재료(크레파스, 사인펜, 물감, 색연필 등)를 결정한다.
- 삽화를 그린다. 유아 각자가 삽화를 그릴 수도 있고 여러 유아가 함께 하나의 작품을 만들 수도 있다.
- 완성된 삽화를 모아 글을 써 넣는다. 완성된 삽화는 모아서 한 권의 책으로 만들 수도 있고 벽에 게시하여 교실을 꾸며 벽화의 효과를 살릴 수도 있다.

(6) 무대 만들기

무대 만들기란 유아들이 문학작품을 읽거나 들은 후 극으로 꾸밀 때 사용하기 위한 무대를 만드는 활동이다. 무대 만들기는 문학작품의 그림을 참고하여 큰 종이에 그리기, 쓰기, 붙이기 등의 방법을 활용할 수도 있고 교실에 있는 책상, 의자, 카펫 등을 활용하여 꾸며 볼 수도 있다.

활동방법

- 읽거나 들은 문학작품을 인형극으로 꾸미거나 연극으로 꾸밀 때 무대를 어떻게 꾸밀 것인지에 대한 이야기를 나눈다.
- 무대 꾸미기에 필요한 물건이나 재료에 대해 이야기를 나눈다.
- 유아들이 서로 협력하여 무대 꾸미기를 한다.

(7) 의상 · 소품 만들기

유아들이 동극을 공연하기 위해 유아교육기관에 준비되어 있는 의상과 소품을 활용할 수도 있지만 유아들이 직접 의상 및 소품을 제작하는 활동을 통해 문학작품에 대한 관심과 공연에 더욱 적극적인 참여를 유도할 수 있다.

활동방법

- 동극의 내용 및 등장인물과 관련하여 필요한 의상과 소품을 이야기 나눈다.
- 어떤 자료를 사용하여 의상이나 소품을 만들지 이야기 나눈다.
- 어떤 방법으로 만들어야 할지 이야기 나눈 후 만든다.

(8) 포스터 만들기

포스터 만들기는 문학작품의 연출활동을 위해 여러 유아들에게 알리거나 다른 사람들을 관객으로 초청하려고 할 때 만들 수 있다. 포스터의 내용은 소개하고자 하는 문학작품의 연출, 등장인물, 장면, 사물 등을 그림으로 그리거나 콜라주 등으로 나타낼 수 있다.

활동방법

- 포스터가 갖는 의미에 대해 이야기 나눈다.
- 포스터 만드는 방법에 대한 이야기를 나눈다. 등장인물, 장면, 사물 등과 그것을

어떻게 표현할지에 대해 이야기 나눈다. 그림책의 주인공이나 특정 장면을 확대, 복사하여 활용할 수도 있고 콜라주, 그리기 등의 방법을 활용할 수 있다.
- 포스터를 만든다. 각자 또는 그룹이 함께 공동작품을 만들 수 있다.
- 완성된 포스터를 교실의 적당한 위치나 복도에 게시하여 다른 유아들이나 여러 사람들이 볼 수 있도록 한다.

6) 게임 활동

유아들은 여러 가지 교수 · 학습 방법 중에서 게임 활동을 가장 즐거워한다. 이는 놀이를 하고자 하는 유아들의 보편적 성향을 활용한 것이기 때문이다.

문학작품을 통한 게임 활동은 이미 구성된 게임을 활용하는 것도 좋지만 교사와 유아들이 창의성을 발휘하여 새로운 게임을 구성할 수 있어 더욱 흥미롭다. 또한 유아들에게 과거에 경험한 문학작품에서 얻은 즐거움을 다시 맛볼 수 있게 하기도 하며 좀 더 폭넓은 독서를 하도록 도울 수 있다.

(1) 재미있는 단어 찾기

문학작품에서 재미있는 단어 또는 책의 주개념 단어, 어휘를 찾는다. 읽거나 들은 후 이야기 속에 나오는 단어를 정해 그림책 속에서 찾아보는 게임이다. 이 때 찾아보기를 할 단어로는 주인공의 이름이나 유아가 잘 모르는 단어 또는 여러 번 반복되는 단어를 선택하는 것이 바람직하다. 이러한 활동을 통해 단어와 어휘적 표현에 관심을 가질 수 있다.

활동방법

- 문학작품을 읽거나 듣는다.
- 단어 찾기 게임을 할 수 있는 적당한 단어를 선택한다.
- 단어 찾기를 한다.
- 단어를 빨리 찾는 유아나 많이 찾는 유아가 이긴다.

- 두 명 이상의 유아가 함께 경쟁하며 해 보는 것도 좋지만 혼자 할 수도 있다.

예를 들면, 「누구야 누구 / 심조원 글 · 권혁도 그림 / 보리」를 읽고 난 후 유아들은 동물들의 울음소리, 동작의 의태어를 찾아볼 수 있다. 이러한 활동은 유아들이 동물의 울음과 동작에 대한 의성어, 의태어 등의 언어적 표현을 이해하도록 도울 수도 있다.

(2) '나' 알아 맞히기

문학작품에 등장하는 주인공이나 인물들의 특징, 이야기의 설명 등을 듣고 '나'가 누구인지를 알아맞히는 게임이다. 이 게임을 통해 유아들은 문학작품의 특성 및 내용을 명료화할 수 있다.

활동방법

- 유아들이 경험한 문학작품을 선택하여 주인공이나 등장인물 등에 관해 유아들이 알아 맞히어야 할 질문을 준비한다.
- 교사가 유아에게 질문을 한다.
- 유아들이 질문을 만들어서 게임을 할 수도 있다.

(3) 그림보고 주인공 알아맞히기

삽화보고 주인공 알아맞히기는 그림책을 보고 주인공이 누구인지에 대해 생각해 보는 게임이다. 이 활동을 위해서는 삽화 자체가 개성이 있는 작품을 선택하는 것이 바람직하다.

활동방법

- 삽화 자체가 개성 있게 그려진 그림책을 여러 권 준비한다. 이 때 책의 표지에 주인공의 이름이 쓰여진 그림책은 피한다.
- 삽화를 보여주며 이야기의 주인공이 누구인지 질문한다.

(4) 판게임

문학작품의 내용을 활용하여 게임판과 게임 규칙을 만들어 판게임으로 활용할 수 있다. 유아들은 게임을 하면서 문학작품의 내용을 좀 더 이해하고 감상할 수 있다.

활동방법

「으뜸헤엄이」

- 문학작품 감상 후 이야기의 내용을 게임판으로 어떻게 구성할지 이야기 나눈다.
  "게임판은 어떤 모양으로 할까?"(푸른 바다 풍경을 만든다.)
  "게임판에 어떤 내용을 할까?"(바다 풍경 속에 보물을 찾기 위한 게임판을 만든다.)
- 게임에 적합한 게임판과 소품(주사위, 말 등)을 만든다.
  - 색지에 바다 풍경을 꾸미고 두꺼운 종이를 붙인다.
  - 게임판에 칸을 나누어 출발과 도착(보물) 지점을 표시한다.
  - 주사위에 으뜸헤엄이, 큰물고기, 물고기들의 그림 3종류를 2개씩 붙인다.
  - 물고기 말을 만들어 삼각대로 세운다.
- 게임의 규칙을 정한다. 주사위에서 으뜸헤엄이가 나오면 앞으로 한 칸, 큰물고기가 나오면 뒤로 한 칸, 물고기들이 나오면 두 칸 이동한다.

(5) 동작게임

문학작품의 내용을 동작게임을 통해 이야기 내용을 재현함으로 이야기 순서, 이야기 장면을 이해하는 데 도움이 된다. 이 활동을 위해 주인공이 계속적으로 이야기를 전개하기 위해 등장하는 낱장 그림동화를 준비하는 것이 좋다. 또한 게임에 필요한 등장인물의 가면을 준비하면 더욱 실감나는 표현을 도울 수 있다.

활동방법

- 낱장 그림동화를 듣고 등장인물의 성격에 대해 이야기 나눈다.

- 이야기 장면을 보고 주인공의 동작을 해 본다.
- 한 유아씩 교사가 제시하는 그림을 보고 주인공의 동작을 표현하고, 나머지 유아들은 이 동작이 표현하는 장면을 이야기한다.
- 활동 후 무엇이 재미있었는지, 어떤 표정과 동작이 재미있었는지 평가한다.

(6) 게임극

문학작품의 내용에서 재미있게 반복되는 대화를 활용하여 게임극으로 표현하는 활동이다.

제작방법

- 텔레비전 박스의 1/2을 가위로 둥글게 오린다.
- 박스를 포장지, 색도화지, 칼라시트지 등을 이용하여 옷을 입힌다.
- 부직포로 호랑이의 특징을 살려 얼굴을 꾸민다.
- 세 고개를 표현하기 위해 하드보드지 3장을 원판으로 오린다.

활동방법

「해님 달님」

- 「해님 달님」 동화를 듣는다.
- 등장인물과 사건의 순서를 생각해 본다.
- 활동을 위해 음률에 맞추어 노래를 익힌다.
  "한 고개 넘어서 아이고 다리야~, 두 고개 넘어서 아이고 다리야~, 세 고개 넘어서 아이고 다리야~"
- 진행을 위해 교사가 해설을 해 준다.
- "옛날 옛날 어느 마을에 떡을 맛있게 만드는 아주머니가 계셨어요. 어느 날 맛있는 감자떡을 이고 고개 너머로 아이들이 기다리는 집으로 가기 위해 고개를 넘어가고 있었어요."
- 두 팀으로 나누어 앉은 후 한 명씩 나와 출반선에 선다.
- 모든 유아들이 노래를 불러 주고 유아는 노래에 맞춰 한 고개씩 넘어 가며 동작을 표현한다.
- 세 고개에 도착하면 앉아 있던 유아들이 호랑이 역할을 한다.
  "어흥, 너를 잡아먹겠다."
  "살려 주세요, 살려 주세요."
  "떡 하나 주면 안 잡아먹지."
- 유아는 준비된 콩주머니를 호랑이 입 속으로 던진다. 떡이 호랑이 입으로 들어가면 돌아온다.
- 동작을 잘 했는지, 규칙은 잘 지켰는지 평가를 한다.

* 출처 : 숭의여자대학 부설 유아교육연구소(1998년도 유아교육교사연수회 자료집)

CHAPTER 09

아동문학과 창의성 계발

1. 아동문학과 유아의 창의성
2. 동화제시를 통한 창의성 계발활동
3. 극화활동을 통한 창의성 계발활동

1. 아동문학과 유아의 창의성

1) 창의성의 개념

창의성이란 학자들에 따라서 다양하게 논의되지만 한 마디로 요약하자면 '무엇인가 새로운 것을 만들어 내는 능력과 성향'이라고 정의할 수 있다. 즉 어떤 사태에 직면했을 때 새로운 통찰과 사고를 산출하는 과정을 일컫는다. 새로운 관계를 지각하여 비범한 아이디어를 산출하거나 전통적 사고 유형에서 벗어나 새로운 유형으로 사고하는 능력(교육학 용어사전, 1986), 기존의 지식들을 조합시켜 가능한 해답들을 만들어내며 이러한 해답들을 통해 실제로 적응해 나가는 정신적 과정(Torrance, 1972)이라고 볼 수 있다.

과거에 창의성은 소수의 한정된 사람만이 지닌 선천적 특성으로 이해되었다. 즉 음악, 미술, 과학 및 건축과 같은 특수한 분야에서 특정인만이 지닌 독창적이고 탁월하며 희소한 능력으로 평가되어 왔다. 그러던 것이 길포드(Guilford)의 연설을 계기로 1950년대 후반부터 인간의 보편적 특성으로 널리 받아들여지게 되면서 창의성에 대한 연구도 활발해졌다. 창의성에는 필수적으로 새로운 것이라는 개념이 내포되어 있다. 평범을 넘어선 발명이나 천재적 사고만을 일컫는 것이 아니라 개인의 자기실현, 자기표현의 욕구에서 출발한 상상적 활동이다(Thurstone). 또한 오스본(Osborn, 1953)은 창의성을 인간 모두가 가지고 있는 보편적 능력이며 특성이라고 해석하고 있다. 일상생활에서 부딪히게 되는 제반의 사태나 문제를 개인 나름의 새롭고 특유한 방법으로 해결해 나가는 활동을 의미한다고 하였다.

박아청(1992)은 사고과정에서의 창의성은 평범한 것 이상의 놀랄만한 새로운 발명이나 생산적 사고와 착상 및 독창적인 사고 등을 포함하고 있다고 했다. 고차원적인 사고 능력만을 의미하는 것이 아니라, 일상생활에서 당면하는 여러 사태나 문제를 새롭고 특유한 방식으로 해결해 가는 활동이라는 것이다.

창의성에 대한 개념 정의가 다양한 것은 창의성을 보는 관점이 다르기 때문이다.

심리학에서는 창의성의 정의에 대해 세 가지 관점을 보이고 있다. 첫째는 창의성을 주로 인지적 측면에서 파악하려는 지적 특성론, 둘째는 문제해결 과정에서의 창의성을 중요시하는 문제해결 과정론, 셋째는 특성을 파악하려는 성격 특성론이다(Gilchrist, 1972).

첫 번째, 지적 특성론은 창의성을 지능의 측면에서 파악하여 지적 능력의 한 특성으로 간주함으로써 창의적 사고를 강조하는 입장이다. 길포드가 그 대표적인 학자다. 길포드는 지적 구조 모형을 제시하며 그 중 확산적 사고가 창의성의 사고 기능일 것이라고 생각하여 창의성에 대한 새로운 연구를 하였다.

두 번째, 문제해결 과정론의 입장은 어떤 결과에 이르게 하는 창의적 문제해결 과정에 초점을 맞추면서 방법론적인 측면을 강조하고 있다. 예를 들면, 웰라스(Wellas)는 창의적 사고의 산출 단계를 준비기(preparation), 부화기(incubation), 조명기(illumination), 검증기(verification)의 4단계로 나누어 설명하면서 문제를 해결하는 과정에서의 창의적 사고에 초점을 두고 있다.

세 번째, 성격 특성론은 주로 프로이드로 대표되는 정신분석학파와 매슬로우로 대표되는 자아심리학파에 의해 연구되는 방법으로 창의적 성취와 자아실현에 초점을 두고 있다. 프로이드는 창의성을 무의식의 작용으로 설명하며 갈등 또는 억압된 정서의 누적을 해소하는 과정에서 나타나는 공상 같은 창의적 상상을 창의성으로 보았다. 매슬로우는 인간 욕구 5단계 중 마지막 단계인 자아실현이 창의성과 중요한 연관이 있다고 설명하면서 창의성은 자아실현의 정도에 달려 있다고 설명하였다.

창의성은 단순히 지적 능력 또는 성격적인 측면의 어느 한 관점으로만 규정지을 수 있는 것이 아니라 이러한 모든 측면을 포괄하고 있는 개념이다.

(1) 창의적 사고력의 개념

일반적으로 창의성이란 용어는 길포드(Guilford, 1952)가 제시한 확산적 사고(divergent thinking)와 수렴적 사고(convergent thinking)의 두 가지 사고체제의 특성으로 설명하고 있다. 확산적 사고란 유창하고 융통성 있는 반응을 보이는 사고이며, 수렴적 사고란 통합적이며 집중적인 반응을 요구하는 사고다. 길포드는 인간의 지적 구조 모형 중 확산적 사고(divergent thinking)가 창의성의 사고 기능일 것이라고 생각하여 창의성에 대한 연구를 하였다. 창의성의 하위 구성 요소를 창의적 사고기능(인지적 능력)과 창의적 성향(정의적 특성)으로 구분하여 사고의 개념들을 살펴보면 다음과 같다.

1 창의적 사고기능

창의적인 사고 과정에서 경험하는 의식은 개인에 따라, 그리고 사고과제의 성격에 따라 달라질 수 있다. 창의적 사고기능의 구성요인으로 유창성, 융통성, 독창성, 정교성을 들 수 있으며, 구체적인 내용은 다음과 같다.

① 유창성(fluency) : 특정한 문제 상황에서 가능한 한 많은 양의 아이디어를 산출해 내는 양적인 사고능력이다. 이것은 부분적으로 기억력이 필요한 사고능력으로 개인에게 저장된 정보와 발생된 문제를 연결하여 생각을 이끌어 내는 선택적인 회상과정이다(Davison & Sternberg, 1984). 유창성은 한 주제에 대해 많은 아이디어를 제공하거나, 아이디어를 생각해 내기 위해 몇 가지의 아이디어를 창출해 내는 것으로 아이디어를 생산해 내는 중요한 요소 중의 하나가 된다.

관련된 학습경험은 어떤 대상이나 현상들로부터 가능한 한 많은 것을 연상해 보기, 특정한 주제에 대해 일단 떠오르는 생각을 모두 표현해 보기, 특정한 문제 상황에서 가능한 해결방안을 될 수 있는 대로 많이 제시해 보기 등이 있다.

② 융통성(flexibility) : 고정적인 사고방식이나 시각 자체를 변환시켜 다양한 해결책을 찾아내는 사고기능이다. 우리는 사회일반의 지배적인 사고방식이나 자신에게 익숙한 관점에서만 문제를 해결하거나 결론을 내리려는 경향이 있다. 이러한 고정적인 사고의 틀을 깨고 발상 자체를 전환시켜 유연하고 융통성 있게 생각하는 사고를 하는 유아는 다양한 방식으로 정보를 사용하고, 한 가지 아이디어에서 다른 종류의 아이디어를 산출할 줄 안다.

관련된 학습경험은 서로 관계가 없는 듯한 사물이나 현상들 간의 관계성 찾기, 문제와 관련된 속성들을 추출하고 속성별로 생각하기, 발상 자체를 전환시켜 다양한 관점을 적용시키기(발상의 전환) 등이 있다.

③ 독창성(originality) : 기존의 것에서 탈피하여 참신하고 독특한 아이디어를 생각해 내는 사고기능이다. 창의적 사고의 이상적인 목표는 사고의 독창성을 추구하는 것이다. 이러한 사고는 기존의 사고방식이나 다른 사람들의 문제해결 방식으로부터 벗어나서 자기만의 독특한 아이디어를 생각하고 문제해결 방안을 찾아보려는 의식적인 노력에 의해 가능하다.

관련된 학습경험은 다른 사람과 같지 않은 생각하기, 기존의 생각이나 사물에서 벗어나 생각하기, 기존의 생각이나 사물을 새로운 상황에 적용하여 재조직하기 등이 있다.

④ 정교성(elaboration) : 다듬어지지 않은 기존의 아이디어를 보다 치밀한 것으로 발전시키려는 사고기능이다. 창의적인 사고 상황에서는 '좋은' 것이나 '실현 가능한' 등의 평가적인 기준을 처음부터 적용하는 것은 적절하지 않다. 그러나 창의적 사고의 나중 단계에서는 가능한 한 다양한 측면에서 이미 산출된 많은 아이디어를 바탕으로 독창적인 아이디어를 생각해 내야 한다. 또한 이 아이디어를 최종적인 산출의 형태에 비추어 평가하고 정교하게 다듬는 사고가 필요하다.

관련된 학습경험은 일단 생각해 낸 자신 혹은, 타인의 아이디어를 수용하기, 은연중에 떠오르는 생각을 구체화하기, 잘 다듬어지지 않은 아이디어를 그것의 실제적 가치를 고려하여 발전시키기 등이 있다.

2 창의적 사고성향

창의적 사고성향에서 창의적 사고기능은 최종적인 자신의 성취를 위해 작용하는 과정에서 요구되는 내적인 동기나 태도 등이다. 창의적인 사람들의 성격 특성을 살펴보면 창의적 사고성향의 구성요인으로 민감성, 자발성, 독자성, 근면성, 호기심, 변화에 대한 개방성 등이 있다.

① 민감성(sensitivity) : 주변의 환경에 대해 민감한 관심을 보이고 이를 통해 새로운 탐색 영역을 넓히려는 특성이다.

관련된 학습경험은 '하늘이 왜 푸른지'와 같은 명백한 원인과 결과를 찾게 되는 현상에 대해서도 다시 생각해 보기, 주변의 사물에 대한 관찰 결과를 서로 발표해 보기, 이상한 것을 친밀한 것으로 생각해 보기 등이 있다.

② 자발성(spontaneity) : 문제 상황에서 아이디어를 자발적으로 산출하려는 성향이나 태도를 말한다.

관련된 학습경험은 주위의 문제를 자신의 문제로 인지하기, 칭찬이나 상과 같은 외적인 보상 없이 스스로 문제를 해결하기 등이 있다.

③ 독자성(individuality) : 자신이 생각해 낸 아이디어의 가치를 인정하고 다른 사람들의 평가에 구애받지 않으려는 성향이나 태도를 말한다.

관련된 학습경험은 다른 사람들로부터 부정적 평가를 받은 아이디어라도 이를 계속 발전시키기, 아이디어의 산출 과정에서 의식적으로 다른 사람의 아이디어와 다른 것을 내놓기, 문제 상황에서 사회의 일반적인 통념을 의식적으로 벗어나서 생각하기 등이 있다.

④ 근면성(industy) : 문제를 해결하기 위해 가능한 한 다양한 정보를 수집하고 그 문제가 해결될 때까지 끈기 있고 지속적으로 탐색해 나가는 성향을 말한다.

관련된 학습경험은 문제의 해결능력은 영감에 의해서만이 아니라 노력에 의해서도 가능하다는 믿음을 갖기, 문제 상황에서 문제와 관련된 정보를 가능한 한 많이 수집하기, 어렵거나 지루한 문제라도 끈질긴 열정을 가지고 끝까지 해결해 보기 등이 있다.

⑤ 호기심(curiosity) : 항상 생동감 있게 주변의 사물에 대해 의문을 갖고 끊임없는 질문을 제기하려는 성향을 말한다.

관련된 학습경험은 주변의 사물이나 사태에 대해서 '왜 그럴까?' 또는 '무슨 일일까?' 하는 질문을 의식적으로 제기하기, 어떤 사물이나 현상의 이면에 대해서도 궁금증을 갖기 등이 있다.

⑥ 개방성(openness) : 이 세상은 변화하고 있으며 내 자신이 이 변화의 주체가 되어야 한다는 자발적인 태도를 말한다.

관련된 학습경험은 지금과는 다른 모습으로 변화해야 한다는 생각을 갖기, 혁신적인 생각을 수용함으로써 생길 수 있는 불편함이나 두려움으로부터 벗어나기, 기존의 생활방식을 고수하지 않고 새롭게 변화시키기 등이 있다.

2) 창의성 계발

창의성 계발은 가정이나 학교환경 등 어떤 하나의 요인에 의해서 좌우되기보다는 환경적 조건의 상호작용, 개인의 특성과 능력과의 상호작용에 의한 결과라고 견해를 볼 수 있다. 특히 창의성의 구성요인 중 독창성도 학습된 행동 특성으로 보려는 경향이 많다. 이는 창의성의 계발 가능성을 주장하는 기초가 된다(이옥주, 1984).

토렌스(Torrance, 1962)는 미네소타대학교 교육연구소에서 유아기에서 초등학교 6학년까지의 아동 1,500명을 대상으로 창의성의 발달을 조사 · 연구하였다. 이 연구에서 창의성의 단서로써 호기심, 융통성, 문제에 대한 예민도, 자신의 생각대로 독립적으로 문제를 해결하는 힘, 독창성 및 통찰력을 조사하였다. 연구결과 3~5세까지가 가장 창의성이 높았으며, 그 후 창의성이 저하되다가 초등학교 2 · 3학년 때 새로운 창의성이 발달되지만 3학년 말, 4학년 초에 다시 저하되었다고 하였다. 즉 대개 9~10세 때 대부분의 아동들은 그 이전에 가졌던 자발성과 호기심을 잃게 된다는 것이다.

이는 유아기에 창의성이 가장 현저하게 발달한다고 볼 수 있으며, 유아기가 창의성 계발의 적기라고 할 수 있다.

1960년대 이후 토렌스(1962) 등에 의하여 창의성이 교육 · 훈련을 통해 계발 및 증진이 가능하다는 것이 널리 알려진 후 창의성 계발에 직접적으로 영향을 미치는 교수 방법에 관한 연구가 많이 이루어지게 되었다. 창의성에 영향을 주는 변인들로 문화, 지능, 성별, 가정환경, 교사 등을 들고 있다(김선, 1995 ; 한기정, 1994). 그 중 문화와 창의성과는 높은 상관관계가 있는 것으로 연구되었다.

토렌스(Torrance, 1962)의 연구에서 문화요인은 창의적 발달과정과 창의적 수준에 강력한 영향을 미치며, 모든 문화에서 유아의 창의적 발달과정에는 지속성이 없는 불연속성을 갖고 있다고 하였다. 창의적 기능 수준을 문화별로 보면 문명화된 문화 속에서 사는 유아들이 그렇지 않은 유아들보다 창의적이었다. 즉 좋은 문화적 자극은 창의성 계발에 효과적이라는 사실을 알 수 있다.

창의성이 환경의 영향을 받아 학습되고 훈련에 의해 계발이 가능하다는 많은 연구들은 창의성의 훈련은 성인보다 유아들에게 더 효과적임을 보여주고 있다. 문화경험을 통한 창의성 계발은 유아기 때에 보다 더 집중적으로 이루어져야 한다. 유아기는 창의성 계발에 있어 가장 적절한 시기다. 그러므로 상상력을 자극하는 언어적 질문이나 가능한 여러 답을 찾기 위해 광범위하게 탐색하는 과정을 적극적으로 제공해 주어야 한다.

3) 창의성 교육방법

창의성은 인지적 기능으로서, 무의식적 과정으로서, 문제해결 과정으로서 설명된다. 인지적 기능으로서의 창의성은 창의성이 의식의 범주 내에서 기존 지식을 바탕으로 새로운 지식을 생성하는 것을 말한다. 무의식 과정으로서의 창의성은 의식만으로는 새로운 아이디어가 생성되기 어려우며 전의식을 직관적으로 사용함으로써 창의적 아이디어가 삼투현상처럼 의식으로 스며난다고 본다(박영태, 2002). 문제해결과정으로서의 창의성은 창의성이 목적 지향적이고 조건적임을 의미한다. 문제의 선택, 문제해결을 위한 확장된 노력, 문제해결을 위한 조건 확인, 조건의 변환 또는 재구조화, 검증 또는 정교화 등의 문제해결 과정을 거쳐 독창적인 아이디어가 나타난다.

이러한 다양한 관점의 창의성의 의미는 창의성 교육을 어떻게 하는 것이 바람직한 것인가 하는 방법적인 측면에서도 다양성을 시사한다. 토렌스(1973)는 창의성 교육을 9개의 범주 즉 문제해결 범주, 창의적 드라마나 언어적 훈련을 포함한 범주, 패키지화된 프로그램 범주, 교육과정 범주, 교실-교사 범주, 동기-보상 범주, 검사조건(testing condition)에 관한 범주 등으로 정리하였다. 박영태(2002)는 창의성 고유방법을 사고방법과 프로그램 구성방법 등 2차원적으로 정리하고 있다. 사고방법은 사고훈련과 사고유도로 나누어진다. 사고훈련은 개인에게 정해진 방법으로 사고하도록 연습시키는 것이고, 사고유도는 어떤 정해진 사고방법이 있는 것이 아니라 단순히 생각해 보라고 요구하는 것이다.

이러한 창의성 교육방법에 따라 유아의 문학교육에서도 다양한 방법이 이용되고 있다. 지금까지 유아의 창의성을 개발하기 위한 문학교육 프로그램들을 보면 두 방향으로 이루어지고 있다. 하나는 프로젝트 형태의 수업을 하면서 유아에게 자발적으로 표현을 많이 하도록 하거나(장휘숙, 1981), 미술활동, 놀이활동, 음악활동, 신체활동 등과 같이 일상생활에서 다양한 활동을 통하여 간접적으로 유아의 사고를 촉진하는 방법이다. 다른 하나는 상상을 자극하는 동화나 그림, 질문을 제시하여 직접적으로 확산적 사고를 하거나 창의적 사고방법에 해당하는 초인지-사칙연산의 사고법을 실시하여 직접적으로 유아의 창의적 사고를 촉진하는 방법이다. 초인지-사칙연산의 사고법은 보다 많은 아이디어를 생성하는 더하기 사고, 아이디어의 중요성을 판단하여 아이디어의 수를 정리하는 빼기 사고, 아이디어 속에 숨은 근본원리를 찾아 아이디어를 범주화하는 나누기 사고, 원리에 따라 아이디어를 묶어 주어 새로운 아이디어를 생성하는 곱하기 사고를 바탕으로 한다(박영태, 하수연, 2004).

유아를 대상으로 한 창의성 교육은 대개가 유아의 사고 그 자체를 촉진하기 위해서 동화를 이용하는 경우가 많다. 동화는 유아의 인지적 수준에 적합한 이야기로써 유아의 상상력을 자극하는데 적합하다. 동화를 이용한 창의성 개발은 단순히 다양한 동화를 들려주는데서 나아가 미완성된 동화를 들려준 후 나머지 이야기를 완성해 보도록 하거나, 글 없는 그림책을 통해 이야기를 꾸며 보도록 함으로써 유아의 확산적 사고를 확장시키는 방법들이 이용되고 있다. 특히 오늘날에는 동화를 제시하는 방법이 그림책에서 컴퓨터 애니메이션까지 다양하게 확대되고 있다.

2. 동화제시를 통한 창의성 계발활동

1) 동화제시를 통한 창의성 계발

컬리넌(Cullinan, 1992), 프랭클린(Franklin), 리차드(Richard, 1977) 등의 학자들은 동화에는 유아로 하여금 확산적 사고를 하도록 격려하는 내용이 포함되어 있어 동화를 통해 창의성을 계발할 수 있다고 주장한다. 즉 동화의 내용에 포함되어 있는 문제에 대한 사고를 통해 유아들은 대상 동화의 주인공과 자신을 동일시함으로써 상상력을 발휘할 수 있는 기회를 갖게 된다는 것이다.

베들레헤임(Bethleheim, 1977)도 유아들이 동화에 나오는 주인공의 사고방식이나 감정에 공감하고 때로는 비판하는 과정에서 그 주제에 포함되어 있는 문제상황을 이해하게 되며, 이러한 과정에서 새롭고 다양한 해결방법을 탐색하는 경험을 갖게 됨으로써 풍부한 사고와 다양한 사고를 증진시키게 된다고 주장하였다.

이춘희(1997)의 〈동화제시 및 질문유형이 유아의 창의성과 동화구조 이해에 미치는 영향〉 연구에 따르면 동화구연 방법과 동화낭독 방법에 있어 동화를 통해 상상력, 창의력, 사고력을 길러 주기 위해 동화구연 방법이 창의성 증진에 도움이 된다고 하였다.

콜웰(Colwell, 1983)은 동화낭독에 비해 동화구연의 경우가 유아들을 더 집중시킬 수 있고 친근한 관계를 형성할 수 있는 장점이 있다고 하였다.

마이어스(Myers, 1990)는 동화 낭독자는 작가가 지은 동화를 단순히 읽는데 치중하는 반면에 구연자는 동화를 상황에 따라 재조직하여 현실감 있게 표현하는 데 치중하기 때문에 동화구연이 보다 더 창의적 사고에 자극을 준다고 하였다. 동화구연 방법이 다양한 사고와 감정을 발달시킬 수 있는 기회를 제공한다. 또한, 유아들의 상상력을 자극하고 유아들의 개성을 발달시키는 기회와 현실세계에서는 경험할 수 없는 상상력을 자극함으로써 창의성 증진에 도움이 된다는 것이다(Thomas & Mikesll, 1980).

동화가 유아의 창의성에 영향을 미치는 것은 다음과 같은 두 가지 이유에 근원하는 것으로 보인다. 하나는 동화가 지니고 있는 특성 그 자체이다. 동화가 지닌 가장 큰 특징을 환상성이다. 현실세계와 초현실 세계가 구별되지 않는 일차원적 공간을 배경으로 두 세계가 같은 차원에 속해 있어 자유롭게 넘나들며, 의인화된 동물과 무생물, 초현실적 존재, 신비한 장소나 물건, 변형 등이 나타나고 있다. 이러한 다양한 공간에서의 다양한 등장인물의 등장은 유아들에게 상상력을 불러일으킨다. 유아의 상상력은 창의성과 깊은 연관을 갖고 긍정적인 영향력을 행사한다. 레인과 이사벨(Rain & Isbell, 1994)은 글 없는 그림책이 유아의 상상력을 자극하고 그러한 상상을 통하여 확산적 사고 더 나아가서는 창의성을 증진시킨다고 하였다.

다른 하나는 동화를 매개로 하여 다양한 사고 활동을 유도하기 때문이다. 이는 주로 동화를 이용하여 유아의 사고활동을 어떻게 유도할 것인가와 관련된다. 동화를 들려준 후의 교사의 질문유형에 따른 유아의 창의성 증진을 살펴본 연구들이 많다. 이기우(1988)는 만 4, 5세를 대상으로 동화를 들려주고 확산적 질문을 한 집단과 수렴적 질문을 한 집단을 비교하였는데, 확산적 질문을 한 집단에서 창의성이 더 높게 나타난다고 하였고, 송은주(1994)와 허근(1996)도 동화 읽어주기에 있어서 교사의 질문유형에 따른 유아의 창의성 증진에 관한 연구를 하였는데, 교사의 질문이 수렴적 방향보다는 확산적인 방향으로 이루어질 때 창의성의 증진이 있다고 보고하였다.

따라서 교사는 유아들과 상호작용하는 과정에서 동화 들려주기를 많이 함으로써 유아들이 동화 속에 포함되어 있는 문제를 통해 새롭고 다양한 해결방법을 탐색하는 경험과 풍부하고 다양하게 사고해 볼 수 있는 기회를 제공하여 유아의 창의성을 증진시키도록 노력해야 할 것이다.

2) 확산적 질문을 통한 창의성 계발

확산적 질문을 통한 유아의 창의성 계발에 있어 프랭클린, 리차드(1977), 브라운(1986) 등은 동화의 내용에 대한 교사의 질문이 유아의 확산적 사고와 사고과정을 촉진시키는 방향으로 이루어질 때 유아의 창의성이 계발될 수 있다고 주장하였다.

이춘희(1997)의 〈동화제시 및 질문유형에 따른 유아의 창의성 계발〉 연구에 의하면

개방식 질문, 즉 상상력을 자극시킬 수 있는 확산적 질문이 유아들로 하여금 다양한 문제해결을 모색하게 하였다. 또한 상상의 기회를 확대하도록 하여 유아들의 사고과정을 재구성하였다. 그리고 새로운 문제해결을 할 수 있게 창의성을 증진시킨다는 결과를 얻었다.

박상희(1990)는 교사의 질문방식에 따라서 유아의 창의성에 미치는 영향이 다르다는 것을 밝히고 있다. 윤혜진(1993)은 교사의 확산적 질문을 통한 이야기 꾸미기 활동이 유아들의 창의성을 증진시켰다고 하였다. 또한 채종옥(1996)은 동화를 들려주고 난 후에 질문을 할 때 동화에서 나오는 아이디어, 이미지, 느낌, 등장인물과의 동일시 및 공감대 형성에 초점을 맞추어 동화에 대한 이야기를 나누는 것이 창의성 증진에 적절하다고 하였다.

3) 동화제시와 창의성의 관계

창의성이란 새롭고 가치 있는 것을 만들어 내는 사고능력 또는 사고성향을 일컫는다. 동화는 무한한 창조적 가능성을 지니고 있는 유아의 내면적 정신세계를 계발해 주는 데 중요한 역할을 한다. 현실의 고정관념을 탈피할 수 있는 자유로운 상상은 끝없는 연상작용을 일으키고 경이로운 생각을 이끌게 한다. 유아들은 동화를 통해 어느 것에도 구애받지 않는 자신들만의 자유로운 상상을 하고 세상을 보는 안목을 키워 나가게 된다. 과거나 현재뿐 아니라 미래에 대한 무한한 희망과 이상을 담고 있는 동화는 상상적 행동의 원동력이 되며, 이러한 상상을 통하여 창의성이 계발된다(이춘희, 1997, 2009).

동화의 가장 두드러진 특징은 환타지(fantasy)이다(Smith, 1970). 동화 창작의 근원이며 원동력이 되는 환타지는 단순히 무슨 일이든지 사고해내는 재주를 말하는 것이 아닌 상상의 세계에서 새로운 사고와 정서를 유발하는 힘을 의미한다. 그리고 이러한 힘은 다시 또 다른 상상력을 자극하고 심화시켜 주는 다원적인 구성력을 갖는다(조희숙, 1980).

유아들은 자신들이 접하는 동화의 주인공과 스스로를 동일시하게 되어 주인공의 사고방식을 모방하며 감정에 공감하고 때로는 비판하게 된다. 이러한 과정을 통해 동화의 주제에 포함되어 있는 문제상황을 이해하게 된다. 동화를 접하게 되면서 다양한 문제사태에 대해 새로운 해결방법을 탐색하는 경험을 갖게 되는 것이다. 이와 같이 동화는 유아에게 흥미를 주고 그들의 경험을 풍부하게 해 주며, 상상력, 창의력, 사고력 등을 자극하여 인지, 언어 등의 여러 영역에 영향을 미친다(Bettleheim, 1977). 그러므로 동화는 유아의 창의성 계발에 긍정적인 도구가 된다(Cullinan, 1992 ; Franklin & Richard, 1977).

동화활동 뿐만 아니라 동화활동 후의 질문이 유아의 창의성 발달에 도움을 준다는 주장도 있다(Gillentet et al., 1972). 동화를 들려준 후 교사는 유아의 첫 번째 반응에 대하여 그것을 확장하거나 분명하게 하려는 시도 없이 그냥 받아들이기도 한다. 그러나 이것을 재지시(redirecting), 시험(proding), 자극(prompting)하는 방식으로 질문을 바꿈으로써 유아의 사고를 확장시킬 수 있다(Riley, 1981 ; Wright & Nathal, 1970). 예를 들면, "왜?", "네가 한 말을 설명해 줄 수 있겠니?", "더 이야기할 것 있니?", "다른 방법이 있을까?"와 같은 질문방법이 있을 수 있다.

상상력을 자극하는 질문방식 역시 현실적으로는 불가능하지만 재미있게 상상해 보도록 자극한다. 이러한 내용의 질문을 통해 유아의 창의적 표현력을 이끌어 낼 수 있다.

창의성의 계발을 위한 연구 중 브라운(Brown, 1986)과 이미경(1989)은 동화의 내용에 대한 교사의 질문이 유아의 확산적 사고와 사고과정을 촉진시키는 방향으로 이루어질 때 유아의 창의성이 계발될 수 있다고 하였다.

교사의 적절한 질문이 유아의 창의적인 사고력에 중요한 영향을 미치는 것을 알 수 있는데, 유아의 창의성을 증진시킬 수 있는 질문은 개방식 질문으로서 상상력을 자극시킬 수 있는 질문이다. 이는 유아들로 하여금 역동적인 탐색을 하게하고, 상상의 기회를 확대하며 자신의 생각을 재구성하여 새로운 응답을 할 수 있게 하기 때문이다.

질문형태의 효과에 대하여 브라운(Brown, 1986)은 동화 내용에 대한 교사의 질문형태를 사실회상 질문과 문제해결 질문(problem-solving question)으로 구분하여, 문제해결 질문이 유아의 사고를 자극하고, 문제를 해결할 수 있는 기회를 주며, 확산적 사고(divergent thinking)를 격려해 준다고 하였다. 토렌스(Torrance, 1981)는 동화를 들려준 후의 교사의 질문형태를 '예 / 아니오'의 폐쇄적 방식과 개방식, 즉 '왜', '무엇을', '어떻게' 등을 묻는 질문(why-question)으로 분류하였다. 그리고 개방식 질문이 동화를 들려준 후 교사와 아동의 상호작용을 증진시키며 창의성 증진에 바람직하다고 하였다.

동화의 내용에 대한 교사의 질문이 유아의 확산적 사고와 문제해결 능력을 발달시킨다. 동화활동 그 자체뿐 아니라 동화제시 후 질문을 통한 문제해결 및 기억의 재연 과정에서 아동의 창의성이 계발될 수 있다. 또한 창작동화와 전래동화를 활용하는 일은 그들의 발달적 특성뿐만 아니라 다양한 간접체험을 통한 가치관 정립 및 민족적 정체감 확립을 위해서도 의의를 갖는다.

4) 동화제시를 통한 창의성 계발활동

동화제시를 통한 창의성 계발활동은 동화구연이나 동화낭독 이후 교사의 확산적 질문이 유아의 확산적 사고와 사고과정을 촉진시키는 방향으로 이루어질 때 유아의 창의성이 계발될 수 있다(이춘희, 1997).

다음은 전래동화, 세계명작동화, 지혜동화, 창작동화 4종류의 동화제시 후 확산적 질문과 수렴적 질문을 비교하여 소개하겠다.

동화 1 전래동화 「혹부리 영감」

옛날, 어느 마을에 마음씨 착한 혹부리 할아버지와 욕심쟁이 혹부리 할아버지 두 분이 살고 있었어요.

어느 날, 마음씨 착한 할아버지가 깊은 산 속으로 나무를 하러 갔어요. 나무를 한 짐하고 보니 해가 저물었어요. '아차, 큰일났구나! 어디서 밤을 지내지'.

주위를 두리번거리며 하룻밤을 지낼 집이 없나 찾아보다가 오막살이집 한 채를 발견했어요.

할아버지는 빈 집에 들어가서 누웠어요. "어흥! 컹컹!" 어디선가 무서운 짐승들의 울음소리가 들렸어요. 할아버지는 무서움을 잊으려고 노래를 불렀어요. 노랫소리는 고요한 산 속에 울려 퍼졌어요.

"여기다, 여기야!" 머리에 뿔이 달린 무서운 도깨비들이 할아버지에게 몰려 들었어요. "할아버지, 그렇게 아름다운 노래는 어디서 나오는 거요?" 도깨비 대장이 물었어요.

그러자 할아버지는 엉겁결에 혹에서 나온다고 대답했어요. 도깨비들은 할아버지의 말을 그대로 믿었어요. "할아버지, 그 혹을 이 보물과 바꿉시다." 도깨비들은 보물이 든 자루를 놓고는, 할아버지의 혹을 떼어 갔어요.

혹도 떼고 보물도 얻은 할아버지는 날이 밝자 마을로 내려 왔어요.

이 소식을 들은 이웃마을에 사는 욕심쟁이 혹부리 할아버지는 샘이 났어요. "여보게 영감, 어떻게 혹을 떼었나? 그리고 그 많은 금은 보화는 어떻게 얻었지?"

마음씨 착한 할아버지는 지난 밤에 있었던 일을 모두 이야기해 주었어요. 욕심쟁이 혹부리 영감은 혹을 떼고 부자가 되려고 산 속으로 나무를 하러 갔지요.

밤이 깊어지자 할아버지는 그 오막살이집으로 가서 큰 소리로 노래를 불렀어요. 그러자 도깨비들이 우르르 몰려 들었어요.

"노래를 참 잘하는군. 그 노래 어디서 나오지?" 도깨비들이 물었어요. 욕심쟁이 할아버지는 얼른 대답했지요.

"이 혹에서요. 이 혹에서……"

화가 난 도깨비들은 욕심쟁이 할아버지에게 착한 혹부리 할아버지에게서 뗀 혹까지 붙여 주었어요. '혹 떼러 갔다가 혹 하나 더 붙였네.' 고약하고 심술맞은 욕심쟁이 할아버지는 엉엉 울면서 집으로 돌아왔어요.

♣ 수렴적 질문

- 착한 할아버지가 나무하러 갔다가 밤에 무서워서 어떻게 했나요?
- 도깨비가 나타나서 할아버지를 어떻게 했나요?
- 그 이야기를 들은 욕심쟁이 할아버지는 어떻게 했나요?
- 도깨비가 나타나서 욕심쟁이 할아버지는 어떻게 되었나요?

♣ 확산적 질문

- 혹을 달고 다니는 할아버지는 어떤 생각이 들었을까요?
- 한밤중 아주 무서울 때 어떻게 하면 무섭지 않을까요?
- 여러분은 도깨비를 만나면 무슨 말을 하고 싶어요?
- 도깨비의 보물을 얻을 수 있는 또 다른 방법은 무엇이 있을까요?
- 할아버지들은 어떻게 되었을까요?

동화 2 세계명작동화 「개구리 왕자」

아주 먼 옛날, 하늘의 해님 달님이 샘을 낼 정도로 예쁜 공주가 있었어요. 공주의 언니들도 모두 예뻤지만, 이 막내공주는 궁전 사람들의 귀여움을 독차지할 만큼 사랑스러웠답니다. 막내공주가 살고 있는 궁전 정원에 보리수 한 그루가 서 있었어요.

이 오래 된 보리수 아래에는 맑은 샘이 있었어요. 막내공주와 언니들은 이 샘가에서 황금 공을 가지고 놀곤 했어요. 공놀이를 무척 좋아한 막내공주는 가끔 혼자서 샘가로 나가곤 했답니다.

그 날도 막내공주는 혼자서 황금 공을 갖고 놀았습니다. 그런데 그만 황금 공을 놓치는 바람에 황금 공이 샘물에 풍덩 빠져 버렸어요. 깜짝 놀라 샘물 속을 들여다보았지만 황금 공은 흔적도 없이 사라져 버렸어요. 막내공주는 엉엉 소리내며 울었답니다.

그 때, 어디선가 징그러운 개구리 한 마리가 나타나 막내공주에게 말을 걸었어요.

"공주님, 왜 그렇게 슬피 울고 계세요?"

"내 황금 공이 샘물 속에 빠져 버렸단다."

"걱정 마세요. 제가 찾아드릴게요. 그런데 공을 찾아드리면 무슨 상을 주시겠어요?"

"뭐든지 네가 원하는 건 다 줄 수 있어."

"그래요? 나는 공주님과 친구가 되고 싶어요. 그리고 밥도 같이 먹고 잠도 같이 자게 해 주세요."

"좋아. 그런 거라면 얼마든지 들어 주지."

막내공주의 약속을 믿은 개구리가 황금 공을 가져다 주었습니다. 황금 공을 찾게 된 막내공주는 뒤도 돌아보지 않고 뛰어갔어요.

"공주님, 같이 가요. 나도 데려가 주세요." 개구리가 외쳤지만 아무 소용이 없었어요.

이튿날, 궁전의 아침 식사시간이었습니다. 창문을 두드리는 소리가 나며 누군가 소리를 질렀어요.

"공주님, 공주님, 문 좀 열어 주세요!"

어제 황금 공을 찾아준 개구리라는 걸 안 공주는 못 들은 척 시치미를 뗐어요.

임금님이 막내공주에게 무슨 일인가 물어 보았어요. 막내 공주는 하는 수 없이 어제 샘가에서 일어났던 일을 말씀드렸지요. 얘기를 듣고 난 임금님은 막내 공주에게 말했어요.

"한번 한 약속을 반드시 지켜야 하는 법이야. 자, 어서 창문을 열어 주어라."

막내공주가 마지 못해 창문을 열자 개구리가 들어왔어요. 막내공주 옆에 앉게 된 개구리는 쩝쩝 소리를 내며 음식을 먹었어요.

실컷 먹은 개구리는 막내공주에게 말했습니다.

"아, 이제 당신 방으로 데려가 주세요."

막내공주는 마침내 울음보를 터트리고 말았어요. 막내공주의 방에까지 따라온 개구리는 침대 위에 냉큼 올라앉았습니다. 화가 난 공주는 개구리를 집어 힘껏 내동댕이쳤어요.

그러나 개구리는 온데간데 없고 잘 생긴 왕자님이 서 있는 게 아니겠어요?

너무 놀라 멍하게 서 있는 막내공주에게 왕자는 말했습니다.

"나는 이웃나라 왕자입니다. 나쁜 마녀의 마법에 걸려 개구리가 되었답니다. 누군가 나를 친구처럼 대해 주면 내게 걸린 마법이 풀리게 되어 있었지요. 그래서 공주님께 떼를 쓴 거랍니다. 공주님, 우리나라로 가서 나와 결혼해 주십시오."

궁전 안의 모든 사람들은 멋진 왕자님의 신부가 될 막내공주를 축복하였습니다.

♣ 수렴적 질문

- 궁전의 정원에 있는 보리수나무 아래에는 무엇이 있었나요?
- 황금 공을 빠뜨린 공주가 엉엉 울고 있을 때 나타난 것은 무엇이었나요?
- 개구리가 공주의 황금 공을 찾아주면서 어떤 소원을 들어 달라고 했나요?
- 개구리가 황금 공을 찾아 주자 공주는 어떻게 했나요?
- 화가 난 공주가 개구리를 집어던지자 어떤 일이 일어났나요?

♣ 확산적 질문

- 공주는 왜 주위 사람들로부터 사랑을 받았을까요?
- 여러분이 개구리였다면 어떤 소원을 들어 달라고 했을까요?
- 공주가 황금 공을 찾고 나서 약속을 지키지 않은 이유는 왜 일까요?
- 공주가 개구리를 집어던지지 않았다면 개구리는 어떻게 왕자가 될 수 있었을까요?
- 왕자를 본 공주는 어떤 생각이 들었을까요?

동화 3 지혜동화 「잘려진 노」

어느 시골 젊은이가 대나무 노를 세워 들고 성으로 들어가려고 했습니다. 그런데 이를 어쩌나요? 노의 길이가 성문보다 더 높아 들어갈 수가 없는 거예요. 젊은이는 노를 가로로 눕혀 보았어요. 그러나 이번엔 노가 성문 폭보다 길어서 여전히 들어갈 수가 없었습니다.

"어떻게 하지?"

젊은이는 난처해졌어요. 하지만 아무리 궁리해 보아도 좋은 생각이 떠오르지 않았어요. 젊은이가 잔뜩 맥이 빠져서 성문 앞에 앉아 있자 한 노인이 다가와 물었습니다.

"젊은 사람이 왜 그렇게 멍하니 앉아 있는 거요? 무슨 근심이라도 있소?"

젊은이는 울상이 되어 노인에게 사정을 이야기했습니다.

"저는 노를 성 안으로 꼭 들여가야만 돼요."

사연을 듣고 난 노인이 '하하하' 큰 소리로 웃었습니다.

노인은 시골 젊은이에게 말했습니다.

"이보게 젊은이, 내가 비록 성인은 아니지만 세상 경험은 자네보다 많다네. 그 노를 절반만 끊으면 되지 않나?"

"아 그러면 되는 것을!"

젊은이는 기뻐하면서 노를 반으로 잘랐습니다.

그런데 과연 노를 자를 필요가 있었을까요?

반으로 자르지 않고도 들어갈 수가 있다구요? 어떻게요?

♣ 수렴적 질문

- 대나무 노를 세워서 들고 성으로 들어가려고 할 때 어떻게 되었나요?
- 노를 가로로 눕혀서 들어가려고 할 때 어떻게 되었나요?
- 젊은이에게 노인은 어떻게 하면 된다고 말했나요?
- 노를 자를 필요가 있었나요?

♣ 확산적 질문

- 젊은이는 왜 노를 가지고 성으로 들어가려고 했을까요?
- 노인은 왜 젊은이에게 그렇게 앉아 있느냐고 물어 보았을까요?
- 반으로 자르지 않고 들어갈 수 있을까요?
- 어떻게 하면 들어갈 수 있을까요?
- 또 다른 방법은 무엇일까요?

동화 4 창작동화「숲 바람 향기 속에는」

수박밭에 아기수박들이 조롱조롱 열렸어요. 그 가운데 달콤이는 괴짜라고 소문이 났어요. 왜냐하면 늘 이런 말을 입버릇처럼 하였기 때문이지요.

"난 평범한 건 싫어. 세상에서 가장 특별한 수박이 될 테야!"

쨍쨍 내리쬐는 햇볕을 담아, 아기수박들은 쑥쑥 자랐어요. 다른 수박들과 함께 달콤이도 도시의 과일 가게로 팔려 갔어요.

키가 훌쩍 큰 아저씨가 꼬마 아가씨를 데리고 수박을 사러 갔어요.

꼬마 아가씨는 달콤이에게 똑똑 노크를 했어요.

"안녕하세요. 수박님, 잘 익었어요?" 달콤이는 통통 대답을 하였어요. "그럼요, 꼬마 아가씨, 난 아주 빨갛게 익었답니다."

달콤이는 꼬마 아가씨 명아를 따라다니게 되었어요. 명아네 식구들은 무더위를 피해 여행을 가는 길이었어요. 고속도로에는 차가 꽉꽉 밀렸어요. 자동차는 거북이처럼 느릿느릿 가다가 그만 멈춰 버렸어요.

"아이, 지루해. 수박이나 잘라 먹을까?"

명아 엄마가 말했어요. 참 이상한 일이예요. 저렇게 뚱뚱하고 입이 커다란 아줌마가 어떻게 명아처럼 조그맣고 귀여운 아이의 엄마일까요? 하지만 그건 별로 중요한 문제가 아니예요. 명아 엄마의 뚱뚱한 뱃속에 들어가 있는 자기 모습을 상상하는 순간, 달콤이는 소름이 오싹 끼쳤어요.

"우와, 수박 살려!"

다행히 차가 움직이기 시작했어요. 자동차는 고속 도로를 벗어나 산길을 한참 달렸어요. 푸르른 나뭇잎이 뒤덮인 얼음골에 도착하였어요. 명아 엄마가 달콤이를 차가운 계곡 물에 담갔어요.

"아이, 시원해, 이제 살 것 같아."

달콤이는 둥글둥글 헤엄을 쳤어요. 그런데 이게 왠일이예요? 두둥실 두둥실 아래로 아래로 떠내려가는 게 아니겠어요. 데루르르 둥글둥글 둥글둥글 데구르르 달콤이는 계속 내려갔어요. 물살이 점점 빨라지더니, 요란한 물굽이가 나타났어요.

아얏! 달콤이는 정신을 잃었어요. 어디선가 산새 소리가 들렸어요. 싱그러운 풀 냄새도 났어요.

'으응, 여긴 숲 속이잖아?' 상처투성이의 달콤이는 빨간 가슴살이 삐어져 나와 있었어요.

이 때였어요. 엄마노루가 아기노루를 데리고 달콤이에게 다가 왔어요. 달콤이는 가만히 중얼거렸어요.

"그래, 저들에게 나를 주는 거야. 그리고 이 곳에 씨앗을 묻는 거야. 해마다 이맘때면 나를 닮은 산수박이 주렁주렁 익어 가겠지. 이 곳을 지나는 모든 이는 이렇게 말하게 될 거야. '나는 아주 특별한 수박을 보았어!' 라고."

언제 숲으로 가거든, 조용히 바람 냄새를 맡아 보세요. 나무 냄새, 풀 냄새, 흙 냄새.... 숲 바람에 묻어 있는 온갖 향기 속에, 달콤한 싱싱한 산 수박 향기도 섞여 있을 거예요.

♣ 수렴적 질문

- 달콤이를 왜 괴짜라고 하나요?
- 달콤이는 꼬마 아가씨 명아와 어떻게 만나게 되었나요?
- 달콤이는 명아네 식구들과 어디를 가게 되었나요?
- 달콤이가 명아 엄마의 뱃속에 들어가기 전에 무슨 일이 있게 돼서 살게 되었나요?
- 달콤이는 왜 숲 속으로 가게 되었나요?

♣ 확산적 질문

- 달콤이는 어떻게 생긴 수박이었을까요?
- 자동차들이 계속해서 밀렸다면 달콤이는 어떻게 되었을까요?
- 달콤이를 왜 계곡물에 담갔을까요?
- 달콤이가 어떻게 산 속에 씨를 심을 수 있을까요?
- 여러분도 산 수박을 본 적이나 먹어 본 적이 있나요? 어떻게 생겼나요?

5) 전래동화를 통한 창의성 계발활동

박순덕(1997)은 전래동화를 활용하여 현실적인 문제상황이나 가상적인 문제상황을 학습 활동으로 유아에게 제시하였다. 해결방법을 자유롭게 상상해서 이야기해 보게 함으로 유아의 확산적 사고를 촉진, 유아의 창의성의 증가를 설명하고 있다.

방혜련(1998)은 유아들과 전래동화를 활용한 토의를 통해서 갈등이나 문제의 해결방법을 찾고 유아들이 서로의 감정을 이해하고 표현함으로 유아의 창의성 계발에 미치는 중요한 역할을 소개하고 있다.

전래동화를 통한 창의성 계발에 있어 이민자(1996)는 전래동화를 통해 언어적 · 동작적 창의성을 자극함으로 창의성 계발에 미치는 효과를 검증할 수 있었다.

이 연구들의 활동을 토대로 전래동화를 활용한 창의성 계발활동을 소개하겠다.

동화 1 빨간부채와 파란부채

♣ 언어적 창의성

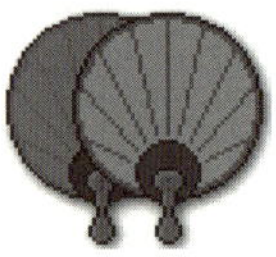

- '빨간부채, 파란부채'를 다른 제목으로 바꿔 보세요.
- 만약 네게 '빨간부채 파란부채'가 있다면 어떻게 사용할까요?
- 길어진 코를 '부채'가 아닌 다른 방법으로 짧게 할 수 있는 방법은?
- 부채를 찾지 못했다면 어떤 일이 일어났을까요?
- 잃어버린 '빨간부채, 파란부채'를 찾는 나만의 방법은?
- 이 이야기 다음은 어떻게 되었을까요? 재미있는 이야기를 만들어 보고 제목을 지어 보세요.
- 이야기를 듣고 여러분이 친구들에게 묻고 싶은 것을 문제로 만들어 보세요.

♣ 동작적 창의성

- **준 비 물** : 도레미송 노래 테이프, 녹음기
- **활동방법**
  - 부채의 움직임에 관해 이야기를 나누며 살펴본다.
  - 동화의 내용 중 무엇을 어떻게 표현할 것인가를 이야기 나눈다.
  - 공간과 필요한 동작을 이야기 나눈다.
  - 빨간부채와 파란부채를 사용하였을 때 코가 변화하는 동작을 표현해 본다.

♣ 도형적 창의성

불완전한 도형을 완성하고 그림에 대한 제목과 이야기를 해 본다.

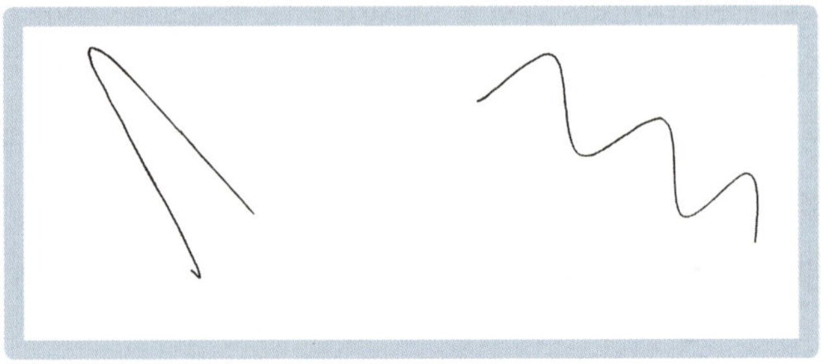

동화 2 소가 된 게으름뱅이

♣ 언어적 창의성

- '소가 된 게으름뱅이'를 다른 제목으로 바꿔 보세요.
- 만약 소가 되지 않았다면 무엇이 되었을까요?
- 만약 내가 소가 되었다면 어떻게 할까요?
- 소가 된 게으름뱅이가 엄마, 아빠에게 자기임을 어떻게 알릴 수 있을까요?
- 이 이야기 다음은 어떻게 되었을까요? 재미있는 이야기를 만들어 보고 제목을 지어 보세요.
- 이야기를 듣고 여러분이 친구들에게 묻고 싶은 것을 문제로 만들어 보세요.

♣ 동작적 창의성

- **준 비 물**: '동물의 사육제' 음악, 녹음기
- **활동방법**
  - –소의 움직임에 관한 이야기를 나눈다.
  - –동화의 내용 중 무엇을 어떻게 표현할 것인가를 이야기 나눈다.
  - –공간과 필요한 동작을 이야기 나눈다.
  - –'소는 사랑한다는 표현을 어떻게 할까~' 동작을 표현하고 필요에 따라 동화의 내용을 들려주고 확산적 질문을 하며 표현하도록 한다.

♣ 도형적 창의성

불완전한 도형을 완성하고 그림에 대한 제목과 이야기를 해 본다.

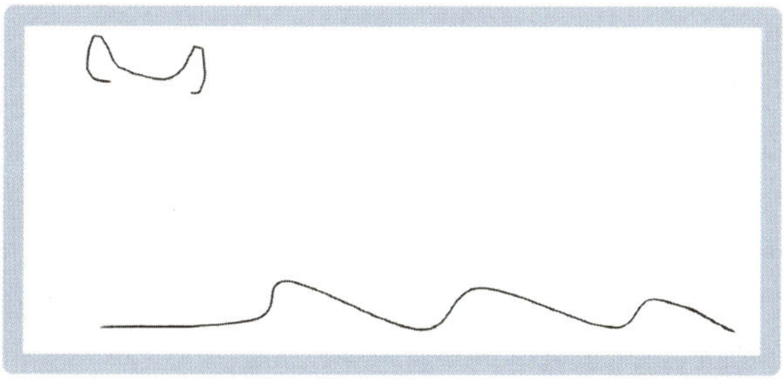

동화 3 방귀쟁이 며느리

옛날 어느 집에 새 며느리가 시집을 왔어요. 그런데 이 며느리는 하루에도 몇 번씩 방귀를 뀌어야만 했지요.

'아이, 큰일이야. 방귀를 뀌어야 하는데……. 어쩌면 좋아.' 며느리는 방귀를 못 뀌어 날이 갈수록 비쩍비쩍 말라 갔어요.

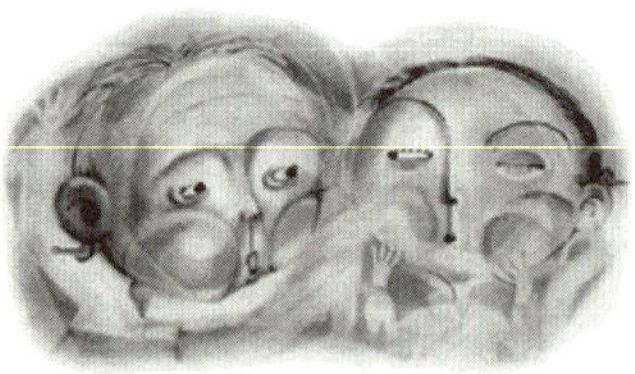

"며느리가 아무래도 어디가 아픈가 보우!" "아유~ 그러게 말이우. 어쩌면 좋을까요?"

걱정 걱정을 하던 시어머니가 하루는 조용히 며느리를 불렀어요.

"얘야, 어디 아픈 데라도 있느냐?" "저어, 저어……."

"나한테 부끄러울 일이 뭐 있겠느냐? 어서 말해 보려무나."

"저어, 실은요……. 제가 방귀를 자주 뀌는데요. 시부모님께 죄송해서 억지로 참았거든요. 그래서 병이 난 모양이에요."

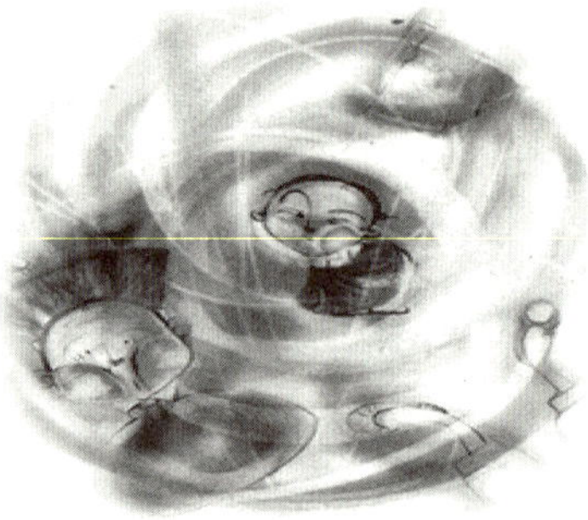

'킥킥킥…… 얼마나 방귀를 참았으면, 에그 쯧쯧쯧!'

시어머니는 우습기도 했지만 안됐다는 생각이 들었어요.

"얘야, 방귀를 못 뀌어 병이라도 생기면 되겠니? 걱정말고 실컷 뀌어라."

"아유 저, 하지만 제 방귀는 보통 방귀가 아니라서……."

"보통 방귀가 아니면 어떠냐. 맘놓고 뀌어 보렴!"

"저 그럼 어머님, 죄송스럽지만 집안 식구들 좀 모아 주세요."

시아버지, 남편, 시동생, 시누이까지 다 모이자 며느리가 조용조용 말했어요.

"제가 방귀를 뀔 테니까 아버님은 문고리를, 어머님은 솥뚜껑을, 서방님은 기둥을, 도련님은 마당의 오동나무를, 아가씨는 마루 밑의 섬돌을 꼭 안고 계셔요. 아셨죠?"

"거 참 방귀 한 번 뀌는데 되게 복잡하군."

식구들은 고개를 가우뚱거리면서 시키는 대로 했어요.

"자, 그럼 뀌겠습니다." 며느리는 엉덩이를 하늘 높이 쳐들어 냅다 방귀를 뀌었어요.

'뻐엉! 빠아~앙!' 세상에 방귀바람이 얼마나 세었던지 문짝이 쑥 빠져 날아가고, 솥뚜껑이 푹 솟아 오르고, 기둥이 흔들거리고, 오동나무가 휘청거리고 섬돌이 들썩들썩 했어요.

"으아악~!" 문고리를 잡고 있던 시아버지는 방귀 바람에 날려 마당에 나가 떨어졌지요.

"카악~! 나 죽는다!" "엄마야, 사람 살려!"

시어머니도 남편도 시동생도 시누이도 모두 하늘로 붕 솟구쳤다가 땅바닥에 쿵! 떨어지고 말았어요. 한바탕 방귀를 뀌고 난 며느리는 뱃속이 시원했는지 금세 얼굴이 밝아졌어요. 하지만 다른 식구들은 겁에 질려 얼굴이 새파랗게 변했지요.

"에그~ 원, 세상에. 이러다간 집까지 몽땅 날아가겠어."

"끄응…… 아이구 팔, 다리, 어깨, 허리야! 아이구! 아이구!"

식구들은 고민 끝에 방귀쟁이 며느리를 친정에 돌려 보내기로 했어요. 그 길로 시아버지와 남편은 며느리를 데리고 친정으로 향했지요. 한참 가다가 산모퉁이를 돌 때였어요.

"우와 감이다! 저 감을 따먹으면 좋으련만……." 시아버지가 말하자 아들이 감나무 위로 올라갔어요. 하지만 너무 높아서 딸 수가 없었지요.

"아버님, 서방님! 잠깐 피해 계세요. 제가 감을 따 드리겠습니다." 며느리는 조용히 숨을 고르더니 감나무를 향해 엉덩이를 치켜 들었어요. '뻐어엉~!' 그러자 감이 와르르 떨어졌지 뭐예요? 그 모습을 본 시아버지가 무릎을 탁 쳤어요.

"허허허, 우리 며느리 방귀도 쓸모가 있구나. 얘야, 미안하다! 집으로 돌아가자꾸나!" 이렇게 해서 방귀쟁이 며느리는 다시 집으로 돌아오게 되었답니다.

그 뒤로 그 집 식구들은 어떻게 됐냐구요? 하하하! 며느리 방귀에도 별 탈 없이 모두들 오래오래 잘만 살았대요.

♣ 토의식 활동과 창의성

토의 교수단계	내 용	교사 질문의 예
1. 갈등상황의 제시와 문제의 명료화	· 가설적 갈등상황의 이야기를 들려주고 갈등상황을 명료화한다. · 갈등상황의 이해를 힘들어 할 때는 그림자료를 다시 제시하여 문제상황을 규명해 준다.	· 며느리의 센 방귀에 대해 어떻게 생각하나?
2. 토의의 유도와 촉진	· 주인공이 어떻게 해야 한다고 생각하는지에 대해서 행동을 진술하고 왜 그렇게 행동해야 하는지에 대해 자신이 선택한 행동의 이유를 이야기해 보도록 유도한다.	· 만약 너희들이 며느리였다면 방귀를 뀌었을 것 같니? · 왜 그렇게 생각하니?
3. 갈등상태의 유지	· 도덕적 갈등상태가 유지되도록 유도한다. · 갈등상황과 초점이 맞지 않는 이야기로 토의 초점에서 벗어날 때 상황을 상기시키는 질문을 하여 문제상황에서 벗어나지 않도록 한다.	· 방귀를 뀌면 식구들이 다치고 집의 물건이 다 날아갈텐데 어떻게 하면 좋을까?
4. 논쟁의 균형 유지	· 소수의 의견이나 반대의견을 지지하는 질문을 한다.	· 그러면 방귀를 뀌지 않으면 될텐데 그렇게 할까?

토의 교수단계	내 용	교사 질문의 예
5. 등장인물의 느낌 생각하기	· 토의가 끝나갈 무렵 준비한 그림자료나 칠판에 유아들이 생각하는 해결방안을 따랐을 때 등장인물이 어떤 표정을 지을지에 대해 자신의 생각을 이야기한다.	· 방귀로 감을 딴 며느리의 기분은 어땠을까?
6. 등장인물의 느낌을 글, 그림으로 표현하기	· 등장인물들의 기분이 어떨지에 대해 생각해 보고 글로 써 본다.	
7. 확장활동	· 현장견학, 인형극 놀이, 그룹게임을 통해서 등장인물의 입장이 되어 보고 다른 관점에서 생각해 보는 조망·수용·확장의 기회를 갖게 한다.	

* 출저 : 방혜련(1998), 토의 교수식 전래동화 활동이 유아의 창의성에 미치는 효과 논문.

3. 극화활동을 통한 창의성 계발활동

1) 극화활동을 통한 창의성 계발

극화활동(dramatic activities)이란 들은 이야기와 경험들에 기반을 두고 역할, 사건, 상황, 행동, 사물 등에 대해 모방해 보거나 가상적인 표현을 통해 극의 형식으로 꾸미는 모든 활동을 의미한다.

유아들의 극화놀이에서 나타나는 역할의 채택은 두 가지 방법으로 알 수 있다. 유아는 친구에게 자신의 새로운 역할을 언어를 통해 알리거나 행동으로 표현한다. 극화놀이를 진행하기 위해서는 역할과 역할수행의 계획이 필요하다. 이는 극화놀이가 유아기에 행하여지는 놀이 가운데 가장 복잡한 종류 중의 하나이기 때문이다.

유아의 극화놀이는 주변에서 실제로 경험한 사건이나 인물을 모방하여 놀이하는 것으로 유아의 지적 발달을 증진시킨다. 또한 극화놀이에는 상징적 요소가 내포되기 때문에 유아들의 추상적 사고력이 촉진되며 어떤 역할이나 상황을 다양하게 상상하는 경험을 통해 분산적 사고력과 문제해결력이 발달한다. 자유놀이 시간에 극화놀이를 다양하게 유발시킬 수 있는 놀이자료를 충분히 제공해 주고, 극화놀이의 주제를 교사가 정해 주거나, 동화를 미리 읽고 그것을 사회 · 극화놀이로 표현해 보는 방법(Salts & Johnson, 1974)은 모두 교사가 적절하게 사회 · 극화놀이를 중재해 줌으로써 유아의 창의성을 계발하는 방안이다. 유아들은 이러한 극화활동을 통해 문학과 보다 많은 상호작용을 하게 된다.

2) 극화활동과 창의성의 관계

극화활동은 유아의 사회적 성향을 발달시킨다는 점에 있어서 큰 가치를 지니는데 이는 유아가 극화놀이라는 하나의 활동 속에서 연기자가 되기도 하고 관찰자 또는 참여자가 됨으로써 자신의 능력을 최대한 발휘할 수 있기 때문이다(이은해, 지혜련, 이숙재, 1990). 극화활동은 유아의 상상력, 경험 및 희망에 따라 자유롭게 구성되는 놀이이다. 유아는 극화활동의 책임자로서 내용을 구성하고 역할을 분담하며 적절한 놀잇감을 선택하고 준비하는 과정에서 새롭게 창조해 보는 기회를 많이 갖게 되므로 창의력이 증진된다.

유아교육 현장에서 극화활동은 유아들로 하여금 가상적인 것을 그들의 놀이 속에 표현하도록 도우며, 특히 문학경험을 다시 극화해 보는 활동을 통해 창의성과 극화활동의 관계성을 찾아볼 수 있다(J. Trelease, 2008). 다양한 극화활동 중 무언극, 역할놀이, 이야기 극 등이 창의적 표현방법으로 창의성 계발에 영향력을 미치게 된다. 유아 극화활동에 대해서는 10장의 유아문학 교육의 매체에서 구체적으로 소개하므로 본 장에서는 창의성과의 관계성이 깊은 창의적 극놀이와 사회극화놀이에 대해 살펴보고자 한다.

(1) 창의적 극놀이(creative dramatics)

창의적 극놀이란 이야기를 들은 후 유아들이 등장인물과 줄거리를 해석하여 창의적으로 언어와 동작을 사용하여 극으로 표현하는 극화활동이다.

창의적 극놀이는 특히 등장인물의 성격과 주제로부터 끌어 낼 줄거리에 초점을 둔다. 창의적 극놀이를 하기 위해서는 줄거리에서 에피소드의 연속을 회상하며, 등장인물을 잘 이해하며, 실감나게 극화할 수 있도록 목소리와 동작을 사용할 수 있는 능력이 필요한데 이는 의도적인 지도를 통해 발달된다.

극놀이는 가작화놀이(make-believe play), 상징놀이(symbolic play), 상상놀이(imaginative play), 가상놀이(pretending play) 등 다양한 용어로 사용된다. 이와 같은 용어의 공통점은 가작화(as-if) 요소가 놀이 속에 포함되어 있다는 점이다. 그러므로 극놀이는 가작화 상황에 따라 놀이장면을 만들어 역할을 하면서, 놀이에 필요한 의사소통을 통하여 진행해 간다. 가작화 요소가 내포되어 있는 극놀이는 다른 놀이 유형과 비교해 볼 때 여러 교육적 가치를 가지고 있다(김현희 · 박상희, 2008).

첫째, 극놀이는 유아들에게 중요한 정서, 인지, 사회적인 발달을 실현할 수 있는 가치 있는 기회를 제공해 준다.

둘째, 유아들은 극놀이를 통해 현실생활에서 불가능한 일들을 해 볼 수 있으므로 유아들의 경험의 폭을 넓고 풍부하게 해 준다.

셋째, 유아는 다른 유아들과 협동적으로 놀이를 진행해 가며, 자신이 많은 역할을 수행하면서 타인과의 확장된 사회적 상호작용과 언어적 의사소통을 경험하게 된다. 극놀이는 유아들이 자기중심적인 사고에서 벗어나 타인의 관점에서 이해하려는 성향을 길러 준다.

이와 같은 가치를 가진 극놀이가 실제로 유아들에게 의미 있게 진행되기 위해서는 자율적으로 극놀이 주제를 선택하고, 필요한 자료를 구하고, 놀이를 진행해 갈 수 있도록 돕는 성인의 역할이 매우 중요하다. 교사는 유아들의 극놀이 참여를 격려하기 위해 주제 선택 및 환경구성, 놀이지도에 많은 노력을 기울여야 한다.

창의적 표현을 위한 극놀이 주제는 유아들의 삶에서 경험과 밀접한 관련이 있다. 유아들은 태어나서 최초로 경험하게 되는 가정의 경험들을 극놀이에 가장 많이 반영하여 엄마놀이, 아기놀이, 생일축하놀이, 강아지놀이 등을 한다. 그러다가 점차 경험의 폭이 넓어지면서 지역사회에서의 경험을 극놀이 주제로 선택하여 가게놀이, 식당놀이, 소방서놀이, 병원놀이, 미용실놀이 등을 하게 되고 텔레비전이나 비디오 프로그램, 컴퓨터 게임이 다양화되면서 이러한 매스컴의 영향이 유아들의 극놀이 주제로 종종 등장하게 된다.

극놀이의 주제 선택과 전개는 여러 방법으로 시작될 수 있다. 어떤 것은 개별 유아

또는 여러 유아들의 흥미를 나타낼 때 시작되고 어떤 것은 교사가 주제를 소개함으로써 시작될 수 있다. 극놀이 주제를 선택할 때 유아들의 관심과 흥미가 있으면서 그들의 풍부한 상상력과 창의적인 표현을 나타낼 수 있는 놀이주제를 선정하는 것이 중요하다.

(2) 사회극화 놀이(social-dramatic play)

사회극화 놀이란 2명 이상의 유아들이 언어나 행동으로 상호작용이 이루어져 여러 역할이 놀이 주제와 함께 전개되는 극화활동이다.

스밀란스키(Smilansky)는 Issacs, Piaget, Valentine의 이론에 근거하여 놀이 유형을 기능놀이, 구성놀이, 극놀이, 규칙 있는 게임의 4단계로 분류하였으며, 극놀이를 수준에 따라 구분하여 설명하였다. 가장 수준 높은 상징놀이 형태를 사회극화 놀이로 간주하였다. 사회극화 놀이는 2.5세경에 시작되며 몇 개의 단순한 몸짓으로 시작한 것이 5세경이 되면 복잡한 상호 역할 체제, 기민한 자료 활용, 점점 더 일관성 있는 주제 및 상호 연결된 구성 등을 포함하기 시작한다(서봉연·송명자, 1992).

극놀이에서 유아는 하나의 역할을 맡아서 자신이 그 대상이 된 것처럼 가상하여 그 대상의 행동과 언어를 모방한다. 이러한 놀이가 적어도 한 명 이상의 다른 역할자와 함께 협동적으로 전개될 때 사회극화 놀이가 되는 것이다.

사회극화 놀이는 유아에게 다양한 경험(이야기 읽어 주기, 견학, 토의 등)의 제공과 놀이훈련이 있을 때 놀이의 질과 빈도가 증가한다(Dansky, 1980 ; Smilansky, 1968).

사회극화 놀이는 가작화 요소가 내포화된다는 점에서 창의성과 밀접한 관계가 있다. 가작화는 창의적인 사고를 언어나 행동에 의존해서 표현하는 형태다. 상상적인 역할이나 사물을, 또는 행동이나 상황을 언어나 행동으로 가작화하여 표현할 때 추상적 사고 또는 확산적 사고를 이끈다. 예를 들어, 한 유아가 역할놀이 영역에 비치된 보자기를 가져다가 이불삼아 "난 자야겠어" 하는 경우, "난 슈퍼맨이다. 빰빠빠~"하면서 보자기를 어깨 뒤에 두르고 슈퍼맨과 같은 형상을 모방하는 경우, 보자기를 역할놀이 영역의 창문, 커튼으로 사용하는 경우, 이 모두가 창의적 사고기능인 유창성, 융통성, 독창성을 매개로 하여 나타내는 행위다.

행위와 함께 나타나는 언어표현에서도 창의적인 표현을 볼 수 있다. 예를 들어, 유아가 손을 쥐어 무언가 먹는 시늉을 하면서, "나는 맛있는 햄버거를 먹는 거야"

하는 경우에서 우리는 유아가 손을 모아 음식을 표현하는 모습을 볼 수 있다. 또는 음료수, 떡, 밥이라고 표현할 수도 있다. 그러나 햄버거로 표현하게 될 때까지 유아는 많은 사고 과정을 거쳐서 햄버거를 선택하는 결론을 내렸을 것이다. 이는 곧 확산적 사고를 이루게 하는 통로임을 알 수 있다.

사회극화 놀이와 창의성에 관한 연구로 피아제(Piaget, 1962)는 가상적 상상요인은 표상적 사고의 발달을 촉진시켜 주고 경험의 동화와 통합을 도와줄 수 있다고 하였다. 스밀란스키(Smilansky, 1968)는 사회극화 놀이에 참여함으로써 아동은 세 가지 발달 영역, 즉 창의성 발달, 지적 발달, 사회성 발달에 도움을 받게 된다고 하였다.

유아의 사회극화 놀이 속에서 창의성과의 관계성을 찾기는 어렵지 않다. 이는 창의성 계발의 주요 요소임을 알 수 있으며, 적절한 활용방법의 계발이 요구된다.

3) 극화활동을 통한 창의성 계발활동

활동 1 지혜동화 「소인국에 갔어요」

♣ **활동목표**

- 보는 관점에 따라 사물의 크기(크고 작음)가 다르게 보임을 이해하고 이를 극놀이로 표현해 본다.
- 흥미 있는 사물과 사건에 대하여 여러 가지 생각을 해 본다.

♣ **대상연령** : 만 3세 이상

♣ **준 비 물** : 상품화된 인형놀이 세트(인형, 가구, 그릇, 옷, 소품 등), 집 모형이나 블럭류, 모형 자동차, 동물인형

♣ **활동방법**

- 소인들이 사는 나라에 대해 이야기 나눈다.
  - 소인들이란 어떤 사람일까?
  - 소인들은 어떤 집에서 살까?
  - 어떤 것을 먹고 살까?
- 우리가 소인국에 간다면 어떨지 상상해 본다.

–우리가 소인국에 간다면 어떨까?
–소인들의 집과 물건이 어떻게 보일까?
–소인국에서 우리는 어떻게 살 수 있을까?

- 소인국이 사는 나라를 만들고 꾸민다.
- 꾸민 소인국에서 극놀이를 한다.
  –유아들이 소인국에서는 거인이 되어 꾸민 곳을 걸어 다니거나 놀이를 한다.
  –소인들의 물건을 사용해 본다. 인형을 소인이라고 생각하고 창의적으로 상호작용한다.

활동 2 요술보자기

♣ 활동목표

- 보자기를 다양한 방법으로 사용하여 극놀이를 해 본다.
- 주변의 사물에 대하여 다양하고 독특하게 생각해 본다.

♣ **대상연령** : 만 2세 이상

♣ **준 비 물** : 보자기, 끈, 긴막대, 전신거울 등

♣ 활동방법

- 유아들의 극놀이가 빈번하게 일어나는 영역(역할놀이 영역, 쌓기놀이 영역)에 보자기와 끈 등을 준비한다.
- 자유선택활동 시간에 유아들은 극놀이 양상에 따라 요술보자기를 다양하게 사용해 본다. 이때 교사는 전개되는 놀이상황에서 보자기를 창의적으로 사용하는 유아를 격려한다.
- 놀이가 끝난 후 다함께 모이는 시간에 보자기를 사용해 본 유아들이 다른 유아들에게 소개하는 시간을 갖는다. 이 시간을 통해 유아들은 각자의 독특한 생각과 방법을 공유할 수 있다.

♣ **유 의 점** : 교사는 유아들이 극놀이를 전개하면서 사용할 때 자기 나름의 창의적인 방법으로 사용해 보도록 하는데 중점을 두며, 교사가 사용방법을 획일적으로 가르쳐 주지 않도록 유의한다.

참고 보자기를 다양한 방법으로 사용해 보기

♣ 보자기를 한 장 사용할 때

- 망토
- 머리에 뒤집어 쓰는 스카프(백설공주의 마귀할멈, 성냥팔이 소녀 등)
- 다양한 모양의 치마(보자기를 그대로 혹은 끈을 끼워서 다양한 모양의 치마 연출)
- 가리개, 문, 커튼 등으로 사용(긴막대기 등과 함께 사용하면 깃발이나 돛으로도 사용 가능)
- 책보(책을 싸서 허리에 묶음, 옛날 우리나라의 생활 모습을 반영)
- 어깨에 둘러맬 수 있는 가방(물건을 보자기에 담아 옮길 때 사용, 동화 '아기돼지 삼형제'에서 돼지들이 집을 떠날 때 어깨에 둘러 메고 가던 가방 형태)

♣ 보자기를 두 장 사용할 때

- 천사나 나비의 날개옷
- 원피스

활동 3 쥬라기 공원

♣ 활동목표

- 공룡의 특징과 생활에 관심을 가지며 창의적으로 표현해 본다.
- 주변의 사물에 대하여 다양하고 독특하게 생각해 본다.

♣ 대상연령 : 만 4, 5세

♣ 준 비 물 : 공룡에 관한 책이나 화보, 투시물 환등기, 그림자 동화용 흰막, 나무 숲이 우거진 배경그림(OHP 필름에 그린 것), 두꺼운 도화지, 부직포, 효과음악 테이프

♣ 사전준비

- 교사는 유아들이 극놀이를 할 장소에 투시물 환등기와 흰막을 설치해 놓고, 쥬라기공원으로 만든다.
- 극놀이 장소는 암막 설치가 된 곳이 좋다.

• 흰막은 되도록 큰 것으로 해야 유아들이 자유롭게 움직일 수 있다(막이 없을 경우에는 흰 벽면 쪽으로 투시물 환등기 빛이 오도록 하면 된다).
• 투시물 환등기 위에 배경 그림을 놓는다.

♣ 활동방법

• 공룡의 모습과 생활에 대해 이야기 나눈다. 이야기를 나누는 장소는 극놀이를 하기 위해 준비해 놓은 이외의 장소에서 한다.
  –공룡은 어떻게 생겼나?
  –어떻게 살았을까?
  –무엇을 먹고 살았을까?
• 각자 하고 싶은 공룡을 정하고 소품을 준비한다. 종이나 부직포를 이용해서 공룡의 특정 부위를 만든다.
  (예 : 뿔, 날카로운 이빨과 입, 발톱)
• 준비가 되면 공룡들이 살던 쥬라기공원으로 들어간다. 유아들이 쥬라기공원에 들어가면 투시물 환등기의 전원을 켜고, 효과음악을 틀어 준다.
• 쥬라기공원 극놀이를 한다.
  –공룡의 모습을 창의적으로 표현해 본다.
  –투시물 환등기의 빛으로 인해 흰막에 비춰지는 자신의 모습을 살펴보며 놀이를 전개한다.
  –흰막쪽으로 가까이 가고 멀어짐에 따라 몸집의 크기가 달라짐을 살펴본다.

* 출처 : 창의적인 극놀이 지도(2000), 유아교육교사 일반연수 자료(2000).

CHAPTER 10

아동문학 교육의 매체

1. 동화구연
2. 그림동화
3. 융판 · 자석 · 앞치마 동화
4. OHP · 슬라이드 동화
5. 인형극
6. 게시판을 활용한 활동
7. 미디어를 활용한 활동
8. 극화활동

유아들에게 적합하고 문학성 있는 작품을 내용이나 형식에 맞게 적절한 전달방법으로 제시함은 유아들의 이해력, 언어발달, 논리적 사고, 주의력, 추리력, 창의적인 사고 등을 기를 수 있다. 유아를 위한 문학 교수매체는 문학작품의 본 목적과 작가의 의도를 잘 파악하여 전달하여야 한다.

문학작품의 내용이나 장르 등에 따라 구연으로 하는 것이 더 효과적일 수도 있고 영상을 보며 들을 때 그 시각적인 자극을 통해 더욱 새로운 이해와 공감의 폭을 넓힐 수도 있다. 즉 문학경험이 시청각적 매체를 활용하여 보다 다양하고 적절한 경험을 줄 수 있도록 하여야 한다.

이야기를 효과적으로 들려주기 위해 이야기의 구성, 등장인물의 특징, 배경의 분위기, 사건 전개의 특징 등에 맞는 동화를 제작한다. 또한 적절한 책의 선정, 제시방식의 선택, 책을 읽고 난 후의 반응활동 등이 이루어지는 것이 바람직하다.

리클리맨과 행크(Rickleman & Henk, 1990)는 문학작품을 다양한 매체를 선택하여 전달할 때 다음의 고려할 점을 제시하고 있다.

① 원작의 질(quality)을 유지할 수 있어야 한다.

② 매체의 특성을 가장 효율적으로 이용할 수 있는 방식을 택해야 한다.

③ 유아들이 원작인 책에 대해 흥미를 갖도록 할 수 있어야 한다.

본 장에서는 동화구연, 그림동화, 융판과 자석의 활용, 막대동화, 테이블 동화, OHP와 슬라이드 등 다양한 교수매체를 활용하는 방법과 인형극, 창의적 극화활동 등을 통해 유아들에게 문학경험을 제시한다. 이에 현장에서 쉽게 제작하고 연출할 수 있는 구체적인 활동과 그 예를 중심으로 살펴보도록 하겠다.

1. 동화구연

1) 동화구연의 의의

동화구연(story telling)하기의 역사는 이야기가 문자로 기록되어지기 오래 전으로 거슬러 올라가야 할 것이다. 대부분의 문화권에서는 구연되어 이야기가 전해 내려오고 있으며 그 이야기들이 문학으로 정리되어지고 있기 때문이다.

동화구연(童話口演)이란 동화와 구연의 합성어로, 구연이란 문서가 아닌 말로써 의사를 전달하는 것으로 어떤 사연이나 이야기를 연출하듯이 표현하는 것을 의미한다. 그리고 동화란 유아에게 들려주거나 읽히기 위하여 지은 이야기라는 뜻을 가진다. 즉 동화구연은 재미있고 유익한 이야기를 목소리를 통한 연기로 동화에 담긴 내용을 감동 있게 전하는 교수방법이다. 유아들에게 동화를 전달해 주는 단순하고 보편적인 방법이자 가장 훌륭한 전달방법이다.

조영미(1985)의 연구에 의하면 동화 줄거리의 직접 구연시와 녹음기 사용시와의 비교 결과 유아에게 동화를 들려줄 경우, 직접 구연을 하는 것이 보다 효과적이라고 하였다. 이는 시청각 매체의 발달을 보이는 현대에도 동화구연은 다른 방법과는 달리 교사와 유아가 얼굴을 마주 보면서 서로의 얼굴표정과 몸짓, 소리의 변화 등을 느낄 수 있어 친밀감이 형성된다. 듣기, 말하기 능력을 길러 준다는 점에서도 교육적 의의가 높음을 볼 수 있다.

동화구연이 갖고 있는 교육적 의의를 다음과 같이 정리할 수 있다.

첫째, 교사와 유아 사이에 친밀감을 주어 정서적 공감대를 형성하도록 하는 가장 좋은 매체다. 동화구연을 듣는 또래 친구들과도 정서적 유대감을 갖게 된다. 유아들이 함께 웃으며 함께 느끼며 이야기를 듣는 것은 이야기를 더욱 잘 즐길 수 있도록 해 준다(Rothlein L. & Meinbach, A. M., 1991).

둘째, 문학에 대한 취향을 형성하게 한다. 유아는 동화구연으로 들은 동화를 책으로 찾으려 한다. 그리하여 책을 즐기는 유아가 되도록 돕는다(Chambers, A., 1991).

셋째, 기억력, 집중력, 듣기 능력, 의사소통 능력을 증진시킨다. 동화구연은 구어적 예술이지만, 쓰기 기술을 강화하고 유아들을 책으로 이끌거나 돌아가게 하는 예술이다(Spagnoli, C., 1989).

넷째, 상상력을 풍부하게 해 준다. 그림이나 삽화 등을 보지 않고 이야기를 들으면서 머리 속으로 자유롭게 상상할 수 있기 때문이다.

다섯째, 이야기를 잘 이해할 수 있게 해 준다. 대체로 이야기를 구연하여 주는 경우가 책 위주의 그림책 읽어 주기보다 이야기의 구조에 대해 더욱 민감해지고 음성언어를 확장하고 이야기를 더 잘 이해하도록 도와 주는 촉진제 역할을 한다.

여섯째, 듣는 유아의 발달 수준에 맞추어 이야기를 들려줄 수 있다. 구연하는 동안 듣는 유아에 따라 이야기를 개작할 수 있다. 예를 들어, 동화에 제시되는 말이 어렵거나 숫자가 듣는 유아에게 적합하지 않을 경우 더 쉬운 말과 적은 숫자로 유아의 흥미에 따라 달라질 수 있을 것이다.

일곱째, 동화구연은 유아의 반응을 살펴보면서 그에 따라 교사가 반응할 수 있으므로 좋은 매체다.

2) 동화구연의 선택

(1) 동화구연의 선택

유아를 위해 동화구연시 유아의 흥미와 연령, 유아의 인지적 수준, 그리고 구연으로 전달하기에 적절한 내용 및 구성 등이 고려되어야 한다.

구연으로 동화를 들려주기 위해 적합한 내용의 선정을 베티 쿠디(Betty Coody, 1976)는 다음과 같이 제시하였다. 이야기가 교사의 흥미를 끌 수 있는 내용이어야 한다. 유아들의 흥미와 연령 및 능력의 수준에 적합하고 이야기 속에 대화와 동작이 풍부하게 표현되어 있어야 한다. 묘사한 구절이 짧고 쉽게 요약할 수 있으며, 교사가 준비하기 용이한 것이면 좋다고 하였다. 특히 교사 자신이 그 이야기를 좋아하는 것이 중요한데 그 이유는 동화구연을 할 때 교사의 얼굴표정이나 몸짓 등이 자연스럽게 표현됨으로써 유아들에게 그대로 전달되기 때문이다. 유아의 발달 정도, 이야기 구성이 구연하기에 적합한지, 문체가 적절한지, 유아들에게 유익함을 줄 수 있는 가치 있는 내용인지도 고려해야 할 것이다.

구연하기에 적합한 문학의 종류로는 전래동화, 신화, 전설, 영웅담 등을 들 수 있다. 이러한 장르는 단순하면서 형식도 압축되어 있어 초보 구연자에게도 적당하다.

1 내용면으로 본 선택기준

첫째, 흥미를 끌 수 있어야 한다. 흥미란 전체적으로 재미있는 동화를 뜻하는 것으로 누구에게나 흥미를 갖는 이야기가 되어야 한다. 단순한 줄거리와 소수의 등장인물, 적당한 반복, 스릴, 유머, 구체적인 행동 등이다(예 검둥이 삼보, 빨간부채 파란부채 등).

둘째, 환상과 상상력을 갖게 하는 내용이어야 한다. 유아의 공상, 환상, 상상력에 대한 요구를 충족시켜 줄 수 있는 내용이다. 유아가 알고 싶어했던 미지의 세계나 이상한 일들이 일어나는 경이적인 사건, 혹은 난장이나 거인들의 세계를 그린 내용들이 그 예다(예 피터 팬, 이상한 나라의 앨리스, 백조왕자, 헨젤과 그레텔 등).

셋째, 직접적이며 활동성이 있는 내용이어야 한다. 이야기 전체가 동적인 성격을 가짐으로 명확하고 간결하게 진행되면서도 활동적인 묘사, 즉 동적인 변화가 많은 것이 좋다.

넷째, 친밀감을 주는 것으로 일상생활에서 소재를 찾을 수 있는 내용이어야 한다. 유아는 실제생활 속에서 흥미를 느끼는 대상이 나오는 동화에서 친밀감을 느낀다. 따라서 동화 속의 소재가 유아의 일상생활에서 경험할 수 있는 소재를 담은 것이 좋다.

2 구성면으로 본 선택기준

첫째, 복합구성이 아닌 단순구성이어야 한다. 주인공을 중심으로 사건이 진행되는 것이 좋다. 되도록 주인공을 이야기에 빨리 등장시킬 필요가 있으며, 처음 부분에서 등장시키는 것이 더욱 바람직하다. 주인공의 성격은 이야기의 처음 부분에서 밝히는 것이 좋다. 등장인물의 수는 가능한 적은 것이 좋다.

둘째, 전체구성에서 기승전결의 통일성이 있어야 한다. 발단(exposition)은 인물, 장소, 사건의 상황 등 동화의 서두를 제시한다. 전개(development)는 사건이나 성격이 줄거리를 향해 발전되는 단계로 갈등 · 문제점을 제시한다. 클라이맥스(climax)는 주인공이 문제를 해결하는 가장 고조된 행동으로 결단을 요구하는 갈림길이다. 대단원(catastrophe)은 사건이 해결되는 마무리 단계다.

셋째, 점진적인 이야기여야 한다. 점진법, 점층법, 누적법이라고 하는 구성법은 갈수록 흥미를 더해 가면서 명쾌하게 대단원으로 마무리하는 것이 특징이다.

(2) 동화구연 재화의 원리

1 재화의 필요성

교사들은 동화를 읽은 후 유아에게 들려주기 위해 원작을 재화해야 할 필요성을 갖게 된다.

첫째, 시대적으로 과거 전래동화, 전설 등의 도덕적인 것들이 그 시대의 정의였는데, 오늘날은 그 정의가 통용되지 않는다. 따라서 변화된 시대적 정신을 바탕으로 적당한 내용으로 재화되어야 한다.

둘째, 우화의 경우 대부분 줄거리 중심이라 내용이 빈약하여 재화가 필요하다.

셋째, 저자의 의도가 지나치게 노골적으로 노출되어 있는 작품은 유아들이 이해하기 적절하게 재화되어야 한다.

[2] 재화의 원리

작품이 지니는 중심적인 주제나 사상은 살리고 시대와 공간에 맞게 재화하는 작업이 필요하다. 재화를 위해서는 다음의 내용을 고려해야 할 것이다.

첫째, 읽는 동화를 듣는 동화로 재화하여야 한다. 설명 부분을 줄이고 대화체를 직접화법으로 바꾸어야 한다.

둘째, 점진법, 반복 등의 리듬 있는 변화로 동화와 관련된 노래, 율동, 물건 등을 제시할 수 있다.

셋째, 적절한 길이의 이야기로 조절한다.

넷째, 유아가 이해할 수 있는 이야기로 재화한다.

다섯째, 특수한 등장인물의 묘사를 위해 사투리를 사용할 수 있으나 기본적으로 표준어로 한다.

여섯째, 동화의 끝부분에 훈화를 덧붙이지 않도록 한다.

3) 동화구연의 방법

교사가 계획한 동화구연 시간을 보다 효과적으로 이끌어 가기 위해 구연자로서의 교사 역할, 동화구연과 리듬, 동화구연과 어휘 및 음성, 동화구연과 제스처에 대해 구체적으로 살펴보겠다.

(1) 구연자로서의 교사 역할

구연을 준비하는 과정에서 내용을 우선 여러 번 읽어야 한다. 그리고 이야기를 몇 부분으로 나누고 중요한 것은 작은 메모 카드를 사용하여 적는다. 구연에 도움이 되는 강조될 문구, 등장인물의 감정표현, 단락의 빠르기 등을 원고에 표시해 두면 좋다. 이것을 코레오그래핑(choreographing)이라고 한다(Baker, A. & Greene, E., 1987).

연습을 할 때에는 거울 앞에서 혼자하며, 녹음하여 들어 보거나 녹화하여 자신의 구연 장면을 보는 것은 나쁜 습관을 없애고 단점을 보완할 수 있는 좋은 방법 중의 하나다. 그러나 너무 외우는 데 치중하면 실제로 구연할 때 유아들과의 친밀감과 생동감이 떨어지게 됨을 유의해야 한다.

창의적인 구연방법을 개발하기 위해 리프(S. H. Leeper, 1979)는 다음과 같이 제안하고 있다.

① 그림의 순서대로 줄거리를 그려 본다. 이야기의 인물과 사건을 마음속에 그리면서 천천히 내용을 읽어 본다. 말의 표현에 초점을 맞추어 읽어 본다.
② 주인공의 말은 직접화법을 사용한다.
③ 불필요한 설명과 묘사는 피하며 주의집중을 위해 효과적인 도입방법을 택한다.
④ 일상 회화체로 천천히, 분명하게 이야기한다. 지나친 얼굴표정과 몸짓을 피한다. "그리고, 음, 또……" 등의 말은 되도록 피한다.
⑤ 낮은 의자에 앉아 전체 유아들의 눈을 골고루 쳐다보면서 이야기한다.
⑥ 빠르기를 적절하게 사용하여 이야기를 탄력 있게 끌어간다.
⑦ 유아들의 집중능력에 맞게 이야기의 길이를 조절한다. 7~20분 정도가 유아에게 적당하다.
⑧ 이야기 줄거리의 흥미를 떨어뜨리는 질문은 피한다. 단 유아들이 의문점을 제시하면 짧게 설명할 수 있다.

동화구연시 교사의 역할은 내용을 완전히 파악해야 할 뿐 아니라 자연스러운 동작과 뚜렷하고 분명한 목소리로 직접화법을 사용하여 유아들의 반응을 살피면서 생생한 문학경험을 줄 수 있어야 할 것이다.

(2) 동화구연의 리듬

유아에게 리듬활동은 놀이, 그리기, 만들기, 여러 자유선택활동 등 일상생활의 활동에서 제공되어지고 있다. 이러한 리듬활동은 동화구연의 '말'을 통해 리듬을 전할 수 있다.

석용원(1980)은 동화의 리듬을 3가지로 설명하고 있다.

첫째, 부분적 리듬에 화술의 리듬을 주어 리드미컬한 표현을 한다.

예를 들면, "옛날 어느 바닷가에 배를 좋아하는 한 소년이 살고 있었어요" 하면 리듬이 없는 화술이다. "옛날 옛날에 푸른 바닷가에 마을이 있었어요. 그 마을에는 한 소년이 살고 있었는데, 이 소년은 배를 무척 좋아했어요……" 이러한 리드미컬한 표현으로 유아들이 지루하지 않게 한다.

둘째, 말 또는 문장 전체에 음악적 리듬이 있는 의성어, 의태어 등을 표현한다. 주룩주룩, 살랑살랑, 엉금엉금, 져벅져벅 등의 의성어와 의태어는 언어의 리듬을 주어 이야기에 현실감과 친밀감을 더해 준다. 다음은 「꿀꿀이 세 마리」(석용원, 1986) 동화로 리듬의 조화를 잘 보여주는 작품이다.

> 꿀꿀이 세 마리가 있었습니다.
> 큰 꿀꿀이가 말했어요. "나 감자가 먹고 싶다."
> 둘째 꿀꿀이가 말했어요. "감자는 어디에 있을까?"
> 작은 꿀꿀이가 말했어요. "감자는 곳간에 있지."
> 모두 꿀꿀거리며 곳간으로 갔어요.
> 곳간에는 맛있는 감자가 많았어요.
> 큰 꿀꿀이는 꾸역꾸역 먹었어요.
> 둘째 꿀꿀이는 어금어금 먹었어요.
> 작은 꿀꿀이는 야금야금 먹었어요.
> 큰 꿀꿀이가 말했어요. "아 실컷 먹었다."
> 둘째 꿀꿀이가 말했어요. "아 배부르다."
> 작은 꿀꿀이가 말했어요. "이젠 다 먹었다."
> 다 함께 말했어요. "그럼 돌아가자."
> 모두 꿀꿀거리며 집으로 돌아왔어요.

셋째, 동화내 일정한 사건의 간격을 두고 반복되는 이야기 전체의 리듬을 표현한다. 예를 들면, 「장갑」에서는 눈 내리는 숲 속을 걷던 할아버지가 장갑 한 짝을 떨어뜨리고 지나가자 숲에 사는 동물들이 장갑 속으로 하나하나 들어가는 장면이다.

"장갑 속에 누가 살고 있지?" "누구세요" "먹보 생쥐"

"장갑 속에 누가 살고 있지?" "누구세요" "먹보 생쥐, 팔짝팔짝 개구리"
"장갑 속에 누가 살고 있지?" "누구세요" "먹보 생쥐, 팔짝팔짝 개구리, 빠른 발 토끼"
"장갑 속에 누가 살고 있지?" "누구세요" "먹보 생쥐, 팔짝팔짝 개구리, 빠른 발 토끼, 멋쟁이 여우"
"장갑 속에 누가 살고 있지?" "누구세요" "먹보 생쥐, 팔짝팔짝 개구리, 빠른 발 토끼, 멋쟁이 여우, 잿빛 늑대"
"장갑 속에 누가 살고 있지?" "누구세요" "먹보 생쥐, 팔짝팔짝 개구리, 빠른 발 토끼, 멋쟁이 여우, 잿빛 늑대, 송곳니 멧돼지"
"장갑 속에 누가 살고 있지?" "누구세요" "먹보 생쥐, 팔짝팔짝 개구리, 빠른 발 토끼, 멋쟁이 여우, 잿빛 늑대, 송곳니 멧돼지, 느림보 곰"

팔짝팔짝 개구리, 빠른 발 토끼, 멋쟁이 여우, 잿빛 늑대, 송곳니 멧돼지, 느림보 곰이 차례로 장갑 속으로 들어간다. 여러 동물 주인공들이 리듬감 있는 언어와 사건반복은 줄거리를 예감하는 데 도움을 준다.

리듬은 같은 동화를 유아들이 자꾸 듣고 싶어하게 하는 매력을 갖고 있다. 따라서 유아를 위한 동화구연에서 리듬의 중요함을 알고 적절한 리듬의 반복, 점층의 기법을 활용하여야 할 것이다. 그러나 억지로 리듬을 붙여 내용보다 리듬을 중요시하여 유아들이 리듬에만 치우치는 일은 없도록 주의해야 할 것이다.

(3) 동화구연의 어휘 및 음성

동화구연에 있어 어휘와 음성은 주된 표현수단이 된다. 구연자는 어휘와 음성 사용 시 다음을 유의해야 하겠다.

1 어 휘

언어를 습득해 나가는 과정의 개인차가 있는 유아들에게 적절한 어휘사용은 필수적이다. 유아의 입장에서 풍부한 어휘, 적절한 표현력, 쉬운 어휘 선택 등이 요구된다. 동화구연의 가장 중요한 전달매체는 언어이기 때문에 동화구연에서 표현하는 어휘는 쉽고 간결하면서도 정확한 의미를 재미있게 표현해야 한다.

어휘사용에서 유의할 사항은 다음과 같다.

① 유아가 이해할 수 있는 쉬운 어휘를 선택하고 간결해야 한다.

② 의미의 전달이 명확해야 한다.

③ 자발적이고 미적인 즐거움을 추구할 수 있는 고상한 어휘를 사용한다.

　예 돼지새끼 세 마리 → 아기돼지 삼 형제

이러한 어휘는 시에서 예를 들어 보면 보다 분명해 질 수 있다.

　예 한 송이 국화꽃을 피우기 위해서
　　봄부터 농부는 열심히 꽃을 가꾸었나 보다

생활에서 사용될 수 있는 어휘로는 시의 어휘로 부적절한 느낌이다. 이를 다음과 같이 표현하였다.

한 송이 국화꽃을 피우기 위해
봄부터 소쩍새는 저렇게 울었나 보다

④ 동화구연의 언어는 대부분 등장인물간의 대화로 이루어진다. 이는 지루한 설명보다 간결하고 쉬운 언어가 단순 명쾌한 생동감을 주기 때문이다.

2 음 성

구연자 스스로 자신의 목소리를 녹음하여 분석하는 기회를 통해 보다 좋은 목소리로 동화구연을 할 수 있다. 좋은 목소리는 깊은 호흡, 분명하고 똑똑한 발음, 유쾌한 목소리로 가꾸는 훈련을 통해 가능하다.

동화구연시 조용하고 우정어린 그러면서도 친절한 목소리에 유아들이 몰입하게 된다. 구연자 자신도 자신의 목소리에 유아들이 편안함을 느끼는지 알 수 있어야 한다. 이는 유아의 반응에 따라 구연자 자신의 음성이 조절되어야 하기 때문이다.

음성 사용시 유의할 점은 다음과 같다.

① 유아들에게 편안한, 자연스런 음성으로 이야기한다. 교사, 유아 모두 편안하기 위해 유아가 들을 만한 소리, 즉 자연스런 음성이어야 한다.

② 정확하고도 분명한 발음의 모델로 분명한 음성으로 이야기한다.

③ 단조로움을 피해 자연스럽게 음성에 변화를 준다. 단조로운 소리는 싫증이나고 흥미를 떨어뜨린다. 음성의 변화는 음의 길고 짧음을 표현하는 장단, 높고 낮음의 고저, 발음기관이 진동할 때 진폭의 대소에 대한 세고 여림의 강약, 음성의

연속상태에서의 변화로 길고 느리게 뽑는 소리의 장음, 빠르게 연속되는 발음인 단음을 고려한다.

④ 말의 변화에 따른 악센트를 준다. 악센트는 음의 강세, 음조, 길이 등의 수단으로 높이거나 힘을 주는 역할을 뜻한다.

⑤ 유아의 감정에 호소할 수 있는 감탄사를 적절히 사용한다.

(4) 동화구연과 제스처

신체언어 또는 몸짓언어에 해당되는 제스처(gesture)는 동작으로 의사전달이 보완되는 동작언어를 의미한다. 제스처는 이야기를 활성화시키고 입체화한다. 말의 의미를 강조하고 명확하게 하며 보다 구체적인 설명을 위해 사용된다. 좁게는 몸가짐 · 자세 · 모양으로, 넓게는 동화에 사용하는 몸 · 손 · 발 · 눈 · 입 등 모든 지체의 동작으로 설명될 수 있다.

제스처를 하는 목적은 이야기를 활성화시키고 입체화하기 위해, 말의 의미를 강조하면서 명확하게 전달한다. 그리고 보다 구체적인 설명을 위해 사용된다. 그런데 지나친 동작이나 과다한 행동은 오히려 방해 요소가 될 수 있다. 적절한 제스처의 사용으로 유아에게 이야기의 내용을 보다 쉽게 이해시켜 줄 수 있도록 자연스러운 제스처로 표현되어야 한다.

4) 동화구연의 응용

보통 동화구연은 교사(구연자), 유아(청취자), 동화(구연내용)의 3요소로 구연자의 음성으로 직접 들려주면서 제스처 등을 사용하여 표현하는 것이다. 그런데 보다 효과적인 구연을 위해 시청각 교재 등의 여러 가지 교수매체를 적절히 응용할 수 있다.

학자마다 동화구연의 분류기준과 내용을 달리하는데 석용원(1980)은 동화구연을 형태별로 보통동화, 음악동화, 완구동화, 표현동화로 나눈다.

박춘식(1986)은 청각적인 구연과 시청각적인 구연으로 크게 두 가지로 나눈다. 청각적인 구연은 라디오, 녹음기 등을 통해 청각적으로 전달하는 구연을 의미한다. 시청각적인 구연은 이야기식의 동화구연, 음악적인 동화구연, 그림을 이용하는 동화구연, 완구를 이용하는 동화구연, TV를 이용한 동화구연 등을 의미한다.

여기서는 교수매체를 어떻게 응용하는지를 중심으로 보통 동화구연, 음악동화구연, 그림책을 이용한 동화구연으로 나누어 살펴보고자 한다.

(1) 보통 동화구연

교사와 유아, 그리고 동화 내용만으로 이야기가 가능한 것으로 동화구연의 기본적인 형태다. 다른 매체를 활용하지 않고 구연자의 음성과 제스처 등으로 진행해 나가므로 화술과 태도에 비중을 갖게 된다.

1 설화체 동화구연

설명과 대화만으로 구성된 동화구연이다. 설명은 어떤 인물이, 어떠한 때에, 어떠한 곳에서, 어떠한 일을 하려 했는데, 어떠한 변화가 일어나, 어떠한 결과를 가져왔는가의 순서 등으로 이야기를 전개한다. 대화는 주로 등장인물간에 이루어진다.

유의할 점은 유아는 교사가 들려주는 이야기 속에서 주인공의 활동 등을 이해하게 되므로 어휘의 선택부터 제스처 등 폭넓은 연구가 필요하다.

2 문답식 동화구연

교사와 유아들이 묻고 대답하면서 진행하는 동화구연으로 유아의 표현능력, 상상력, 논리력, 사고력, 창의력을 기르는 데 도움이 된다.

흥미로우면서 생활과 관련된 내용에서 시작하여 점차 복잡한 이야기로 진행하는 주제로 상상해서 이야기짓기, 이야기 이어가기, 재미있는 그림을 보고 이야기 꾸미기도 할 수 있다. 이 때 교사는 도입부분만 이야기하고 나머지는 유아 중심으로 엮어가도록 적절한 방향제시를 해야 한다.

3 동화시

동화적 줄거리를 갖고 있으나 표현이 산문적이지 않고 운문체로 되어 있는 동화구연, 외형률이나 내재율을 곁들인 시로 구성된 동화를 의미한다. 리듬을 좋아하는 유아에게 노래를 부르듯 구연할 수 있다.

다음은 우리나라의 전래동요 중 동화시의 예다.

마나님이 신발장사
아들 형젤 뒀는데,
비가 오면 큰아들
메투리가 안 팔리고,
날이 개면 작은아들
나막신이 안 팔리고,
마나님은 혼자 앉아
자나깨나 걱정이지.

동네사는 영감님이
하도 딱해 하는 말이,
"비가 오면 작은아들
나막신이 잘 팔리고,
날이 개면 큰아들
메투리가 잘 팔리지."
그제서야 마나님이
무릎치며 하는 말이,
"당신 말이 옳습니다.
괜한 걱정했습니다."

- 윤석중의 「메투리와 나막신」 -

(2) 음악 동화구연

음악의 효과를 이용하여 진행하는 방식으로 노래, 악기, 배경음악을 넣은 형태다. 이야기 중 구연자 이외의 사람이 악기 또는 녹음기를 사용하여 노래하게 하여 동화의 예술적 표현을 돕는다. 음악 동화구연의 종류는 다음과 같다.

1 노래를 넣어 진행하는 동화

동화내용과 관련된 노래를 넣게 되면 유아들이 즐겨 따라 부르게 되므로 이야기의 분위기를 도울 수 있다. 이 때 노래는 사전에 미리 가르칠 수도 있으며 단순한 내용일수록 적합하다.

2 악기를 이용하는 동화

동화 내의 장면에 맞는 배경으로 악기를 연주한다.

예를 들어, 「잭크와 콩나무」에서 제크가 하프를 발견했을 때 하프에서 들리는 소리를 실로폰으로 연주한다. 몰래 콩줄기를 타고 내려 올 때는 캐스터네츠 연주한다. 금화를 든 주머니를 들 때는 방울을 연주한다. 거인에게 들켜 빨리 도망하는 동안은 우드블럭을 연주한다. 거인이 콩줄기에서 떨어지는 장면에는 심벌즈를 연주한다. 줄거리에 따라 적절한 악기를 이용하여 효과를 주게 된다.

3 녹음기를 이용하는 동화

미리 계획한 여러 가지 의성어, 의태어 등을 배경음악으로 사용한다.

예를 들면, 빗소리, 바람소리, 천둥, 번개, 자동차 소리, 시냇물 소리, 새소리 등의 효과음을 동화의 진행에 따라 들려줄 수 있다.

(3) 그림책을 이용한 동화구연

유아는 처음 접하게 되는 문학도서가 그림책인 경우가 보편적이다. 특히 가정이나 유아교육기관에서 유아에게 그림책을 이용하여 구연해 주는 모습을 많이 접할 수 있다.

그림책 읽어 주기를 할 때 유아들이 더욱 흥미를 느낄 수 있도록 하기 위해 고려해야 할 점은 다음과 같다(Rothlein & Meinbach, 1991, Trelease, 1982).

① 소리내어 읽어 줄 그림책을 선택한다. 유아들의 발달 수준과 흥미를 고려해야 한다.

② 많은 유아들이 이미 많이 들었거나 텔레비전에서 본 책은 고르지 않는다. 텔레비전이나 영화에서 보여주기 전에 책을 읽어 주고 그 이후에 텔레비전이나 영화를 보도록 한다.

③ 그림책을 읽어 주는 장소로는 안정감 있고 밝고 차분한 장소가 좋다.

④ 자연스러운 목소리와 똑똑한 발음으로 읽어 주는 것이 좋다. 지나친 기교나 성우 같은 능숙한 구연보다는 교사의 밝고 따뜻한 정성이 담긴 목소리와 열정적인 태도가 유아들에게 더욱 친밀감과 신뢰감을 준다. 또 이야기를 들려줄 때에

는 가능한 한 눈을 맞추며 하는 것이 좋다.

⑤ 유아들이 자기가 들은 내용들을 마음 속에 그림을 그릴 충분한 시간을 가질 수 있도록 천천히 읽어 준다.

⑥ 일방적으로 읽어 주는 것보다 유아들의 반응을 감지하면서 읽어 준다. 유아들이 책을 읽는 도중에 질문을 하면 간결하게 답을 해 주고 읽기를 계속한다.

⑦ 이야기 속의 등장인물의 이름을 유아들의 이름으로 대체해서 읽어 줄 수 있다. 이러한 방법은 유아가 이야기에 좀 더 많은 흥미를 느끼게 되며 보다 생생하게 듣게 된다.

⑧ 책을 읽고 난 후에 토론할 시간을 갖도록 한다. 토론을 할 때에 퀴즈나 도덕적 교훈을 끌어 내는 방향으로 이끌어 가지 않도록 한다.

⑨ 그림책을 통해 들은 이야기를 말, 글, 그림 등과 같은 방법으로 창의적 표현을 해 볼 수 있는 기회를 제공해 준다.

그림책을 읽어 줄 수도 있고 그림만 보여주며 동화구연을 진행할 수도 있다. 어느 방법을 사용하든 지나친 기교보다는 자연스러운 전달이 더 중요하다.

구연을 하거나 읽어 주는 데 필요한 과정으로 다음의 4단계를 살펴볼 수 있다.

1 1단계 : 유아에게 그림을 보여주는 단계

도입의 단계로 유아의 태도를 바르게 하며 그림책에 흥미를 갖도록 해 준다. 예를 들면, "선생님과 함께 지금부터 전기도 없고, TV도 없는 아주 옛날로 갈까요?", "만약 ○○가 만지는 모든 것이 금이 된다면 어떻게 될까?" 등 그림책과 관련하여 예비적인 정보를 주기도 하여 호기심이나 흥미를 갖게 하여 그림책을 이해하기 위한 준비를 갖추게 한다.

2 2단계 : 그림을 보는 단계

유아가 눈을 통해 이야기를 이해하고 상상력을 키워 이야기의 흐름을 잡는 것이다. 유아는 각자의 생각대로 상상의 세계로 들어가 재미와 감동을 느낀다. 어떤 일이 벌어지는지에 대해 궁금해하고, 직접 주인공이 되고 싶은 희망을 갖는다.

[3] 3단계 : 그림책의 내용을 이해하는 단계

그림책을 접하는 횟수에 따라 그 내용의 이해도와 사고력이 높아진다. 이야기의 구성, 등장인물과 상황과의 관계, 등장인물의 성격 등을 이해함으로 이야기 주제에 접근시킨다.

[4] 4단계 : 차례대로 그림만 보여주거나 다시 구연 또는 읽어 주는 단계

그림책을 자세히 이해하는 것과 감동을 다시 느끼고자 하는 유아에게 자연스럽게 되풀이해 주는 것이다. 4단계는 그림책의 제시방법에서 반드시 그대로 행해져야 할 원칙은 아니다. 상황에 따라 3단계까지만 할 수도 있고 4단계까지 할 수도 있다.

2. 그림동화

1) 그림동화의 교육적 의의

그림동화란 유아들에게 보다 효과적으로 내용을 전달하기 위해서 그림이란 매개체를 이용하여 이야기를 진행시키는 방법을 말한다.

그림동화는 동화내용을 잘 파악 후 유아들의 상상력을 자극할 수 있는 부분을 선택하여 그림의 내용이 상호 연결되어 사건의 진행을 볼 수 있도록 제작해야 한다.

그림동화가 갖는 교육적 의의를 알아보면 다음과 같다.

첫째, 그림동화책은 유아들의 정서발달에 영향을 준다. 그림동화를 통해 유아의 감정을 자연스럽게 표현할 수 있으며 다른 사람의 감정과 행동을 이해하고 존중하게 된다.

둘째, 그림동화책은 언어발달에 영향을 준다. 구연을 통해 바른 언어를 들을 수 있으며, 풍부한 어휘와 언어표현력을 기를 수 있다.

셋째, 유아의 인지발달에 영향을 준다. 녹음동화보다 그림동화를 경험한 유아들이 동화의 내용을 더 잘 기억한다는 연구결과를 통해서도 유아의 기억력 증진 효과를 볼 수 있다. 또한 동화의 줄거리에 대한 연속적 이야기를 듣고 다음에 전개될 수 있는 이야기를 사고해 봄으로 논리적 사고력 형성을 도울 수 있다.

넷째, 마지막으로 유아의 사회성 발달에 영향을 준다. 허록(E. B. Hurlock, 1956)은 한 유아가 사회화되기 위해서는 계획과 안내가 필요하며 그 계획과 안내는 성인에 의해 지도되어야 한다고 했다. 이것은 성인의 역할이 중요하다는 것을 의미한다. 친절한 성인과의 상호작용의 모델이 되는 그림장면을 본 유아들이 실제 생활에서도 바람직한 사회성을 보이게 된다.

2) 그림동화의 선택

그림책을 그림동화로 제작하기 위해 바른 책의 선택이 필요하다.

① 문학적인 요소가 포함된 잘 만들어진 책이 그림동화에 적절하다.
② 그림동화의 기승전결의 구성이 탄탄하고 이야기 전개를 유아가 잘 이해할 수 있어야 한다.
③ 그림동화의 내용이 정형화된 성역할, 장애인에 대한 그릇된 인식과 태도, 문화적 편견, 공격성 유발 등의 부적합한 내용이 아닌 편견 없는 바른 의도를 내재하고 있는 적절한 내용이어야 한다.
④ 이야기의 길이나 내용에서 유아들의 발달 수준에 부적절한 부분을 적합하게 수정하며 필요한 부분을 잘 선택하여야 한다.
⑤ 유아들이 쉽게 접하였던 동화보다는 그 내용이나 삽화가 유아들에게 유익하면서도 흔히 접할 수 없었던 것들을 선택한다.

3) 그림동화의 종류와 제작방법 및 제시방법

유아가 직접 보면서 듣는 그림동화의 종류를 낱장식 그림동화, 괘도식 동화, 그림극식 그림동화(TV동화), 입체동화, 큰책으로 구분하여 그 종류와 제작방법 및 제시방법을 살펴보고자 한다.

(1) 낱장동화

낱장동화는 낱장으로 그린 그림들을 순서대로 정리하여 교사가 그림과 함께 이야기를 들려주는 방식이다. 동화의 장면을 몇 장의 낱장그림으로 그려 교사의 무릎 또는 탁자 위에 세워서 한 장씩 뒤로 넘기면서 이야기해 주는 방법이다.

1 제작방법

그림동화로 배경그림을 옮겨 온다. 그림책의 그림들을 모두 그릴 것이 아니라, 줄거리에서 유아들의 상상을 자극할 필요한 부분을 선택하는 것이 중요하다.

① 제작할 그림의 수를 정한다. 유아들의 경우 겉표지를 포함하여 15장을 넘기지 않아야 한다. 제작시 그림의 크기와 종이의 두께도 고려한다. 또한 두꺼운 종이는 운반과 보관이 어려운 경우도 있다. 그러나 두꺼운 종이는 움직임을 주는 낱장 그림장면에는 유용하게 사용할 수 있다.

② 그림을 그릴 장면이 정해지면 스케치한다. 원본 그림의 크기를 적당히 확대 · 축소하여 종이에 맞게 그릴 수 있도록 한다.

③ 그릴 내용에 적절한 도구로 채색한다. 필요한 부분에 따라 옷감, 노끈, 단추, 헝겊 등의 폐품이 활용될 수 있다.

④ 강렬한 색보다는 파스텔톤으로 채색한다. 등장인물이 반복해서 나올 경우 유아들의 혼란을 막기 위해 한 인물에 대해 같은 색칠을 한다.

⑤ 제목은 처음 장에 정자로 크게 쓴다. 글씨를 배우는 과정의 유아들이므로 흘림체보다는 정자부터 배워서 쓰는 것이 좋기 때문이다.

⑥ 그림을 다 그린 후 뒷면에 일련번호를 표시한다.

⑦ 그림의 내용을 뒷면에 기록한다. 첫째장의 내용이 맨 마지막 장에 적고 이 후 내용들이 앞 장의 그림에 차례대로 기록되어야 한다.

2 제시방법

낱장식 그림동화를 제시할 때 유의할 점은 다음과 같다.

① 제시하기 전 번호를 확인한다.

② 낱장식 동화의 높이, 유아와의 거리 등을 생각하여 제시하고자 하는 그룹의 유아들이 모두 볼 수 있도록 위치를 선택하며 제시한다.

③ 그림을 너무 높이 올려 교사의 얼굴을 가려 내용의 전달에 방해되지 않도록 한다.

④ 동화 내용을 교사 자신의 언어로 만들어 완전히 파악한 다음 유아들의 반응을 살피면서 진행한다.

⑤ 그림을 잡을 때 교사의 손에 의해 그림이 가려지지 않도록 가장자리만을 살짝 잡도록 한다.

⑥ 교사의 목소리는 분명하고 또렷한 음성으로 적절한 속도, 간격 등을 유아의 반응에 따라 융통성 있게 조절한다.

⑦ 그림동화를 제시하기에 앞서 동기부여나 전이활동을 선택할 수 있다.

⑧ '그리고, 에, 저, 또……' 등의 접속사는 가능한 줄이면서 교사의 목소리는 구연하기의 방식을 따르는 것이 바람직하다.

⑨ 이야기가 끝난 후 다시 한 번 유아들이 내용을 감상할 수 있도록 교사의 구연 없이 낱장의 그림동화를 처음부터 끝까지 보여 준다.

◑ 완성된 그림자료의 예

(2) 괘도식 동화

괘도식 동화는 동화의 장면을 몇 장의 그림으로 그려 벽이나 괘목에 걸어 놓고 한 장씩 넘기면서 이야기를 들려주는 그림동화의 종류다. 괘도식 동화는 낱장식 동화보다 그림의 크기가 크므로 한 장에 비교적 많은 내용을 담을 수 있다.

1 제작방법

교사는 선택한 동화의 주제에 맞게 줄거리를 정리하여 이야기의 기승전결에 따라 그림내용을 선택한다. 그림의 크기는 유아들의 수와 교실의 크기에 따라 달라질 수 있으나 보통 60×80cm 정도로 한다. 종이 두께는 낱장식 동화와는 달리 두꺼운 종이를 꼭 사용할 필요는 없다. 뒷그림이 보이지 않을 정도의 두께로 자유롭게 넘길 수 있는 정도가 좋다.

2 제시방법

괘도식 동화의 효과적인 제시방법은 다음과 같다.

① 유아들이 즐겨 볼 수 있는 위치에 괘도를 놓는다.
② 교사는 사전에 내용을 완전히 파악한다.
③ 낱장식 동화와는 달리 교사의 신체적 활동이 자유로우므로 교사의 제스처, 음성 등을 유아의 반응을 살피며 조절하여 전개한다.
④ 설명식이 아닌 대화식으로 내용을 전개한다.
⑤ 그림을 넘기면서 이야기가 중단되지 않도록 하며 가능한 유아들을 보며 넘긴다.

(3) 입체동화

입체적 표현을 그림동화에 활용하여 움직임을 동반하게 된다. 유아들에게 흥미롭고, 장면 수를 줄일 수 있으면서 집중효과를 높일 수 있다.

입체동화는 그림의 설명을 그림동화와는 달리 바로 그 그림 뒷면에 기입하여 둔다. 또한 보여주는 그림과 보여줄 그림을 엎어 놓아 유아들이 보는 그림 장면을 제외한 다른 그림의 장면으로 시선이 분산되지 않도록 유의하여야 한다.

1 제작방법

자료를 실 또는 낚싯줄에 연결하거나 막대자료를 붙여 틈 사이로 자료를 움직일 수 있게 할 수 있다. 그 외 그림을 오려내어 소품을 넣어 움직이는 방법과 종이를 접어서 장면을 바꾸는 방법도 있다.

① 장면에 칼집을 만드는 방법

▶ 동화의 앞

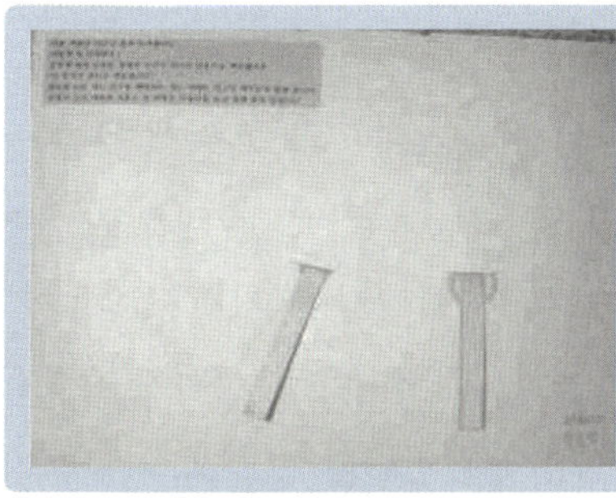

▶ 동화의 뒤

② 종이를 접어서 장면을 바꾸는 방법

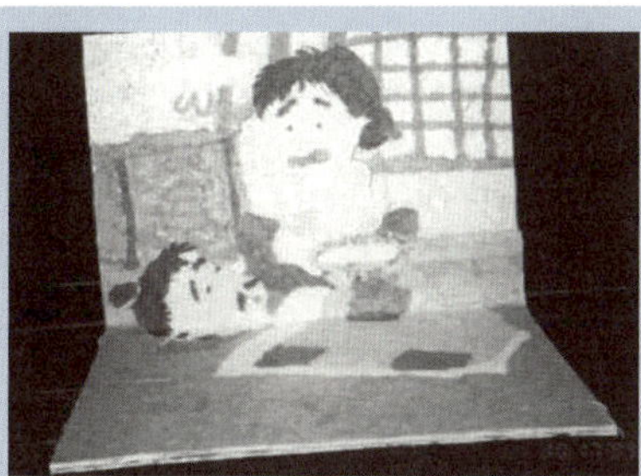

③ 그림을 오려내어 소품을 넣어 움직이는 방법

2 입체동화 제작시 유의사항

① 기본동화 크기의 2배로 예상하고 종이를 준비한다.

② 밑그림을 그릴 때 중심이나 인물이 가운데 가도록 한다(될 수 있는 한 인물은 전체가 그려지도록 한다).

③ 칼집을 낼 때는 날카로운 것을 사용해 곡선도 자연스럽게 잘라지도록 하며 접히는 부분과 세워지는 부분과의 간격을 고려(2배 정도)하여 인물을 자른다.

④ 장면과 장면을 붙일 땐 본드를 이용하며, 제일 겉장을 붙일 땐 전체 동화의 두께를 고려하여 움직일 때 벌어져야 하는 부분만큼을 남기고 붙여 준다.

(4) TV 동화

TV 동화는 그림동화의 변형된 형태로 TV와 같은 모양의 상자를 꾸민다. 낱장식 그림을 앞 그림을 위 또는 옆으로 뽑아 내거나 두루마리식으로 된 그림을 한쪽에서 옆쪽으로 종이를 감아 가면서 이야기해 나가는 그림동화의 한 종류다.

TV 동화의 장점은 TV 상자가 유아들의 흥미와 호기심을 충족시켜 준다. 두루말이식 TV 상자는 영화나 그림책과는 달리 한쪽으로 그림이 감겨 들어가는 모습 자체를 무척 재미있어 하며 유아들의 상상력을 촉진시켜 준다. TV 동화는 돌리거나 한 장씩 뽑으면 되므로 조작이 간단하다. TV 화면과 같은 현실감은 없지만 유아의 이해와 흥미에 맞추어 반응을 살필 수 있기 때문에 교사, 유아 모두 친밀감을 느낄 수 있다.

1 제작방법

TV 동화는 대 · 소그룹에 따라 화면의 크기가 조절되어야 하지만 27×36cm 이상 크기는 되어야 한다.

① TV 틀의 제작

- 틀은 두꺼운 상자나 하드보드지를 이용한다.
- 화면으로 사용되는 면은 오려낸다.
- 상자의 윗면에 두 개의 원기둥 막대가 들어갈 수 있도록 구멍을 뚫는다. 구멍의 지름은 원기둥 막대보다 0.2cm 정도 더 크게 한다. 또한 구멍의 위치는 옆모서리에서 3cm 정도 떨어진 곳에 뚫는다.
- 6cm의 정사각형 하드보드지를 겹쳐 상자 구멍의 크기 정도로 원을 파낸 후 TV 상자틀 밑면에 막대가 아래면에 고정될 수 있도록 부착한다.
- 상자의 양쪽 원형 구멍에 꽂을 원형막대 2개를 준비한다. 나무나 PVC 막대가 적절하며 높이는 상자의 세로 높이보다 약 5cm 정도 긴 것이 적절하다.

② 그림의 제작 및 연결방법

- 낱장 그림의 크기는 화면보다 사방으로 5cm 정도는 더 커야 한다.
- TV 상자의 화면 속에 그림이 들어갈 수 있도록 적당한 크기로 그린 다음, 뒷부분

에 그림내용에 대한 설명을 쓴다.

- 두루말이로 된 TV 동화는 동화의 줄거리에 맞춰서 연속적으로 그려져야 한다(그림을 그릴 때 사용되는 종이는 두꺼운 종이보다는 한쪽을 잘 감길 수 있는 두께가 적당한 것이 좋다).
- 동화의 그림은 오른쪽부터 여분의 종이, 동화의 제목, 첫째 장면, 두 번째 장면 순으로 뒷면에 테이프나 풀칠로 연결한다.
- 동화의 처음과 끝 부분에는 화면 크기 만한 여분을 남겨 둔다.

2 제시방법

① 모든 유아들과 TV 화면과의 적당한 거리 · 높이에서 제시한다.
② 이야기의 진행에 따라 그림의 앞장을 차례로 뽑아 낸다. 두루말이 형식인 경우에는 이야기 순서에 맞도록 돌리면 된다.
③ 대부분의 TV 동화는 가로 방향으로 만들어져서 오른쪽으로 그림을 말아서 제시하나 이야기에 따라 세로 방향으로 돌아갈 수도 있다.
④ 교사의 얼굴이 가려질 경우 교사는 동화내용을 완전히 이해한 후 유아들과 시선을 마주하면서 진행한다.
⑤ 두루마리 그림을 한 번 더 보여주고 싶을 경우에는 보이지 않게 감은 다음, 다시 보여주도록 한다.

(5) 큰 책

최근의 많은 학자들에게서 취학전 유아기에 책 읽기의 중요성이 강조되면서 유아들에게 적합한 책 읽기를 소개하는 자료들이 풍부해 지고 있다. 무엇보다도 그림책 읽어 주기가 유아들의 호기심을 자극하며 문자 학습에도 좋은 이점을 갖고 있어 언어 발달을 자극한다고 보고 있다.

유아들은 교사와 함께 그림 이야기책을 공유하는 활동을 통해 기본 어휘와 말로 표현하는 능력을 기르며 이야기는 글(text)을 통해 전달된다는 것을 이해하게 될 것이다. 교사가 큰책(big book)을 활용해 단어를 지적해 가며 읽어 줄 때 띄어쓰기, 맞춤법을 알게 되는 것이다.

그림책이 유아들에게 적합한 것은 대집단에서도 활용할 수 있도록 크기가 커야 할 것이다.

◉ 큰책으로 적합한 내용

- 언어나 문장이 반복된다. 이야기 속에 단어나 문장이 반복되는 이야기는 유아들로 하여금 익숙한 글자를 따라 읽을 수 있어야 한다.
- 요일이나 숫자 등 익숙한 순서로 구성된 이야기
- 예측하기 쉬운 구성을 가진 간결한 이야기
- 익숙한 리듬이나 노래 등 음악적 요소가 있는 이야기
- 누적적 이야기(cumulative stories)
- 쉽게 들추어 볼 수 있는 책(easy-flab book)

1 제작방법

교사가 직접 제작해 보는 과정과 유아들과 함께 만들어 보는 과정은 교육적 효과를 거둘 수 있다. 이 경우 다양한 방식으로 이야기를 만들어 보고, 이미 알고 있는 이야기의 삽화를 다시 그려볼 수도 있으며 이야기를 조금 수정하며 만들어 볼 수도 있다.

① 큰책의 제작시 하드보드지나 마닐라지와 같은 두꺼운 재질의 종이를 준비한다.
② 글자의 크기는 모든 유아가 볼 수 있도록 커야 한다.
③ 그림은 교사가 직접 그리거나 유아가 참여하여 만들 수도 있다.
④ OHP용 필름 TP에 그려서 투사하여 활용할 수 있다. 이 때 외우기 쉽게 반복되는 글귀를 겹치거나 가리는 기법을 사용하면 더 효과적이다.
⑤ 아코디언 형식으로 만들 수 있다. 바퀴를 붙여 큰책의 페이지를 나누어 가지고 첫 번째 페이지부터 이야기를 만들어 본다. 이야기 구조에 대한 분명한 개념을 심어 주기에 효과적이다.

2 제시방법

큰책은 이젤이나 융판 등과 같이 대집단 유아들이 볼 수 있는 높이 정도와 견고함이 유지되는 곳에 제시하는 것이 적합하다.

① 들려주기 전에 사전 토의활동을 한다. 사전에 이야기 속에 나오는 소품이나 물건 등을 보며 내용에 대한 사전지식을 넓히도록 돕는다.
② 반복되는 단어나 문장을 이용하여 어휘력을 기르도록 한다.
③ 함께 읽기(choral reading)를 한다. 이야기에 익숙해져 본문의 글에 좀 더 주목할 수 있다. 유아와 함께 읽는 것이 효과적이며 유아들도 즐겁게 참여한다.

(6) 블럭동화

블럭동화는 정육면체나 직육면체 4~6개 여러 면을 합쳐서 한 장면이 되도록 만드는 것이며 유아들 앞에서는 마술처럼 보이는 효과를 나타낼 수 있는데 이것을 익숙하게 하려면 많은 연습이 필요하다.

1 제작방법

① 블럭동화를 제작할 때는 장면들이 6~8장이 넘지 않는 동화를 선택하는 것이 좋다.
② 동화의 장면들을 초안으로 그려본 후 장면의 수를 정한다.
③ 장면 수가 정해지면 블럭의 크기와 수를 정한다.
④ 블럭을 합쳐서 만든 크기와 그림의 크기가 맞도록 그림을 그린다.
⑤ 그려진 그림은 블럭의 한 면에 맞게 4~6 등분을 한다.
⑥ 그림을 다 그린 후에는 블럭의 각 면에 붙이는데 이 때 그림들이 섞이지 않도록 주의해야 한다.

2 제시방법

① 블럭동화를 들려줄 때는 우선 블럭들의 순서가 섞일 수 있으므로 번호를 매긴다.
② 교사는 유아들에게 이야기를 들려주기 전에 블럭을 여러 번 조작해 보아야 한다.
③ 유아들에게 교사가 동화를 들려주면서 블럭의 번호 순서에 따라 진행한다.
④ 블럭의 면이 바뀔 때는 주위가 산만하지 않도록 빠르게 바꾸어 준다.

3. 융판 · 자석 · 앞치마 동화

유아들의 문학적 흥미는 시청각 자료와 보조물에서 영향을 받는다. 융판 자료의 제시는 유아교육 현장에서 보편적으로 많이 활용되는 방법으로 앞치마 동화나 자석 동화는 융판동화와 비슷한 유형으로 볼 수 있다.

융판동화(storytelling through flannel boards)는 하드보드나 딱딱한 판 위에 융이나 펠트천을 싸서 뒷면에 융이나 벨크로 테이프를 붙여 탈부착이 가능한 방식으로 동화를 들려주는 것이다.

자석동화(storytelling through magnetic boards)는 뒷면에 자석을 붙인 자료를 이야기의 내용과 인물에 따라 철판 위에 구성해 나가며 동화를 들려주는 것이다.

최근 융판이나 자석판이 앞과 뒷면으로 제작되어 있는 게시대의 소개로 동화 이외에도 담화 자료로도 많이 활용되는 것을 볼 수 있다.

앞치마 동화는 동화구연과 융판동화의 복합적인 형태로 융 또는 부직포로 제작된 앞치마를 활용해 이야기의 배경을 만든다. 융판 자료를 앞치마에 붙여 사용할 수 있도록 만들어 동화를 들려주는 것이다.

1) 융판 · 자석 · 앞치마 동화의 의의

유아들은 이야기를 들으면서 동시에 제시대(융판, 자석판, 앞치마) 위의 인물의 움직임에 호기심을 갖고 집중하여 보게 된다.

제시대의 활용은 이야기 전달 외에 많은 교육적 의의를 지니고 있다. 제시대에 있는 다양한 자료에 대하여 관심을 갖고 표현하려 하기 때문에 자료를 통해 그들의 상상력을 발휘하는 창의적인 활동을 시도할 수 있다. 따라서 유아들의 문학적 경험을 주는 것과 함께 다시 그 경험을 그들의 언어로 표현할 수 있는 기회를 제공해 준다. 또한 자료를 제시대에서 쉽게 떼였다 붙였다 할 수 있다. 자료의 일부를 삭제하여 이야기하거나 다른 자료를 첨가하여 제시함으로 전달하고자 하는 내용에 자료를 더 효과적으로 이용할 수 있다.

2) 융판 · 자석 · 앞치마 동화의 선택

김현희 · 박상희(1999)는 다음과 같은 측면을 고려해야 한다고 하였다.

① 이야기의 플롯은 구나 문장이 하나씩 첨가되는 누적적인(cumulative) 이야기가 가장 적당하다. 「커다란 순무」나 「배고픈 애벌레」 등의 예를 들 수 있다. 이런 경우 등장인물을 하나씩 덧보태어 붙이는 형식으로 이야기 진행이 가능하다.

② 원본이 되는 문학작품의 본래 그림이 중요한 비중을 차지하는 동화는 적절하지 않다. 융판으로 그림의 디테일을 표현하기가 어렵기 때문이다.

③ 등장인물의 수가 제한되어 있고 배경이 중요하지 않고 사건이 분명하면서도 간단한 이야기가 적당하다.

④ 유머가 있으면서 쉽게 기억할 수 있는 이야기가 적당하다.

3) 융판 · 자석 · 앞치마 동화 제작방법

(1) 자석판 · 앞치마의 제작

1 자석 배경판 제작

① 자석판은 대부분 흰색 또는 녹색으로 되어 있다. 눈이 내리는 배경(흰색)이나 숲의 경우(녹색) 자석판을 그대로 사용할 수 있다.

▶ 자료의 밑면에 자석을 부친 동화

② 자석판의 색상이 동화의 내용과 적절하지 못한 경우 동화 자료와 철판 사이에 색도화지나 그림을 그려 붙여 배경으로 사용할 수 있다.
③ 일반 양철통에 락카 또는 칼라 시트지로 씌워 배경판을 대신할 수 있다.
④ 다른 방법으로는 테이블 동화에서처럼 인형을 세울 수 있게 만들고 인형을 세우는 밑면에 자석을 붙여 사용할 수 있다.

2 앞치마의 제작

① 앞치마의 색은 이야기의 배경색으로 사용하면 좋다.
② 일반의 앞치마와 같은 넓이에 길이는 너무 길지 않도록 앞치마 모양으로 융을 오린다.
③ 공간들을 활용해 동화 속의 배경들을 꾸민다.
④ 앞치마 동화에는 등장인물과 배경이 그리 많지 않은 이야기가 좋다.
⑤ 앞치마의 앞 · 뒷부분에는 주머니를 만들어서 등장인물을 보관할 때나 등장할 때 사용한다.

(2) 융판 · 자석 · 앞치마 동화자료의 제작

제시할 자료는 미리 제작된 상업용이나 이야기에 맞게 교사가 제작할 수도 있다. 자주 사용되는 동물이나 배경, 정교한 제작과정이 필요한 자료는 미리 만들어진 것을 사용하는 것이 좋다.

교사가 제작하는 경우 다음과 같은 점을 고려해야 한다.

① 동화 내용을 위해 필요한 배경과 등장인물을 선정한다.
② 등장인물과 배경을 제작한다.
③ 자료의 색상수를 제한하고 사실적인 색을 사용하는 것이 좋다.
④ 무게를 고려하여 융판, 자석판이나 앞치마에서 자석 등 접착용 자료를 붙인다.
⑤ 가짓수가 너무 많으면 이야기 자체의 집중력을 떨어짐으로 전개에 필요한 수만큼의 자료를 붙인다.
⑥ 정리상자 또는 앞치마에 달린 정리주머니를 활용하여 자료를 유아들에게 노출시키지 않도록 사용한다.
⑦ 동화의 내용을 기록하여 자료와 함께 보관하는 것이 다음에 동화를 들려줄

때 편리하다.

4) 융판 · 자석 · 앞치마 동화의 제시방법

(1) 융판 및 자석동화의 제시방법

① 동화를 유아들에게 들려주기 위해 유아들이 모두 다 잘 보이는 위치에 두어야 한다.
② 동화를 제시하기 전 순서대로 자료를 배치하여 둔다.
③ 이야기의 주제가 분명해야 하며 여러 종류를 제시하기보다는 주제에 맞도록 간단하게 제시하는 것이 내용 이해에 도움이 된다.
④ 융판과 등장인물과 배경 등이 조화를 이루어야 한다.
⑤ 자료를 제시하면서 유아들과 눈맞추기(eye-contact)를 유지한다.
⑥ 등장인물을 교사의 팔로 가리는 횟수를 최대한 줄인다.
⑦ 유아들은 청각적으로 이야기를 들으면서 시각적으로 장면을 보게 됨으로 자료를 너무 빨리 제시하게 되면 유아들을 혼란스럽게 만들 수 있다.
⑧ 등장인물이나 배경을 떼어낼 때는 주의가 산만해 질 수 있으므로 신속하면서 부드럽게 떼어 내도록 한다.
⑨ 이야기를 다 들려준 후에 회상하는 경우 말로 설명하기보다는 그림을 붙이면서 이야기하는 것이 좋다. 특히 유아들이 자료를 분배하고 이야기의 순서에 따라 이야기를 해 보는 활동은 유아들의 언어학습에 효과적이다.
⑩ 동화시간 이후 사용한 자료를 언어영역 등 적당한 흥미영역에 두어 유아들이 그들의 언어로 표현할 수 있는 기회를 제공하면 좋다.
⑪ 순서대로 정리하여 상자나 봉투에 제목과 이야기의 내용을 함께 보관한다.

(2) 앞치마 동화의 제시방법

① 동화 구연자의 의상에 주의해야 한다. 너무 눈에 띄는 알록달록한 옷을 입으면 앞치마 위의 자료들의 효과가 줄어든다.
② 앞치마가 얇을 경우 흰 의상을 입는다.

5) 융판 · 자석 · 앞치마 동화의 예

융판, 자석, 앞치마 동화에 적합한 이야기를 고를 때는 다음 내용의 동화를 선택하기에 적합하다.

1 새로운 요소가 계속 첨가되는 내용

① 검피 아저씨의 뱃놀이
② 코보가 구덩이에 빠졌어요
③ 나랑 같이 놀자
④ 숲 속에 떨어진 의자
⑤ 커다란 순무
⑥ 집을 팝니다
⑦ 새둥지를 이고 다니는 사자 임금님 등
⑧ 세상에서 제일 큰집
⑨ 장갑
⑩ 사과가 쿵
⑪ 코끼리 형님의 나들이
⑫ 생강빵 이야기
⑬ 나무 숲속

2 주인공은 그대로 있으면서 만나는 인물이 변화하는 내용

① 엄마 잃은 아기 참새
② 아낌없이 주는 나무
③ 목이 길어진 사자
④ 심술꾸러기 사자
⑤ 천사를 그리러 떠난 화가
⑥ 아참 임금님의 돋보기
⑦ 사과가 먹고 싶어요

⑧ 누가 내 머리에 똥쌌어?
⑨ 엄마를 찾는 초코
⑩ 구룬과 유치원
⑪ 무지개 물고기
⑫ 하나님의 크레파스
⑬ 사랑에 빠진 개구리

3 등장인물의 크기 변화 후 다시 원상 복귀되는 내용

큰 다람쥐와 작은 코뿔소 등

4 특별한 형태의 것

① 거인 아저씨 배꼽은 귤 배꼽이래요
② 세 친구들
③ 아빠 달 따줘요

4. OHP · 슬라이드 동화

1) OHP · 슬라이드 동화의 의의

(1) OHP 동화

OHP(Over Head Projector)란 별도의 암막 장치 없이 스크린에 크고 선명한 상을 비추어 주는 효과적인 교수매체다. 투명한 아세테이트지(TP : Trans Parency) 위에 그림을 그리거나 그림동화를 복사를 해서 OHP를 활용하여 동화를 들려줄 수 있다.

OHP는 밝은 장소에서도 볼 수 있어서 장소의 구애를 받지 않고 활용할 수 있으며 작은 그림을 OHP에 놓으면 확대되는 현상이 있다. OHP의 경우 TP의 제작이 용이하며 제작비가 저렴하여 제작의 부담감이 적고, 즉석에서 자료를 첨가해 가면서 또는 그려가면서 설명할 수 있는 장점이 있다. 사용법과 여러 가지 색표현, 합성영사, 부분제시 등 풍부한 표현이 다양하다. 겹치기법(overlay)과 가리우기법(masking) 등 단계적으로 제공이 가능하다. 누구에게나 조작이 쉽고 색을 표현하게 하고 싶은 경우 매직으로 색칠을 하거나 셀로판지를 겹쳐서 투사할 수 있다.

(2) 슬라이드 동화

슬라이드 동화란 환등기에 필름을 동화 줄거리의 차례대로 넣고 반사광을 렌즈에 의해 확대 영사하며 구연하는 방식이라고 정의하였다(석용원, 1982). 슬라이드(slide)는 움직이지 않는 화면을 확대 투영하여 다수인이 동시에 관찰할 수 있게 한 것으로 시각상의 효과적인 제시방법이다.

슬라이드 환등기의 경우 유아교육 현장에서 많이 쓰이는 교수매체 중의 하나이며 유아들의 몰입이 뛰어난 전달방식이다. 또한 옛 건물들, 공장, 사계절의 변화 등과 같은 수업을 할 때 교사의 설명이나 그림자료 등이 충분하지 않을 경우 적절하게 사용될 수 있다.

2) OHP · 슬라이드 동화의 제작방법

(1) OHP 동화의 제작방법

1 그림을 직접 그리는 제작방법

① TP용 유성펜으로 동화책의 이야기 장면 장면을 그린 후 색칠을 한다.
  같은 배경이 몇 장 반복될 경우에는 등장인물을 배경 위에 겹쳐 놓는 방법을 선택할 수 있다. 겹쳐지는 순서를 적어 놓는다.
② 그림을 다 그린 후 마운트를 붙인다.
③ 마운트 하나에 장면 하나를 붙인 다음 위에 이야기의 내용을 메모한다(마운트에 메모를 하는 경우 교사가 어느 쪽에 앉게 될 것인지를 염두하여야 한다).

여기서 사용되는 제작방법은 겹치기법과 가리우기법을 사용한다. 겹치기법은 첨가와 삭제를 용이하게 할 수 있는 방법으로 등장인물의 등장과 퇴장을 표현하기 쉽다.

기본이 되는 자료(mother sheet) 위에 한 장 이상의 투명지를 순차적으로 겹쳐 나감으로 효과적으로 비교나 순서를 제시할 수 있는 방법이다. 가리우기법은 마스크는 내용 설명의 속도를 조절하고 싶거나 강조하고자 할 때 불투명한 종이로 덮개를 만들어 그 부분을 가려 두었다가 차례로 제거하여 제시하는 방법이다.

2 투명 컬러 접착지 사용법

원하는 그림이나 도표가 선으로 구성되기보다 면적을 채색하여 내용을 표현하려고 할 때 사용하는 방법이다. TP용 펜은 여러 번 반복하여 칠하면 그림이 지저분해지는 단점이 있는데, 이럴 경우 투명 컬러 접착지를 그림의 윤곽에 맞게 오려 사용하면 효과적이다.

3 사무용 복사기 이용법

복사기와 TP전용 필름을 이용해서 자료를 제작하는 방법으로 원하는 그림을 빠른 시간 내에 정확한 자료로 확대 · 축소하여 만들 수 있다.

4 컴퓨터 이용법

워드프로세서나 그래픽용 컴퓨터 소프트웨어를 이용하면 보다 정교한 자료를 제작할 수 있다. 컴퓨터 그래픽용 소프트웨어를 사용하면 미리 만들어진 다양한 패턴의 바탕 위에 제목, 도형, 클립아트 등에서 필요한 정보만을 지정 · 입력시켜 자료를 만들 수 있다. 컴퓨터의 다양한 이용법으로 간단한 워드프로세서에서 시작하여 스캐너와 디지털 카메라 등의 첨단장비를 이용하여 원하는 사진이나 삽화를 삽입하는 방법과 파워포인트(power point) 등이 있다.

(2) 슬라이드 동화의 제작방법

1 기 획

목적과 주제를 결정하고 어떠한 내용을 담을 것인지를 결정하는 단계로 그림책을 선정한다. 좋은 그림책의 요건을 만족하는 문학작품이 슬라이드 동화에 적합하다.

2 내용 구성 및 스토리 보드 작성

동화의 줄거리를 기승전결로 나누어 내용을 엮는다. 스토리 보드(story board) 혹은 콘티(continuity)라고도 하는데, 기획 단계에서 세웠던 목적을 위해 내용의 중요 비중 정도를 분석하여 구성이나 카메라로 찍을 화면을 구성해 보고 순서를 재조직한다.

3 촬 영

촬영을 위해서는 슬라이드 필름으로 촬영하여 현상하는 방법과 사진 인화용 필름으로 촬영한 후 스캐너를 이용한다. 그림책을 촬영하기 위해 밝은 곳이 좋으며 실내에서는 반드시 인공조명을 쓰는 것이 좋다. 초보자의 경우는 맑은 날 햇빛이 충분할 때 직사광선을 피해 밝은 그늘에서 찍는 것이 효과적이다.

4 현 상

사진촬영 이후 현상소에 맡겨서 필름을 현상한다. 슬라이드 현상은 프레임을 씌우는데 이를 마운팅(mounting)한다고 한다. 현상소에 맡기지 않고 직접 현상했을 경우 마운팅을 해야 하는데 마운팅 재료로는 하드보드, 플라스틱 및 유리 등이 있다.

5 편 집

마운트할 슬라이드를 조명상자(light box) 위에 펼쳐 놓고 좋은 것을 골라 구연의 순서대로 번호를 매긴다.

6 녹 음

슬라이드 동화를 구연으로 들려주는 경우 배경음악만 녹음한다. 직접 구연하는 경우와 음악과 이야기 구연을 하나로 녹음하는 경우가 있다. 전자의 경우 상영하는 순간 이야기를 직접 구연해야 하기에 불편함이 있으나 소모임에서 이야기 구연시간을 적합하게 사용할 수 있다. 후자의 경우 구연하는 사람이 없이 언제 어디서나 상영할 수 있는 장점이 있는 반면, 음악과 목소리가 한 채널씩 차지하여 스테레오로 음악을 감상하기에 그 맛이 떨어질 수도 있다. 그림책의 전반적인 분위기에 맞는 음악 1~3곡 정도를 이어 편집하는 것이 좋다.

3) OHP · 슬라이드 동화의 제시방법

(1) OHP 동화 제시방법

① 이야기의 순서에 따라 번호를 매기고 정리해 놓는다.
② OHP 동화를 들려주기 전에 화면을 잘 맞추어 놓는다.
③ 첫 장면의 TP자료를 OHP의 제시대 위에 미리 준비하고 OHP를 끈 상태에서 도입한다.
④ 교사가 도입하는 말을 한 후, 불을 켜고 유아들 스스로 제목을 읽어 볼 기회를 주고 교사가 글자를 하나하나 짚으며 함께 제목을 읽어 본다.
⑤ 교사가 직접 구연할 수도 있고 녹음하여 제시할 수도 있다.
⑥ 교사는 사전에 작품을 완전히 소화하여 교사 자신의 언어로 재화하도록 한다.
⑦ 이야기를 유아들에게 들려주며 장면씩 이야기 순서에 맞춘다.

(2) 슬라이드 동화

① 슬라이드 동화는 스크린과 슬라이드 환등기를 준비한다.
② 이야기의 순서대로 잘 끼워져 있는지 먼저 상영해 본다.
③ 동화를 소개 후 실내 조명을 끈다.
④ 상영할 때 한 장면 당 15~20초 정도로 시간을 조절한다.
⑤ 유아와 스크린의 거리는 3m 정도로 스크린의 밑 부분이 눈높이가 되도록 고정한다.
⑥ 녹음된 이야기 테이프를 들려주고 내용과 그림이 일치되도록 한다.

4) OHP · 슬라이드 동화의 예

(1) OHP 동화

OHP 동화에서도 융판동화와 비슷하게 새로운 요소의 첨가나 삭제가 있는 동화 또는 한 요소는 그대로 있고 다른 요소의 변화가 연속적으로 있는 동화가 적당하다. 새로운 요소의 첨가나 삭제가 있는 OHP용 동화의 예는 다음과 같다.

① 코끼리 형님의 나들이
② 바쁘다 바빠
③ 까마귀와 물항아리
④ 아낌없이 주는 나무 등

◉ OHP 동화의 완성 자료

▶ 세상에서 가장 힘센 수탉

(2) 슬라이드 동화

슬라이드 동화로 제작하는 작품은 그림이 너무 작아 대그룹으로 들려주기 어렵거나 그림이 아름다워 다른 매체로 제작하는 것이 오히려 비효과적인 것이 적당하다.

5. 인 형 극

인형(puppet)은 유아들에게 가장 친밀감을 느끼는 매혹적인 매체로 볼 수 있다. 유아들은 혼자서도 인형을 의인화하여 대화하기를 즐기면서 자유로이 그들의 삶에서

필요로 하는 것들을 창조할 수 있다.

인형극(puppetry)이란 극화활동의 한 형태로 무대에 사람이 아닌 인형이 등장한다. 연기하는 극예술의 종류로 인형극을 통한 문학경험은 미술 · 음악 · 율동 등이 통합된 다양한 즐거움과 경험을 갖게 해 준다.

여기서는 문학경험과 관련지어 인형의 활용에 대한 교육적 의의 및 인형의 종류를 살펴보고자 한다. 제작방법에 따른 줄 인형극(string puppets), 막대 인형극(rod puppets), 손 인형극(hand puppets), 손가락 인형극(finger puppets), 테이블 인형극(table puppets), 그림자 인형극(shadow puppets), 탈 인형극(mask puppets) 등으로 구체적으로 나누어 볼 수 있다.

1) 인형극의 의의

세계 여러 나라에서 인형극이 만들어지고 극으로 올려지고 있으며 그 형태 또한 다양하다. 이러한 인형극이 언제 시작되었는가는 각 나라의 학자마다 조금씩 차이를 보이고 있다. 현재 남아 있는 기록으로는 이집트, 그리스, 로마가 서양 인형극의 시초였고 인도, 중국이 동양 인형극의 발상지로 보고 있다.

최근 인형극을 통해 개인적인 표현을 중시하며 다양한 청중을 대상으로 오락적 요소에서 교육, 치료, 의사소통을 위한 도구로까지 그 변화가 다양하게 되어 가고 있다. 인형극은 종합예술을 수반하는 공연예술로 인형의 제작보다 인형의 활용이 우선되어야 할 것이다.

교육현장에서 인형극의 교육적 가치 및 특징은 다음과 같다.

첫째, 듣는 이의 발달 단계에 따라 다양하게 즐길 수 있다. 등장인물에 대한 동일시를 시작하는 연령의 유아들에게 인형은 문학과 관련된 촉진제 역할을 한다. 피아제(Piaget, 1928)가 제시하는 물활론적인 단계(animism stage)의 유아들은 생명이 없는 물체를 살아 움직이는 것으로 생각하며 인형에 감정을 넣어서 역할놀이를 한다. 즉 유아들이 생활하면서 또는 문학작품을 통해서 느꼈던 감정을 인형을 사용하여 이입할 수 있는 것이다.

둘째, 인형은 유아들에게 편안한 이야기 친구가 될 수 있다. 그러므로 대중 앞에서 의사표현을 하거나 발표하기를 두려워하는 유아의 경우 인형을 대신 사용하여 이야

기하거나 인형과 대화하는 형식으로 이야기함으로써 유아의 표현력을 돕는다.

셋째, 인형극는 창의적 사고를 도와 상상력을 길러 준다. 상상력은 선천적인 능력이 아닌 후기학습에 따라 달라질 수 있는 영역이다. 상상하는 것은 기존의 실체를 변형하여 조합하고 새로운 것으로 창조해 내는 활동으로 유아들은 자신들의 놀이 속에서 많은 것을 자신들이 본 것들 중에서 재현한다. 이러한 재현에 도움을 주는 것 중의 하나가 인형극이다.

넷째, 인형극은 사회성 발달을 도울 수 있다. 극을 통해 유아들이 겪을 수 있는 여러 상황에서 건전한 방법으로 해결하는 경험을 갖는다. 인형극을 통해 자기 자신의 행동을 객관적으로 볼 수 있는 기회를 갖고 자신의 행동을 반성하게 되며 유아의 행동변화에 긍정적으로 받아들일 수 있다.

다섯째, 인형극은 정서발달을 도울 수 있다. 정서적인 긴장감, 부정적인 감정을 인형에게 자기 자신을 투사해 볼 수 있게 된다. 이는 유아 내면의 불안이나 긴장을 극놀이를 통해 보여줌으로 치료적인 가치를 갖는다.

여섯째, 인형놀이를 통해 유아들은 자의식에서 벗어나 부끄러움과 말더듬 등의 장애행동을 극복하는 데 도움이 된다.

일곱째, 인형극을 통해 유아들의 집중능력 향상을 돕는다. 또한 비판적인 태도를 키워 주어 사고의 기술을 발달시킨다.

여덟째, 인형극은 반편견적 사고형성을 도울 수 있다. 사회적 기준과 편견에 의해 영향을 받을 수 있는 성, 인종, 그리고 장애 등을 상품화된 인형이나 제작한 인형을 통해 반편견적 사고형성에 도움을 줄 수 있다.

아홉째, 각 국의 전통문화를 쉽게 이해할 수 있다. 각기 다른 문화권의 다양한 문화를 그 나라의 문화를 표현한 인형 또는 인형극 공연을 통해 도움을 받는다.

인형극은 유아문학교육에서 가장 가치 있는 도구로 유능한 교사일수록 유아의 세계를 이해하고 새로운 학습의 길을 열어 주어야 한다. 인형을 통한 의사소통 능력을 기르는 것은 중요하다(Machado, 1990).

2) 인형극 활동의 준비

인형극 활동은 인형이 이야기 속에 부분적으로 활용되는 방법과 이야기 전체를 말하는 방법이 있다. 인형극을 위해 필요한 이야기로는 사건이 풍부하며 구성이 분명한 이야기가 적합하다.

공연을 위한 인형을 제외하고 유아들이 직접 조작하는 인형은 너무 복잡하지 않도록 단순하게 제작해야 한다. 이는 단순한 인형이 이야기를 더 잘 기억하게 할 수 있으며 지나치게 움직임을 조절해야 하는 인형은 이야기에 집중하지 못하게 하기 때문이다.

(1) 인형극 극본

인형극 극본은 대화형식, 이야기형식, 가극형식, 아동극형식 등으로 구성할 수 있다. 내용은 동화적인 것, 희극적인 것, 환상적인 것, 괴기적인 것, 풍자적인 것, 만화적인 것, 즉흥적인 것이 있다. 너무 복잡하거나 사실적인 것은 인형극 극본으로 적합하지 못하다.

인형극 극본 구성의 기술적인 특징은 다음과 같다.

1 되풀이의 재미

대사나 연기 동작은 두세 번 되풀이하는 것으로 대개 한 동작과 대사를 강조하며 희극적 요소에 적합하다.

2 장면 변화와 시간 압축

「흥부 놀부」에서 제비가 박씨를 물어다 주어 심었더니 금방 싹이 난다. 잎이 자라며 박이 열리는 장면을 짧은 시간에 처리해 시간을 압축시키는 방법이 그 예다.

3 등장인물 이외의 주역

내용이 마법적이거나 환상적일 때 나무나 잎, 꽃 등의 소품이 주역으로 될 수 있다.

4 효과적인 풍자

인형극에서는 과장된 표현으로 풍자의 효과를 더 할 수 있다.

5 초인적인 기교

인형이 등장하기 때문에 인간이 할 수 없는 기교가 가능하다. 예를 들면, 인형

머리가 빙글빙글 돌아가는 것, 동물의 꼬리가 늘어나는 것 등이다.

6 간결하고 리드미컬한 묘사

한 자리에서 긴 대사를 하는 것은 지루하기 쉽다. 간결하고 리드미컬한 대사와 비약된 표현이 좋다.

7 등장인물의 표정

인형이 표현할 수 있는 표정은 입, 눈, 눈썹, 수염 등이다.

8 인형의 등 · 퇴장

극본에서 불필요한 인형을 등장시키면 많은 인원이 한 장면을 위해 동원되어야 함으로 불필요한 인형의 등장을 피한다.

(2) 인형극 연출

인형극의 연출자는 우선 작품을 충분히 읽고 소화하여 극본이 말하려는 의도를 확실히 포착해서 연출해야 한다.

1 줄거리

극본을 쓴 작가의 이야기를 흥미롭게 전달하기 위한 기본 여건이다. 유아들이 공연시간 내에 지루하지 않고 즐겁게 관람할 수 있어야 한다. 유아의 공감을 얻고 주된 흐름에 독립된 이야깃거리와 클라이맥스가 있는 줄거리를 선정해야 한다.

2 인형 스케치

등장인형을 실제 크기로 스케치한다. 스케치는 정면과 측면을 하고 가능하면 색깔을 넣어 인형의 성격이 확실히 표현되도록 한다.

3 대 사

인형극에서는 대사가 많은 것보다 적은 것이 좋으며 간결하고 정서가 담겨 있어야 한다. 운율이 있으며 집약된 표현이 효과적이다. 유아들이 인용해서 흉내내고 싶은 대사의 구절이 있는 것, 등장인물의 성격에 맞는 대사를 선택하는 것이 좋다.

4 뚜렷한 주제

유아는 판단할 사고능력이 아직 뚜렷하지 못한 시기이므로 유아가 공감하고 유아의 성장에 도움이 되는 주제를 선택해야 한다.

5 재미있는 내용

좋은 주제의 이야기라도 재미가 없으면 보지 않는다. 유아들이 내용을 재미있어 하고 흥미를 느낄 수 있어야 한다. 인형제작 · 장치 · 조명 · 음악 등이 극적 요소와 부합되어야 한다. 인형극 감상이 책 읽는 것보다 좋은 효과를 얻을 수 있는지도 검토해 보아야 한다.

6 인형의 제약

① 인형을 밑에서 조종 : 손인형, 손가락인형, 막대인형 등이 있다. 밑에서 조종하는 인형은 대체로 발이 없다. 그래서 공을 차는 동작, 나무나 건물에 올라가고 내려오는 동작은 어려움을 고려하여 적절한 표현이 되도록 해야 한다.

② 인형을 위에서 조종 : 대부분 위에서 조종하는 인형은 줄을 매서 조정하는 줄인형으로 위에서 뛰어 내리기는 좋으나 인형끼리 서로 물건을 주고받을 때는 불편하다.

③ 인형을 뒤에서 조종 : 인형의 전신이 다 나오며 섬세한 동작을 할 수 있는 장점이 있으나 많은 인력이 필요하다.

3) 인형극의 종류와 제작방법 및 제시방법

인형을 활용한 극화활동은 우선 다양한 인형 종류를 사용하는 것이 중요하다. 시중에서 구입할 수도 있고 교육현장에서 직접 만들어 볼 수도 있다. 보편적으로 사용되는 인형의 예를 들어 만드는 방법을 소개하고자 한다.

(1) 줄 인형극(string puppets)

줄 인형극을 가리켜 마리오네트(marionette)라고 부르는데 위에서 줄이나 철사로 조종하는 인형이다. 인형극의 원조라고도 말하는데 줄이 많으면 많을수록 세밀하고 자연스러운 연기가 가능하지만 줄을 조작하는 것이 어려우므로 연출 경력이 많은 사람만이 가능하다. 각 인형마다 하나의 십자막대나 두 개의 막대를 사용하여 여러 줄을 연결시켜 다양한 얼굴표정(입술 움직임, 눈동자의 움직임, 눈썹의 움직임), 팔다리의 움직임, 춤추는 장면 등 섬세한 움직임을 표현할 수 있다.

줄 인형의 특징은 가장 발달된 형태로 인형극의 멋을 맛볼 수 있으며, 관객들에게 인형의 몸 전체가 보여진다. 뛰고, 달리며, 앉고, 걷는 다리와 팔, 심지어 얼굴 부분까지 움직일 수 있다. 여러 줄에 의한 조종은 인간과 동물의 움직임을 모방하며, 가장 다양한 동작과 멋진 장면을 연출할 수 있다. 그러나 조종자의 훈련과 능숙함의 요구로 유아교육 현장에서는 잘 사용되지 않으며 유아들에게는 줄이 꼬이고 엉킴으로 제작이 어렵다.

1 줄 인형의 종류

인형의 몸 전체의 마디마디 꺾어지는 관절 부분에 실을 연결하여 조종하는 인형으로 1줄로부터 32줄로 손가락 하나하나까지 작동하는 인형으로 그 종류가 소개되고 있다.

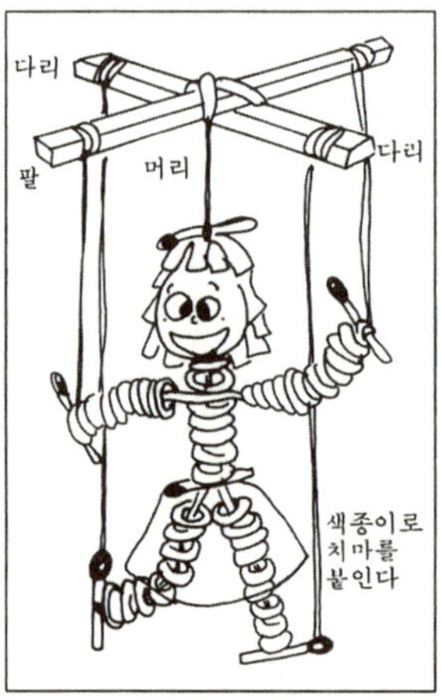

고리 인형

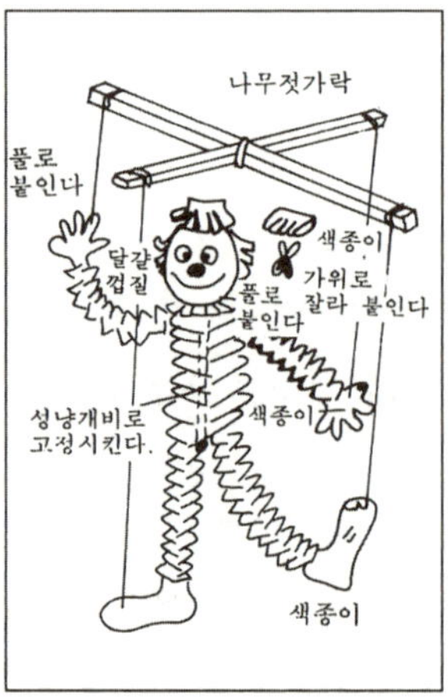

아코디언 인형

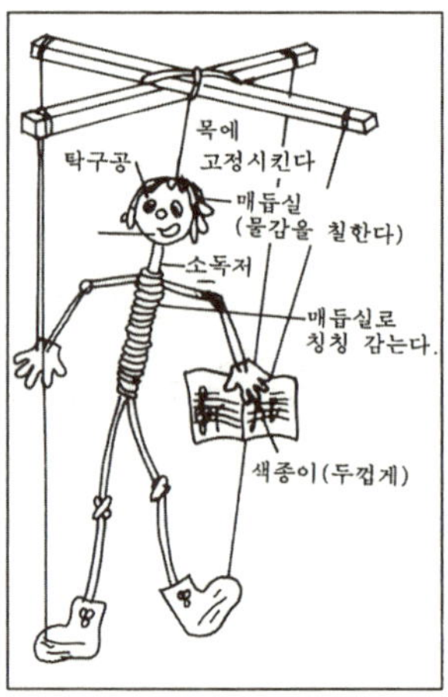

매듭 인형

2 제작방법 및 제시자료

① 얼굴은 종이봉지 속에 신문지나 솜을 말아서 볼륨을 준다.
② 몸통 부분은 얼굴보다 더 큰 종이 주머니에 신문지나 종이, 솜을 많아 넣고 얼굴과 몸체를 소독저로 연결한다.
③ 손의 관절 부분을 분리하여 할핀으로 고정시킨다.
④ 발은 판지로 만들어 손과 발을 몸체에 단단히 연결시킨다.
⑤ 인형의 특성에 따라 옷을 꾸며 입히고 앞치마, 넥타이, 가방 등 소품을 단다.
⑥ 머리카락을 붙이고 얼굴을 완성한다.
⑦ 손과 발끝에 낚싯줄 달고 머리 위로 나무젓가락으로 손잡이를 만든다.

3 제시방법

① 줄 인형은 막대가 보이지 않도록 무대를 중심으로 위와 아래를 가리는 것이 일반적인 방법이다. 그러나 교사들이 유아의 반응도 살피면서 이야기를 들려주게 됨으로 교사의 인형조작 과정이 보여져도 무방하다.
② 줄 인형을 조종할 때는 조종하는 막대를 수평으로 잡고 위에서부터 조용히 내리고, 인형의 발이 무대에 닿은 곳에 멈추게 한다.
③ 발이 허공에 뜨거나 너무 아래로 내려와 무릎이 꺾이지 않도록 하며 바로 선 자세를 유지하도록 조종하는 것이 좋다.
④ 줄 인형은 사용 후 줄이 엉키지 않도록 걸어서 보관하도록 한다.

(2) 막대 인형극(rod puppets)

가장 단순한 형태의 인형으로 종이로 그린 인형이나 헝겊 인형에 막대를 붙여서 막대 부분을 잡고 조작하면서 동화를 들려주는 것이다.

막대인형의 장점은 어린 유아들도 쉽게 조종할 수 있다. 어떠한 재료도 인형이 될 수 있는 제작과 활용이 쉽다. 평면 그림자료로 그림을 오려 사용하는 것부터 시작하여 과일 · 야채 등의 입체 자료로 제작할 수 있다. 막대를 움직이거나 끈을 연결하여 손, 다리 등이 움직이게 하는 방법 등 막대 인형의 재료에 따라 그 종류는 다양하다.

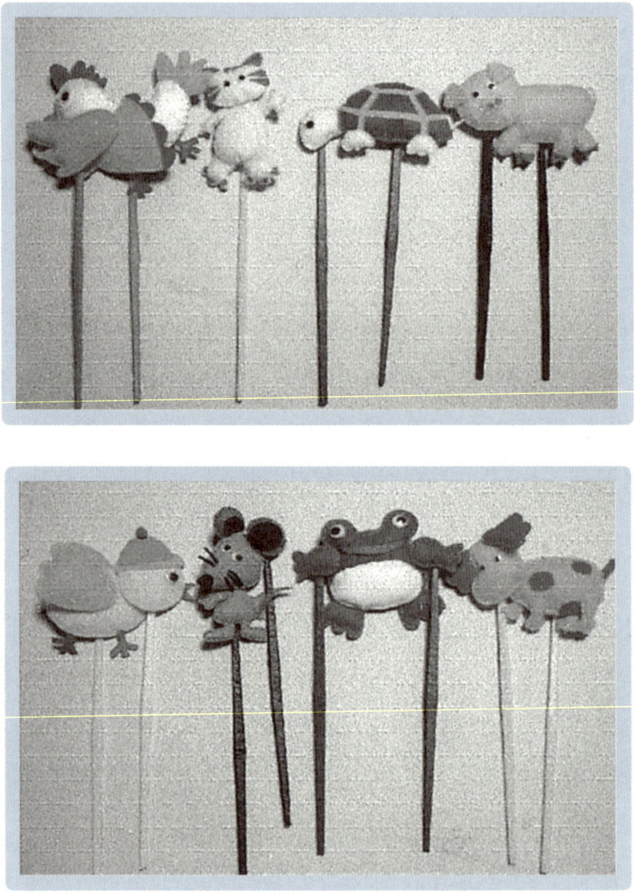

▶ 등장인물에 막대를 붙인 모습

▶ 편지봉투 인형

(3) 손 인형극(hand puppets)

손인형은 장갑인형 또는 벙어리장갑인형이라고 불린다. 연기자가 인형 속으로 손을 집어 넣어 조종한다. 유아들에게 친숙하고 교사도 쉽게 실행할 수 있어 유아교육기관에서 많이 사용되는 것이다.

손인형은 입을 움직이게 하는 것으로 손수건, 양말, 장갑, 큰 종이봉투 등을 이용하여 그 속에 손을 넣어 입모양을 닫았다 열었다 움직이게 할 수 있다. 그리고 손을 움직이게 만드는 인형으로 양말, 장갑 등을 이용하여 물건을 잡을 수 있고 손과 머리의 움직임을 표현해 줄 수도 있다. 두 손인형(two-hand puppet)은 한 손은 인형의 입의 역할을 하고 다른 한 손이 인형의 손이 되는 것으로 매우 자연스럽게 말하는 동작과 팔의 동작을 함께 할 수 있다.

손인형은 구입하여 사용할 수도 있고 제시되는 활동에 적합하게 제작하여 사용할 수도 있다. 유아에게 많이 활용되는 인형의 종류와 제작방법은 다음과 같다.

1 손인형의 재료에 따른 분류

① 양말인형 : 양말을 이용하여 신축성이 있고 보관이 용이하다. 유아들이 직접 조종하여 인형극을 표현하도록 하는데 적절한 매체다. 양말의 윗부분을 자르고 마분지 조각을 입 안의 아래, 위에 붙여 네 손가락을 윗부분에, 엄지손가락을 아랫부분에 넣어 실체감을 느끼게 조작할 수 있다.

- 양말의 발등이 얼굴, 발바닥과 뒤꿈치는 입이 되도록 절개한다.
- 절개된 부분을 헝겊이나 부직포로 막아 꿰맨다.
- 인형 머리부분에 솜을 코와 눈을 뽕뽕이, 눈알, 색지로 꾸민다.
- 절개부분이 입으로 부직포에 두꺼운 종이를 덧붙여 두툼하게 만든다.
- 귀는 헝겊 또는 부직포를 이용하여 만들어 붙인다.
- 나머지 장식을 인형의 용도에 맞게 꾸민다.

② 헝겊인형 : 입의 움직임이 아닌 손과 몸이 움직이는 인형으로 헝겊을 이용하여 만든다.

- 머리 모양의 속에 솜, 헝겊, 스타킹 등을 손가락이 들어갈 수 있게 한다.
- 손가락 모양의 헝겊을 따로 만들어 목과 머리부분을 안쪽으로 밀어 넣은 후 목부

분과 함께 꿰맨다.

- 몸통과 손, 팔을 그려서 2장을 오리고 뒤집어 꿰맨다.
- 몸통부분을 다시 목부분과 함께 꿰맨 후 눈과 코 및 장식을 달아 준다.
- 또는 인형의 손과 팔을 만들지 않고 소매 없는 몸통을 만들어 구멍을 뚫고 손가락을 구멍으로 빼서 조작할 수 있다.

▶ 헝겊인형(꿀꿀이, 거북이, 찍찍이, 엄마닭)
①

▶ 헝겊인형(삐약이, 야옹이, 멍멍이, 개골이)
②

③ 상자인형 : 상자의 한 면(넓은 면)만 남겨 두고 반으로 잘라 준다. 자르지 않은 면을 반으로 접어 주고 색지를 이용하여 자신이 원하는 인형모양으로 만들어 준다. 그리고 꾸미고 싶은 장식으로 꾸며 마무리하여 활용한다.

④ 스폰지 인형 : 스폰지로 만드는 손인형은 제작이 간편하고 인물의 표현이 효과적이다. 활용이 간단하여 많이 사용되고 있다. 보통 가로, 세로, 높이가 10~15cm 크기의 스폰지를 잘라서 사용한다.

필수적인 재료는 3단요 제작용의 두꺼운 스폰지, 날이 잘 드는 가위와 커터칼, 꽃톱, 공업용 본드가 적당하다. 골무용으로는 부드러운 장판지, 머리털은 털실, 색실, 생사를 사용한다.

⑤ 얼굴 부분

- 스폰지에 밑그림을 그리는데, 대각선 부분이 코가 되게 그리는 것이 효율적이다.
- 얼굴의 앞면이 될 부분을 제외하고 뒷머리 부분을 잘라 내어 얼굴형을 만든다.
- 인형의 이마, 코, 턱 부분을 고려하여 칼집을 낸다. 특히 코부분은 칼을 바깥쪽으로 비스듬히 세워 칼집을 내야 한다.

- 아래 그림의 색칠된 부분을 칼로 오려 낸다.
- 코부분에서 → 부분을 칼로 오려내면 코의 윤곽이 드러난다. 입을 가를 때는 코와 윗입술 사이를 조금 띄어 가른다.
- 톱은 대패의 역할로 스폰지의 겉면을 채 썰듯이 밀면서 밖으로 밀어 주어 만들고자 하는 인형의 얼굴로 다듬는다. 톱질에 자신이 없을 때는 가위로 다듬어 줄 수 있다.

⑥ 골무 부분 : 인형을 거꾸로 하고 칼로 골무를 달 부분의 구멍을 파낸다. 이때 칼은 조금씩 원을 만들어 가며 파들어 가야 한다.

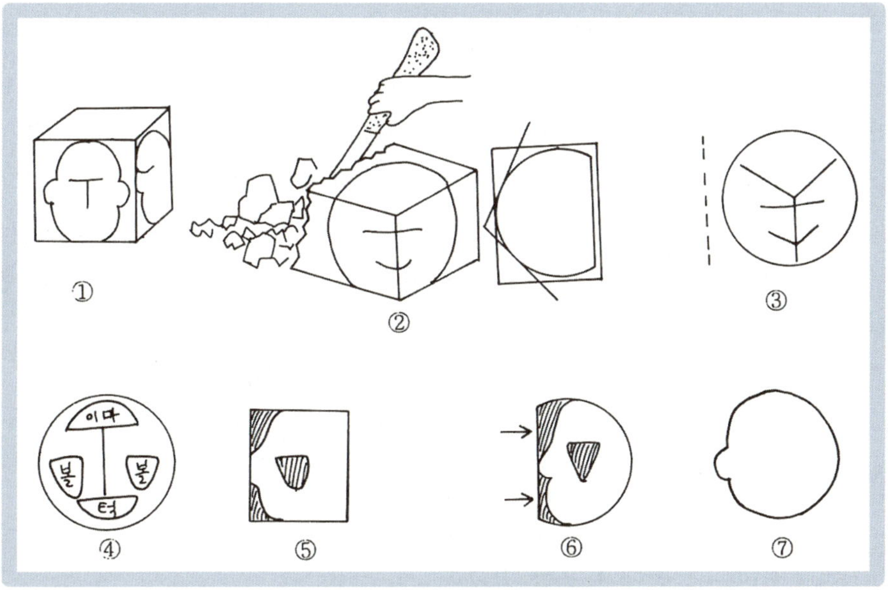

▶ 스폰지 손인형의 제작방법

- 구멍의 크기는 인형을 조종할 검지손가락 보다 조금 크게 하고 깊이는 검지손가락 길이(5~6cm) 정도면 된다.
- 골무는 두꺼운 보루지나 장판지로 조종하는 사람의 검지에 약간 여유 있을 정도의 크기로 하고 테이프로 감는다.
- 골무에 검지의 둘째마디 부분에 맞춰 손가락을 집어 넣었다 뺄 수 있는 구멍을 파낸다.
- 골무에 낸 구멍과 인형의 입을 움직이기 위해 낸 칼집과 위치가 잘 맞아야 입을

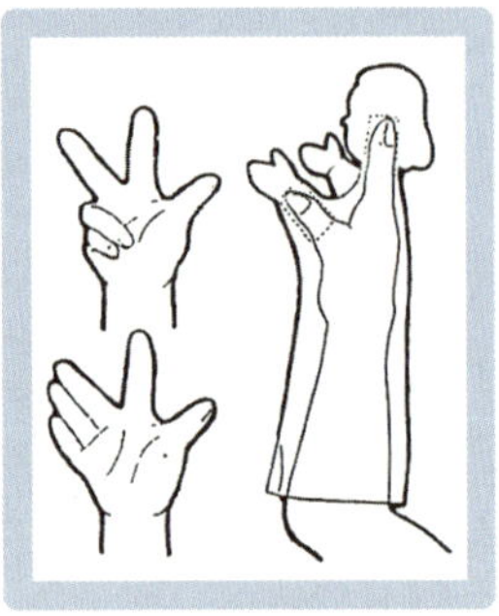
▶ 골무와 손의 위치

잘 움직일 수 있다.

- 골무에 검지를 끼워 입을 움직이기 위해 골무 안쪽에 낸 칼집에 검지의 첫째 마디를 넣어 아래로 당기면 입이 열리고, 높이면 입이 닫히는지 위치를 조정한 후 골무 뒷부분을 본드를 칠해 고정시킨다.

⑦ 장갑인형 : 장갑인형은 장갑 전체를 이용하여 가운데 손가락은 코가 되고 나머지 네 개의 손가락으로 입의 움직임을 표현할 수도 있다. 또한 두 개의 장갑을 겹쳐 인형으로 제작할 수도 있다.

2 손인형의 작동

실감나는 인형의 동작으로 시도하는 메시지를 관람자들에게 전달해야 한다. 손인형극 활동에서는 목소리와 손의 동작이 메시지 전달수단이 된다. 인형의 역할에 적합하게 그럴듯한 목소리와 어색하지 않은 동작을 함께 취해야 한다.

다양한 동작을 실감있게 연출하기 위해서는 무대에서 항상 어떤 동작을 하고 있어야 한다. 말을 하는 장면에서는 머리와 손 모두를 움직여 주어야 하며, 듣는 장면에서는 부동자세를 취해 말하고 있는 인형이 돋보이도록 해야 한다. 또한 연기자는 팔 부분이 보이지 않도록 한다.

손인형의 동작을 세부적으로 나누어 제시하면 다음과 같다.

① 걷는 동작 : 기본동작으로 머리에서 팔뚝까지 수직으로 세워서 걸어갈 때는 팔뚝 끝에 발끝이 있는 생각으로 움직인다.

② 절하는 동작 : 손목을 앞으로 약간 굽힌다. 이 때 인형의 팔 속에 들어 있는 손가락은 절하는 동작에 보조를 맞춘다.

③ 박수치는 동작 : 엄지손가락과 가운데 손가락을 빠르게 접촉시키는 동작을 되풀이하면 된다.

④ 발로 차는 동작 : 손을 좌우 어느 한쪽으로 약간 돌리면서 손바닥을 이용하여 빠른 동작으로 흉내낸다.

그 외 엄지와 가운데 손가락을 사용하여 성난 인형끼리 서로 때리는 동작, 두 손으로 막대를 잡거나 사랑하는 태도로 쓰다듬거나 안아 주는 동작을 할 수 있다.

(4) 손가락 인형극(finger puppets)

손가락 인형극은 인형을 손가락에 끼고서 연기하는 인형극으로 이야기의 진행에 따라 인형을 손가락에 끼웠다 뺐다 혹은 붙였다 떼었다 하며 조작하는 것을 말한다. 조작이 가장 쉬운 인형으로 유아들이 직접 여러 역할을 해낼 수 있고 제작과 극화하기 위한 시간이 짧아 효과적이다.

손가락 인형극에 적당한 작품은 등장인물이 여럿이거나 한 인물은 고정적이고 여러 인물이 교대로 등장하는 인물이 적당하다(㉥ : 쥐순이의 신랑감, 토끼의 재판, 잃어버린 장갑, 눈오는 밤, 나무 숲 속 등).

재료로는 주위에서 쉽게 구할 수 있는 탁구공, 종이컵, 봉지, 장갑, 손수건 등 조그만 소도구들을 활용할 수 있다. 이 인형놀이는 교사가 각본에 따라 재미있게 구연하기도 하지만 유아들과 역할을 나누어서 함께 공연하는 역할놀이 인형극으로도 가능하다.

1 제작방법

① 부직포 위에 등장인물의 얼굴을 그린 후 가위로 자른다(동물의 모양이 앞뒤를 만들 수 있도록 자른다).
② 동물 얼굴 모양의 부직포를 앞뒤로 맞대어 세심하게 바느질한다.
③ 얼굴부분에 약간의 솜을 넣고 나머지 얼굴부분도 꿰맨다.
④ 동물의 몸통을 둥글게 말아 앞부분을 꾸민다.
⑤ 머리부분과 몸통부분을 찍찍이를 이용하여 붙인다.

2 손가락 인형의 분류

① 손가락에 끼우는 인형 : 손가락에 끼워 조작하는 인형으로 그림을 그려 반지모양으로 끼우거나 머리부분만의 장난감도 활용할 수 있다. 병뚜껑이나 땅콩껍질 등도 잘 활용하면 훌륭한 손가락 인형이 될 수 있다. 부직포나 펠트지로 인형의 몸통을 꾸미고 얼굴을 붙여 사용할 수도 있다.

② 손가락이 인형의 손이나 다리 역할을 하는 인형 : 검지와 장지를 인형의 뒷부분에 끼워 움직임을 보여줄 수 있다. 유아들이 직접 활용할 경우 손가락 활동을 촉진해

주며, 교사들이 활용할 경우 인형의 움직임이 많이 요구되는 내용에 적합하다.

▶ 인형을 손가락에 골무처럼 끼우도록 만든 인형

③ 이야기 장갑 : 장갑을 손에 끼우고 각 손가락 마디에 찍찍이를 사용하여 장갑에 붙이도록 만든 인형으로 이것은 매번 다른 인형을 붙일 수 있다.

▶ 양말로 만든 여러 가지 인형들

(5) 테이블 인형극(table puppets)

테이블 위에서 배경들을 제시하고 인형을 세우거나 움직여가면서 동화를 들려주는 것이다. 테이블 인형은 쉽게 구할 수 있는 재료를 이용하여 만들 수 있으며 유아

스스로 재료를 이용하여 만들 수 있다는 장점이 있다.

인형을 세우기 위해 하드보드지나 마닐라지 위에 평면그림을 그리고 오린 후 캔이나 플라스틱병에 붙여 무대에 서게 만드는 형태다. 요구르트병, 상자, 탁구공, 계란껍질, 화장품 빈 상자, 빈 병, 캔, 그 밖에 고구마, 감자 등의 실물을 활용하여 만들 수 있다. 테이블 인형의 종류로는 종이 테이프 인형, 원통인형, 꼬마 병정인형, 빈 병인형, 빈 깡통인형, 원뿔인형, 지점토 인형 등이 있다.

1 제작방법

① 동화의 등장인물의 그림을 종이에 그린다.
② 등장인물을 완성하고 인형의 뒷면에 두꺼운 종이로 설 수 있게 대준다.
③ 테이블 인형의 무대는 60×90cm로 스티로폼이나 우드락 위에 인형을 세울 면을 만든다.
④ 배경판은 밑그림을 그린 후 색상지에 그림을 옮겨 그린다.
⑤ 그림이 완성되면 색칠 후 인형과 배경판이 설 수 있도록 받침대를 만들어 그림 뒤에 부착한다.

▶ 테이블 인형

2 제시방법

① 등장인물을 순서대로 나열을 해 놓고 배경 그림들을 차례로 정리하여 둔다.
② 배경을 바꿔야 할 경우에는 유아들의 시선이 산만해지지 않도록 신속해야 한다.
③ 인형은 앞을 향하고 인형들끼리 마주 보며 대화할 때도 몸의 대부분이 앞을

향하게 한다.

④ 테이블 인형의 보관시 인형그림과 병이나 캔을 분리하여 보관하는 것이 좋다. 그림의 훼손을 방지할 수 있다.

3 테이블 인형의 종류

① 폐품을 이용한 테이블 인형

빈 병을 이용한 인형　　스폰지를 이용한 인형　　연필을 이용한 인형

② 지점토를 이용한 테이블 인형

③ 종이로 만든 테이블 인형

(6) 그림자 인형극(shadow puppets)

빛에 의해 그림자가 생기는 원리를 이용한 빛과 색에 의한 장면들을 연출하여

동화를 들려주는 것이다. 인형의 그림자를 스크린에 비추어 움직이는 동작을 보여주는 평면 인형극이 된다.

그림책이나 광고문에 나온 인물을 오려 막대를 달아 제작하는 방법에서부터 두꺼운 종이나 철사 등으로 인형을 제작하여 그림자막에 대고 조작한다. 어떤 매체보다 깊은 감정적인 호소력을 가진 점이 특징이다. 그리고 조명의 위치에 따라 인형의 크기와 모양을 변화시킬 수 있어서 좋다. 무대인형, 막, 조명기구, 환등기, OHP 등 스크린에 비쳐야 할 배경그림 등 준비물이 많은 단점이 있다.

1 그림자 극의 종류

① 인형 그림자 극 : 인형극에서 사용하는 인형이나, 그림자 극에 사용하는 특수한 인형을 제작해서 그림자막에 그림자를 비추어 이야기를 하는 것을 인형 그림자 극이라고 한다.

② 실체 그림자 극 : 인형을 사용하는 것이 아닌 사람이 등장해서 출연하는 그림자 극을 실체 그림자 극이라고 한다. 관객과 출연자와의 사이에 그림자막을 치고 출연자의 등 뒤에서 불빛을 비춰게 해서 그림자가 막에 비춰게 하는 것이다. 유아들이 즉흥적으로 꾸며서 자신이 출연하도록 한다면 매우 흥미 있어 할 것이다.

2 제작방법

① 인형 만들기 : 손만을 사용하여 토끼, 강아지, 새 등을 만드는 전통적인 방법이 있다. 그리고 투명한 아크릴이나 셀로판지, 색창호지 등을 활용하여 다양한 인형을 만들 수 있다.

- 그림을 그린다.
- 머리, 몸통, 다리 등을 윤곽만 남기고 오려 낸다.
- 할핀으로 몸통과 머리, 팔, 다리를 고정시킨다.
- 낚싯줄을 팔, 다리에 묶어서 잡아당기면 움직인다.
- 오려낸 곳에 엷은색 창호지나 셀로판지를 붙인다.
- 뒷면에는 아크릴판을 잘라 손잡이를 만든다.
- 그림자 인형은 주인공의 움직임에 따라 여러 형태로 만들어진다.

② 스크린 만들기

- 스크린은 빛이 통과하는 것이면 좋다. 넓은 배경을 원할 때에는 광목이나 이불보

를 사용하여 스크린으로 만든다.

• 상자 한쪽의 앞부분을 잘라 내고, 책상 위에 놓고 사용하면 된다. 나무로 틀을 짜서 광목이나 무명으로 스크린을 만들 수 있다.

3 조명 및 연출방법

① 조명을 가까이에서 비출 때와 멀리서 비출 때 인형의 그림자 크기를 조절하면 효과적이다. 조명등으로는 길게 구부릴 수 있는 책상용 램프도 좋으며 유아교육기관에 있는 슬라이드용 환등기나 OHP를 활용하여 그림자 인형극을 할 수도 있다. OHP 위에 아세테이트지(TP)에 색 매직펜으로 그린 그림을 올려 놓고 빛을 비추면 훌륭한 그림자 극의 배경이 나타나게 된다.

② 효과 필름은 슬라이드용 2×2˝ 크기의 아크릴판이나 유리 또는, OHP용 투명 TP필름에 다음과 같은 그림을 그려 사용할 수 있다.

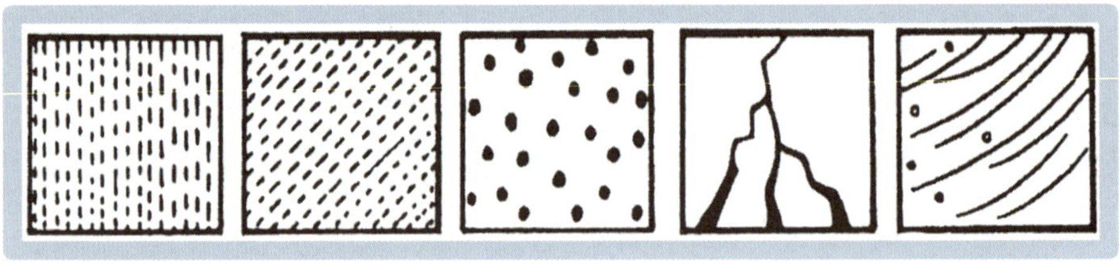

▶ 조명과 효과

③ 그림자 인형의 조작은 스크린 뒤에서 조작하는 방법과 스크린 앞에서 하는 경우로 나눌 수 있다. 스크린 뒤에서 조명을 보내는 경우에는 인형을 스크린 뒤에서 조작하며 인형을 스크린에 밀착시켜야 그림자가 뚜렷이 나타난다. 스크린 앞에서 인형을 조작하는 방법은 조명을 받으면 스크린 위에 그림자가 생기게 되는 경우다. 다음은 그림자 인형을 조종하는 연기자나 무대의 위치를 나타내는 그림이다.

④ 스크린의 배경으로 간단한 방법은 색 셀로판 종이를 램프에 붙여 비추는 효과와 배경을 직접 스크린에 붙여 사용할 수 있다.

▶ 그림자 인형극 틀

▶ 그림자 인형극

(7) 탈 인형극(mask puppets)

사람 또는 동물의 얼굴을 머리에 쓰고 몸은 인형의 머리에 맞는 옷을 입고 연출하는데 TV방송용으로 많이 쓰여지며 야외 행사 등에 이용된다. 탈 인형은 그 자체만으로도 사용하지만 다른 인형과 사람 배우와의 혼합 사용도 가능하다.

6. 게시판을 활용한 활동

게시판은 전달하고자 하는 메시지를 명확하고 흥미 있게 제시하여 관심을 끌게 하고 관련 내용에 대한 정보나 지식을 풍부하게 도와 주는 시각적 매체다.

유아교육기관에서는 환경적 제공과 함께 학습분위기 조성에 도움이 된다. 유아가 학습경험에 직접적으로 참여하고자 하는 의욕을 불러일으키는 자료가 된다. 수동적으로 보는 것이 아닌 그들이 그린 그림이나 오린 것들을 전시함으로써 유아들의 적극성을 유도하는 데 효과적이다. 따라서 게시판은 유아들의 눈 높이에 적당한 높이로 게시할 수 있어야 한다.

1) 게시판이 갖고 있는 일반적인 특성

(1) 대집단 유아를 대상으로 공통된 주제에 관해 게시할 수 있다. 각 유아가 게시된

자료를 개별적으로 접할 수 있으므로 결국 많은 유아들이 대상이 될 수 있다.

(2) 게시 자료의 내용 및 구성을 다양하게 조절할 수 있다. 작은 크기의 실물, 모형, 인형 등의 입체 자료의 제시도 가능하다.

(3) 특정 정보나 지식에 대해 유아의 주의 집중할 수 있는 효과를 갖는다. 행사내용, 전개될 학습활동 등 특정한 내용에 대해 유아들의 주의를 끌 수 있다. 색상자료, 학습활동과 관련된 흥미 있는 질문 등을 게시함으로 집중 · 전환을 도울 수 있다.

(4) 유아 개인별로 충분한 시간적 여유를 갖고 자료의 내용을 살펴볼 수 있다. 교사의 직접 교수형태보다 게시된 자료를 통한 간접적인 전달방법으로 시간적 여유를 가질 수 있다.

(5) 자료의 제작이 용이하고 비용이 저렴하다. 다른 매체에 비해 비교적 제작이 쉽고 간단하며 제작비용도 저렴하다.

2) 게시판의 의의

유아교육기관에 게시판을 설치하여 생활주제나 기본적인 학습활동과 관련된 내용들을 제시한다. 행사일정이나 활동을 유아와 학부모에게 소개하기도 한다. 게시판을 잘 계획하여 만들면 학습 분위기의 조성은 물론 교육적인 효과를 거둘 수 있다.

문학경험과 관련지어 게시판의 활용면에서 교육적 의의를 다음과 같이 정리할 수 있다.

(1) 새로운 동화나 동시에 대한 흥미를 자극할 수 있다.

(2) 동화나 동시를 듣고 그린 그림이나 글 등을 게시함으로 함께 보고, 서로의 생각을 교환할 수 있다.

(3) 동화에 적절한 삽화를 게시함으로 심미적인 태도를 돕는다.

(4) 창의적인 표현을 격려한다.

(5) 아름다운 문장이나 표현 등을 게시하여 유아들의 읽기 활동을 유도한다.

3) 게시판의 활용

(1) 게시판 활용의 유의점

게시판의 효과적인 활용을 위해 다음과 같은 점은 유의해야 한다.

① 유아의 흥미를 유발할 수 있어야 한다. 자료에 대한 흥미를 불러일으키기 위한 게시물을 보면서 학습활동이 확산되도록 한다.
② 제시문이 하나의 주제로 연결되도록 자료 내용의 통일성을 갖는다.
③ 게시판 자료의 게시위치와 다양성을 고려한다. 유아의 눈 높이에 맞게 하며, 다른 게시물과의 관계를 고려하여 게시한다.
④ 유아가 직접 참여하고 활용하는 게시판이 되어야 한다. 주제와 관련된 학습활동을 경험 후 유아들과 더불어 만드는 게시판이 효과적이다.
⑤ 게시판의 미적 구성을 고려한다. 배치, 균형, 순서, 색의 합리적인 원칙에 따라 자료가 돋보이고 매력적이 되도록 구성한다.

(2) 게시판 활용방법

유아의 관심을 새로운 학습내용이나 생활주제로 유도하기 위해 사용한다. 특정 생활주제와 관련된 신문이나 잡지의 그림 등을 게시하고 관련 사물을 함께 게시하여 유아가 흥미를 갖고 관찰하도록 유도한다.

① 유아들의 작품을 전시하거나 특정주제를 중심으로 유아들이 직접 참여하여 자료를 수집하고 만들어 전시하게 한다.
② 게시판에 선반이나 받침틀을 만들어 실물이나 표본을 게시한다.
③ 게시판을 활동시간 내에 미처 다루지 못한 학습 내용이나 진행 중인 주제에 관련된 자료 등 보조적인 정보를 제공한다.
④ 전체 유아나 학부모에게 전달할 내용을 게시한다. 교실이나 출입구 근처에 행사 안내나 부모교육 안내, 교육방침, 유아들의 활동내용 등을 소개하는 자료를 게시할 수 있다.
⑤ 게시판 활동은 출석표지판, 하루일과표, 영역표지판 등으로 활용한다. 이처럼 교사의 창의적인 발상에 따라 게시판을 적절히 사용하여 많은 교육적 효과를 꾀할 수 있다. 게시판의 활용에 체계적인 계획을 세워 진행하며 유아로 하여금 게시판 제작에 적극적으로 참여하게 하는 것이 바람직하다.

(3) 게시판 동화의 제작방법 및 게시자료

1 제작방법

① 게시판 전면을 동화의 장면 중 선택하여 꾸민다.
② 배경판을 꾸민 후 동화를 배열할 수도 있다.

2 게시자료

▶ 팝콘공룡(주요장면 제시)

▶ 빨간모자(낱장그림 배열 게시)

▶ 게시판 동화

7. 미디어를 활용한 활동

1) 미디어를 활용한 활동의 의의

인쇄기술의 발달 이전에는 이야기의 전달방법이 주로 구연이었으나 인쇄기술의 발달로 인해 책을 통한 이야기의 전달이 이루어지게 되었다. 이렇게 발달한 이야기의 전달방식은 오늘날 좀더 다양하게 변화되고 있다. 그 예로는 TV, 라디오, 비디오, CD, 컴퓨터 등이며 이러한 매체는 오늘날 유아가 흥미로워하는 것들 중 하나다.

그린필드(Greenfield, 1984)는 각각의 매체가 서로에게 영향을 미치며 각각의 특성에 맞는 고유한 전달 메시지를 갖는다고 하였다. 먼저 책은 사고의 기회를 제공하며, TV는 시청각적인 방식으로 정보를 전달하므로 2차원의 표상을 제공한다. 또한 오디오 테이프를 들으며 책을 읽는 것은 청각적 이미지와 함께 이야기의 인쇄 글자를 익히는 데 도움을 주게 된다. 비디오게임이나 컴퓨터는 상호작용이 가능한 활동이 많이 포함되어 있다. 이처럼 각각의 매체는 문학을 색다르게 경험하고 해석하는 기회를 제공하며 유아들이 문학에 대해 더욱 흥미를 가지며 접근할 수 있도록 도와 준다.

다음은 멀티미디어로 나누어진 카세트 테이프, 비디오 테이프, 그리고 컴퓨터 세 부분을 가지고 유아문학을 이야기해 보고자 한다.

2) 카세트 테이프와 비디오 테이프를 활용하여 이야기 들려주기

(1) 카세트 테이프

카세트 테이프를 활용하여 이야기 들려주기는 부모나 교사 등의 성인을 대신하여 유아들에게 책을 읽어 주는 방법이 된다. 부모나 교사의 익숙하고 따뜻한 목소리를 들음으로 정서적 안정감을 가질 수 있도록 직접 녹음하여 활용할 수도 있다. 유아들은 카세트 테이프에 담긴 이야기를 즐겨 듣는다. 이를 위해 유아교육기관의 듣기 영역에서는 이어폰과 테이프를 구비해 놓아 유아들이 좋아하는 이야기를 반복해서 들을 수 있도록 이야기책과 오디오를 함께 준비해 둔다.

① 반복하여 이야기를 들을 수 있다.
② 이야기를 전문적인 구연자의 목소리로 녹음하였을 때 이야기의 풍부한 표현을 느낄 수 있다.
③ 실감나는 음향효과와 적절한 배경음악의 선택은 문학에 대한 경험을 좀더 풍요롭게 한다.
④ 교사나 부모들이 녹음한 테이프는 유아에게 친근감을 불러일으킨다.
⑤ 책장을 넘겨야 할 때 간단한 신호음을 사용하면 유아들이 글자를 하나하나 짚어가면서 볼 수 있어 문자언어 발달에 효과적이다.
⑥ 반복하여 여러 번 이야기가 나오도록 녹음해 두면 반복하여 듣기를 좋아하는 유아들에게 이러한 방법은 효율적이다.
⑦ 유아가 즐겨 듣는 음악을 이야기의 앞 · 뒤에 넣거나 배경음악으로 활용할 수 있다. 또한 유아와의 비밀스러운 이야기 등도 포함할 수 있는 장점이 있다.

1 작품선택

① 유아가 끝까지 들을 수 있는 흥미로운 내용과 이야기의 길이가 적절한 것을 선택한다.
② 각 페이지에 글이 적게 담은 것을 선택한다.
③ 단어, 구, 문장이 반복적인 것을 선택한다.
④ 대화로 구성된 직접화법의 이야기를 선택한다.

2 제작방법

① 제목부터 본문의 글을 그대로 읽어서 녹음한다.
② 이야기의 구연시 분명하게 적절한 속도로 읽는다.
③ 페이지를 넘겨야 할 때 집중과 감상에 방해되지 않도록 한다.
④ 이야기의 앞 · 뒤에 음악을 넣어 시작과 끝 부분을 알 수 있도록 한다.
⑤ 동물소리나 의성어, 의태어, 천둥소리, 빗소리, 경적소리 등은 음향효과 처리를 해도 흥미롭다.
⑥ 등장인물간의 대화를 다른 사람의 목소리를 추가하여 구분되게 사용하면 더욱

좋다.

⑦ 녹음기를 사용하여 유아들과의 약속된 표를 만들어 제시한다.

3 제시방법

① 학기 초보다는 학기 중간에 주로 제시한다. 교사가 동화를 위해 특별한 도입의 말은 않는다.

② 녹음된 그림책은 녹음기 옆에 함께 둔다.

③ 두 명 정도 함께 들을 수 있도록 같은 그림책을 2권 준비한다.

(2) 비디오 테이프

1980년대 VCR이 거의 모든 가정에 들어오게 되면서 유아들을 위한 영상매체가 급속하게 확산 · 보급되게 되었다. 비디오 테이프에 의한 영상물 교육은 간단한 조작만으로도 많은 수의 학생이 시청할 수 있으며 이야기를 구연하거나 읽어 주는 행동을 모두 포함하므로 교육기관에서도 많이 이루어지고 있다.

비디오 테이프 동화는 그림책에 비해 동시에 많은 유아가 문학적 경험을 함께 공유할 수 있다.

▶ 레이먼드 브릭스 「스노우맨」

▶ 에릭 칼 「배고픈 애벌레」

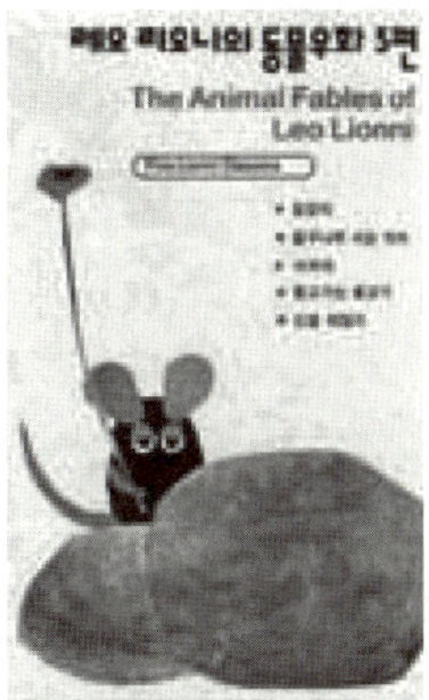

▶ 레오 리오니의 「동물우화 5편」

▶ 한스데 베르 「아기곰 라스」

컬리넌(Cullinan)이 제시한 비디오물의 평가준거는 다음과 같다.

① 원 작품의 문학적 가치를 고려한다.
② 저자의 의도와 책의 본래 목적을 고려한다.
③ 시청각 매체는 명확한 음악과 시청이 중요하다.
④ 계속적인 사용에도 변하지 않는 내구성이 있어야 한다.

3) 컴퓨터를 통한 활동의 의의

요즘 많이 사용되고 있는 컴퓨터로 인해 유아의 사회성 발달에 문제가 된다고 하여 컴퓨터 권하기를 꺼려하는 사람들이 있다. 그러나 최근의 많은 연구결과 컴퓨터를 적절하게 사용함으로 유아들의 사회적 상호작용의 발달은 물론 언어발달, 소근육발달 등 많은 영역에서 긍정적인 효과를 보이고 있다.

컴퓨터는 자신의 사고를 제시하고 교정할 수 있는 좋은 도구다. 컴퓨터를 바깥놀이와 대체해선 안 되지만 적절한 프로그램으로 다른 탐색의 기회를 제공해 주는 것도 고려해 보아야 하는 것이다.

현재 우리나라에서 컴퓨터로 문학작품을 읽을 수 있는 것은 CD-ROM과 함께 인터넷 사이트에 제시된 작품으로 누구나 쉽게 접할 수 있도록 활용되고 있다.

컴퓨터로 문학작품을 읽을 수 있는 것은 아리수 미디어에서 번역 · 제작한 「리빙북 시리즈」 중 「토끼와 거북이」, 「할머니와 둘이서」, 「올리의 그림동화 만들기」와 「Click ABC」, 「Funny House」, 「게으른 농부」, 「Story Shop(1-10)」 등이 소개되고 있다.

(1) CD-ROM을 통한 동화

CD-ROM으로 제작한 동화로 우리나라에서 제작하거나 번역한 제품의 예는 다음과 같다.

▶ 「할머니와 둘이서 /Broderbund / 1997」

▶ 「토끼와 거북이 / 아리수미디어 / 1998」

▶ 「엄마랑 아빠랑/ 동화나들이 / 이포인트」

(2) 인터넷 사이트를 통한 동화

현재 인터넷에 소개되는 동화사이트들은 무료 · 유료로 이용할 수 있으며 전래동화, 이솝우화, 창작동화, 생활동화 등 다양한 부분의 동화를 소개하고 있다. 다음은 유아 동화 관련 사이트의 예다.

사이트 이름	인터넷 주소	내 용
동화나라	http : //www.donghwanara.com	외국동화, 전래동화, 창작동화, 그림동화, 영어동화, 성경동화별 동영상으로 제공
동화박스	http : //www.donghwabox.com	동화나라, 그림동화, 창작동화, 육아정보 등 플래시동화와 그림동화 제공
동화사랑	http : //www.donghwasarang.com	IQ & EQ동화, 테마동화, 그림동화 등 제공
에듀피아닷컴	http : //infant.edupia.com/shtml/sub_index/menu06_06.shtml	그림동화, 함께 읽는 동화로 제공
옛날 이야기	http : //www.idream.co.kr	지옥에 간 심술쟁이, 도깨비 방망이 얻기 등 전래동화 제공
E-나라	http : //www.e-donghwa.com	애니메이션, 듣기, 영어동화 등이 제공
조이북	http : //www.joybook.com	조이북 동화, 애니동화 등 유료로 제공
키즈스페이스	http : //www.kids-space.org/story/month.html	달별(낱장 그림동화), 일화(이야기꾸미기), 전설(각 나라별) 등 제공
LG 전래동화	http : //story.lg.co.kr	빨간부채 파란부채 등 전래동화를 영어와 한국어로 제공
깨비키즈	www.kebikids.com	다양한 연령별 동화구연을 비롯 동요, 한글자료 제공

사이트 이름	인터넷 주소	내　　용
키즈토피아	http://kids.booktopia.com	다양한 언어, 연령별 동화 유료 제공
영문 이솝우화 동화구연	http://aesopfables.com	영문 이솝우화, 동화구연 듣기 제공
유리누리	http://www.yurinuri.com	한글, 영어동요, 창작, 전래, 창작시, 국내/국외 동화 제공
반달회	http://www.bandal.org	동화구연 전문사이트, 관련 자료, 동시, 동극, 제공
그림책 박물관	http://pocturebook-museum.com	국내, 국외 다양한 그림책에 대한 정보 제공

8. 극화활동

유아 극화활동은 극의 실제에서 인형을 조종하거나 활용하는 형태가 아닌 유아들이 이야기 내용에 대해 역할을 정하고 연기하여 보는 형태를 말한다. 즉 극화활동(dramatic activities)이란 이미 들은 이야기나 앞으로 겪게 될 여러 가지 일들을 극의 형식으로 만들어 내는 모든 활동을 뜻한다. 유아들은 가상적인 것을 그들의 놀이에서 자연스럽게 표현하고자 하며, 문학적 경험을 극놀이로 표현하는 것을 즐긴다.

1) 극화활동의 의의

아동극은 유아들의 창의성과 상상력을 개발시키기 위한 좋은 기회가 되며 유아들이 알고 있는 단어나 문장의 사용을 통하여 극화를 해나가므로 언어발달적 측면에서도 좋다.

아동극이 유아에게 주는 교육적 의의를 살펴보면 다음과 같다.

첫째, 유아 개인의 창의성과 상상력을 길러 준다.

둘째, 지도력을 길러 주고 조직적 사고를 할 수 있도록 도와 준다.

셋째, 자기 자신에 대한 신뢰감을 길러 준다.

넷째, 정서적인 카타르시스로 출구를 마련해 준다.

다섯째, 역할에 따른 다양한 소리의 표현과 정확한 발음을 기를 수 있다.

여섯째, 협동심과 민주정신을 길러 준다.

일곱째, 극화활동은 실제생활에서 문제해결을 하는데 도움을 준다.

2) 극화활동의 종류 및 활동방법

유아 극화활동은 어떻게 표현하느냐에 따라 많은 활동을 할 수 있다. 극화활동을 명백히 구분할 수는 없으나 유아교육기관에서 자주 경험하는 활동을 살펴보고자 한다.

(1) 역할놀이

주변에서 흔히 볼 수 있는 아버지, 어머니의 역할이나 상상으로 그릴 수 있는 역할을 자발적으로 참여하게 하여 직접 모방을 하면서 갖는 놀이를 말한다. 역할놀이(role play)는 일반적으로 일어날 수 있는 문제 상황에서 대안과 해결책을 발견한다. 이야기 속의 문제 상황에 대한 해석에 초점을 두는 교육적 전략을 갖고 있다.

역할놀이는 두 가지 측면에서 그 의미를 갖는데 첫째는 성 역할 면에서 여자 유아들은 엄마가 하는 일을, 남자 유아들은 아빠의 일을 놀이를 통해 자연스러운 역할의 동일시를 경험한다. 자신의 성과 관련된 역할을 이해하게 된다. 둘째는 특정직업이나 어떠한 구체적인 상황 속에서의 역할을 경험하게 된다.

역할놀이를 위해 다음과 같은 조건의 작품을 선택하여야 하겠다.

① 역할놀이는 등장인물의 문제를 직면해 보고 그것을 극을 통하여 풀어 간다.

② 역할놀이를 할 수 있는 문제 상황은 유아의 발달에 따른 적절한 문제와 등장인물과 배경이 익숙한 문제상황의 이야기가 좋다.

③ 문제가 개인의 가치에 도움을 줄 수 있는 것이 적합하다.

④ 우리가족 놀이는 가족이 쓰는 물건을 다양하게 준비한다. 즉 아빠의 물건은 넥타이, 벨트, 남자구두 등이며 엄마의 물건은 하이힐, 여자 손가방, 앞치마 등을 준비해 본다.

(2) 무언극

대사 없이 손과 발 또는 다른 도구를 가지고 어떤 대상이나 행동을 흉내내는 것이다. 무언극(pantomime)은 극화활동을 하기에 좋은 활동으로 소재면에서도 시, 노래, 그림책 뿐만 아니라 일상생활 속에서의 경험까지 다양하게 표현할 수 있다. 유아들이 서로 어떤 행동을 묘사하였는지 맞추어 볼 수 있는 활동으로 묘사하기 쉬운 단순한 내용이 좋다.

문학작품을 활용한 무언극의 실행은 다음의 순서로 진행한다.

① 이야기를 읽어 주거나 구연한다.
② 이야기 속의 등장인물에 대해 알아본다.
③ 배역을 결정하여 자신의 역할을 무언극으로 해 본다.
④ 배역을 충분히 연습한다.
⑤ 자기가 맡은 배역에 대해 충분히 연습한다.
⑥ 이야기 속의 움직임이 없는 물체들일 경우 배역을 한다.
⑦ 연기를 하는 동안 이야기를 구연하거나 읽어 주는 것은 효과적이다.
⑧ 같은 장면에서 다양한 동작을 통해 창의적인 측면을 격려해 준다.
⑨ 표현하기 힘들었던 점은 무엇인지 알아보고 격려와 평가를 한다.

그 외 일반적인 무언극을 위한 소재로는 공던지기, 자동차 잡아당기기, 자동차 밀기, 물 마시기, 옷입기, 구두끈 매기, 강아지 목욕시키기, 전화로 이야기하기, 추운 날 풀장에서 목욕하기 등이 있다.

(3) 동 극

유아들이 직접 자신이 문학작품의 등장인물 역할을 하여 봄으로써 이야기를 스스로 해석하고 표현할 수 있는 극화 표현활동이다. 유아들은 동극을 통해 이야기 속의 인물을 재해석하고 이야기 순서를 논리적으로 재구성하는 경험을 갖게 된다.

동극 활동은 이야기의 문학적 요소에 대한 이해를 돕는다. 극화활동을 하면서 유아들은 이야기의 구성이나 등장인물을 해석하여 창조하고 주제에 맞는 극을 이끌어 가는 능력이 길러진다. 또한 이야기의 극화에 필요한 기술을 배운다. 목소리나 몸짓

이 적절한 표현, 필요한 소품의 선택 등 이야기의 극적인 해석에 필요한 기술을 익히게 된다. 적합한 이야기는 극화에 적당한 갈등상황이 있으면서 사건이 풍부한 이야기가 좋다. 또한 유아들이 등장인물들을 구별할 수 있는 성격 묘사가 잘 되어 있으며, 대화가 풍부하여야 한다.

동극의 활동방법은 다음과 같다.

① 동극을 위한 이야기나 동시를 선정한다. 교사는 이야기를 제시하기 전 유아들이 자유롭고 쉽게 이야기를 말할 수 있도록 극화에 필요한 분위기를 만들어야 한다.
② 이야기를 읽어 주거나 구연한다. 유아들이 이야기의 전체를 잘 이해할 수 있도록 플롯의 중요한 부분을 강조하면서 제시한다.
③ 이야기 속의 등장인물을 알아보고 극화에 필요한 장면을 이야기 나눈다.
④ 등장인물에 대한 토의를 통해 인물의 성격, 어떻게 행동하였는지, 그들이 어떻게 보이는지 등을 생각해 본다.
⑤ 등장인물과 무대에 대한 제작이 필요한 경우 유아와 함께 준비한다.
⑥ 배역을 정하여 역할에 따라 연기를 한다. 해설을 유아가 해도 좋다.
⑦ 시작과 끝의 신호로 종소리나 다른 음악으로 알릴 수 있으며 장면의 도입과 변화에 따라 설명하여 줄 수 있다.
⑧ 동극에 대한 평가와 유아들의 표현에 대한 격려가 바람직하다.
⑨ 역할을 새롭게 선정하여 극화한다. 새로운 대화를 추가하거나 변경할 수도 있다.

3) 극화활동의 단계와 지도방법

일반적으로 극화활동의 단계로 다음의 4단계로 소개하고 있다.

(1) 1 단계 : 소재

유아들은 주변의 일상생활 속의 사람들에 관한 이야기나 TV, 책에서 읽었던 내용 등을 말하기를 좋아하며 흉내내기를 좋아한다. 그러므로 교사는 유아가 흥미를 끌만한 소재를 제공해 주는 것이 좋다. 가장 유아가 흥미를 느끼는 소재는 그림책, 동화,

동시 등이다. 특히 유아가 대부분의 내용을 알고 있는 이야기가 좋다. 이야기의 내용은 등장인물의 수가 알맞고 줄거리가 간단한 내용일수록 적당하다.

(2) 2 단계 : 질문과 응답

교사는 유아에게 활동을 할 이야기의 줄거리를 들려준 후 유아가 사고하고 활동할 수 있는 질문을 한다. 유아 스스로 흥미를 느끼고 극화활동에 참여할 수 있도록 유도한다.

(3) 3 단계 : 배역 정하기

각자의 배역을 정하고 역할에 따라 대사, 배경, 내용, 장소 등이 나타나게 된다. 유아들의 연령과 다양한 종류에 따라 극적 표현을 나타낼 수 있다.

(4) 4 단계 : 평가

활동을 마친 후 유아들 스스로 자신들이 결과에 대해 평가를 하는 것이 좋다. 또한 교사는 다른 활동과 연결될 후속 프로그램을 계속 응용시키는 것이 좋다.

극화활동의 장소는 꼭 무대나 특별한 곳이 아니어도 좋으며, 대사는 자연스러운 표현이 되도록 바꾸어서 돕는다. 극화활동에 필요한 도구는 유아교육기관에 구비되어 있는 것을 사용하여 이야기 중에 재미있는 부분만으로도 즉흥적인 극화를 연출할 수 있다.

참고 문헌

강문희 · 이혜상(1997). 아동문학교육. 서울 : 학지사.

강소천(1975). 동시극집 은구슬 금구슬. 서울 : 신우문화사.

강순재(1992). 동물전래동화의 주제 및 모티브 분석. 이화여자대학교 교육대학 석사학위 논문.

강인언 · 김영숙(1996). 유아문학교육. 경기 : 양서원.

강인언 · 김영숙(2005). 유아문학교육 이론과 실제. 경기 : 양서원.

고문숙 · 임영심 · 김수향 · 손혜숙(2007). 아동문학교육. 경기 : 양서원.

공인숙 · 김영주 · 최나야 · 한유진(2009). 아동문학. 경기 : 양서원.

교육과학기술부(2008). 유치원 교육과정 총론, 해설(1-3). 서울 : 대한교과서주식회사.

교육과학기술부(2008). 유치원 지도서(1-13). 서울 : 대한교과서주식회사.

구인환 외(1996). 문학교육론. 서울 : 삼지원.

구정화 · 박윤경 · 설규주(2009). 다문화교육 이해, 창의성. 서울 : 동문사.

권옥자 외(1995). 유아를 위한 교수매체의 이론과 실제. 서울 : 형설출판사.

김상구(1973). 인형극의 첫걸음. 서울 : 형설출판사.

김세온 글 · 그림(1998). 이사가는 날. 서울 : 비룡소.

김세희(1981). 아시아 전래동화의 분석. 이화여자 대학교 대학원 석사학위논문.

김세희(1994). 한국 전래동요에 대한 선호도 분석. 이화여자대학교 대학원 박사학위논문.

김세희(2001). 유아교사와 부모를 위한 유아문학교육. 경기 : 양서원.

김세희(2001). 유아문학교육. 경기 : 양서원.

김소양 · 이경화 · 채종옥(2001). 그림이야기책을 통한 유아문학활동. 경기 : 양서원.

김애옥 · 고재희 · 이분려(2002). 유아문학의 전달매체 및 교수 방법. 경기 : 양서원.

김이산 (2004). 똑!똑!똑! 그림책. 서울 : 현암사

김인애(1985). 한국 전래동화의 연구-모티브 분류와 동화의 해석. 중앙대학교 대학원 석사학위논문.

김재은 · 석용원(1978). 이야기 들려주기 : 예술을 통한 교육. 유아교육전서 6. 서울 : 배영사.

김정연(2007). 책 만들며 크는 아이. 즐거운 상상.

김현희 외(1999). 환상 그림책으로의 여행. 서울 : 다음세대.

김현희 · 박상희(1999). 유아문학교육. 서울 : 학지사.

김현희 · 박상희(2007). 아동문학 이론과 적용. 서울 : 학지사.

김현희 · 박상희(2008). 유아문학, 서울 : 학시사.

나선희 · 현은자(2009). 윌리엄 스타이그의 그림책에 나타난 상호텍스트성도. 유아교육연구 29권 4호.

레이먼드 브릭스 그림(1997). 눈사람 아저씨. 서울 : 마루벌.

레이먼드 브릭스 글 · 그림(1995). 바람이 불 때에. 서울 : 시공사.

마르쿠스 피스터 글 · 그림(2000). 무지개 물고기. 서울 : 시공사.

박경순(2007). 창의적인 글쓰기로 아름다운 책 만들기. 한울림어린이.

박남숙 · 김세희(2002). 유아문학의 전달매체. 경기 : 양서원.

박목월(1962). "동요, 동시의 지도와 감상". 아동문학지도와 감상. 교육기술총서 제4집. 서울 : 대한교

육연합회.
박목월(1963). 동시의 세계. 서울 : 배영사.
박선희 · 김경중(1999). 유아문학. 서울 : 한국방송통신대 출판사.
박영태(2002). 창의성의 별. 서울 : 학지사
박영태, 하수연(2004). 초인지-사칙연산적 사고훈련을 위한 창의적 두뇌게임. 서울 : 학지사.
박일우(1995). 글과 그림, 문화와 기호. 기호학연구, 1, 383-407.
방혜련(1998). 토의 교수식 전래동화 활동이 유아의 창의성에 미치는 효과. 계명대학교 교육대학원 석사학위논문.
변윤희(2006). 창의성 루브릭 개발 과정을 포함한 메이킹북 프로그램이 유아의 창의성에 미치는 효과. 아동교육, 15(4), 5-20.
새세대육영회 편(1986, 1988). 새세대 전래동요 제1집, 제2집. 시청각교재 4, 5. 서울 : 새세대육영회.
서울특별시 유치원 편성 · 운영 지침
석용원(1982). 동화구연의 이론과 실제. 서울 : 백록출판사.
석용원(1986). 아동문학원론. 서울 : 학연사.
송은주(1993). 동화 활동과 질문유형이 창의성에 미치는 영향. 계명대학교 교육대학원 석사학위.
신지윤 · 신혜은 글 · 김복태 그림(1994). 내 배꼽 보았니?. 서울 : 웅진출판사.
신현재 · 권혁준 · 곽춘옥 (2007). 아동문학과 교육. 박이정.
신혜선(2009). 전래동화 「팥죽 할멈과 호랑이」의 의미 분석. 열린유아교육학회 제14권 제16호.
엘렌 E. M. 로버츠(2003). 그림책 쓰는 법. 문학동네.
오영희 서울 : 양승지(2001). 동화를 통한 통합교육의 실제. 경기 : 양서원.
유구종 · 문기임(2003). 독서치료 문학활동이 유아의 창의성 및 자아개념에 미치는 효과, 열린유아교육연구, 8(1), 111-130.
유정아(2005). 인터넷 활용 아동문학 창작 교육. 문학교육학, 17, 209-246.
유종호(1995). 문학이란 무엇인가?. 서울 : 민음사.
유치원 교육과정 해설 (교육부 고시 제 1998-10호)
유치원교육과정 (교육부 고시 제 1992-15호)
이경우 외(1995). 5개국 전래 동요에 관한 연구. 서울 : 창지사.
이경우(1995). 수학교육을 위한 문학적 접근. 서울 : 다음세대.
이경우(2001). 개정 총체적 언어 : 문학적 접근을 중심으로. 서울 : 창지사.
이경우(2003). 총체적 언어-문학적접근을 중심으로. 서울 : 창지사
이경우 · 이은화(1994). 인간발달 : 한국전래동요의 재발굴 및 통합적 활용에 대한 연구. 서울 : 이화여자대학교 인간발달연구소.
이경우 · 이정환(1998). 유아를 위한 과학교육. 서울 : 창지사.
이기숙(2008). 유아교육과정. 경기 : 교문사.
이기숙 · 김영실 · 현은자(1993). 유아의 문자 언어교육을 위한 통합적 접근법에 관한 연구. 청삼아동문제연구소. 서울 : 창지사.

참고 문헌

이대균 · 백경순 · 송정원 · 이현정(2006). 유아문학교육. 경기 : 공동체.

이대균 · 임자영(2009). 연극놀이가 유아의 언어 표현력, 그림 표현력, 신체 표현력에 미치는 영향. 열린유아교육학회 12권 제6호.

이민경(2004). 효율적인 방법으로 그림책 읽어주기. 경기 : 양서원.

이상금 · 장영희(1991). 유아문학론. 경기 : 교문사.

이성은(2003). 아동문학교육. 경기 : 교육과학사.

이순옥(1996). 그림 이야기책의 작품유형과 판형모양에 대한 유아의 선호도 연구. 서울여자대학교 박사학위논문.

이재철(1987). 아동문학원론. 서울 : 학연사.

이재철(1989). 세계아동문학사전. 서울 : 계몽사.

이재철(1995). 한국 아동문학 연구. 서울 : 개문사.

이지유(2006). 그림책 사냥을 떠나자. 미래 M&B.

이지호(2005). 환상동화의 장르적 성격연구. 한국초등국어교육, 28, 221-250.

이채호 · 최인수(2009). 유아의 창의성에 관한 연구동향. 아동학회지 30권 5호.

이춘희(공역)(2007). 시치료 이론과 실제. 서울 : 학지사.

이춘희(1997). 동화제시 및 질문유형이 유아의 창의성과 동화구조이해에 미치는 영향. 서울여자대학교 대학원 교육학과 박사논문.

이춘희(2005). 유아문학교육. 서울 : 동문사.

이춘희(2009) 유아의 창의성교육과 그림책관련 연구 동향 분석. 경원대학교 생활과학연구소.

이춘희(2009) 캐나다 조기유학 학부모와 학생의 적응 인식에 관한 연구 : 밴쿠버를 중심으로. 한국열린유아교육학회. 14권. 16호

이현섭 · 강인언 · 김순자 · 정정란 공역(2001). 웹.구성활동을 통한 아동문학교육. 서울 : 양서원.

임선하(1993). 창의성에의 초대. 서울 : 교보문고.

임영심 · 고문숙(2001). 유아를 위한 문학교육. 경기 : 정민사.

장미정(1996). 유아의 창의성 교육을 위한 교사역할 인식분석. 이화여자대학교 대학원 유아교육과 석사논문.

장휘숙(1981). 유치원 아동의 창의성 개발을 위한 실험적 일 연구-유창성과 독창성을 중심으로-, 이화여자대학교 대학원 유아교육과 석사논문.

전경원(1995). 창의성을 잡아요 확!. 창의성 개발을 위한 전래동화 활용법. 서울 : 창지사.

정미라(1997). 유아교육기관에서 한국 전래동화의 체계적 활용을 위한 연구. 서울 : 한국어린이육영회.

정옥주(1997). 동화를 통한 탐구활동이 유아의 창의성에 미치는 영향. 중앙대학교 교육대학원 석사학위 논문.

정상녀 · 박형신(2009). 동요를 활용한 이야기 다시 말하기 활동에 관한 연구. 열린유아교육학회 제14권 제6호.

짐 트렐리즈(2008). 아이의 두뇌를 깨우는 하루 15분, 책 읽어주기의 힘. 북라인.

채종옥(1996). 동화책 읽어주기 접근법에 따른 유아의 반응에 관한 연구. 이화여자대학교 박사학위 논문.

채종옥 · 이경화 · 김소양(2006). 아동문학. 경기 : 공동체.

최태식 · 인정이 · 윤향미 · 박선영(2006). 아동을 위한 동화구연 이론과 실제 서울 : 양서원.

한국어린이문학교육연구회(1999). 환상 그림책으로의 여행. 서울 : 다음세대.

한국어린이육영회 편(2000). 창의적인 극놀이 지도. 2000 유아교육교사 일반 연수. 서울 : 한국어린이 육영회연수원.

한국유아교육학회 편(1996). 유아교육사전(용어편). 서울 : 한국사전연구사.

한상수(1972). 전래동화의 민중 의식과 형식. 전래동화의 세계. 아동문학사상 8.

허근(1996). 동화 읽어주기에 있어 교사의 질문유형에 따른 아동의 창의성 증진에 관한 연구. 이화여자대학교 교육대학원 석사학위 논문.

현은자 외(2004). 그림책의 그림읽기. 서울 : 마루벌.

헤럴드 D. 언더아운 · 린 로밍어(2003). 어린이책 작가되기. 서울 : 정인출판사.

홍웅선(1971). '치료적인 읽기로서의 문학', 문학교육의 건설. 서울 : 아동문학사상사.

홍윤기(1993). 詩창작법. 서울 : 한림출판사.

Allport, G.(1961). Pattern and growth in personality. N.Y. : Holt, Rinehart & Winston.

Anderson, W., and P. Groff(1972). A New Look at Children's Literature. Belmont. Calif. : Wadsworth.

Anderws, Gladys(1954). Creative Rhythmic Movement for Children. Englewood Cliff's N.J. : Prentice-Hall.

Applebee, Arthur N.(1978). The Child's Concept of Story. The University of Chicago.

Arbuthnot, May Hill, and Sutherland. Z.(1972). Children and Books. 4th ed. Illinois : Scott, Foresman and Company.

Ashton, John, ed.(1965). Chap-Books of the Eighteenth Century. New York : Benjamin Bolm.

Ausubel, D. P.(1963). The Psychology of Meaningful Verbal Leaning. N.Y. : Grune & Stratton.

Bader (1976). American Picture Books from Noah's Ark to the Beast Within. New York : Macmillan.

Barthes, R (1985). The responsibility of form: Critical essays on music, art, and representation (R. Howard, Trans). New York : Hill and Wang.

Bates, E., & Lowes, R.(1976). Potpourri of Puppetry : A Handbook for Schools. California : Fearson Publishers.

Bernett, E. J.(1972). Selecting Preschool Language Programs. In C. B. Cazden (Ed.). Language in Early Childhood Education. Washington. D.C. : National Association for the Education of Young Children.

Bettelheim, B.(1976). The Uses of Enchantment : The Meaning and Importance of Fairy Tales.

New York : Knof.

Betty, L. Broman(1978). The Early Years in Childhood Education. Rand McNally College Pub.

Bromley, K. D.(1991). Webbing with literature : Creating story maps with children's book. Boston and Bacon.

Buther, F., ed.(1973). The Great Excluded : Critical Essays on Children's Literature, vols. Ⅰ and Ⅱ. Storrs : University of Connecticut.

Burke, E. M.(1990).(2nd de.). Literature for the young child. Needham Heights, MA : Allyn & Bacon.

Burns, Paul C. and Alberta L. Lowe(1966). The Language Arts in Childhood Education. Chicago : McNally.

Burns, Paul C. and Batty D. Roe.(1976). Teaching Reading in today's Elementary Schools. Chicago : Rand McNally College Publishing Company.

Calder, J. W.(1984). "The Effects of Story Structure Instruction on Third- Graders' Concept. Response to Literature of story. Reading Comprehension. Response to Literature. and Written Compositon." PH. D. diss. University of Washington.

Carlson, Ruth Kearney(1970). Literature for Children : Enrichment Ideas Dubuque. Iowa : William. C. Brown Company.

Cassdy, J. K.(1988). Beginning reading with big book. Childhood Education. Fall.

Chambers, Dewey W.(1970). Storytelling and Creative Drama. Dubuque, IA : William C. Brown Co.

Chatlene Davis Roth(1975). The Arts of Making Puppets & Marionettes. Chilton Book Company.

Carthon, Laura, et al.(1974). Stories to Tell to Children : A Selected List. 8th ed. Pittsburgh : University of Pennsylvania Press.

Colwell, Eileen(1964). A Storyteller's Choice : A Selection of Stories with Notes on How to Tell Them. New York : Henry Z. Walck.

Combs, M.(1987). Modeling the reading process with enlarged texts. The Reading Teacher. 3.

Comenius, J. A.(1658). Orbis Sensualium Pictus. 남혜승 옮김(1999). 세계 최초의 그림 교과서. 서울 : 씨앗을 뿌리는 사람.

Coody, B.(1983). Using literature with young children. (3rd ed.). Dubuque. Iowa : William. C. Brown Company Publishers.

Croft, D. J. & Hess, R. D.(1985). An activity handbook for teachers of young children (4th ed.). Boston : Houghton Mifflin Company.

Cullinan, B. E.(1989). Literature and the Child. Orlando : Harcourt Brace Joranovich.

Cullinan, B. E. & Galda, E.(1994). Literature and the Child(3nd ed). Fortworth. T. X. : Harcourt Brace Gollege. Publishers.

Dannemiller, J. L. & Stephens, B. R(1988). A critical test of infant pattern preference models.

Child Development.

Davis, Gary, ed.(1974). Imagination Express. Buffalo : D.O.K. Publishers.

DeBoer, G. E.(1991). A history of ideas in science education : Implications for practice. N.Y. : Teachers College. Columbia University.

Dewey, John(1956). The child and curriculum and society. Chicago Press.

Duschl, R. A.(1990). Restructuring science education : The importance of theories and these development. N.Y. : teachers. College. Columbia University.

Edward, C., Gandini, L. and Forman, G.(1997). 레지오 에밀리아의 유아교육. 김희진 · 오문자 역. 서울 : 정민사.

Eisner, Elliot(1964). Think with Me about Creativity : Ten Essays on Creativity., Dansville. N. Y. : F. A. Owen.

Eric Carle Illustrator(1994). The Very Hungry Caterpillar(Board book). Hamish Hamilton.

Erikson, E. H.(1950). Childhood and Society(2nd ed). New York : W. W. Norton & Co.

Erikson, E. H.(1964). Children and Society. rew. ed. New York : Natton.

Ernest, Edward(ed.)(1967). The Kate Greenaway Treasury : An Anthology of the Illustrations and Writings of Kate Greenaway. New York : World.

Fisher, C. J. & Terry, C. A.(1982). Children's Language and the Language Arts(2nd Ed.). N.Y. : McGraw-Hill.

Fountas I. C. and Hannigan I. L.(1989). "Making Sense of Whole Langyage : The Pursuit of Informed Teaching". Childhood Education. vol. 65. no. 3.

Glazer, J. I.(1986). Literature for young children. (2nd ed.). Charles E. Merrill Publishing Company.

Goodman, Y. M.(1986). "Children coming to know literacy." In W. H. Teale, and E. Sulzby(Eds.) Emergent Literacy. N.J. : Ablex.

Goodman, K. S., Olsen, H. C., Colvin, C. M., & Linde, L. F. V.(1966). Choosing materials to teach Reading. Wayne State University Press.

Gordon, W. K. K., and Poze, T.(1972). Teaching is listening. Cambridge. Massachusetts : Porpoise Books.

Guilford, J. C.(1986). Creative Talents. Buffalo. N.Y. : Bearly Limited.

Hendrik, Joanne(1975). The Whole Child. St. Louis : The G. W. Mosby Company.

Hildebrand, V.(1971). Early Childhood Education. New York. Macmillan.

Hildebrand, V.(1981). Introduction to Early Childhood Education. N.Y. : Macmillan Publishing Co., Inc.

Holman. H. C.(1980). A Handbook To Literature. Bobbs - Merrill Educational Publishing.

Hurlimann, Bettina(1969). Picture Book World. Edited and trans. by Brian Alderson. Cleveland : World.

Hurlork, E.(1978). Child Development. New York : McGraw : Hill. Inc.

Jacobs, L. B.(1966). Give Children Literature, Reading about Children's Literature, ed. E. R. Robinson, N.Y. : David Mckay Co., Inc.

Jalongo, M. R.(1988). Young children and picture Books : Literature from 11 Infancy to Six. Washington D. C. : NAEYC.

Jean Greenlaw(1984). Facilitating Play Behavior with Children's Literature. Childhood Education. May/June.

Janes A. Smith(1977). Word Music and Word Magic : Children's Literature Nethod. Nassachusette s : Allyn and Bacon Inc.

John Warren Stewig(1982). Teaching Language Arts in Early Childhood. Holt Rinehart Winston.

Kamii, C. K. and Kamii, M.(1990). Negative effects of achievement : Implications of Piaget's Theory. New York : Teachers College Press.

Kohlberg, L. A.(1984). 도덕발달의 심리학. 김민남 역, 경기 : 교육과학사.

Kohlberg, L. A.(1968). "Early Education : A Cognitive Developmental View." Child Development.

Kohlberg, L. and Selman, R. L.(1972). The first things Value Series. Sound Filmstrips of Primary years. New York : Guidance Associates.

Krogh, S. L. and Lamme, L. L.(1985). 'But what about sharing ? ' Children's literature and moral development. Young Children.

Kuhmerker, L.(1991). The Kohlberg legacy for the helping professions. Birmingham : R. E. P. Books.

Lambert, H. M.(1958). Teaching the Kindergarten Child. New York : Harcourt Brace & World. Inc.

Leland Jacobs(1959). Picture-Story Books at Their Best. The Reading Teacher.

Lonsdale, B. J. Nackintosh, H. K(1973). Children Experience Literature. New York : Random House.

Lewis, D. (2001). Reading contemporary picturebooks: Picturing text. London : RoutledgeFalmer.

MaCaslin, N.(1984). Creative drama in the classroom. (4nd ed.). N.Y. : Longman. Inc.

Machado, J. M.(1980). Early Childhood Experiences in Language Arts(2nd. Ed.). Albany. N.Y. : Delmar Publishers.

Mary Renck Jalongo(1984). Imaginary Companions in Children's Lives and Literature. Childhood Education. Jan/Feb.

Maslow, A.(1954). Motivation and Personalty(2nd ed.). New York : Harper & Row.

Maslow, A. H.(1970). Motivation and Personality. rev. ed., New York : Harper and Row.

Matterson, E. M.(1975). Play with Purpose for Under-Sevens. Great Britain. Penguin Books.

McGirr, P. I.(1995). Verdi invades the kindergarten. Childhood Education. 71(20).

Meeker, M.(1978). Measuring creativity from the child's point of view. Journal of creative Behavior.

Michael, J. A.(El.(1982). The Lowenfeld Lectures. University Park : Pennsylvania State University

Press.

NAEYC(1991). Guidelines for appropriate curriculum content and assessment in programs serving children ages 3 through 8. Young Children. 30.

Nicholas Nirgiotis(1983). Shadow Thearter : A Way to Enrich a Reading Program. Childhood Education. May/June.

Nikolajeva, M., & Scott, C.(2000). The dynamics of picturebook communication. Children' s Literature in Education, 31, 225-239.

Nikolajeva, M. (2008). Play and playfulness in postmodern picturebooks, In L. R. Sipe, & S. Pantaleo (Eds.), Postmodern picturebooks (pp. 55-73), New York: Routledge.

Nodelman, P. (1988). Words about Pictures : The narrative art of children's picture books. Athens, GA: University of Georgia Press.

Paul Hazard. 석용원 역(1980). 책, 어린이, 오늘. 서울 : 새문사.

Paul M. Williamson(1981). "Literature Goals and Activities for young children." Young Children 36(4). May.

Payne, J. N. & Clements, C. C. E.(eds.)(1990). Mathematics for the young child. NCTM.

Peterson, R. & Eeds, N.(1990). Garnd conversations : Literature groups in action. M. Y. : Scsolastic.

Petty, W. T., Petty, D. C., & Becking, M. F.(1981). Experiences in Language : Tools and Techniques for Language Arts Methods(3rd. Ed.). Boston : Allyn and Bacon.

Petty, W. T. and Jensen, J. M.(1980). Developing Children's Literature. Allyn & Bacon.

Piaget, J.(1973). To Understand Os to Invent : The Future of Education. N.Y. : Grossman Publishers. S Division of the Viking Press. Co.

R. J. Havighust(1970). Developmental Tasks and Education. New York : Harper and Row.

Raines, S. & Isbell, R.(1994). Stories : Children's literature in early education. Delmar Publishers. Inc.

Russell, David H.(1961). Children Learn to Read. Massachusetts : Ginn and Company.

Russell, David H.(1991). Literature for Children : A Short Introduction. N.Y. : Longman.

Robinson, Evelyn R.(1966). Readings about Children's Literature. New York : David Mckay.

Rothlein, L. & Meinbach, A. M.(1991). The Literature Connection. Glenview : Scott, Forseman and Company.

Ritson, John E. and James A. Smith(1975). Creative Teaching of Art in the Elementary School. Boston : Allyn and Bacon.

Schickdandz, J. A.(1986). More than the ABCs : the Early stages of reading and writing. 이영자 옮김(1995). 읽기와 쓰기를 즐기는 어린이로 기르는 방법 : 유아의 읽기와 쓰기 기초단계 이해. 이화여대 출판부.

Schwartz, Julius(1966). Growing up with Science Books. New York : R. R. Bowker.

Schwarcz, J. (1982). Visual Communication in Children' s Literaturel. Chicago : American Library

Association.

Schwarcz, J. (1982). Ways of the Illustrator. Chicago : American Library Association.

Schwartz, J. H., & Schwarcz. C.(1991). The Picture Book Comes of Age. American Library Association.

Shaffer, D. F.(1993). Developmental psychology : Childhood and adolescence(3nd de.). California : Brooks/Cole.

Shumsky, Abraham(1965). Creative Teaching. New York : Appleton-Century-Crofts.

Sipe, L. R. (2002). Talking back and taking over: Young children' s expressive engagement during storybook readalouds. The Reading Teacher, 55, 476-483.

Sipe, L. R. (2008). Storytime : Young Children' s Literary Understanding in the Classroom. Teachers College, Columbia University.

Smith, Janes A.(1972). Adventures in Communication. Boston : Allyn and Bacon.

Smith, Janes A.(1977). Word Music & World Magic : Children's Literature Methods. Massachusettes : Allyn and Bacon.

Smith, L. H.(1994). 아동문학론. 박화목 역. 서울 : 새문사.

Spodek, Bernard(1972). Teaching in the Early Years. Englewood Cliffs. N.J : Prentice-Hall.

Sternberg, R. J.(Ed.). The Nature of Creativity. N.Y. : Cambridge Univ. Press.

Stewig, J. W.(1980). Children and literature. Chicago : Rand McNally College Publishing Company.

Sutherland, Zena(1967). History in Children's Books. Philadelphia : Mckinley.

Sutherland, Z. & Arbuthnot, M. H.(1991). Children and books(8th. Ed.). N.Y. : Harper Collins Publishers Inc.

Torrance, E. P.(1962). Guiding Creative Talent. Englewood Cliffs. N.J. : Prentice Hall. Inc.

Torrance, E. P.(1963). Education and the creative Potential. Minneapolis : Univ. of Minnesota Press.

Torrance, E. P.(1972). Can we teach children to think creatively? Journal of Creative Behavior.

Townsend, J. R.(1989). 어린이 책의 역사. 강무홍 역. 서울 : 시공사.

Trelease, J.(1989). The New Read-Around Handbook. N.Y. : Penguin Books.

Vukelich, C.(1990). Where's the paper? : Literacy during dramatic play. Childhood Education. Summer.

Vygotsky, L. S.(1978). Mind in society : The development of higher psychological processes. C. M. : Harvard University Press.

Whitehead, R.(1994). 아동문학교육론. 신재혁 편역. 서울 : 범우사.

Whitin, D. J.(1994). Literature and mathemation in preschool and primary : The right connection. Young Children. 49.

Williamson, Paul H.(1981). "Literature Goals and Activities for Young Children."The Journal of the National Association for the Education of Young Children.

고 키즈키즈 http : //myhome.hananet.net/~funnyday/1menu-1.htm
동화의 나라 http : //my.netian.com/~so3215
아동문학매체 http : //pro-web.suwon-c.ac.kr/~leess/multi/media.html
오픈키드 http : //www.openkid.co.kr/
인터넷 유치원 http : //my.dreamwiz.com/ibschool
전래동요 사이트 http : //203.237.194.159/
첫 발견 시리즈 http : //www.english4989.com/english4989/html/center/center04.html
키드북 인터넷 서점 http : //www.kidbook.co.kr/
한국의 유아교육 인형의 종류 http : //web2.kwangju.ac.kr/~ykj/puppet/puppetj.htm
한국전래동화 http : //angelhone.ink.cc
LG전래동화 http : //story.lg.co.kr
파피북 http : // www. papibook.com
강소천 http : // www. kangsochun.com
네이버백과사전
북마트 http : // www. book-mart.co.kr
리브로 www.libro.co.kr

찾아 보기

용 어

찾아 보기

찾아 보기

인명

〈국내〉

〈외국〉

찾아 보기

저자 소개

✍ 이춘희

〈학력〉

- 중앙대학교 대학원 유아교육학과(석사)
- 서울여자대학교 대학원 교육과(박사)

〈경력〉

- 가천대학교 유아교육학과 교수 역임
- 한양대학교 교육대학원 강사
- 아동문학가 동시 시인

〈저서〉

- 아동문학교육
- 유아문학교육
- 독서치료(공역), 유아교육실습(공저)
- 유아교육기관 운영관리(공저)
- 아동교육무용
- 창의적 유아동작교육
- 유아동요 · 동시집 '징검다리'
- 큰별아기 동요 Tape 출반
- 전래동화 '은혜갚은 까치'
- 위인전 '이순신'
- 위인전 '장보고'
- 동시집 "봄 향기, 여름 하늘, 가을 햇살, 겨울바람"
- 동시집 "Why is it ?" (영어 · 일본어 · 중국어 · 한국어 번역본)
- 시와 사진집 Ⅰ 「또 다른 세상(Another World)」
- 시와 사진집 Ⅱ 「또 다른 희망(Another Dream)」

✍ 장미정

〈학력〉

- 이화여자대학교 대학원 유아교육학과(석사)
- 이화여자대학교 대학원 유아교육학과(박사)

〈경력〉

- 숭의여자대학 유아교육과 겸임교수
- 청강문화산업대학 유아교육과 외래교수
- 동남보건대학 보육과 겸임 전임강사
- 수원과학대학 아동보육과 겸임교수
- 가천대학교 교육대학원 유아교육과 강사
- 큰별 유치원 원감
- 한국유치원 원장

• 동남보건대학 아동보육과 겸임교수
• 가천대학교 유아교육과 강사
• 가천대학교 일반대학원 유아교육과 강사

〈저서〉

• 유치원/어린이집 : 유아교육기관 운영관리(공저)
• 아동문학교육(공저)

이유나

〈학력〉

• 고려대학교 대학원 유아교육학과(석사)
• 가천대학교 대학원 유아교육학과(박사)

〈경력〉

• 가천대학교 유아교육학과 강사
• 가천대학교 교육대학원 유아교육학과 강사
• 아동문학가 동시 시인

〈저서〉

• 아동문학교육(공저)
• 서정문학(공저)

창의성 향상을 위한 이론과 실제

아동문학교육 -개정판-

초판발행 2010년 8월 15일
개정2쇄 2018년 2월 20일

ChunHee
2018. 2.

저 자 이춘희 · 장미정 · 이유나
발행인 김현태
발행처 태영출판사

주 소 (08301) 서울 구로구 구로동 104-10 동남오피스텔 201호
전 화 02 · 839-3757, 839-3752
팩 스 02 · 837-3754
등 록 2005년 5월 30일 제12-421호
http://www.taeyeongbook.co.kr
E-mail tys2005@hanmail.net
ISBN 978-89-6302-192-8 93370
정 가 20,000원

NAVER
태영출판사

* 잘못 만들어진 책은 교환해 드립니다.